《盐池县标准地名词典》编委会

主　　编　米文宝　李建华

副 主 编　杨金平　朱志玲　樊新刚　李陇堂

编　　纂　李建华　朱志玲

执　　笔　朱志玲　李建华　米文宝　李陇堂　樊新刚
　　　　　石　云　仲俊涛　李梦华　余国梁　马永强
　　　　　武兵兵　袁　芳　李　娜　侯　琴　吴强强
　　　　　王　鑫　王　玲　陈晓珍　沈培培　赵倩倩
　　　　　张桂琴

校　　对　李建华　朱志玲　杨金平　樊新刚

审　　核　米文宝　李陇堂

盐池县
标准地名词典

◎ 米文宝　李建华　主编

黄河出版传媒集团
宁夏人民出版社

图书在版编目（CIP）数据

盐池县标准地名词典 / 米文宝，李建华主编． -- 银川：宁夏人民出版社，2023.12
ISBN 978-7-227-07940-8

Ⅰ.①盐… Ⅱ.①米… ②李… Ⅲ.①地名-盐池县-词典 Ⅳ.①K924.34-61

中国国家版本馆 CIP 数据核字（2024）第 029700 号

盐池县标准地名词典　　米文宝　李建华　主编

责任编辑　周淑芸　管世献
责任校对　陈　浪
封面设计　杨祎霞
责任印制　侯　俊

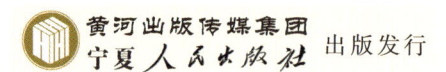

黄河出版传媒集团
宁夏人民出版社　出版发行

出 版 人　薛文斌
地　　址　宁夏银川市北京东路 139 号出版大厦（750001）
网　　址　http://www.yrpubm.com
网上书店　http://www.hh-book.com
电子信箱　nxrmcbs@126.com
邮购电话　0951-5052104　5052106
经　　销　全国新华书店
印刷装订　宁夏银报智能印刷科技有限公司
印刷委托书号　（宁）0028907

开本　787 mm×1092 mm　1/16
印张　24.25
字数　450 千字
版次　2023 年 12 月第 1 版
印次　2023 年 12 月第 1 次印刷
书号　ISBN 978-7-227-07940-8
定价　68.00 元

版权所有　侵权必究

前　言

盐池县是宁夏的东大门，也是宁夏建立红色政权的第一县，自然环境独特，历史悠久，文化丰富，底蕴深厚。几千年来，盐池先民开发了这片热土，守护了这片热土。昫衍县立，盐州城筑，长城数修，开采青盐，牧羊农耕……北方草原游牧文化与中原农耕定居文化在此碰撞融合，黄河文化和大漠文化在此扎根衍生。古人类活动遗址、汉城唐墓、长城烽燧、石窟寺影、革命旧址……展现了这片大地历史画卷的厚重与绚丽，昫衍、盐川、盐州、五原、花马池营、兴武营、宁夏后卫、花马池分州、盐池等历史地名，反映了这片大地历史沿革的复杂与曲折。

地名是人们赋予特定空间位置上的自然或人文地理实体的专有名称，是人类赋予地表上一切地理实体的具体名称，如海洋、山、川、河、沟、塬、岜、湖、岛、滩、湿地、水道、沙漠、关隘、地形区等自然地理实体的名称，以及区划、城镇、村落、建筑物、道路、土木设施等人文地理实体的名称。地名是其对应地物的指称工具和定位符号，是社会交往媒介和信息载体，也是一种最为大众化的文化形态，反映文化传统与风俗习惯，涉及精神文明与经济建设诸多方面，它与人民群众的生活息息相关。地名命名科学规范与否，对行政管理与群众生活有重大影响。开展《盐池县标准地名词典》编纂工作，有利于提高盐池县地名的标准化水平，有利于推进标准地名应用的社会化，有利于更好地满足人们对地名的需求，使地名管理与服务工作更加规范有序，成为促进经济社会发展和文化进步、构建社会主义和谐社会的积极因素。做好这项工作，对支持经济建设，促进社会发展，提高社会治理效能，服务人民生活都具有重要现实意义。

地名既是一种专有名称，也是一种文化现象。作为人类活动的产物，地名的形成有着深刻的地理、历史和文化背景，不同区域的地名在组成上往往既有规律性，又有独特性。这是因为任何地域内，地名既反映当地历史时期和现实阶段自然地理环境的特征，又记录着诸如民族兴衰、社会变迁、经济生产、军事活动等纷繁的文化景观信息。可以这么说，地名是存在于现阶段的显示地域自然环境变迁和人地关系演化的重要信息源之一。

盐池县自古以来地处农牧交错带,在历史长河的演进中,既沉淀了浓厚的游牧文化、农耕文化,也留下了丰富的边塞文化和民族文化。因此,盐池县的地名文化景观具有多样性和复杂性。

《盐池县标准地名词典》的编纂是在盐池县委和县政府的领导下,在各部门和各乡镇的配合下,基于盐池县第二次全国地名普查成果,严格遵循《宁夏回族自治区县级标准地名词典编纂规范》和《盐池县地名总体规划(2013—2030年)》开展的。盐池县民政局和项目组对盐池县第二次全国地名普查成果仔细整理、分析,并查阅了有关盐池县的历史文献、地方史志,参考了近年来区内外学者针对盐池县自然环境、历史变迁与地名研究而发表的论文和出版的著作,走访了全县各地乡村干部与群众,对盐池县地名做了一次系统的梳理,为《盐池县标准地名词典》编纂打下了坚实的数据基础和可靠的文化依据。编纂词典过程中,多次征询盐池县各政府部门、地名专家和盐池县文化名人的意见,勘错正非,拾遗补阙,删繁就简,力争本地名词典做到继承历史、传承文化、服务群众、符合规划、面向未来。

在标准地名词典编写中,由于我们学识水平所限和编纂时间紧迫,难免存在错误和遗漏,敬请各方专家和读者批评斧正。

《盐池县标准地名词典》编纂委员会
2022年12月2日

凡 例

（一）《盐池县标准地名词典》(以下简称"词典")基于盐池县第二次全国地名普查成果，并参考了多年来各方专家对盐池县地名研究的成果，由地理学、历史学、语言学、民族学等方面的专家学者以及盐池县地名工作者共同努力编纂而成。

（二）词典共收录盐池县地名2640个，在此基础上力求反映出盐池县地名结构及分布的概貌、特征、文化底蕴，以期成为盐池县各项事业和人民生活中的一部常备工具书。

（三）词典收录的地名，限为《宁夏回族自治区县级标准地名词典编纂规范》所规定的地名。

（四）词典收录地名的范围为：具有地名指向意义的陆地水系、陆地地形(丘陵山地)、重要陆地景观、其他陆地地形、行政区域及非行政区域、居民点、交通运输设施、纪念地、旅游景点、建筑物等地名，以及文化内涵深厚的历史地名。一地多名的，或其雅名、俗名等派生地名，凡较重要的均在主词条中有表述，不另列词条。

（五）词典采收地名力求规范化，包括地名的规范的汉字书写形式，规范的汉语拼音。某些地名专用字、生僻字、方言用字有必要的注音和释义。兄弟民族语地名，则提供规范的汉字转写和读音。本词典注意反映地名考证成果，除其由来、含义已表露在外(如一般姓氏地名)或迄今无足够资料者外，都尽力考究其地名语源，给予一定诠释。

（六）每个地名词目的释文，按照其类别、性质选取适当的自然和人文材料来编写，力求基本信息的完备和准确。与地名有关的人和事，凡为表征该地名特征所需者，也有适当点明。

（七）收录地名上限追溯到有记载的年份，下限截至2016年12月。

《盐池县标准地名词典》编纂委员会

2022年12月20日

目 录

第一部分　政区与市政设施

盐池县 3

开发区 10

广　场 12

主干道 14

次干道 21

街　道 27

社　区 27

城镇居民点 30

镇 39

乡 88

第二部分　自然地理实体

地　片 127

丘陵山地 128

谷　地 133

山　峰 141

台　地 143

沙　地 144

河　流 145

湖　泊 146

泉 149

第三部分　交通运输设施

铁　路 153
公　路 154
　　国　道 154
　　省　道 155
　　县　道 156
　　乡　道 156
车　站 160
机　场 160
桥　梁 161
隧　道 166

第四部分　党政机关、民间组织、科教文卫体等事业单位

党政机关 169
民间组织 176
科教文卫体等事业单位 180
　　科研单位 180
　　教育单位 181
　　文化设施 192
　　其他事业单位 195
医疗设施 202
重要建筑 205

第五部分　纪念地和名胜古迹

纪念地 209
重点文物保护单位 213
墩堠、战台 220

其他文物保护单位 …… 239

风景名胜区 …… 269

一般名胜区 …… 271

自然保护区 …… 272

第六部分　农业和水利设施

农场、牧场 …… 275

林场、渔场 …… 300

水利枢纽、水库、灌区 …… 303

渠道、堤防 …… 305

第七部分　工矿企业

…… 317

第八部分　服务业企业

商场、市场、宾馆、饭店 …… 341

信息产业及其他新兴服务业 …… 352

第九部分　历史地名

古代行政建制地名 …… 367

古代军事防御设施地名 …… 370

古代文化设施地名 …… 374

古代自然地理实体地名 …… 376

后　记 …… 379

第一部分　政区与市政设施

盐池县

盐池县[Yánchí Xiàn]　行政区代码640323000。隶属宁夏回族自治区吴忠市,位于宁夏东部,东经106°33′—107°40′,北纬37°05′—38°10′,全县总面积8661平方千米。县政府驻花马池镇。自古以来,盐池县就是中国农耕文化与游牧文化的交错地带。县城北、东、西南分布着大小20余个天然盐湖,因此得名盐池县。全境由东南至西北为广阔的干草原和荒漠草原,自古以盛产"咸盐、皮毛、甘草"著称,是中国滩羊和甘草的原产地。

1. 历史沿革

夏、商、周时,为少数民族游牧地,史称"戎狄居地",属朐衍戎国的势力范围,战国时秦在今盐池县置朐衍县,是宁夏中、北部有行政设置之始。秦始皇统一全国后,实行郡县制,朐衍县属北地郡。汉承秦制,亦设朐衍县。东汉后期至西晋,为匈奴、羌等游牧民族牧地。南北朝时,盐池曾先后属前赵、后赵、前秦、后秦。公元407年匈奴铁弗部首领赫连勃勃建立夏国,盐池为其腹地。北魏统一北方后,置西安州,盐池属其管辖。西魏改西安州为盐州。北周时,盐池大部属盐州、五原郡。隋废五原郡,改置盐川郡。唐初,改盐川郡为盐州,神龙年间在今盐池县西南部惠安堡置温池县,先后属灵州、威州。北宋时期为西夏国二十二州之一。元代,盐州并入环州。明朝正统八年(1443年)置花马池营,并筑营城,天顺年间再筑花马池城(今盐池县城),弘治六年(1493年)改置为花马池守御千户所,正德二年(1507年)又改为宁夏后卫。清雍正年间,废卫所改称州县,宁夏后卫改为灵州花马池分州,属甘肃省朔方道(后称宁夏道)。

民国二年(1913年),将花马池分州改置为盐池县。并将原属灵州管辖的惠安、盐积、隰宁、萌城四堡划归盐池县管辖。1929年宁夏省建立,盐池县属其管辖。

1936年6月21日中国工农红军解放盐池,建立苏维埃政权。不久,改为抗日民主政权,属陕甘宁边区三边分区。此时国民党宁夏省政府在惠安堡另建盐池县政府,管辖惠安堡、萌城堡等地,形成红、白两个盐池县并存的局面。1940年,国民党宁夏省政府因其管辖县境过小,将同心县下马关、韦州、红城水,金积县的红寺堡等地方划归盐池县政府管辖。1947年,国民党军队进攻陕甘宁边区,宁夏马鸿逵部出兵配合,侵占了红色盐池县的大部分地区,陕甘宁边区盐池县委迁至县境南部山区李塬畔,国民党盐池县政府复驻盐池县城。1949年8月,解放军收复盐池县城。共产党盐池县政府由山区返回县城。9月,宁夏全省解放,并存13年之久的两个盐池县局面结束。中华人民共和国成立,陕甘宁边区撤销。

1954年,宁夏省建制撤销并入甘肃省,盐池县为甘肃省直管县,河东回族自治区代管。1955年,河东回族自治区改为吴忠回族自治州,盐池县属该州。1958年,宁夏回族自治区成立,盐池县直属自治区。1972年银南地区成立,盐池县属银南地区。1998年银南地区改为地级吴忠市,盐池县属吴忠市管辖。

2. 行政区划

盐池县设立初,共辖十堡。后将十堡改设为4个区,第一区辖西水堡、铁柱泉堡,第二区辖边三堡、外属堡,第三区辖南水堡、里三堡,即旧六堡;第四区辖惠安堡、盐积堡、隰宁堡、萌城堡,即新四堡。1936年后,两个盐池县政府并立。

陕甘宁边区盐池县,下设区、乡、村。开始为4个区二十二乡,即城区、北区、南区各辖五乡,西区辖7个乡。1937年夏,将红军解放时原属盐池辖地划归定边县第二区管辖的井沟、二道沟、红井子、大水坑、苏堡子、李塬畔等地复划归盐池县,组建了第五区,辖五乡,同时将原4个区改称第一、二、三、四区,各区的驻地也有所变动。1942年秋,将第二区的第一、二乡划归第一区,合并为第六乡,将第三区的第四、七乡划归第二区,为第一、二乡,第三区第六乡改为第四乡。1947年,马鸿逵部侵占盐池县城后,红色盐池县政府转移到县境南部山区。1948年第五区增置第六、七乡两乡。

1936—1940年,国民党盐池县(驻惠安堡)辖二乡七保。一乡驻惠安堡,辖4个保,一保惠安堡,二保盐积堡,三保、四保均在隰宁堡;二乡驻萌城,辖3个保,一保萌城,二保牛皮沟,三保高窑子。1940年,将同心县的下马关、韦州、红城水划归盐池县,这时增设三乡八保:三乡驻韦州(辖3个保),四乡驻红城水(辖2个保),五乡驻下马关(辖3个保)。1943年,将金积县的红寺堡划归盐池,置为六乡(驻关口湾,辖2个保)。至此,国民党盐池县共辖六乡十七保。

1949年8月,边区盐池县收复了被占地区,当即恢复原辖5个区及所属各乡人民政权,并将国民党盐池县解放,把惠安堡、萌城等地建为第六区,辖四乡,韦州、下马关、红城水复归同心县管辖,至此两个盐池县的局面结束。

新中国成立初,盐池县共辖6个区32个乡132个村。1952年,在麻黄山设置第七区,其所辖地区大部分为第五区划出,原辖32个乡调整为40个乡160个村。1955年,将7个区的乡做调整,减少为29个乡,城关乡改置为城关镇。1958年人民公社化,在原7个区的基础上组建为五星、国庆、红星、奋勇、星火、先锋、跃进7个人民公社,区、乡建制撤销。不久,各公社以驻地更名为城郊、余庄子、王乐井、侯家河、大水坑、惠安堡、麻黄山公社。城郊公社驻县城,辖长城、沟沿、柳杨堡、佟记圈、八岔梁、四墩子、田记掌7个大队;余庄子公社驻高沙窝,辖高沙窝、英雄堡、二步坑、苏步井、芨芨沟5个大队;王乐井公社驻何家墩,辖何家墩、石山子、牛毛井、孙记楼、官滩5个大队;侯家河公社驻侯家河,辖吴记油坊、太平庙、侯家河、古峰庄、暴记春、回六庄6个大队;大水坑公社驻大水坑,辖大水坑、柳条井、圈湾子、武家禾场、红井子、马坊、苏堡子7个大队;惠安堡公社驻惠安堡,辖惠安堡、叶儿庄、隰宁堡、狼步掌、萌城、盐积堡6个大队;麻黄山公社驻麻黄山,辖松记水、史家湾、陈家洼子、沙崾岘、赵家湾、下高窑、麻黄山7个大队。

1960年冬,余庄子公社更名为高沙窝公社。1961年,从侯家河、惠安堡、大水坑3个公社各划出一部分地区,增设了马儿庄公社,驻马儿庄,辖马儿庄、老盐池、冯记沟、回六庄4个大队。1968年,侯家河公社更名为青山公社。1976年,除青山公社,其他7个公社均进行了调整和分设。由城郊公社分设柳杨堡公社;高沙窝公社分设苏步井公社;王乐井公社分设鸦儿沟公社;大水坑公社分设红井子公社,并从惠安堡公社分出摆宴井大队归属大水坑公社;马儿庄公社分设冯记沟公社;惠安堡公社分出4个大队,分设萌城公社;麻黄山公社分出杏树梁大队,分设后洼公社。全县辖15个公社。

1984年,行政体制改革,将城郊公社改为城郊区,其他14个公社均改为乡。1985年3月,从大水坑乡划出一部分组建大水坑镇。1987年1月,撤销大水坑乡,并入大水坑镇。1988年9月,撤销城郊区,改为城郊乡,驻二堡。1994年10月,惠安堡乡撤乡设镇。至此,全县辖城关、大水坑、惠安堡三镇和城郊、柳杨堡、青山、高沙窝、苏步井、王乐井、鸦儿沟、红井子、马儿庄、冯记沟、萌城、麻黄山、后洼等13个乡。

2003年,盐池县行政区划调整,由原来的三镇十三乡调整为四镇四乡,即撤并城关镇、城郊乡、柳杨堡乡和城西滩吊庄,成立花马池镇;撤并高沙窝乡和苏步井乡,成立高沙窝镇;撤并大水坑镇和红井子乡,成立新的大水坑镇;撤并惠安堡镇和萌城乡,成立新的惠安堡镇;撤并王乐井乡和鸦儿沟乡,成立新的王乐井乡;撤并冯记沟乡和马儿庄乡,成立新的冯记沟乡;撤并麻黄山乡和后洼乡,成立新的麻黄山乡;青山乡不变。把原马儿庄乡老盐池村划归新成立的惠安堡镇,原鸦儿沟乡的李庄子村划归新成立的高沙窝镇,原苏步井乡的高利乌苏村划归新成立的花马池镇,原后洼乡王新庄村划归新成立的大水坑镇。至此,全县辖四乡四镇102个村。

3. 人口民族

2015年末,全县户籍人口总户数65163户,比上年增加295户,总人口170259人,比上年减少2084人。人口密度19.9人/平方千米。总人口中,按性别分,男性87123人,占总人口的51.2%;女性83136人,占总人口的48.8%;按户口分,城镇人口35351人,乡村人口134908人。少数民族人口4146人,占总人口的2.4%。从年龄看,18周岁以下38786人,占总人口的22.8%;18—34周岁47425人,占总人口的27.9%;35—59岁62463人,占总人口的36.7%;60岁以上人口21585人,占总人口的12.7%。

4. 地理环境

地理位置

盐池县位于宁夏东部,东邻陕西定边县,南接甘肃环县,北与内蒙古鄂托克前旗接壤,西连灵武市、红寺堡区、同心县,属陕、甘、宁、内蒙古四省区交界地带,自古就有"灵夏肘腋,环庆襟喉"之称。全县南北长110千米,东西宽66千米,辖区总面积8661平方千米,县城距离自治区首府银川市131千米。

地形地貌

盐池县属鄂尔多斯台地向黄土高原过渡地带,北接毛乌素沙地,属鄂尔多斯台地,南连黄土高原。地势南高北低,平均海拔为1600米。

气候特点

盐池县属于典型的温带大陆性季风气候,气温冬冷夏热,年平均气温8.3℃,晴天多,降雨少,光能丰富,日照充足,温差大,冬夏两季气候迥异,平均温差28℃,秋冬交替之际,昼夜温差可达20℃。

5. 自然资源

土地资源

盐池县土地资源丰富,总面积8661平方千米,是宁夏土地面积最大的县。可利用草原714万亩,耕地218万亩,其中水浇地20.07万亩,林地358万亩。

矿藏资源

盐池县地下矿产资源种类多,储量大,品质高,易开采。现已发现16种具有开采价值的矿产资源,以石油、天然气、石膏、白云岩、石灰石等为主。其中石油预测总资源量2.5亿吨(探明的4500万吨),煤炭预计垂深2000米以上资源储量82.5亿吨,天然气总资源量约8000亿立方米(含煤层气2000亿立方米),石膏4.5亿立方米,白云岩3.2亿立方米,石灰石11亿立方米,风能资源总储量约为300万千瓦,年太阳总辐射在5740兆焦/平方米,发展新型工业有着广阔的前景。

生物资源

盐池县自南向北大致可分为干草原、荒漠草原、沙生草原三类草场。天然植物有175种,分属36科,分布最广的有菊科、禾本科、豆科、藜科及蔷薇科等植物。

干草原草场类主要分布在南部黄土高原丘陵区,土壤以黑垆土和侵蚀黑垆土为主,可利用草场153.7万亩。植被稀疏,主要有大针茅、长芒草、冰草、白草、花苜蓿、牛枝子、委陵菜、米蒿、猪毛蒿、糙隐子草、阿尔泰狗娃花、画眉草等。该类草场平均覆盖度在45%,年平均亩产鲜草100千克,其中可利用鲜草64千克,属二、三等六、七级草场,生产力中等,约14.2亩可养1只绵羊。

荒漠草原草场类主要分布在南北分水岭干草原线以北大部分地区,土壤以灰钙土为主,面积243.2万亩。主要植物有长芒草、短花针茅、麦秧子、赖草、隐子草、白草、牛枝子、猫头刺、猫耳刺、砂珍棘豆、草木樨、黄芪、苦豆子、银灰旋花、多种委陵菜、狗尾草、虫实、小画眉草等。由于乱垦滥挖,大部分草原严重沙化,一般草层高度10—20厘米,覆盖度35%—50%。草场平均覆盖度50%,有的高达60%。年平均亩产鲜草110千克,其中可利用鲜草58千克,属三、四等六、七级草场,约15.7亩可养殖1只绵羊。

沙生植被草场是盐池县草原的主体,主要分布在北部平沙地、固定及流动沙丘,土壤以灰钙土为主,面积257.4万亩。植物以黑沙蒿、苦豆子、甘草、中亚白草为主。产草量高,草层高度为20厘米以上,覆盖度30%—40%。年平均亩产鲜草140千克,其中可利用鲜草71千克,属于三、四等五、六、七、八级草场,约12.9亩可养1只绵羊。

6. 经济发展

煤炭、石油化工、金属镁、水泥建材、中药材、保健食品、草产业、畜产品加工是盐池县的八大支柱产业。有宁鲁石化、金裕海石化、萌生水泥、全世达镁业、紫荆花药业、恒纳地毯、绿海苜蓿、中能北方天然气等一批优势骨干企业。2015年,完成地区生产总值63.9亿元,按可比价格计算,增长15.5%,比全区增速高7.5个百分点,比吴忠市增速高8个百分点,居全区第一位。三次产业结构由2014年的9.5:55.8:34.7调整为2015年的8.6:57.3:34.1。按常住人口计算,全县人均地区生产总值41701元。

7. 社会事业

交通运输和邮电业

盐池县交通较为发达,太中银铁路正线、太中银铁路定银联络线、青银高速公路、银西高速公路、定武高速公路、盐鄂高速公路、银百高速、G211、G307、G244、S103、S303、S304穿境而过,银西高铁在惠安堡设盐池南站。2015年末,全县公路通车里程达到2908千米,其中国道488千米,省道278千米,乡村道路2142千米。年末完成公路客运量116.7万人次,同比增长6.1%,公路旅客周转量7820万人公里,同比增长5.2%。全县交通运输、仓储和邮政业增加值2.41亿元,同比增长2.9%。

邮政、通信事业持续发展。2015年,邮政电信业务总量1.38亿元,年末固定电话用户8060户,移动电话用户达15.5万户,互联网用户1.4万户。

科技文化

2015年,全县有宣传文化中心、文化馆、国家二级图书馆、革命烈士纪念馆、博物馆、中国滩羊馆、档案馆各1处,有20处健身活动站和8个乡镇文化体育活动中心。有线电视用户数20185户,全县广播电视综合人口覆盖率为65%。2015年末,全县图书馆馆藏图书6万余册,档案馆馆藏各类档案81848卷。

教育事业

2015年,全县有各级各类学校(园)62所,在校学生27714人。其中,高级中学2所,在校学生3274人;职业高中1所,在校学生1243人;普通中学5所,在校学生6217人;小学34所(含教学点15个),在校学生12324人;幼儿园19所,在园幼儿4610人(含学前班187人);特殊教育1所,在校学生46人。学龄儿童入学率小学为100%,初中毛入学率137.36%,净入学率100%,初中升学率95.5%,高中升学率74.3%。全县共有各级各类学校教职工1757人(不含继续教育中心、教育局的专职人员),专任教师1730人,其中高级中学249人,职业中学55人,初级中学499人,小学851人,幼儿园233人(含民办130人)。

卫生事业

2015年末,全县共有医疗卫生机构135个,其中,县级综合医院1个,中医院1个,民营医院1个,乡镇卫生院8个,疾病预防控制中心1所,妇幼保健所1所,卫生监督所1所,社区卫生服务站1所。共有卫生专业技术人员488人,其中执业医师和执业助理医师267人,卫生机构病床数638张,每千人拥有床位数和医生分别为3.7张、1.6人。

风景名胜和旅游

盐池县风景名胜主要有古长城、灵应山石窟寺、哈巴湖旅游区。古代的盐池地处北方边陲,战略地位重要,为巩固边防,修筑有多条长城,因此盐池有"长城博物馆"之誉。盐池革命烈士纪念园是全国100个红色经典景区之一、全国爱国主义教育基地、宁夏国防教育基地。灵应寺依山而建,有石窟,是佛道合一的寺庙。哈巴湖旅游区位于中部沙区,总面积16万公顷,是中国黄土高原至内蒙古草原的过渡地带,植被在区系上属欧亚草原区,区内已知各类植物507种、各种陆生动物149种。2015年,全县共接待区内外游客35.7万人次,旅游综合收入达1.01亿元。

开发区

盐池工业园区[Yánchí Gōngyè Yuánqū] 该园区始建于2003年4月,位于盐池县城东,园区东西长约6千米,南北长约2千米。2006年8月经国家发改委审核、自治区人民政府批准为自治区级开发区。2010年6月经吴忠市人民政府批准扩区,形成一园五区格局,使之包括县城、高沙窝、惠安堡、冯记沟、青山5个功能区,形成产业聚集、结构明晰、布局合理、分工明确的综合性工业园区,实现盐池县工业经济的可持续发展。园区总规划面积42.5平方千米,重点发展煤炭开发、油气化工、新能源、新材料、机械设备加工维修、农副产品深加工产业,与之相连的主要道路有盐中高速公路、银青高速公路。该园区已成为盐池县招商引资的主平台、工业经济发展的主阵地、县域经济发展的重要引擎。

萌城经济循环区[Méngchéng Jīngjì Xúnhuánqū] 位于惠安堡镇萌城村,211国道西侧,东邻甘肃省环县甜水堡镇,西接四股泉村,南至殷家渠自然村,北靠萌城幸福新村,交通十分便利。2008年6月由盐池县政府批准成立,总面积20平方千米。主要发展煤炭、化工、加工等产业,产品主要市场分布在宁夏,甘肃省陇东,陕西省榆林、延安等地区。

萌城经济循环区一角

惠安堡功能区[Huì'ānpù Gōngnéngqū] 位于惠安堡镇盐兴路以南,南与同心同德工业园区相连,西与太阳山开发区接壤。2008年6月由盐池县政府批准成立,总面积14.72平方千米(其中,南北长4.6千米,东西长3.2千米)。园区地势平坦,地理位置优越,主要产业为煤炭、化工等。园区2009年新修的罗山路、电力大道、青龙山大道与211国道、盐兴路东连北街,中盐高速公路、中太铁路穿境而过,道路十分便利。

高沙窝工业园区[Gāoshāwō Gōngyè Yuánqū] 位于高沙窝宝塔村、307国道与太中银铁路交会处,临近灵武,交通便捷。地处毛乌素沙地,气候干旱。2009年成立,占地面积约6平方千米。园区主要依托宁东能源化工基地,重点发展煤炭开采、煤化工、电力等上下游产业链配套机械设备制造、维修及煤炭加工、物流产业。

高沙窝工业园区鸟瞰

青山功能区[Qīngshān Gōngnéngqū] 位于青山乡,2010年建成,分采矿区、加工区,加工区规划占地8700亩。园区以石膏开采加工为主,产品主要有建筑石膏粉、高强石膏粉、石膏砌块、石膏装饰板等,并不断提高产品的附加值,加快引进高性能石膏粉、模具石膏粉生产。

东顺工业园区[Dōngshùn Gōngyè Yuánqū] 又叫县城功能区,位于盐池县花马池镇东环路东、307国道南。园区始建于2003年4月,东西长约6公里,南北宽约2公里。是盐池工业园区最早建成部分,主要发展化工、农副产品加工。

盐池县肉羊产业化科技示范园区[Yánchí Xiàn Ròuyáng Chǎnyèhuà Kējì Shìfàn Yuánqū] 位于花马池镇,东临四墩子新农村,西临下王庄,南临四墩子村民委员会,北临吊庄。2004年建成,占地面积3万平方米,主要进行科学养羊技术推广、优质羊品种推广、羊产品开发和交易。

盐池油气化工业园[Yánchí Yóuqìhuà Gōngyèyuán] 位于高沙窝镇,东至余庄子,西至宁东,南至青银高速,北至长城,占地面积756平方千米。2013年成立,已完成"三通一平",并有企业入驻投产。

广 场

火车站广场[Huǒchēzhàn Guǎngchǎng]　位于火车站站台以北、花马寺西侧,北距盐池县城7千米左右,因位于盐池县火车站得名。总面积13.2万平方米,其中绿化面积9.2万平方米,硬化面积4万平方米。整体分为功能广场、景观休闲广场和入口广场三部分,东西两边为景观花带与花马公园衔接,向北通过三级踏步台阶调整与花马池自然接壤,广场地面采用花岗岩、碎石、草坪等有机组合。2009年3月建设并由住建局命名,同年8月竣工使用,2013地名规划将其命名为"巡关广场"。

振远广场[Zhènyuǎn Guǎngchǎng]　位于县城西区。"振远"寓意振兴盐池,铸就盐池美好未来,故得名。2006年建成,面积5.8万平方米,绿地率75%以上,是县城内一处集休闲、娱乐、群众文化活动于一体的公共娱乐场所,在保持了原有地形地貌的基础上,种植了大量常青树、乔木、花灌木及时令花草等,三季有花、四季常青。

文体广场[Wéntǐ Guǎngchǎng]　位于花马池西街南、文体南路西。寓意文化、体育之意,故得名。

解放广场[Jiěfàng Guǎngchǎng]　位于盐池县革命烈士纪念园内东侧,为纪念盐池县解放而建立,广场内建有解放纪念碑。

花马广场[Huāmǎ Guǎngchǎng]　位于县城鼓楼南街,因位于花马池古城内而得名。2001年建成,2006年做了维修改造。广场占地53360平方米,产权单位为盐池县住建局,管理单位为盐池县城市绿化服务中心。花马广场是一个集休闲、娱乐、健身、大型集会于一体的综合性广场,是盐池县城市改造建设的重要标志性建筑。广场中央建有直径30米的大型音乐喷泉,喷泉中央矗立一匹栩栩如生的花马雕像,四周有草坪、鲜花、彩灯等景点,配备了健身、休闲、娱乐的体育器材及石凳等,主要用于人们晨练、休闲游玩、大型集会等。

大水坑中心广场[Dàshuǐkēng Zhōngxīn Guǎngchǎng]　位于大水坑镇裕民北街与兴盛东街交叉处东北角。2003年开工修建,2005年9月建成,占地7200平方米。产权单位、管理单位是大水坑人民政府,主要为居民提供高品质休闲乐园。广场周围

花马广场

交通便利,与兴盛西街、裕民南街、兴盛东街相连。因位于大水坑镇镇建区而得名。

惠安广场[Huì'ān Guǎngchǎng] 位于惠安堡镇惠安北路与惠安南路分界处西侧。1992年建成,2015年进行了升级改造。一面临街,三面商铺环绕,占地面积10000平方米,地面用大理石板铺设,广场正中设碑塔一座。1992年由惠安堡镇政府命名,寓意政惠民安。2013年盐池县地名总体规划将其命名为普乐广场,因惠安堡一带唐代曾属于灵州普乐郡管辖,古名今用。

晴沙广场[Qíngshā Guǎngchǎng] 位于高沙窝镇政府南、金沙街北、亚苏北路东。2001年由高沙窝镇政府建设。2013年盐池县地名总体规划将其命名为晴沙广场,取自明杨一清诗《兴武赞憩》中"落日晴沙万里秋"之句。

主干道

平安大道[Píng'ān Dàdào] 位于盐池城区中部,南北走向,起点盐池火车站,止点长城关立交桥。长8630米,宽60米,路面质地为沥青混凝土,两侧设有人行道。因该路在盐池老城区西侧,原名西环路,随城市发展成为盐池县城主干道路。2013年盐池县地名总体规划将其更名为平安大道,寓意出入平安。道路宽阔,沿街绿化优美,是盐池县城纵向标志性主干道。

盐川大道[Yánchuān Dàdào] 位于盐池城区西部,南北走向,起点银太街,止点民族东街。长7220米,宽50米,路面质地为沥青混凝土,两侧设有人行道。2012年修建,原名工业园区中央大道,2013年盐池县地名总体规划将其更名为盐川大道,隋设盐川郡,盐池一带是盐川郡主要辖地,古名今用。

盐州南路[Yánzhōu Nánlù] 位于盐池城区中部,南北走向,起点花马寺,止点花马池东街。长6200米,宽37米,路面质地为沥青混凝土,两侧设有人行道。政府命名。1936年建有南街,2008年更名为盐州南路。途经街心公园、中国人民银行盐池支行、盐池县税务局办税服务厅、盐池县安监局、盐池县公路管理段、盐池县总工会、盐池县党校、盐池县卫生局、盐池县国土局、盐池县敬老院、盐池县民政局、盐池职业中学。

盐州北路[Yánzhōu Běilù] 位于盐池城区中部,南北走向,起点花马池东街,止点红军东街。长2310米,宽37米,路面质地为沥青混凝土,两侧设有人行道。1936年起名为北街,2008年更名为盐州北路。途经盐池宾馆、盐池商城、民生市场、盐池劳务派遣总公司、盐池县交通运输局、北关社区。沿街绿化优美。

防秋东街[Fángqiū Dōngjiē] 位于盐池城区北部,东西走向,起点盐川大道,止点盐州北路。长2720米,宽40米,路面质地为沥青混凝土。2012年修建,原名北环路,2013年盐池县地名总体规划将其更名为防秋东街。明朝花马池边关的第一要务是防秋,阻止蒙古铁骑秋季侵扰,专名采词"防秋"。沿街绿化优美。

防秋西街[Fángqiū Xījiē] 位于盐池城区北部,东西走向,起点盐州北路,止点平安大道。长1800米,宽40米,路面质地为沥青混凝土。2012年修建,原名北环路,2013年盐池县地名总体规划将其更名为防秋西街。途经北园子、长城遗址公园、长城关立交桥。沿街绿化优美。

民族东街[Mínzú Dōngjiē] 位于盐池城区北部,东西走向,起点盐定立交桥,止点盐州北路。长8920米,宽40米,路面质地为沥青混凝土,两侧设有人行道。1982年建有北关东街,2008年由政府更名为民族东街。因县城内大部分回族群众在此街附近居住而得名,寓意各民族都是一家人。途经青年公寓、威腾园、福源小区、红军七十八师攻克盐池县城遗址、宁夏盐业管理局盐池盐业局、吴忠养路段。此路是307国道经盐池县城段。

民族西街[Mínzú Xījiē] 位于盐池城区北部,东西走向,起点盐州北路,止点三阳路。长11370米,宽40米,路面质地为沥青混凝土,两侧设有人行道。1982年建有北关东街,2008年由政府更名为民族西街。途经花马池市场、盐池汽车站。此路是307国道经盐池县城段。

花马池东街[Huāmǎchí Dōngjiē] 位于盐池城区中部,东西走向,起点盐川大道,止点盐州北路。长2000米,宽30米,路面质地为沥青混凝土,两侧设有人行道。1950年建有东街,2008年由政府更名为花马池东街。明正统八年在盐池附近设立花马池营,弘治六年又置花马池守御千户所,专名采词"花马池"。途经盐池宾馆、盐池第一幼儿园、盐池一小、盐池城管局、盐池供热公司。沿街绿化优美,是盐池县城重要的主干道之一。

花马池西街[Huāmǎchí Xījiē] 位于盐池城区中部,东西走向,起点盐州北路,止点丰收北路。长4030米,宽30米,路面质地为沥青混凝土,两侧设有人行道。1950年建有西街,2008年由政府更名为花马池西街。途经街心公园、盐池扶贫办、中国移动盐池分公司、盐池县财政局、盐池县中医院、盐池消防大队、花马池镇人民政府、福海大酒店、振兴路。沿街绿化优美,是盐池县城重要的主干道之一。

文化街[Wénhuà Jiē] 位于盐池城区中部,东西走向,起点盐州南路,止点丰收南路。长3890米,城墙以西宽39米,城墙以东宽8米。路面质地为沥青混凝土。2012年修建,2013年由政府规划命名为文化街,寓意盐池县有着浓厚的文化气息。途经体育馆、振远广场、盐池县农牧局、盐池县审计局。沿街绿化优美,是盐池县城横向标志性主干道。

广惠东街[Guǎnghuì Dōngjiē] 位于盐池城区南部,东西走向,起点盐川大道,止点盐州南路。长3220米,宽50米,路面质地为沥青混凝土。2012年修建。因该街与304省道相连,直通惠安堡,广字寓意道路宽广,且此街东西走向,此段是东半段,2013年盐池县地名总体规划将其命名为广惠东街。

广惠西街[Guǎnghuì Xījiē]　位于盐池城区南部,东西走向,起点盐州南路,止点太中银铁路四墩子立交桥。长10640米,宽40米,路面质地为沥青混凝土。2012年修建。因该街与304省道相连,直通惠安堡,广字寓意道路宽广,且此街东西走向,此段是西半段,2013年盐池县地名总体规划将其命名为广惠西街。

凝翠东街[Níngcuì Dōngjiē]　位于盐池城区南部,东西走向,起点徐记梁路,止点盐州南路。长6100米,宽30米,为沥青路面。2012年修建,2013年盐池县地名总体规划将其命名为凝翠东街,象征沙海绿洲,环境优美。途经北塘新村、沟沿村、花马寺国家级森林公园。沿街绿化优美。

凝翠西街[Níngcuì Xījiē]　位于盐池城区南部,东西走向,起点盐州南路,止点五原南路。长3370米,宽30米,为沥青路面。2012年修建,2013年盐池县地名总体规划将其命名为凝翠西街,象征沙海绿洲,环境优美。途经花马寺国家级森林公园、盐池革命烈士纪念园、南苑社区。沿街绿化优美。

东顺路[Dōngshùn Lù]　位于盐池城区东部,南北走向,起点凝翠东街,止点民族东街。长2260米,宽40米,路面质地为沥青混凝土,两侧设有人行道。2012年修建,2013年盐池县地名总体规划沿用原名东顺路。因位于盐池县东边,起名东顺,寓意走这条路的人都能顺利抵达止点。途经盐池县青年创业园、东顺苑、盐池县工业园区。沿街绿化优美。

盐林北路[Yánlín Běilù]　位于盐池城区北部,南北走向,起点花马池西街,止点防秋西街。长1440米,宽44米,路面质地为沥青混凝土。2012年修建,因该路南北走向,直通盐池城郊林场,此段属于北半段,政府命名盐林北路。途经福海大酒店、盐池汽车站、永宏医药贸易有限公司、盐池药品检验所、市民休闲森林公园。沿街绿化优美。

盐林南路[Yánlín Nánlù]　位于盐池城区中部,南北走向,起点广惠西街,止点花马池西街。长5000米,宽44米,路面质地为沥青混凝土,两侧设有人行道。2012年修建,因该路南北走向,直通盐池城郊林场,此段属于南半段,政府命名盐林南路。途经中国移动盐池分公司、盐池汇发村镇银行、盐池县交通运输管理所、振远广场、盐池县高级中学、盐池革命烈士纪念园、花马寺国家级森林公园。沿街绿化优美。

兴武北路[Xīngwǔ Běilù]　位于盐池城区西部,南北走向,起点花马池西街,止点民族西街。长320米,宽45米,路面质地为沥青混凝土,两侧设有人行道。2012年

兴武南路[Xīngwǔ Nánlù]　位于盐池城区西部,南北走向,起点翠云街,止点花马池西街。长4110米,宽45米,路面质地为沥青混凝土,两侧设有人行道。2012年修建,2013年盐池县地名总体规划将其命名为兴武南路。沿街绿化优美。

五原南路[Wǔyuán Nánlù]　位于盐池城区西部,南北走向,起点火车站,止点花马池西街。长7900米,宽30米,路面质地为沥青混凝土,两侧设有人行道。2012年修建,2013年盐池县地名总体规划将其命名为五原南路。隋唐时盐池大部分属五原县,专名采词"五原"。

五原北路[Wǔyuán Běilù]　位于盐池城区西部,南北走向,起点花马池西街,止点头道边长城。长1000米,宽30米,路面质地为沥青混凝土,两侧设有人行道。2012年修建,原名西二环路,2013年盐池县地名总体规划将其命名为五原北路。

后卫南路[Hòuwèi Nánlù]　位于盐池城区西部,南北走向,起点凝翠西街,止点花马池西街。长2960米,宽45米,路面质地为沥青混凝土,两侧设有人行道。2012年修建,原名经四路,2013年盐池县地名总体规划命名为后卫南路。明朝时曾在盐池境内设宁夏后卫,专名采词"后卫"。

五堡街[Wǔpù Jiē]　位于盐池城区北部,东西走向,起点防秋西街,止点头道边长城。长2220米,宽40米。2012年修建,2013年盐池县地名总体规划将其命名为五堡街。因经过五堡自然村,就近采集专名。

银太街[Yíntài Jiē]　位于盐池城区南部、盐池火车站北侧,东西走向,起点盐州南路,止点五原南路。长2500米,宽20米,路面质地为沥青混凝土。2012年修建,2013年盐池县地名总体规划将其命名为银太街。因铁路通向银川、太原而得名。

新工路[Xīngōng Lù]　位于盐池城区东部,东南至西北走向,起点临定街,止点飞马街。长2550米,宽40米。2012年修建,2013年盐池县地名总体规划将其命名为新工路,与城西"新农路"相呼应。寓意工业园区要发展现代化新型工业。

羽翼街[Yǔyì Jiē]　位于盐池城区西部,东西走向,起点徐记梁路,止点民族东街。长2300米,宽30米。2012年修建,2013年盐池县地名总体规划将其命名为羽翼街。盐池古有"羽翼陕北,扼控朔方"之称,今用"羽翼"表示盐池工业羽翼渐丰,必将展翅,专名采词"羽翼"。

治沙路[Zhìshā Lù]　位于盐池城区北部,南北走向,起点红军西街,止点县城规划区北界。长1940米,宽30米。原名盐柳路,2013年盐池县地名总体规划将其更名为治沙路,纪念盐池人防沙治沙生态建设的伟大历程。

长庆北路[Chángqìng Běilù] 位于大水坑镇,南北走向,起点兴盛西街,止点水悦西街。长1030米,宽30米。由政府命名为长庆北路,因大水坑镇原有长庆油田采油队驻扎,是石油开采服务基地,故命名。

长庆南路[Chángqìng Nánlù] 位于大水坑镇,南北走向,起点达悦西街,止点兴盛西街。长910米,宽30米。由政府命名为长庆南路。

兴盛东街[Xīngshèng Dōngjiē] 位于大水坑镇,东西走向,起点裕农路,止点裕民北路。长1170米,宽30米。由政府命名为兴盛东街,寓意兴盛不衰。该路是大水坑镇东西向主街。

兴盛西街[Xīngshèng Xījiē] 位于大水坑镇,东西走向,起点裕民北路,止点裕工路。长2990米,宽30米。由政府命名为兴盛西街,寓意兴盛不衰。该路是大水坑镇东西向主街。

裕民北路[Yùmín Běilù] 位于大水坑镇,南北走向,起点兴盛西街,止点水悦西街。长760米,宽30米。由政府命名为裕民北路,寓意百姓富裕。该路是大水坑镇南北向主街。

裕民南路[Yùmín Nánlù] 位于大水坑镇,南北走向,起点达悦西街,止点兴盛西街。长780米,宽30米。由政府命名为裕民南路,寓意百姓富裕。该路是大水坑镇南北向主街。

达悦东街[Dáyuè Dōngjiē] 位于大水坑镇,东西走向,起点裕农路,止点裕民南路。长1010米,宽30米。2012年修建,原名南环路,2013年盐池县地名总体规划将其命名为达悦东街,表达美好愿,"达"与大水坑首字同音。

达悦西街[Dáyuè Xījiē] 位于大水坑镇,东西走向,起点裕民南路,止点兴盛西街。长3200米,宽30米。2012年修建,原名南环路,2013年盐池县地名总体规划将其命名为达悦西街,表达美好愿,"达"与大水坑首字同音。

水悦东街[Shuǐyuè Dōngjiē] 位于大水坑镇,东西走向,起点裕农路,止点裕民北路。长1010米,宽30米。2012年修建,原名北环路,2013年盐池县地名总体规划将其命名为水悦东街,表达美好愿,取"大水坑"次字。

水悦西街[Shuǐyuè Xījiē] 位于大水坑镇,东西走向,起点裕民北路,止点长庆北路。长2060米,宽30米。2012年修建,原名北环路,2013年盐池县地名总体规划将其命名为水悦西街,表达美好愿,取大水坑次字。

裕工路[Yùgōng Lù] 位于大水坑镇,西南至东北走向,起点兴盛西街,止点长庆北路。长1980米,宽30米。2012年修建,原名北环路,2013年盐池县地名总体规划将其命名为裕工路,表达美好意愿,与镇东裕农路相呼应。

裕农路[Yùnóng Lù] 位于大水坑镇,南北走向,起点兴盛东街,止点水悦东街。长750米,宽30米。2012年修建,原名东环路,2013年盐池县地名总体规划将其命名为裕农路,表达美好意愿,与镇西裕工路相呼应。

惠安北路[Huì'ān Běilù] 位于惠安堡镇,南北走向,起点兴惠街,止点温池街。长760米,宽30米。由政府命名为惠安北路。该路是211国道过惠安堡镇段,是惠安堡镇南北向主街。

惠安南路[Huì'ān Nánlù] 位于惠安堡镇,南北走向,起点罗山街,止点兴惠街。长5510米,宽30米。由政府命名为惠安南路。该路是211国道过惠安堡镇段,是惠安堡镇南北向主街。

兴惠街[Xīnghuì Jiē] 位于惠安堡镇,东西走向,起点温池街,止点惠安北路。长3070米,宽30米。由政府命名为兴惠街,寓意兴旺惠安堡镇。该路是盐惠公路入惠安堡镇段,是惠安堡镇东西向主街。

普乐东街[Pǔlè Dōngjiē] 位于惠安堡镇,东西走向,起点温池街,止点惠安南路。长2360米,宽30米。2013年盐池县地名总体规划将其命名为普乐东街。南北朝时,惠安堡一带属普乐郡管辖,古名今用,寓意美好。此街是304省道过惠安堡镇段。

普乐西街[Pǔlè Xījiē] 位于惠安堡镇,东西走向,起点惠安南路,止点惠太路。长2970米,宽30米。2013年盐池县地名总体规划将其命名为普乐西街。南北朝时,惠安堡一带属普乐郡管辖,古名今用,寓意美好。此街是304省道过惠安堡镇段。

太和街[Tàihé Jiē] 位于惠安堡镇,东西走向,起点阜财南路,止点惠太路。长4430米,宽30米。原名太和大道,2013年盐池县地名总体规划将其命名为太和街,沿用原专名,规范通名。

温池街[Wēnchí Jiē] 位于惠安堡镇,东西走向,起点兴惠街,止点惠安北路。长3220米,宽30米。2013年盐池县地名总体规划将其命名为温池街。唐、五代时,曾在惠安堡一带设温池县,古名今用。

金沙街[Jīnshā Jiē] 位于高沙窝镇,东南至西北走向,起点缚沙路,止点龙跃路。长2550米,宽32米。2013年盐池县地名总体规划沿用原名金沙街。途经高沙窝镇政府、高沙窝镇农贸市场。该路是307国道过高沙窝镇段,是高沙窝镇东西向主街。

亚苏北路[Yàsū Běilù] 位于高沙窝镇,南北走向,起点金沙街,止点高沙窝立交桥。长780米,宽28米。2013年盐池县地名总体规划沿用原名亚苏北路,"亚苏"是蒙古语,有"品质""骨架"之意。该路是郭巴公路过高沙窝镇段,是高沙窝镇南北向主街。途经高沙窝镇政府。

亚苏南路[Yàsū Nánlù] 位于高沙窝镇,南北走向,起点神沙街,止点金沙街。长1200米,宽28米。2013年盐池县地名总体规划沿用原名亚苏南路。该路是郭巴公路过高沙窝镇段,是高沙窝镇南北向主街。

昌泰路[Chāngtài Lù] 位于高沙窝功能区,南北走向,起点土蒿梁街,止点307国道。长1360米,宽30米。2013年盐池县地名总体规划将其命名为昌泰路,寓意高沙窝功能区繁荣昌盛。

昌盛路[Chāngshèng Lù] 位于高沙窝功能区,南北走向,起点济沙街,止点307国道。长1100米,宽30米。2013年盐池县地名总体规划将其命名为昌盛路,寓意高沙窝功能区繁荣昌盛。

济沙街[Jìshā Jiē] 位于高沙窝功能区,东西走向,起点魏庄路,止点孟家井路。长3870米,宽30米。2013年盐池县地名总体规划将其命名为济沙街,寓意美好。

大墩路[Dàdūn Lù] 位于高沙窝工业集中区,南北走向,起点荣盛街,止点头道边长城。长5200米,宽30米。原名经十路,2013年盐池县地名总体规划将其命名为大墩路。因近大圪垯村,圪垯实为墩堠,专名采"大墩",非冷僻字,简洁易读。

荣昌街[Róngchāng Jiē] 位于高沙窝工业集中区,东西走向,起点英雄堡路,止点西营路,长13420米,宽30米。原名纬五路,2013年盐池县地名总体规划将其命名为荣昌街,寓意美好。

次干道

鼓楼北路[Gǔlóu Běilù] 位于盐池城区中部,南北走向,起点花马池东街,止点民族东街。长480米,宽21米,路面质地为沥青混凝土。始建于1936年,1991年改建为柏油路,2013年盐池县地名总体规划将其命名为鼓楼北路。因通过花马池城内鼓楼而得名。途经红盾苑小区、盐池农经大厦、三清阁、红军七十八师攻克盐池县城纪念遗址、盐池县检察院、花马池镇派出所。该路是盐池县著名古街区,沿街绿化优美。

鼓楼南路[Gǔlóu Nánlù] 位于盐池城区中部,南北走向,起点解鞍东街,止点花马池东街。长1450米,宽21米,路面质地为沥青混凝土。始建于1936年,1991年改建为柏油路,2013年盐池县地名总体规划将其命名为鼓楼南路。因通过花马池城内鼓楼而得名。途经盐池县人民政府、花马广场。该路是盐池县著名古街区,沿街绿化优美。

福州南路[Fúzhōu Nánlù] 位于盐池城区中部,南北走向,起点凝翠西街,止点花马池西街。长2180米,宽24米,路面质地为沥青混凝土。2008年由政府命名为福州南路,福字寓意福气。途经盐池县飞马建筑安装公司、盐池县农牧局。沿街绿化优美。

福州北路[Fúzhōu Běilù] 位于盐池城区中部,南北走向,起点花马池西街,止点红军西街。长2400米,宽24米,路面质地为沥青混凝土。2008年由政府命名为福州北路,福字寓意福气。途经盐池县第四小学、盐池县种子公司。沿街绿化优美。

振远西街[Zhènyuǎn Xījiē] 位于盐池城区中部,东西走向,起点盐州南路,止点五原南路。长3480米,宽24.45米,路面质地为沥青混凝土。2012年修建,2013年盐池县地名总体规划将其命名为振远西街,寓意花马池城在古代威震远方。

振远东街[Zhènyuǎn Dōngjiē] 位于盐池城区中部,东西走向,起点东顺路,止点盐州南路。长980米,宽24.45米,路面质地为沥青混凝土。2012年修建,2013年盐池县地名总体规划将其命名为振远东街,寓意花马池城在古代威震远方。

人民街[Rénmín Jiē] 位于盐池城区西部,东西走向,起点平安大道,止点丰收南路。长2090米,宽30米,路面质地为沥青混凝土。2014年修建,原名新区一路,2013年盐池县地名总体规划将其命名为人民街,寓意执政为民,盐池县委、县政府为人民服务。

政和南路[Zhènghé Nánlù]　位于盐池城区西部,南北走向,起点人民街,止点花马池西街。长1310米,宽24米,路面质地为沥青混凝土。2012年修建,原名经二路,2013年盐池县地名总体规划将其命名为政和南路,专名取词"政和",取"和谐"一字,与政谐南路相对应,象征盐池政治清明,共创和谐社会。

政和北路[Zhènghé Běilù]　位于盐池城区西部,南北走向,起点花马池西街,止点民族西街。长300米,宽24米,路面质地为沥青混凝土,两侧设有人行道。2012年修建,原名经二路,2013年盐池县地名总体规划将其命名为政和北路,专名取词"政和",取"和谐"一字,与政谐北路相对应,象征盐池政治清明,共创和谐社会。沿街绿化优美。

政谐南路[Zhèngxié Nánlù]　位于盐池城区西部,南北走向,起点人民街,止点花马池西街。长1310米,宽24米,路面质地为沥青混凝土,两侧设有人行道。2012年修建,原名经三路,2013年盐池县地名总体规划将其命名为政谐南路,专名取词"政谐",取"和谐"一字,与政和南路相对应,象征盐池政治清明,共创和谐社会。途经盐池县公安局、盐池县人民法院、盐池县三中。

政谐北路[Zhèngxié Běilù]　位于盐池城区西部,南北走向,起点花马池西街,止点五堡村。长830米,宽24米,路面质地为沥青混凝土,两侧设有人行道。2012年修建,原名经三路,2013年盐池县地名总体规划将其命名为政谐北路,专名取词"政谐",取"和谐"一字,与政和北路相对应,象征盐池政治清明,共创和谐社会。

昫衍南路[Xùyǎn Nánlù]　位于盐池城区东部,南北走向,起点凝翠东街,止点花马池东街。长2310米,宽20米,路面质地为沥青混凝土,两侧设有人行道。2008年由政府命名为昫衍南路,因战国时期秦国在盐池一带设立昫衍县而得名。途经兴隆花园、宁夏紫荆花制药有限公司。沿街绿化优美。

昫衍北路[Xùyǎn Běilù]　位于盐池城区西部,南北走向,起点花马池东街,止点红军东街。长2140米,宽40米,路面质地为沥青混凝土,两侧设有人行道。2008年由政府命名为昫衍北路。途经万顺小区。沿街绿化优美。

振兴南路[Zhènxīng Nánlù]　位于盐池城区中部,南北走向,起点广惠西街,止点花马池西街。长1370米,宽22米,路面质地为沥青混凝土。2008年由政府命名为振兴南路,寓意振兴中华、振兴盐池。途经盐池县体育馆、盐池县第五小学。沿街绿化优美。

振兴北路[Zhènxīng Běilù] 位于盐池城区中部,南北走向,起点花马池西街,止点民族西街。长370米,宽22米,路面质地为沥青混凝土。2008年由政府命名为振兴北路,寓意振兴中华、振兴盐池。途经花马池镇政府、盐池县中医院。沿街绿化优美。

大兴路[Dàxīng Lù] 位于盐池城区西南部,南北走向,起点凝翠西街,止点人民街。长2760米,宽30米。2012年修建,原名新区五路,2013年盐池县地名总体规划将其命名为大兴路。南北朝时盐池属大兴郡,古名今用,又喻今盐池大兴。

解鞍东街[Jiě'ān Dōngjiē] 位于盐池城区南部,东西走向,起点盐川大道,止点东顺路。长1050米,宽30米。原名纬三路,2013年盐池县地名总体规划将其命名为解鞍东街,取自明杨一清诗"甲士解鞍休战马",寓意和平。途经盐池县清大华普科技有限公司、宁夏杰瑞思食品有限公司。

沟沿街[Gōuyán Jiē] 位于盐池城区南部,东西走向,起点盐川大道,止点盐州南路。长1620米,宽30米。原名纬四路,2013年盐池县地名总体规划将其命名为沟沿街。途经沟沿村、盐池县人民医院。

南苑后街[Nányuàn Hòujiē] 位于盐池城区南部,东西走向,起点平安大道,止点五原南路。长1620米,宽30米。原名新区二路,2013年盐池县地名总体规划将其命名为南苑后街,横穿南苑社区。

南苑前街[Nányuàn Qiánjiē] 位于盐池城区南部,东西走向,起点平安大道,止点五原南路。长1570米,宽30米。原名新区三路,2013年盐池县地名总体规划将其命名为南苑前街,横穿南苑社区。

徐记梁路[Xújìliáng Lù] 位于盐池城区西部,南北走向,起点徐记梁,止点元华街。长3100米,宽30米。原名经十路,2013年盐池县地名总体规划将其命名为徐记梁路。

打盐路[Dǎyán Lù] 位于盐池城区西部,南北走向,起点临定街,止点飞马街。长2120米,宽30米。原名经十一路,2013年盐池县地名总体规划将其命名为打盐路。早时盐池盐业生产称之为"打盐",可谓盐池工业之肇始,故得名。途经宁夏金裕海化工有限公司、宁夏江鑫石油化工有限公司。

东郭庄路[Dōngguōzhuāng Lù] 位于盐池城区西部,东南至西北走向,起点临定街,止点飞马街。长2100米,宽30米。原名纬二路,2013年盐池县地名总体规划将其命名为东郭庄路,因近东郭庄得名。

北塘街[Běitáng Jiē] 位于盐池城区西部,东西走向,起点开泰路,止点盐川大道。长1930米,宽30米。原名纬三路,2013年盐池县地名总体规划将其命名为北塘街。途经北塘新村。

三宝街[Sānbǎo Jiē] 位于盐池城区西部,东西走向,起点苟池西,止点盐达路。长3640米,宽30米。原名纬五路,2013年盐池县地名总体规划将其命名为三宝街。取盐池有"三宝":咸盐、皮毛、甘草之意。途经宁夏江鑫石油化工有限公司。

盐丰街[Yánfēng Jiē] 位于盐池城区西部,东西走向,起点种盐路,止点徐记梁路。长2140米,宽30米。原名纬六路,2013年盐池县地名总体规划将其命名为盐丰街,取产"盐多"之意。

临定街[Líndìng Jiē] 位于盐池城区西部,东西走向,起点民族东街,止点徐记梁。长3000米,宽30米。原名纬七路,2013年盐池县地名总体规划将其命名为临定街,因非常临近东边的定边县而得名。

新农路[Xīnnóng Lù] 位于盐池城区西部,南北走向,起点广惠西街,止点民族西街。长2580米,宽15米。2013年盐池县地名总体规划将其命名为新农路,与城东"新工路"相呼应,寓意生态农业模块要发展现代化新型农业,搞好新农村建设。途经宗源滩羊食品有限公司。

刘八庄路[Liúbāzhuāng Lù] 位于盐池城区西部,南北走向,起点广惠西街,止点民族西街。长3500米,宽15米。原名城西滩路网C,2013年盐池县地名总体规划将其命名为刘八庄路,因通往刘八庄村而得名,保护乡土地名,保留乡土气息。

盈德路[Yíngdé Lù] 位于盐池城区西部,南北走向,起点广惠西街,止点民族西街。长5200米,宽15米。原名城西滩路网B,2013年盐池县地名总体规划将其命名为盈德路,因过盈德村而得名,取其美好意愿。

三阳路[Sānyáng Lù] 位于盐池城区西部,南北走向,起点广惠西街,止点民族西街。长6800米,宽15米。原名城西滩路网A,2013年盐池县地名总体规划将其命名为三阳路,与城东"开泰路"相对应,取"三阳开泰"之意,又"阳"同"羊"音,滩羊乃盐池三宝之一。途经田记掌村村委会。

惠泽街[Huìzé Jiē] 位于盐池城区西部,东西走向,起点刘八庄路,止点盈德路。长1790米,宽30米。原名城西滩路网H,2013年盐池县地名总体规划将其命名为惠泽街,因过惠泽村而得名,取其美好意愿。

安丰路[Ānfēng Lù] 位于高沙窝镇,西南至东北走向,起点神沙街,止点金沙街。长1150米,宽24米。2013年盐池县地名总体规划将其命名为安丰路。

昌德路[Chāngdé Lù] 位于高沙窝功能区,南北走向,起点济沙街,止点宝塔街。长960米,宽24米。原名途经二路,2013年盐池县地名总体规划将其命名为昌德路,寓意美好。

昌荣路[Chāngróng Lù] 位于高沙窝功能区,南北走向,起点济沙街,止点宝塔街。长1090米,宽24米。原名途经四路,2013年盐池县地名总体规划将其命名为昌荣路,寓意美好。

济高街[Jìgāo Jiē] 位于高沙窝功能区,东西走向,起点魏庄路,止点孟家井路。长4320米,宽24米。原名纬一路,2013年盐池县地名总体规划将其命名为济高街,寓意美好。

高沙路[Gāoshā Lù] 位于高沙窝工业集中区,南北走向,起点荣盛街,止点泉胜街。长8320米,宽24米。原名途经九路,2013年盐池县地名总体规划将其命名为高沙路,因靠近高沙窝村而得名,保护本土地名。

大兴南路[Dàxīng Nánlù] 位于大水坑镇,南北走向,起点金阜街,止点兴盛西街。长280米,宽24米。2013年盐池县地名总体规划将其命名为大兴南路。

金阜街[Jīnfù Jiē] 位于大水坑镇,东西走向,起点裕民南路,止点油运南路。长2210米,宽24米。2013年盐池县地名总体规划将其命名为金阜街。途经大水坑镇畜产品交易市场、东宇商务宾馆、裕民社区。

金融南路[Jīnróng Nánlù] 位于大水坑镇,南北走向,起点达悦西街,止点兴盛西街。长900米,宽24米。2013年盐池县地名总体规划将其命名为金融南路。途经吴忠盐池信息宾馆。

友谊北路[Yǒuyì Běilù] 位于大水坑镇,南北走向,起点兴盛西街,止点水悦西街。长800米,宽10米。原名友谊路,2013年盐池县地名总体规划将其命名为友谊北路。

友谊南路[Yǒuyì Nánlù] 位于大水坑镇,南北走向,起点达悦西街,止点兴盛西街。长830米,宽10米。原名友谊路,2013年盐池县地名总体规划将其命名为友谊南路。

育才西街[Yùcái Xījiē] 位于大水坑镇,东西走向,起点裕民北路,止点裕工路。长3110米,宽24米。原名育才路,2013年盐池县地名总体规划将其命名为育才西街。

电力街[Diànlì Jiē] 位于惠安堡镇,东西走向,起点阜财南路,止点惠太路。长4300米,宽24米。原名电力大道,2013年盐池县地名总体规划将其命名为电力街。

翰林街[Hànlín Jiē] 位于惠安堡镇,东西走向,起点普乐东街,止点惠安北路。

长1750米,宽24米。2013年盐池县地名总体规划将其命名为翰林街,因惠安堡曾出翰林谢王宠而得名。

民族街[Mínzú Jiē] 位于惠安堡镇,东西走向,起点惠安南路,止点青龙山路。长1830米,宽24米。途经盐池县化工染料厂。

青龙山路[Qīnglóngshān Lù] 位于惠安堡镇,南北走向,起点罗山街,止点惠安堡盐池。长5410米,宽24米。原名青龙山大道,2013年盐池县地名总体规划将其命名为青龙山路。

街 道

盐州路街道[Yánzhōulù Jiēdào] 隶属盐池县人民政府,驻地迁芙蓉园东区,管辖盐池县城区大部,东至开泰路,西至五原路,南至凝翠街,北至红军街,辖区人口 8.8 万人。是县人民政府的派出机关,依据法律法规的规定,在本辖区内行使相应的政府管理职能,管理本辖区内的社会事务、劳动和社会保障、环境保护、文化、卫生、安全生产等行政工作,负责维护本辖区内社会秩序稳定。

社 区

北关社区[Běiguān Shèqū] 隶属盐州路街道。位于县城北部,东至石油公司,西至盐州北路,南至民族东街,北至北园子新农村。辖区总面积 4.5 平方千米,人口 5100 人,辖福源小区、祥瑞小区、沁馨园小区等 9 个居民小区。1989 年为城关镇第五居民委员会,同年 11 月更名为北关居民委员会,1991 年更名为盐池县城关街道北关社区居委会,2003 年正式成立北关居民委员会。主要驻区单位有盐池县交通运输局、盐池县人保财险公司、盐池县邮政局、盐池县石油公司等。

小井坑社区[Xiǎojǐngkēng Shèqū] 隶属盐州路街道。位于县城东北角,西至盐州北路,东至盐川大道,南至花马池东街,北至北城墙。辖区总面积 0.9 平方千米,人口 5600 人。辖区内有人大家属楼、教育小区、金穗园小区等 22 个居民小区。因社区原有一处坑洼之地,且有一些小型水井而得名。1996 年为盐池县城关镇三居委,1996 年更名为小井坑居委会。主要驻区单位包括盐池县住建局、市场监督管理局、妇联、团委、工会等。名胜古迹有三清阁、明长城。

利民社区[Lìmín Shèqū] 隶属盐州路街道。位于民生西街与体育北巷交叉东北方向,东至盐州北路,西至盐林北路,南至文化街,北至民族街。辖区总面积1.3平方千米,人口6200人。辖清丽苑、利源小区、信合小区等53个居民小区。因位于利民路附近而得名。

龙辰社区[Lóngchén Shèqū] 隶属盐州路街道。位于花马池西街两侧,东至盐林北路,西至平安大道,南至文化街,北至民族西街。辖区总面积约1.6平方千米,人口8700人。辖永宏家园、西花园、雅居苑等8个居民小区。

花园社区[Huāyuán Shèqū] 隶属盐州路街道。位于县城中心位置,东至盐州南路,西至福州南路,南至广惠西街,北至花马池西街。辖区总面积约为1.83平方千米,人口11680人。辖家和园小区、双鑫园小区、宏亚家园、金穗园、清水苑等32个小区。1989年为城关镇二居委,同年11月更名为花马池居民委员会,1991年又更名为盐池县城关街道花园社区居委会,2003年正式成立花园居民委员会。主要驻区单位有盐池县民政局、发展与改革局、农牧局等28家单位。

芙蓉社区[Fúróng Shèqū] 隶属盐州路街道。位于县城旧城区东南角,东至东顺路,西至盐州南路,南至南城墙,北至花马池东街。辖区总面积1.5平方千米,人口9400人。辖东顺苑、民生花园、芙蓉园等30个居民小区。1989年为城关镇第一居民委员会,同年11月更名为林园居民委员会,1991年又更名为陵园居民委员会,2004年陵园居民委员会正式成立,2016年因避讳重新命名芙蓉社区。主要驻区单位有政府办、县委办、县委组织部等。鼓楼南北街贯穿社区,盐州南路从西通过。

芙蓉社区居民委员会

南关社区[Nánguān Shèqū] 隶属盐州路街道。位于县城东南处,东至东顺路,西至盐州南路延伸至哈巴湖管理局(嘉林苑),南至广惠东街延伸至冯记圈以北(永青苑),北至元华路。辖区总面积约为1.5平方千米,人口8400人。辖永青苑、嘉林苑、南环新村3个居民小区。因社区所辖区域位于县城东南处而得名。1991年盐池县人民政府批准将城关镇第一居民委员会划分为第一居委会和南关居委会,2004年正式成立南关居委会。主要驻区单位包括盐池县人民医院、盐池县疾病控制中心、盐池县党校等。

振兴社区[Zhènxīng Shèqū] 隶属盐州路街道。位于县城西部,东至福州南路,西至平安大道,南至广惠西街,北至文化街。辖区总面积1.1平方千米,人口12400人。辖康泰花园、宁鲁花园、清秀苑、盛世华庭等7个居民小区。2013年成立,因振兴南路纵穿辖区而得名。主要驻区单位包括盐池县教育体育局、盐池县供水公司、盐池县第五小学、中国建设银行盐池支行、中国邮政储蓄银行盐池县支行等。

龙翔社区[Lóngxiáng Shèqū] 隶属盐州路街道。位于县城西北部,东至平安大道,西至五原南路,南至文化街,北至民族西街。辖区总面积3.2平方千米,人口9500人。辖惠泽苑、龙鼎世家、富春山居3个居民小区。地处盐池县城新区,社区命名富有诗意,寓意美好。规划建设的盐池县行政中心在其辖区内。

西苑社区[Xīyuàn Shèqū] 隶属盐州路街道。位于县城西南部,东起佳兴苑和盐州翰府,西至五原南路,南至广惠西街,北至文化街。辖区总面积3.7平方千米,人口9200人。辖佳兴苑、盐州翰府、裕民小区等5个居民小区。社区命名富有诗意,寓意美好。规划建设的和谐广场在其辖区内。

城镇居民点

一中家属楼小区[Yīzhōng Jiāshǔlóu Xiǎoqū] 位于永清南路东侧。建筑面积5760平方米。居住人口50户,共计240人。1998年由盐池第一中学建设,用于一中职工家属安居,故得名。

万丽盛世佳苑[Wànlìshèngshì Jiāyuàn] 位于文化西街。建筑面积61188平方米。居住人口273户,共计1764人。2014年由宁夏盐池县广联置业有限公司建设,用于群众购买安居,开发商命名为万丽盛世佳苑。

东顺苑小区[Dōngshùnyuàn Xiǎoqū] 位于昫衍路东侧。建筑面积70000平方米。居住人口664户,共计2324人。2010年由宁夏盐池县宏亚房地产有限公司建设,用于群众购买安居,开发商就近采用街名命名为东顺苑小区。

中医院家属楼小区[Zhōngyīyuàn Jiāshǔlóu Xiǎoqū] 位于长城南路西侧。建筑面积3584平方米。居住人口32户,共计112人。2002年由城市建设综合开发公司建设,用于中医院职工家属安居,故命名为中医院家属楼小区。

书香雅苑[Shūxiāng Yǎyuàn] 位于盐林南路东侧。建筑面积82181平方米。居住人口625户,共计21875人。2013年建设,开发商命名为书香雅苑,寓意文化深厚、读书人住的地方。

二堡大院家属楼[Èrpù dàyuàn Jiāshǔlóu] 位于花马池西街北侧。建筑面积2200平方米。居住人口18户,共计63人。2002年由城市建设综合开发公司建设,用于群众购买安居,开发商命名为二堡大院家属楼。

五金公司家属楼[Wǔjīn gōngsī Jiāshǔlóu] 位于花马池西街北侧。建筑面积1200平方米。居住人口24户,共计84人。1995年由五金公司建设,用于五金公司职工家属安居,故命名为五金公司家属楼。

交警队家属楼[Jiāojǐngduì Jiāshǔlóu] 位于花马池西街北侧。建筑面积1600平方米。居住人口16户,共计56人。1997年由盐池县交警队建设,用于交警队职工家属安居,故命名为交警队家属楼。

人大家属楼[Réndà Jiāshǔlóu] 位于鼓楼北街西侧。建筑面积4200平方米。居住人口32户,共计112人。2002年由盐池县人大建设,用于人大职工家属安居,故命名为人大家属楼。

人行家属楼[Rénháng Jiāshǔlóu] 位于花马池西街北侧。建筑面积1500平方米。居住人口24户,共计84人。于2002年由人行建设,用于人行职工家属安居,故命名为人行家属楼。

仁和园小区[Rénhéyuán Xiǎoqū] 位于民族西街南侧。建筑面积7040平方米。居住人口64户,共计224人。2006年由宏亚房地产开发公司建设,用于群众购买安居,开发商命名为仁和园小区,寓意居民宽厚仁和、和谐相处。

众鑫综合楼[Zhòngxīn Zōnghélóu] 位于花马池西街北侧。建筑面积18290平方米。居住人口76户,共计266人。2012年由宏建房地产开发公司建设,用于群众购买安居,开发商命名为众鑫综合楼。

供水公司家属楼[Gōngshuǐ gōngsī Jiāshǔlóu] 位于长城南路东侧。建筑面积5280平方米。居住人口48户,共计168人。2003年由供水公司建设,用于供水公司职工家属安居,故命名为供水公司家属楼。

供销社家属楼[Gōngxiāoshè Jiāshǔlóu] 位于花马池西街北侧。建筑面积2100平方米。居住人口18户,共计63人。1997年由盐池县供销社建设,用于供销社职工家属安居,故命名为供销社家属楼。

供销社家属楼小区[Gōngxiāoshè Jiāshǔlóu Xiǎoqū] 位于盐州南路西侧。建筑面积2160平方米。居住人口32户,共计112人。2002年由盐池县供销社建设,用于供销社职工家属安居,故命名为供销社家属楼小区。

信用联社家属楼[Xìnyòngliánshè Jiāshǔlóu] 位于利民巷东侧。建筑面积1200平方米。居住人口90户,共计315人。2000年由盐池县信用联社建设,用于信用联社职工家属安居,故命名为信用联社家属楼。

公安局家属楼[Gōng'ānjú Jiāshǔlóu] 位于花马池西街南侧。建筑面积2280平方米。居住人口40户,共计160人。2002年由盐池县公安局建设,用于公安局职工家属安居,故命名为公安局家属楼。

农业局家属楼[Nóngyèjú Jiāshǔlóu] 位于鼓楼北街东侧。建筑面积3600平方米。居住人口30户,共计120人。2002年由盐池县农业局建设,用于农业局职工家属安居,故命名为农业局家属楼。

农检小区[Nóngjiǎn Xiǎoqū] 位于永清南路西侧。建筑面积8085平方米。居住人口77户,共计270人。2002年由盐池县农业局和盐池县检察院建设,用于农检职工家属安居,故命名为农检小区。

利民小区[Lìmín Xiǎoqū]　位于利民巷南侧。建筑面积4600平方米。居住人口34户,共计120人。2002年由宏亚房地产公司建设,用于群众购买安居,开发商引用利民街名命名为利民小区。

利源小区[Lìyuán Xiǎoqū]　位于长城北路西侧。建筑面积15629平方米。居住人口106户,共计371人。2010年由宏亚房地产公司建设,用于群众购买安居,开发商命名为利源小区。

医院家属楼小区[Yīyuàn Jiāshǔlóu Xiǎoqū]　位于盐州南路东侧。建筑面积7068平方米。居住人口72户,共计254人。2000年由盐池县人民医院建设,用于医院职工家属安居,故命名为医院家属楼小区。

医院建行家属楼小区[Yīyuàn Jiànháng Jiāshǔlóu Xiǎoqū]　位于解放街北侧。建筑面积4300平方米。居住人口40户,共计160人。1997年由盐池县人民医院和建行共同建设,用于医院、建行职工家属安居,故命名为医院建行家属楼小区。

千禧小区[Qiānxǐ Xiǎoqū]　位于鼓楼北街东侧。建筑面积2900平方米。居住人口24户,共计84人。2002年由盐池县劳动就业局建设,用于劳动就业局职工家属安居,故命名为千禧小区。

双鑫苑小区[Shuāngxīnyuàn Xiǎoqū]　位于花马池镇振远西街北侧。建筑面积29800平方米。居住人口303户,共计1060人。2009年由宏亚房地产公司建设,用于群众购买安居,开发商命名为双鑫苑小区。

哈巴湖小区[Hābāhú Xiǎoqū]　位于广惠西街北侧。建筑面积7360平方米。居住人口64户,共计224人。2009年建设,用于群众购买安居,开发商借用盐池县有名的哈巴湖之名命名为哈巴湖小区。

商业局家属楼小区[Shāngyèjú Jiāshǔlóu Xiǎoqū]　位于鼓楼北街东侧。建筑面积1620平方米。居住人口24户,共计84人。1998年由盐池县商业局建设,用于商业局职工家属安居,故命名为商业局家属楼小区。

国税局家属楼小区[Guóshuìjú Jiāshǔlóu Xiǎoqū]　位于盐州南路西侧。建筑面积19280平方米。居住人口140户,共计490人。1998年由盐池县国税局建设,用于国税局职工家属安居,故命名为国税局家属楼小区。

城建局家属楼[Chéngjiànjú Jiāshǔlóu]　位于永清北路西侧。建筑面积3200平方米。居住人口35户,共计123人。2001年由盐池县城建局建设,用于城建局职工家属安居,故命名为城建局家属楼。

天瞬佳兴苑[Tiānshùnjiāxīng Yuàn] 位于盐林南路东侧。建筑面积82578平方米。居住人口661户,共计2314人。2012年由宁夏鑫祥房地产开发公司建设,用于群众购买安居,开发商命名为天瞬佳兴苑。

宁鲁城市花园[Nínglǔ Chéngshì Huāyuán] 位于盐林南路西侧。建筑面积81587平方米。居住人口592户,共计2072人。2011年由宏亚房地产开发公司建设,用于群众购买安居,开发商命名为宁鲁城市花园,象征宁夏与山东的合作。

宏亚家园[Hóngyà Jiāyuán] 位于福州南路东侧。建筑面积19813平方米。居住人口176户,共计616人。2007年由宏亚房地产公司建设,用于群众购买安居,开发商以自己公司专名命名为宏亚家园。

宏赋苑[Hóngfù Yuàn] 位于西环西路。建筑面积18705平方米。居住人口142户,共计497人。2013年由宏亚房地产开发公司建设,用于群众购买安居,开发商命名为宏赋苑。

家和园[Jiāhé Yuán] 位于体育巷西侧。总占地面积19133.65平方米,建筑面积3.8万平方米。居住人口950户,共计3325人。2006年由宁夏建设集团房地产公司建设,用于群众购买安居,开发商命名为家和园,寓意家和万事兴。

富源小区[Fùyuán Xiǎoqū] 位于民族东街北侧。建筑面积11800平方米。居住人口112户,共计392人。2010年由城市建设综合开发公司建设,用于群众购买安居,开发商命名为富源小区。

福源小区[Fúyuán Xiǎoqū] 位于民族东街南侧。建筑面积12080平方米。居住人口120户,共计420人。2007年由宏亚房地产开发公司建设,用于群众购买安居,开发商命名为福源小区。

尚景园[Shàngjǐng Yuán] 位于文化西街南侧。建筑面积43700平方米。居住人口278户,共计973人。2012年由宁夏昊钰房地产开发公司建设,用于群众购买安居,开发商命名为尚景园,寓意高贵华丽。

居安小区[Jū'ān Xiǎoqū] 位于福州南路东侧。建筑面积22246平方米。居住人口227户,共计800人。2000年由居安房地产开发有限公司建设,用于群众购买安居,开发商命名为居安小区,寓意安居乐业。

工行家属楼小区[Gōngháng Jiāshǔlóu Xiǎoqū] 位于民生西街南侧。建筑面积1104平方米。居住人口16户,共计56人。1997年由工行建设,用于工行职工家属安居,故命名为工行家属楼小区。

康泰花园[Kāngtài Huāyuán]　位于盐林南路东侧。建筑面积51255平方米。居住人口417户,共计1460人。2004年由宁夏银基房地产开发公司建设,用于群众购买安居,开发商命名为康泰花园,寓意健康安泰、环境优美。

御景园[Yùjǐng Yuán]　位于盐林南路西侧。建筑面积48586平方米。居住人口389户,共计1362人。2013年由宁夏昊钰房地产开发公司建设,用于群众购买安居,开发商命名为御景园,寓意高贵华丽。

德昌家属楼[Déchāng Jiāshǔlóu]　位于福州北路东侧。建筑面积3500平方米。居住人口30户,共计110人。2009年由城市建设综合开发公司建设,用于群众购买安居,开发商命名为德昌家属楼。

房改办家属楼小区[Fánggǎibàn Jiāshǔlóu Xiǎoqū]　位于花马池东街影院南巷西。建筑面积4200平方米。居住人口50户,共计140人。1999年由盐池县房改办建设,用于房改办职工家属安居,故命名为房改办家属楼小区。

政府家属楼小区[Zhèngfǔ Jiāshǔlóu Xiǎoqū]　位于鼓楼北街西侧。建筑面积4150平方米。居住人口50户,共计175人。1998年由盐池县人民政府建设,用于县政府职工家属安居,故命名为政府家属楼小区。

教育小区[Jiàoyù Xiǎoqū]　位于花马池西街北侧。建筑面积26801平方米。居住人口488户,共计1700人。2010年由宏亚房地产开发公司建设,用于群众购买安居,开发商命名为教育小区。

昊湖花园[Hàohú Huāyuán]　位于广惠西街北侧。建筑面积9130平方米。居住人口83户,共计290人。2005年建设,用于群众购买安居,开发商命名为昊湖花园。

林苑小区[Línyuàn Xiǎoqū]　位于永清南路西侧。建筑面积5280平方米。居住人口50户,共计200人。2002年由宏亚房地产开发公司建设,用于群众购买安居,开发商以方位命名为林苑小区。

民乐小区[Mínlè Xiǎoqū]　位于安定东街北侧。建筑面积10100平方米。居住人口84户,共计336人。2002年建设,用于群众购买安居,开发商命名为民乐小区。

水务局家属楼小区[Shuǐwùjú Jiāshǔlóu Xiǎoqū]　位于盐州南路水电巷南侧。建筑面积9545平方米。居住人口83户,共计290人。2002年由盐池县水务局建设,用于水务局职工安居,故命名为水务局家属楼小区。

水晶苑[Shuǐjīng Yuán]　位于长城南路东侧。建筑面积5280平方米。居住人口48户,共计168人。2003年由宏亚房地产开发公司建设,用于群众购买安居,开发商命名为水晶苑。

◎第一部分　政区与市政设施

永生物流园[Yǒngshēng Wùliúyuán]　位于盐柳路东侧。建筑面积51760平方米。居住人口528户,共计1848人。2013年由宁夏金典房地产开发公司建设,用于群众购买安居,开发商命名为永生物流园。

沁园小区[Qìnyuán Xiǎoqū]　位于民族西街南侧。建筑面积3400平方米。居住人口34户,共计119人。2006年由宏亚房地产开发公司建设,用于群众购买安居,开发商命名为沁园小区。

法院家属楼小区[Fǎyuàn Jiāshǔlóu Xiǎoqū]　位于花马街东街影院南巷西侧。建筑面积2880平方米。居住人口32户,共计112人。1999年由盐池县人民法院建设,用于法院职工家属安居,故命名为法院家属楼小区。

润丰花园[Rùnfēng Huāyuán]　位于民族东街南侧。建筑面积19585平方米。居住人口187户,共计655人。2011年由宁夏豪德龙房地产开发公司建设,用于群众购买安居,开发商命名为润丰花园,寓意富贵,环境优美。

玺玉园[Xǐyù Yuán]　位于永清南路东侧。建筑面积43249平方米。居住人口273户,共计956人。2014年由宁夏昊钰房地产开发公司建设,用于群众购买安居,开发商命名为玺玉园。

电信局家属楼小区[Diànxìnjú Jiāshǔlóu Xiǎoqū]　位于花马池西街南侧。建筑面积2800平方米。居住人口35户,共计126人。1985年由盐池县电信局建设,用于电信局职工家属安居,故命名为电信局家属楼小区。

盐州翰府[Yánzhōuhànfǔ]　位于盐林南路东侧。建筑面积82218平方米。居住人口624户,共计2184人。2012年由宏亚房地产开发公司建设,用于群众购买安居,开发商命名为盐州翰府,古意甚浓。

盛世华庭[Shèngshìhuátíng]　位于盐林南路西侧。建筑面积94156平方米。居住人口850户,共计2975人。2011年由灵武市建兴房地产开发公司建设,用于群众购买安居,开发商命名为盛世华庭,寓意盛世华章、安居乐业。

石油公司家属楼小区[Shíyóu Gōngsī Jiāshǔlóu Xiǎoqū]　位于花马池东街影院巷东侧。建筑面积3180平方米。居住人口30户,共计112人。2002年由石油公司建设,用于石油公司职工家属安居,故命名为石油公司家属楼小区。

祥瑞家园[Xiángruì Jiāyuán]　位于民族东街北侧。建筑面积14300平方米。居住人口136户,共计476人。2011年由宏亚房地产开发公司建设,用于群众购买安居,开发商命名为祥瑞家园,寓意吉祥福瑞。

红盾苑小区[Hóngdùnyuàn Xiǎoqū]　位于花马池东街南侧。建筑面积6800平方米。居住人口60户,共计240人。2002年由盐池县工商局建设并命名,用于工商局职工家属安居。

经贸局家属楼小区[Jīngmàojú Jiāshǔlóu Xiǎoqū]　位于永清南路东侧。建筑面积2940平方米。居住人口30户,共计105人。2002年由盐池县经贸局建设,用于经贸局职工家属安居,故命名为经贸局家属楼小区。

芙蓉园[Fúróng Yuán]　位于解放东街南侧。建筑面积29263平方米。居住人口450户,共计1575人。2010年由宁夏银基房地产开发公司建设,建筑采用仿唐风格,用于群众购买安居,开发商命名为芙蓉园,取意于大唐芙蓉园。

芙蓉园

融安苑小区[Róng'ānyuàn Xiǎoqū]　位于安定西街南侧。建筑面积2846平方米。居住人口20户,共计70人。2010年由银川市新力隆房地产开发公司建设,用于群众购买安居,开发商命名为融安苑小区。

西苑小区[Xīyuàn Xiǎoqū]　位于长城南路西侧。建筑面积10290平方米。居住人口96户,共计336人。2002年由城市建设综合开发公司建设,用于群众购买安居,开发商以方位命名为西苑小区。

财政局家属楼[Cáizhèngjú Jiāshǔlóu]　位于长城北路西侧。建筑面积2400平方米。居住人口24户,共计84人。2000年由盐池县财政局建设,用于财政局职工家属安居,故命名为财政局家属楼。

运输公司家属楼小区[Yùnshū Gōngsī Jiāshǔlóu Xiǎoqū]　位于花马池西街南侧。建筑面积1840平方米。居住人口32户,共计112人。2002年由盐池县运输公司建设,用于运输公司家属安居,故命名为运输公司家属楼小区。

邮政局家属楼[Yóuzhèngjú Jiāshǔlóu] 位于盐州北路西侧。建筑面积2780平方米。居住人口24户,共计84人。2006年由盐池县邮政局建设,用于邮政局职工家属安居,故命名为邮政局家属楼。

采暖公司家属楼小区[Cǎinuǎn Gōngsī Jiāshǔlóu Xiǎoqū] 位于鼓楼南街东侧。建筑面积3200平方米。居住人口32户,共计112人。1999年由采暖公司建设,用于采暖公司职工家属安居,故命名为采暖公司家属楼。

金穗园小区[Jīnsuìyuán Xiǎoqū] 位于花马池东街北侧。建筑面积3900平方米。居住人口35户,共计123人。2001年由宏亚房地产开发公司建设,用于群众购买安居,开发商命名为金穗园小区。

金穗苑小区[Jīnsuìyuàn Xiǎoqū] 位于花马池东街北侧。建筑面积17540平方米。居住人口150户,共计525人。2003年由城市建设综合开发公司建设,用于群众购买安居,开发商命名为金穗苑小区。

金融大厦[Jīnróng Dàshà] 位于盐林南路西侧。建筑面积28401平方米。居住人口170户,共计595人。2012年由宁夏永泰兴业房地产开发公司建设,用于群众购买安居,开发商命名为金融大厦。

鑫鑫家园[Xīnxīn Jiāyuán] 位于振远西街南侧。建筑面积20695平方米。居住人口205户,共计718人。2010年由宏亚房地产开发公司建设,用于群众购买安居,开发商命名为鑫鑫家园。

隆兴花园[Lóngxīng Huāyuán] 位于昫衍路东侧。建筑面积17000平方米。居住人口148户,共计518人。2009年建设,用于群众购买安居,开发商命名为隆兴花园,寓意家业兴隆。

雅居苑[Yǎjū Yuàn] 位于花马池西街南侧。建筑面积109844平方米。居住人口700户,共计2656人。2012年由宏亚房地产开发公司建设,用于群众购买安居,开发商命名为雅居苑,寓意环境高雅、优美。

食品公司家属楼[Shípǐn Gōngsī Jiāshǔlóu] 位于安定西街北侧。建筑面积1600平方米。居住人口24户,共计84人。2000年由食品公司建设,用于食品公司职工家属安居,故命名为食品公司家属楼。

饲料加工厂家属楼[Sìliào Jiāgōngchǎng Jiāshǔlóu] 位于民族西街北侧。建筑面积1650平方米。居住人口32户,共计112人。2005年由饲料加工厂建设,用于饲料加工厂职工家属安居,故命名为饲料加工厂家属楼。

龙辰苑小区[Lóngchényuàn Xiǎoqū]　位于花马池西街南侧。建筑面积118785平方米。居住人口1449户,共计5072人。2009年由宁夏灵隆房地产开发公司建设,用于群众购买安居,开发商命名为龙辰苑小区。

龙鼎世家[Lóngdǐngshìjiā]　位于文化街北侧。建筑面积153811平方米。居住人口1250户,共计4375人。2013年由宏建房地产开发公司建设,用于群众购买安居,开发商命名为龙鼎世家。

清水苑[Qīngshuǐ Yuàn]　位于盐州南路与解放街交叉口西南100米。由开发商建设命名。

利民花园[Lìmín Huāyuán]　位于利民巷东侧。建筑面积4600平方米。居住人口34户,共计120人。2002年修建,因靠近利民巷而得名。

福民小区[Fúmín Xiǎoqū]　位于市场西巷南侧。由开发商上报发改局批准,民政局批复命名,寓意居民幸福安康。

万顺小区[Wànshùn Xiǎoqū]　位于昫衍北路以东、花马池东街以北、民族东街以南、未成年人保护中心以西。占地面积600平方米。居住40户,共计130人。2004年由开发商建设命名,寓意万事如意、诸事顺利。

兴业苑[Xīngyè Yuàn]　位于盐州大道以西、解放东街以南、花马池东街以北,西与紫东苑小区相望。2013年由开发商建设命名,寓意事业兴旺。

紫东苑[Zǐdōng Yuàn]　位于东顺路以东、解放东街以南、花马池东街以北、兴业苑以西。占地面积120000平方米,人口2700人。2014年由开发商建设命名。

静心苑[Jìngxīn Yuàn]　位于花马池西街北侧。由开发商建设命名,发改局批准,民政局核准,寓意安静宜居。

清秀苑[Qīngxiù Yuàn]　位于振远西街。由开发商建设命名,发改局批准,民政局核准,寓意环境优美。

镇

花马池镇[Huāmǎchí Zhèn]

行政区划代码:640323100。位于盐池县东北部,地处宁夏、内蒙古、陕西交界处,东邻陕西定边县,北接内蒙古鄂托克前旗,西与高沙窝镇、王乐井乡接壤,南与青山乡相邻。是县政府驻地,属城郊区域。花马池镇东西宽约54千米,南北长约52千米,总面积1531平方千米,镇建成区15平方千米,人口8.8万人,约占全县人口的一半。有3个办事处,辖1个社区居委会和23个村。镇政府驻地在花马池西街和振兴南路交界处,距吴忠市82千米,距银川市133千米。2003年,撤并城关镇、城郊乡、柳杨堡乡和城西滩吊庄,成立花马池镇,同年将原苏步井乡的高利乌苏村、盐池机械化林场所属园艺场和县属治沙站也划入花马池镇。民国《盐池县志》记载:相传池中发现花马,是年盐产(顿)丰,用盐换马即换马池,由于谐音转为"花马池"。花马池镇属鄂尔多斯台地向黄土高原过渡地带,地势开阔平缓,境内没有险峰峻岭,天高野阔。是典型的温带大陆性季节气候,四季少雨多风、气候干燥、长冬严寒、短夏温凉、春迟秋早,每日早凉、午热、夜寒。年均降水量不足300毫米,且多集中在夏末秋初,年均蒸发量高于2000毫米,为降水量的6—7倍。年日照时数达2892.1小时,日照资源丰富,利于作物生长增产。年平均气温8.1℃,无霜期年平均155天,年平均大风日数12.3天。有耕地21.8万亩,其中水浇地8.23万亩,草原面积144.62万亩,林地面积85.4万亩。芒硝、石膏、石料、黏土等矿产资源丰富,已探明天然气储量达3亿立方米。是一个以工农牧为一体的郊区型小城镇,也是一个半农半牧的大镇。境内历史文物古迹众多,现存有古墓群1700多座,其中有张家场汉墓群、窨子梁唐墓群、黄蒿渠汉墓群、皖记沟汉墓群、冯记圈汉墓群;有烽火台125个;长城92.5公里。这些物质文化遗产大部分保存完好。历史传统古聚落遗址有7个,古城堡遗址5个。有治沙英雄白春兰冒贤业绩园、花马寺国家级森林公园、沙生灌木园、古长城、张家场古城博物馆等旅游景点。境内有太中银铁路定银联络线、青银高速公路、定武高速公路、307国道、304省道连接内外,交通便利。

自"十三五"以来,花马池镇加大基础设施建设投入,维修改造村组道路,扩建村级综合文化服务中心,改造农网线路,解决贫困户安全住房1608户,新增饮水安全人口2800人,实现了24个村"五通八有"全覆盖。建成了惠泽、盈德、裕兴等9个美丽村庄(社区),切实解决了农村脏乱差的现象,人居环境明显得到提升。不断完善产业结构和布局,引进和培育了永生物流园、汽车城、宗源公司等企业,发挥了较好的示范带动作用。坚持宜大则大、宜散则散、一村一品的原则,围绕"龙头带动、基地推动、参与管理、入股分红"等形式,在抓质量、求效益上下功夫,扶持壮大以滩羊产业为主导,黄花、小杂粮、牧草、中药材为辅助,土猪、红葱、小拱棚为补充的"1+4+X"多种特色优势产业,形成了北部生态治理区、中部特色产业集聚区、西部高效节水灌溉区、城市周边商贸物流区四大片区。加强生态治理,严格落实生态红线管控制度,加大封山禁牧力度,强化水源地和湿地的保护责任,有序推进保护区生态移民搬迁工作。全镇累计完成围城围镇造林1.8万亩、农田防护林3万亩,乡村道路绿化7640亩,退耕还林8.5万亩,荒山造林48万亩,建成惠泽、裕兴等生态移民村6个。万亩生态园、城南城北生态园和花马湖均位于镇区核心位置,全镇的林木覆盖率由原来的35%上升到50.2%,生态环境不断得到美化。

南苑社区[Nányuàn Shèqū] 隶属花马池镇。位于盐池县城南,东至平安大道,西至五原南路,南至凝翠西街,北至广惠西街。辖区总面积约为1.52平方千米,人口2500人。辖一区、二区、三区、四区、五区、六区、七区、八区、九区。"十一五"期间,盐池县委、县政府实施自治区生态移民工程,将全县8个乡镇地处偏远、交通不便、饮水与生产生活十分困难农村群众搬迁,集中安置于盐池县城南一块新建的居住区,组建了南苑社区,成立了南苑社区居委会,驻地南苑新村。群众多是生态移民,经济收入来源主要靠劳务输出。

郭记沟村[Guōjìgōu Cūn] 隶属花马池镇。位于花马池镇东部,东、南、北被陕西省定边县半包围,西接八岔梁村。面积173.2平方千米,人口1500人,辖7个自然村。因驻地郭记沟自然村而得名。1949年设立初级社,1958年设立城郊人民公社郭记沟大队,1984年行政体制改革时更名为郭记沟村,2003年撤乡并镇,划归花马池镇。经济以农业为主,主要种植玉米、杂粮等。

赵记圈[Zhàojìjuàn] 自然村,属花马池镇郭记沟村,人口371人。此地赵姓人聚居,建圈养羊,故得名。

柳树梁[Liǔshùliáng] 自然村,属花马池镇郭记沟村,人口298人。因村旁梁上有柳树,故得名。

郭记梁［Guōjìliáng］ 自然村,属花马池镇郭记沟村,人口383人。因郭姓人在梁坡居住,形成村落,故得名。郭记沟村村委会驻该自然村,村名也与郭记梁有关。

周庄子［Zhōuzhuāngzi］ 自然村,属花马池镇郭记沟村,人口273人。早期周姓人家始居此庄,故得名。位近宁夏陕界。

王记梁［Wángjìliáng］ 自然村,属花马池镇郭记沟村,人口308人。因王姓人曾在梁上建羊圈,故得名。位近宁夏、内蒙古界。

双堆子［Shuāngduīzi］ 自然村,属花马池镇郭记沟村,人口139人。村北原有两个土堆,为蒙古族敖包,故得名。位近宁夏、内蒙古、陕西交界处。

潘庄子［Pānzhuāngzi］ 自然村,属花马池镇郭记沟村,人口139人。潘姓人家始居此地,由此得名。该村位于宁夏、陕西交界处,与陕西省定边县小峰子自然村有交错,有一庄跨两省之感。

苏步井村［Sūbùjǐng Cūn］ 隶属花马池镇。位于花马池镇北部,东靠高利乌苏村,西接硝池子村,南靠芨芨沟村,北接内蒙古鄂托克前旗。面积45.9平方千米,人口700人。辖5个自然村。因驻地苏步井自然村而得名。1949年设立,1958年设立余庄子公社苏步井生产大队,1976年为苏步井公社苏步井大队,1984年行政体制改革时更名为苏步井村,2003年撤乡并镇,划归花马池镇。经济以农业为主,主要种植玉米、杂粮。

双井［Shuāngjǐng］ 又名双井子。自然村,属花马池镇苏步井村,人口142人。因村中有并列在一起的双井而得名,1929年设立时沿用此庄名。1949年,中华人民共和国成立后称为双井子生产队,90年代命名为双井子自然村,2013年盐池县地名总体规划将其简化为双井,并与八岔梁村双井子自然村区别。主要种植玉米。位于郭巴公路西侧。

官记台［Guānjìtái］ 自然村,属花马池镇苏步井村,人口158人。因该居民点官姓居多,又处台地,故得名。1930年成庄时即用此庄名。

油坊梁［Yóufángliáng］ 又名油房梁。自然村,属花马池镇苏步井村,人口170人。因此地位于小山梁上,1955年曾建立油坊,故得名。主要种植玉米。位于郭巴公路东侧。

苏步井［Sūbùjǐng］ 自然村,属花马池镇苏步井村,人口254人。以前,有一个叫苏布的蒙古族人在此处打饮水井一口,因而得名。1905年形成村落时即用此名。主要种植玉米。位于303省道东侧。

麦垛山［Màiduǒshān］ 自然村,属花马池镇苏步井村,人口2人。因村旁有座形似麦垛的小山,故得名。1931年当地村落就叫此名,主要种植玉米。现在村民多已生态移民至城西滩,此居民点渐废弃。

惠泽村[Huìzé Cūn]　隶属花马池镇。位于盐池县城西滩,东靠长城村,西接田记掌村,南邻四墩子村,北接红沟梁村。面积6.12平方千米,人口2100人。辖一村、二村、三村、四村、五村、六村6个自然村。2013年盐池县委实施生态移民政策,将苏步井村交通不便、饮水与生活困难群众搬迁至城西滩集中安置,设立村委会,命名惠泽村,寓意党的惠民政策惠泽百姓。村域地势平坦,有扬黄地6000亩。经济以农业、养殖业为主,主要种植玉米、苗木,养殖滩羊。

惠泽一村[Huìzé 1 Cūn]　自然村,属花马池镇惠泽村,人口347人。主要种植玉米、苗木、日光温室大棚。

惠泽二村[Huìzé 2 Cūn]　自然村,属花马池镇惠泽村,人口347人。主要种植玉米、苗木、日光温室大棚。位于青银高速公路南侧。

惠泽三村[Huìzé 3 Cūn]　自然村,属花马池镇惠泽村,人口233人。主要种植玉米、苗木、日光温室大棚。

惠泽四村[Huìzé 4 Cūn]　自然村,属花马池镇惠泽村,人口310人。主要种植玉米、苗木、日光温室大棚。位于青银高速公路南侧。

惠泽二村街景

惠泽五村[Huìzé 5 Cūn]　自然村,属花马池镇惠泽村,人口312人。主要种植玉米、苗木、日光温室大棚。

惠泽六村[Huìzé 6 Cūn]　自然村,属花马池镇惠泽村,人口452人。主要种植玉米、苗木、日光温室大棚。

盈德村[Yíngdé Cūn]　隶属花马池镇。位于盐池县城西滩,东靠长城村,西接田记掌村,南邻四墩子村,北接红沟梁村。面积3.48平方千米,人口1495人,辖4个自然村。2000年,盐池县委响应自治区实施易地扶贫政策,将原州区、泾源县、本县苏步井乡等交通不便、饮水与生活困难群众搬迁至城西滩集中安置,俗称"吊庄"。2003年,由花马池镇政府取"生活充盈、思想前卫、品德高尚"之意,命名为盈德。2013年设村,命名为"盈德村"。村域地势平坦,经济以农业、养殖业为主,主要种植玉米、黄花,养殖业以滩羊养殖为主。位于青银高速公路和307国道南侧。

盈德一村[Yíngdé 1 Cūn] 自然村,属花马池镇盈德村,人口556人。主要种植玉米、黄花。

盈德二村[Yíngdé 2 Cūn] 自然村,属花马池镇盈德村,人口371人。主要种植玉米、黄花。

盈德三村[Yíngdé 3 Cūn] 自然村,属花马池镇盈德村,人口286人。主要种植玉米、黄花。

盈德四村[Yíngdé 4 Cūn] 自然村,属花马池镇盈德村,人口167人。主要种植玉米、黄花。

裕兴村[Yùxīng Cūn] 隶属花马池镇。位于盐池县城西1.5千米处,东至县城五原南路,西接惠泽村,南邻四墩子村,北接长城村。面积6.1平方千米,人口2100人,辖二堡吊庄东组、二堡吊庄西组、东长廊、一区、李毛庄吊庄5个居民点。2000年,盐池县委实施易地扶贫搬

盈德四村民居

迁政策,将郭记沟村、八岔梁村交通不便、饮水与生活困难群众搬迁至城西滩集中安置,2013年设立村委会,命名为裕兴村,寓意富裕兴旺。村域地势平坦,有扬黄地6000亩。经济以农业、养殖业为主,主要种植玉米、苗木,养殖滩羊。

东长廊[Dōngchángláng] 自然村,属花马池镇裕兴村,人口274人。2013年,为方便管理从裕兴村划分出东长廊。主要种植玉米、苗木、日光温室大棚。

一区[Yīqū] 自然村,属花马池镇裕兴村,人口240人。2013年,为方便管理从裕兴村划分出一区。主要种植玉米、苗木、日光温室大棚。

芨芨沟村[Jījīgōu Cūn] 隶属花马池镇。位于花马池镇西北部,东靠李华台村,西接高沙窝镇,南邻王乐井乡,北接苏步井村。面积70.68平方千米,人口1600人,辖8个自然村。因驻地芨芨沟自然村而得名。1976年设立苏步井公社芨芨沟大队,1984年行政体制改革时更名为芨芨沟村,2003年撤乡并镇,划归花马池镇。经济以农业、养殖业为主,主要种植玉米、土豆,养殖滩羊。

青羊井[Qīngyángjǐng] 自然村,属花马池镇芨芨沟村,人口217人。村南两公

里八步战台西侧有一口古井,过去常有青羊饮水,因此得名。1925年形成村落时用此庄名。主要种植玉米。

长城[Chángchéng]　自然村,属花马池镇芨芨沟村,人口215人。清朝时农户渐渐开始在明长城周边居住,1805年形成村落时用此庄名。主要种植玉米、瓜果蔬菜。位于头道边长城北侧。

陈记梁[Chénjìliáng]　自然村,属花马池镇芨芨沟村,人口235人。1926年,有叫陈福的人在此梁居住,故名。主要种植玉米、瓜果蔬菜。

三道湾[Sāndàowān]　自然村,属花马池镇芨芨沟村,人口424人。村北有道山梁呈三道弯形,故得名。1905年形成村落时沿用此庄名。主要种植玉米、瓜果蔬菜。

英雄堡[Yīngxióngpù]　自然村,属花马池镇芨芨沟村,人口257人。明朝时,地方长官王皓将此地长城附近的城堡起名永兴堡,寓意永远兴盛,后音讹为英雄堡。1983年设立自然村时,沿用古堡名称。主要种植玉米,养殖滩羊。位于头道边长城南侧。

陈记壕[Chénjìháo]　自然村,属花马池镇芨芨沟村,人口225人。因1936年有叫陈华的人在沟壕内居住而得名。主要种植玉米、小杂粮。

芨芨沟[Jījīgōu]　自然村,属花马池镇芨芨沟村,人口235人。因当地沟内芨芨草生长旺盛而得名。主要种植玉米、瓜果蔬菜。芨芨沟村村名就源于该自然村村名。

佟记圈村[Tóngjìjuàn Cūn]　隶属花马池镇。位于花马池镇南部,东靠陕西定边县,西接四墩子村,南邻青山乡,北接北塘新村。面积70.68平方千米,人口1300人。辖6个自然村。因驻地佟记圈自然村而得名。1963年设立佟记圈生产大队,1984年设立城郊区四墩子乡,1988年盐池县委撤销城郊区设立城郊乡四墩子村,2003年撤乡并镇,划归花马池镇。村域地势平坦,有水浇地3655亩,扬黄地650亩。经济以农业、养殖业为主,主要种植玉米、苗木、瓜果、小杂粮,养殖业以滩羊养殖为主。村域内太中银铁路四儿滩大桥是盐池县最长的铁路桥,甚为壮观。

四儿滩[Sì'ertān]　又名刺尔滩或寺尔滩。自然村,属花马池镇佟记圈村,人口334人。以该居民点形成初期地理环境命名,由于四儿滩草原碱化程度比较严重,刺草生长茂盛,故名刺儿滩,"刺"与"四"音近,演变为现名。主要种植玉米、瓜果、小杂粮。位于太中银铁路定银联络线南侧。

吴记圈[Wújìjuàn]　自然村,属花马池镇佟记圈村,人口363人。1830年有吴姓村民从今青山乡方山村搬此定居,并建有羊圈,故名吴记圈。主要种植玉米、瓜果。

上潘圈[Shàngpānjuàn]　自然村,属花马池镇佟记圈村,人口152人。1875年有村民从今王乐井乡王吾岔搬来定居,当时潘姓人氏给王姓人家当长工,后与王姓人分资产,潘姓人独立,一部分搬迁到今上庄台安家,建圈养羊,起名上潘圈。主要种植玉米、瓜果、苗木。位于盐惠公路东侧。

下潘圈[Xiàpānjuàn] 自然村,属花马池镇佟记圈村,人口142人。1875年有村民从今王乐井乡王吾岔搬来定居,当时潘姓人氏给王姓人家当长工,后与王姓人分资产,潘姓人独立,一部分搬迁到今下庄台安家,建圈养羊,起名下潘圈。主要种植玉米、瓜果、苗木。位于盐惠公路东侧。

佟记圈[Tóngjìjuàn] 自然村,属花马池镇佟记圈村,人口204人。最早冒姓居民住在此地,清末冒姓人搬离后,佟姓人从佟记山搬迁而来定居,建圈养羊,故得名。主要种植玉米、瓜果、苗木。位于盐惠公路旁。佟记圈村村名亦源于该自然村村名。

黄蒿渠[Huánghāoqú] 自然村,属花马池镇佟记圈村,人口105人。由于此地盛产黄蒿而得名。主要种植玉米、瓜果、小杂粮。位于盐惠公路西侧。

东塘村[Dōngtáng Cūn] 隶属花马池镇。位于花马池镇北部,东北靠内蒙古鄂托克前旗,西接冒寨子村,南邻李记沟村、柳杨堡村。面积75.3平方千米,人口1800人。辖8个自然村。因原驻地东塘自然村而得名。1958年设立东塘生产队,1976年设立柳杨堡公社东塘大队,1984年设立柳杨堡乡东塘村,2003年撤乡并镇,划归花马池镇。经济以农业为主,主要种植玉米、杂粮。304省道、盐鄂高速公路穿境而过。

东陈记圈[Dōngchénjìjuàn] 自然村,属花马池镇东塘村,人口87人。清朝末年居住一户陈姓人家,在此建圈养羊,得名陈记圈。1958年,为了与冒寨子村西陈记圈区分,改名东陈记圈。位于304省道西侧。

张记油坊[Zhāngjìyóufáng] 又名油坊。自然村,属花马池镇东塘村,人口212人。曾有张姓人家在此居住并开油坊,故名。位于304省道西侧。

左记湾[Zuǒjìwān] 自然村,属花马池镇东塘村,人口152人。明清时期,左姓人氏在此居住,故名。位于304省道东侧。现东塘村村委会驻该自然村。

卢记塘[Lújìtáng] 自然村,属花马池镇东塘村,人口308人。村民以卢姓为主,地势平坦,故取名卢记塘。位于304省道西侧。

东塘[Dōngtáng] 自然村,属花马池镇东塘村,人口32人。村东地势平坦,人称东塘。位于304省道东侧。东塘村村名来源于该自然村村名。

张家场[Zhāngjiāchǎng] 又名张记场。自然村,属花马池镇东塘村,人口140人。上土沟张姓人氏在此地建禾场、羊场,故得名。位于304省道西侧。村子西侧张家场古城址,有专家推测是秦汉昫衍县城,现为国家级文物保护单位。

崔记塘[Cuījìtáng]　自然村,属花马池镇东塘村,人口140人。村南有平塘,村民以崔姓为主,故名。位于304省道东侧。

高利乌苏村[Gāolìwūsù Cūn]　隶属花马池镇。位于花马池镇北部,东北靠内蒙古鄂托克前旗,西接苏步井村,南邻李华台村、冒寨子村。面积47.87平方千米,人口660人。辖7个自然村。高利乌苏源于蒙古语。1949年属余庄子区老四乡,1958年设立余庄子公社高利乌苏生产队,1976年改为苏步井公社高利乌苏生产队,1984年更名为高利乌苏村,2003年撤乡并镇,划归花马池镇。地貌以缓坡丘陵为主,经济以种植养殖为主,主要种植玉米、小杂粮,养殖滩羊。

王记沟[Wángjìgōu]　自然村,属花马池镇高利乌苏村,人口87人。清朝末年居住一户王姓人家,村子附近有洪水冲沟,故取名王记沟。主要种植玉米、小杂粮。

路记梁[Lùjìliáng]　自然村,属花马池镇高利乌苏村,人口212人。因1940年路姓人氏居于山梁而得名。主要种植玉米、小杂粮。

侯记坑[Hóujìkēng]　自然村,属花马池镇高利乌苏村,人口152人。1927年侯姓人来此居住生活,因地势低洼,故取名侯记坑。主要种植玉米、小杂粮。

赵记梁[Zhàojìliáng]　自然村,属花马池镇高利乌苏村,人口38人。民国初年赵姓人家从陕北榆林搬到此地居住,因地势较高,取名赵记梁。主要种植玉米、小杂粮。

马记梁[Mǎjìliáng]　自然村,属花马池镇高利乌苏村,人口32人。马姓人家在山梁上居住,建场养牛羊,因而得名。主要种植玉米、小杂粮。

井沟[Jǐnggōu]　自然村,属花马池镇高利乌苏村,人口140人。1926—1928年,李姓和龚姓人来此居住,沟里有口井,故取名井沟。主要种植玉米、小杂粮。

北塘新村[Běitáng Xīncūn]　隶属花马池镇。位于花马池镇东南部,东接开泰路,西邻盐川大道,南临凝翠东街,北靠盐池工业园。面积7平方千米,人口1432人。辖一区、二区、三区、四区4个居民区。2013年,盐池县实施生态移民政策,交通不便、饮水与生活困难群众搬迁至此。村民分别来自麻黄山乡13个村、青山乡小水自然村(18户)、花马池镇赵记圈自然村(32户),因靠近北塘,故命名为北塘新村,寓意新村新气象。以养羊为主。

北塘新村

沙边子村[Shābiānzi Cūn]　隶属花马池镇。位于花马池镇东北部,东北靠内蒙古鄂托克前旗,西接柳杨堡村,南邻皖记沟村,东连八岔梁村。面积49.68平方千米,人口528人。辖6个自然村。因驻地沙边子自然村而得名。1976年设立柳杨堡公社沙边子大队,1984年行政体制改革时更名为柳杨堡乡沙边子村,2003年撤乡并镇,划归花马池镇。村域地势平坦,经济以农业、养殖业为主,主要种植玉米、杂粮,养殖业以滩羊养殖为主。

中沙边子[Zhōngshābiānzi] 自然村,属花马池镇沙边子村,人口93人。因位于毛乌素沙地南缘沙丘中部,人称沙边子。1984年建沙边子村,为了分段区分,此处改称中沙边子,20世纪70年代末80年代初一些农户从北王圈搬迁到此组成了一个自然村,延续至今。

一棵树[Yīkēshù] 自然村,属花马池镇沙边子村,人口60人。从前蒙古族人在这里放骆驼挖了一口井,后来井旁长出一棵树,长势茂盛,据说4个成年人伸开双臂才能围起来,当地人都认为它是神树,此地也因这棵树而得名。1968年,这棵树被砍掉了。1984年,此地设立自然村时,沿用了此名。位于北大池东南侧。白春兰冒贤治沙业绩园在该自然村。

西沙边子[Xīshābiānzi] 自然村,属花马池镇沙边子村,人口120人。位于毛乌素沙地南缘、中沙边子以西,故名。20世纪70年代末80年代初一些农户从一棵树搬迁到西沙边子组成了一个村,延续至今。

马苍壕[Mǎcānghào] 自然村,属花马池镇沙边子村,人口71人。传说早年沙漠边缘沟壕内绿草丛生,长势茂盛,马匹进去常不见踪影,人称马藏壕,后谐音为马苍壕。很早以前马苍壕是一个牧区,后来牧民迁至内蒙古,这里无人居住。1984年,由下滩自然村搬来一部分农户,命名为马苍壕生产队,1994年变更为马苍壕自然村。位近宁蒙界。

东沙边子[Dōngshābiānzi] 自然村,属花马池镇沙边子村,人口143人。因位于毛乌素沙地南缘、中沙边子以东而得名。20世纪70年代末80年代初一些农户从李寨子搬迁至此形成的一个自然村。

沟沿村[Gōuyán Cūn] 隶属花马池镇。位于盐池县城东郊,东靠陕西省定边县,西接盐池县城,南邻佟记圈村,北接八岔梁村、皖记沟村。面积154.56平方千米,人口2076人。辖7个自然村。以驻地沟沿自然村命名。1955年成立脱贫社,1962年与四儿滩、吴记圈合并为无量殿大队,1982年与佟记圈合并为沟沿乡,1988年与沟沿乡分离,成立沟沿村民委员会,2003年撤乡并镇,并入花马池镇。主要经济来源为种植养殖及运输行业。

东郭庄[Dōngguōzhuāng]　自然村,属花马池镇沟沿村,人口292人。位于沟沿村最东处且郭姓村民居多,故取名东郭庄。主要种植玉米。位于青银高速公路和定武高速公路交会点附近。

沟沿[Gōuyán]　自然村,属花马池镇沟沿村,人口313人。村南有流入苟池的河沟,有李姓人家搬来在河沟边居住,取名李记沟沿,后简称沟沿。主要种植玉米、小杂粮。位于盐池县城东侧。沟沿村村名即来源该自然村村名。

德胜墩[Déshèngdūn]　又名五堡泉子。自然村,属花马池镇沟沿村,人口478人。村东有一墩堠(烽火台),当时为纪念消灭土匪特起名德胜墩,村以墩名。主要种植玉米、小杂粮。位于青银高速公路北侧。

东门[Dōngmén]　自然村,属花马池镇沟沿村,人口277人。因距花马池古城东门(永宁门)较近,故取名东门。

冯记圈[Féngjìjuàn]　自然村,属花马池镇沟沿村,人口374人。清末冯姓人家从冯记沟迁入在此建羊圈后逐渐形成村落,故取名冯记圈。1916年成庄时已用此名,位于盐川大道东侧。

北塘[Běitáng]　自然村,属花马池镇沟沿村,人口140人。村域地势平坦,盐池人将此类地貌称为塘。该自然村中间有沟壑将南北分开,北边称为北塘,南部称为下渠子。位于凝翠东街北侧。

田记掌村[Tiánjìzhǎng Cūn]　隶属花马池镇。距县城西8千米,东靠长城村,西接王乐井乡,南至盐兴公路,北至明长城。面积25.71平方千米,人口2612人。辖6个自然村。因驻地田记掌自然村而得名。1949—1956年属城区长城大队,1956年成立高级社,1958年设立田记掌大队,"文化大革命"时期更名为红旗大队,1968年恢复田记掌大队,1983—1988年改为城郊区田记掌乡,1988年恢复为城郊乡田记掌村,2003年撤乡并镇,划归花马池镇。盐环定扬水干渠途经村域,经济以农牧业为主,主要种植玉米、小杂粮。太中银铁路定银联络线穿境而过。

中庄[Zhōngzhuāng]　自然村,属花马池镇田记掌村,人口371人。由田记掌大队第二生产队演变而来,因位于田记掌村中间,故得名。1983年成立中庄自然村。

南庄[Nánzhuāng]　自然村,属花马池镇田记掌村,人口409人。由田记掌大队第二生产队演变而来,因位于田记掌村南边,故得名。1983年成立中庄自然村。

北庄[Běizhuāng]　自然村,属花马池镇田记掌村,人口353人。由田记掌大队第二生产队演变而来,因位于田记掌村北边,故得名。1983年成立北庄自然村。

北场[Běichǎng]　自然村,属花马池镇田记掌村,人口429人。因田记掌李姓人家在庄子北面建禾场,后称为北场。新中国成立前与田记掌为一个村,新中国成立后成立田记掌大队北场生产队,1983年成立北场自然村。

史庄子[Shǐzhuāngzi]　自然村,属花马池镇田记掌村,人口478人。明朝初期,史姓人迁居于此,形成村落,人们叫史庄子。今盐环定扬黄工程输水到此,周边开辟为新灌区,建立了裕兴、盈德、惠泽等3个移民新村。

王记圈[Wángjìjuàn]　自然村,属花马池镇田记掌村,人口558人。以王姓家族为主,1956年田记掌村成立高级社前是3个居民点,分别叫高平堡、石滚庄、新庄子东院,成立高级社后3个点合并为一点,命名王记圈。位于307国道南侧。

皖记沟村[Wǎnjìgōu Cūn]　隶属花马池镇。位于花马池镇东部,东至八岔梁村,西至柳杨堡村,南至长城村、沟沿村,北至沙边子村。面积70.9平方千米,人口1273人。辖5个自然村。因原驻地皖记沟自然村而得名。1949年属一区,1958年设立皖记沟大队,1976年划归柳杨堡公社,1984年行政体制改革成为柳杨堡乡皖记沟村,2003年撤乡并镇,划归花马池镇。村域地势平坦,经济以农业、养殖业为主,主要种植玉米、小杂粮、瓜果蔬菜、优质牧草,养殖业以滩羊养殖为主。

南王圈[Nánwángjuàn]　又名榆树圈。自然村,属花马池镇皖记沟村,人口316人。过去村子东边有大榆树,因此叫榆树圈,又因在南边多住王姓人家,后被人们称为南王圈。主要种植玉米、优质牧草。皖记沟村村委会驻该自然村。

北王圈[Běiwángjuàn]　自然村,属花马池镇皖记沟村,人口177人。民国初年,周边王姓人到此地养羊、耕种,形成王记东圈和王记西圈居民点,1984年从城郊区八岔梁大队分至柳杨堡乡皖记沟大队,两居民点合为一个自然村管理,命名北王圈,以与该村南边的南王圈区别。主要种植玉米、优质牧草。

皖记沟[Wǎnjìgōu]　自然村,属花马池镇皖记沟村,人口186人。传说早年有一户皖姓人家在沟边挖窑居住,故而得名。主要种植玉米、小杂粮、优质牧草。皖记沟村村委会原驻该自然村,村名来源于该自然村村名。

杨寨子[Yángzhàizi]　自然村,属花马池镇皖记沟村,人口399人。民国四年杨成基在此筑一寨子,故名杨寨子。主要种植玉米、小杂粮、优质牧草。位于盐鄂高速公路东侧。

李寨子[Lǐzhàizi]　自然村,属花马池镇皖记沟村,人口195人。因李姓人氏在此筑寨子定居而得名。主要种植玉米、小杂粮、优质牧草。

柳杨堡村[Liǔyángpù Cūn]　隶属花马池镇。位于花马池镇中部,东靠沙边子村、皖记沟村,西接李记沟村、红沟梁村,南邻长城村、北接东塘村、内蒙古鄂托克前旗。面积 96.47 平方千米,人口 2390 人。辖 7 个自然村。因驻地柳杨堡自然村而得名。1976 年设立柳杨堡公社柳杨堡大队,1984 年行政体制改革时更名为柳杨堡乡柳杨堡村,2003 年撤乡并镇,划归花马池镇。主要种植玉米、杂粮等。304 省道、盐鄂高速公路穿境而过。是原柳杨堡乡政府驻地。

杨记圈[Yángjìjuàn] 自然村,属花马池镇柳杨堡村,人口 395 人。曾有名叫杨义的人在此地建羊圈牧羊,故名,后有村民陆续迁居于此,形成村落。主要种植玉米。位于 304 省道东侧。

柳杨堡[Liǔyángpù] 自然村,属花马池镇柳杨堡村,人口 510 人。以附近标志性地理实体柳杨堡命名。明朝建堡,周围杨柳成荫,故名柳杨堡。主要种植玉米、麻黄。位于盐鄂高速公路西侧,304 省道穿村而过。柳杨堡村村委会和原柳杨堡乡乡政府都驻该自然村,名称均来源柳杨堡古城。

下滩[Xiàtān] 自然村,属花马池镇柳杨堡村,人口 134 人。在柳杨堡村东、碱湖边缘,由于地势较低,村民居住在此,由此得名。主要种植玉米、牧草。位于 304 省道东侧。

上滩[Shàngtān] 自然村,属花马池镇柳杨堡村,人口 310 人。由于地势比下滩高,村民称为上滩。主要种植玉米、牧草。位于 304 省道东侧。

东冒寨子[Dōngmàozhàizi] 自然村,属花马池镇柳杨堡村,人口 262 人。因清末冒姓人在此筑寨子,故名。主要种植玉米、土豆。位于盐鄂高速公路东侧。

上土沟[Shàngtǔgōu] 自然村,属花马池镇柳杨堡村,人口 337 人。村北有一条大土沟,此村在土沟上游位置,由此得名,与下土沟区分。主要种植麻黄、玉米。位于 304 省道西侧。

下土沟[Xiàtǔgōu] 自然村,属花马池镇柳杨堡村,人口 322 人。村旁有一条大土沟,此村在土沟下游位置,由此得名,与上土沟区分。主要种植麻黄。位于 304 省道西侧。

红沟梁村[Hónggōuliáng Cūn] 隶属花马池镇。位于花马池镇中部,东靠柳杨堡村,西接王乐井乡,南至 307 国道,北接李记沟村。面积 36 平方千米,人口 1660 人。辖 4 个自然村。因驻地红沟梁自然村而得名。1963 年设立城郊公社红沟梁生产队,1976 年改为红沟梁大队,1984 年行政体制改革时更名为红沟梁村,2003 年撤乡并镇时,划归花马池镇。主要种植玉米。307 国道、青银高速公路穿境而过。

十六堡新村[Shíliùpùxīncūn] 自然村,属花马池镇红沟梁村,人口 1004 人。为了保护生态环境,"十二五"期间,征用十六堡自然村土地建设的新村,搬迁毛乌素沙地边缘花马池镇硝池子、李华台、茇茇沟、高利乌苏、苏步井5个村村民至此,故命名为十六堡新村。位于青银高速公路和307国道北侧。

十六堡[Shíliùpù]　自然村,属花马池镇红沟梁村,人口238人。1860年形成此庄,居民以陈姓为主,此地以前有一土堡,距离县城16里,故命名为十六堡。位于青银高速公路和307国道北侧。

张记圈[Zhāngjìjuàn]　自然村,属花马池镇红沟梁村,人口190人。因张姓人最早在此建羊圈,故命名为张记圈。主要种植玉米。位于青银高速公路北侧。

红沟梁[Hónggōuliáng]　自然村,属花马池镇红沟梁村,人口228人。因本村位于山梁上,且梁下有一道红沙土沟,故命名为红沟梁。明朝时期,当地人口居住比较集中,以冯、张、陈三大姓氏为主,之后随着人口增长,逐渐按姓氏分成3块聚集地,分别为上红沟梁、下红沟梁和十六堡,1850年以冯氏为主的上红沟梁更名为红沟梁。主要种植玉米。位于青银高速公路和307国道北侧、高平堡东边。

八岔梁村[Bāchàliáng Cūn]　隶属花马池镇。位于花马池镇东部,东靠郭记沟村,西接皖记沟村,西南邻沟沿村,南邻陕西省定边县,北接内蒙古鄂托克旗。面积115.09平方千米,人口1260人。辖6个自然村。因驻地八岔梁自然村而得名。1958年属城郊公社郭记沟大队,1973年分设八岔梁大队,1988年之前为城郊区八岔梁乡,1988年改为城郊乡八岔梁,2003年撤乡并镇,划归花马池镇。经济以农牧业为主,主要种植玉米、小杂粮。

双井子[Shuāngjǐngzi]　自然村,属花马池镇八岔梁村,人口137人。该自然村地下水源丰富,有清朝年间两口井,水量特别大,故取名双井子。1958年属城郊公社郭记沟大队,1973年从郭记沟大队分离出来划属八岔梁大队。

南洼[Nánwā]　自然村,属花马池镇八岔梁村,人口271人。因位于山梁南坡洼处,故名南洼。1958年属城郊公社郭记沟大队,1973年划属八岔梁大队。

季记梁[Jìjìliáng]　自然村,属花马池镇八岔梁村,人口260人。清末居住一季姓人家,因为地势高,故取名季记梁。1958年属城郊公社郭记沟大队,1973年划属八岔梁大队。

张记梁[Zhāngjìliáng]　自然村,属花马池镇八岔梁村,人口87人。因村中沟岔多,清末此地张姓人居多,故取名张记梁。1958年属城郊公社郭记沟大队,1973年划属八岔梁大队。

西井滩[Xījǐngtān]　自然村,属花马池镇八岔梁村,人口288人。地势低平,村西有水井,故名西井滩。1958年属城郊公社郭记沟大队,1973年划属八岔梁大队。位于

304省道东侧。

夏记墩[Xiàjìdūn]　自然村,属花马池镇八岔梁村,人口255人。因夏姓人家居住于"二道边"烽火墩旁,故墩称夏记墩,村从墩名。1958年属城郊公社皖记沟大队,1973年划属八岔梁大队。

李记沟村[Lǐjìgōu Cūn]　隶属花马池镇。位于花马池镇中部,东靠柳杨堡村、东塘村,西接王乐井乡,南邻田记掌村,北接冒寨子村、李华台村。面积98.8平方千米,人口1609人。辖7个自然村。因驻李记沟自然村而得名。1958年设立城郊公社李记沟生产大队,1976年成立柳杨堡公社李记沟生产大队,1984年行政体制改革时更名为柳杨堡乡李记沟村,2003年撤乡并镇,划归花马池镇。村域地势平坦,经济以农业、养殖业为主,主要种植玉米、旱地作物,养殖业以滩羊养殖为主。

李记沟[Lǐjìgōu]　自然村,属花马池镇李记沟村,人口425人。1895年李氏家族因社会动荡逃难到此地落户居住。1960年命名为李记沟生产队,90年代更改为李记沟自然村。李记沟村村委会驻该自然村,村名亦来源于该自然村村名。

黄沙窝[Huángshāwō]　又名黄记沙窝。自然村,属花马池镇李记沟村,人口308人。1895年黄姓人家迁居于此,因周围有沙窝而得名。1960年命名为黄沙窝生产队,90年代更改为黄沙窝自然村,2013年盐池县地名总体规划将其名称简化为黄沙窝。

北台[Běitái]　又名梁台。自然村,属花马池镇李记沟村,人口335人。1895年成庄,因村落位于山梁平台上,故得名梁台。1961年分为南台和北台两个生产队,90年代两个生产队合并,保留了北台生产队,命名北台自然村。

叶记和子[Yèjìhézi]　又名叶记豁子。自然村,属花马池镇李记沟村,人口302人。此处为古长城豁口处,1895年叶姓人居住此,当地"豁"与"和"同音,故而得名。1960年命名为叶记和子生产队,90年代更改为叶记和子自然村。

沟北[Gōuběi]　自然村,属花马池镇李记沟村,人口194人。因位于红土沟北沿而得名。1961年称沟北生产队,90年代更名为沟北自然村。

刘记沟[Liújìgōu]　自然村,属花马池镇李记沟村,人口174人。村南有一条沟,接通红土梁沟,因住户多姓刘,故名。1960年称刘记沟生产队,90年代更名为刘记沟自然村。

长城村[Chángchéng Cūn]　隶属花马池镇。位于盐池县城西北侧,东靠盐池县城和皖记沟村,西接田记掌村,南邻四墩子村,北接柳杨堡村。面积59.63平方千米,人口3190人。辖6个自然村。因位于明长城("头道边")南侧而得名。1949年成立初级社,1958年成立城郊公社长城生产大队,1984年为城郊区长城乡,1988年设立城郊乡长城村,2003年撤乡并镇,划归花马池镇。村域地势以平原为主。经济以农业为主,主要种植玉米,养殖业以滩羊养殖为主。青银高速公路、307国道穿境而过。

北园子[Běiyuánzi] 自然村,属花马池镇长城村,人口443人。因位于花马池城北侧且周围多菜园,故名。现已融入盐池县城区。

二堡[Èrpù] 自然村,属花马池镇长城村,人口343人。传说过去曾有堡子,因位于花马池城西2华里处,故名。位于盐池县城平安大道与民族西街交会处附近,现已融入盐池县城区。

五堡[Wǔpù] 自然村,属花马池镇长城村,人口833人。位于长城脚下,传说过去曾有堡子,因位于花马池城西北5华里处,故名。现已融入盐池县城区。

八堡[Bāpù] 自然村,属花马池镇长城村,人口530人。过去有堡子,因位于花马池城西8华里处,故名。位于五原南路西侧,现渐融入盐池县城区。

刘八庄[Liúbāzhuāng] 自然村,属花马池镇长城村,人口353人。村里过去有一人姓刘,排行为八,故名。位于县城西7公里处,307国道与"头道边"长城之间。

深井[Shēnjǐng] 自然村,属花马池镇长城村,人口530人。新中国成立前村旁有口井,特别深,故名。位于县城西6公里处城西滩上,广惠西街从北侧穿过。

冒寨子村[Màozhàizi Cūn] 隶属花马池镇。位于花马池镇北部,东靠东塘村,西接李华台村,南邻李记沟村,东北接内蒙古鄂托克前旗。面积60.9平方千米,人口1788人。辖7个自然村。因驻地北冒寨子自然村而得名。1958年属城郊公社,1976年划入柳杨堡公社,1984年行政体制改革,划属柳杨堡乡,2003年撤乡并镇,划归花马池镇。经济以农业为主,主要种植玉米、杂粮,养殖业以滩羊养殖为主。

官记圈[Guānjìjuàn] 自然村,属花马池镇冒寨子村,人口282人。当地居民以官姓为主,曾在此建圈养羊,故而得名。

蔡记塘[Càijìtáng] 自然村,属花马池镇冒寨子村,人口155人。清朝末年放开置地,蔡姓人在此置地,因地势低平,故取名蔡记塘。

西陈圈[Xīchénjuàn] 又名西陈记圈。自然村,属花马池镇冒寨子村,人口240人。以陈姓人居多,建圈养羊,故得名陈记圈,后来为了与东塘村东陈记圈区分,称西陈记圈,2013年盐池县地名总体规划将其简化为西陈圈。

李记场[Lǐjìchǎng] 又名李家场。自然村,属花马池镇冒寨子村,人口302人。1932年李姓人来此建羊场、牛场放牧,故取名李记场。

高记场[Gāojìchǎng] 自然村,属花马池镇冒寨子村,人口209人。早年高姓人来此建羊场、牛场,故名。

高记圈[Gāojìjuàn]　自然村,属花马池镇冒寨子村,人口211人。清光绪二十八年(1902年)当地马、陈、黄、冒、高、汪、张、卢等八姓集资购买蒙古王爷土地,此地为高谦所买,建圈养羊,农业合作化时沿用高记圈旧名。

冒寨子[Màozhàizi]　自然村,属花马池镇冒寨子村,人口386人。清朝时为王姓大户所建,始名王记寨子,清末王姓败落,冒姓买地安家,更名冒记寨子。冒寨子村村委会驻该自然村,村名亦源于该自然村村名。

四墩子村[Sìdūnzi Cūn]　隶属花马池镇。位于花马池镇西南部,东靠佟记圈村,西接王乐井乡,南邻青山乡,北接田记掌村、长城村。面积72.67平方千米,人口2304人。辖6个自然村。因驻地四墩子自然村而得名。1958年设立城郊公社四墩子生产大队,1988年以前属城郊区四墩子乡,1988年后更名为城郊乡四墩子村,2003年撤乡并镇,划归花马池镇。盐环定扬水干渠途经村域,经济以农业为主,主要种植玉米,养殖业以滩羊养殖为主,收入主要靠劳务输出。太中银铁路联络线穿境而过。

下王庄[Xiàwángzhuāng]　自然村,属花马池镇四墩子村,人口623人。清朝初期,王姓人住在此庄,因此庄西边地势较高处还有一王姓人家居住的庄子,故取名下王庄,从清朝时期至今一直沿用此庄名。位于太中银铁路定银联络线西侧。四墩子村村委会驻该自然村。

上王庄[Shàngwángzhuāng]　自然村,属花马池镇四墩子村,人口483人。清朝初期,王姓人住在此庄,因此庄东边地势较低处还有一王姓人家居住的庄子,故取名上王庄,从清朝时期至今一直沿用此庄名。

四墩子[Sìdūnzi]　自然村,属花马池镇四墩子村,人口606人。因附近有花马池城西南第四个烽火墩而得名。1805年成庄时即用此名。位于太中银铁路定银联络线东侧。四墩子村的村名来源于该自然村村名。

李毛庄[Lǐmáozhuāng]　自然村,属花马池镇四墩子村,人口222人。因该自然村曾居住过以纺织毛线袋为生的李毛匠而得名。

曹泥洼[Cáoníwā]　又名草泥洼。自然村,属花马池镇四墩子村,人口126人。因村子周围长满草的泥洼地而得名,后音变为曹

曹泥洼民俗村

泥洼。现在已建成曹泥洼民俗村,开展农家乐业务,是盐池县城居民休闲的好去处。位于太中银铁路定银联络线东侧。

红山沟[Hóngshāngōu]　自然村,属花马池镇四墩子村,人口244人。因村旁有红色石沟而得名。位于太中银铁路定银联络线南侧。

李华台村[Lǐhuátái Cūn]　隶属花马池镇。位于花马池镇北部,东靠冒寨子村,西接芨芨沟村,南邻王乐井乡、李记沟村,北接苏步井村、高利乌苏村。面积58.37平方千米,人口560人。辖5个自然村。因驻地李华台自然村而得名。1973年成立李华台大队,2003年撤乡并镇改为花马池镇李华台村。村域地势以丘陵为主,经济以农业为主,主要种植玉米、小杂粮,养殖业以滩羊养殖为主。

张记台[Zhāngjìtái]　自然村,属花马池镇李华台村,人口65人。1911年张俊一家住在村东梁台上,地势平坦,故得名张记台。1949年成立初级社,1958年属余庄子公社芨芨沟大队,1973年属李华台大队。

南井[Nánjǐng]　自然村,属花马池镇李华台村,人口112人。郝姓人居多,村中有一口井,因位于张记台自然村的南部,故命名为南井。

北圈[Běijuàn]　自然村,属花马池镇李华台村,人口106人。最早居住在此地的人家建一羊圈,后成村落,因南边还有一南圈,为区别,人们称之为北圈。1949年成立初级社,1958年属余庄子公社芨芨沟大队,1973年成立北圈大队,90年代变更为北圈自然村。

李华台[Lǐhuátái]　自然村,属花马池镇李华台村,人口112人。相传元朝时,此地多为蒙古族人居住,荆棘满山,猫儿刺花盛开,黄羊满山跑,后蒙古族人迁走,李姓汉族迁居此平台居住,命名李华台,华通"花"。

卢记沟[Lújìgōu]　自然村,属花马池镇李华台村,人口115人。因1915年卢姓人家迁到沟边居住而得名,1949年成立初级社,1958年属余庄子公社芨芨沟大队,1973年成立卢记沟大队,90年代称卢记沟自然村。

硝池子村[Xiāochízi Cūn]　隶属花马池镇,位于花马池镇西北部,东靠苏步井村,西接内蒙古鄂托克前旗上海庙镇,南靠高沙窝二步坑村,北接内蒙古鄂托克前旗巴拉庙。面积78.19平方米,人口457人,辖6个自然村,因境内有硝池子而得名。1949年设立,1958年设立余庄子公社硝池子大队,2003年撤乡并镇,划归花马池镇,经济以农牧业为主,主要种植玉米、小杂粮,养殖羊只。

边记场[Biānjìchǎng]　自然村,属花马池镇硝池子村,人口117人。早年边姓人家在此建羊场养羊,故得名。1972年设立自然村时沿用此庄名。主要种植玉米、杂粮。

位近宁蒙界。

罗庄子[Luózhuāngzi]　自然村,属花马池镇硝池子村,人口98人。因庄内罗姓人居多,故得名。1972年设立自然村时沿用此庄名。主要种植玉米、杂粮。今硝池子村村委会驻该自然村。位近宁蒙界。

高记梁[Gāojìliáng]　又名高家梁。自然村,属花马池镇硝池子村,人口173人。因有高姓人家居住在小山梁而得名。1972年设立自然村时沿用此庄名。主要种植玉米、杂粮。

乔记梁[Qiáojìliáng]　自然村,属花马池镇硝池子村,人口125人。因最早有乔姓人在此山梁居住,故得名。1972年设立自然村时沿用此庄名。主要种植玉米、杂粮。

西大井[Xīdàjǐng]　自然村,属花马池镇硝池子村,人口115人。当地有很多水井,因在边记场西边有一眼大井而得名。1972年设立自然村时沿用此庄名。主要种植玉米、杂粮。位近宁蒙界。

硝池子[Xiāochízi]　自然村,属花马池镇硝池子村,人口133人。因所在地附近有盐碱池产硝而得名。主要种植玉米、杂粮。位于303省道北侧。硝池子村村委会原驻该自然村,并因此得名。

大水坑镇[Dàshuǐkēng Zhèn]

行政区划代码:640323101。位于盐池县南部,东与陕西省定边县红柳沟镇接壤,南靠麻黄山乡,西邻惠安堡镇,北连青山乡、冯记沟乡。大水坑镇东西长约54千米,南北宽约46千米,总面积1458平方千米,人口2.5万人。共辖3个社区居委会、15个村106个自然村。镇人民政府驻大水坑村,距盐池县城60千米,是一个因石油开采而兴起的建制镇。1949年为五区,1958年设大水坑公社,1985年分建大水坑乡、大水坑镇,1986年撤乡并镇,1997年辖8个村和4个居委会,2003年撤并大水坑镇和红井子乡,成立新的大水坑镇,同时划入原后洼乡王新庄村。大水坑镇建制历史悠久,古代为边陲用武之地,近代为陕甘宁边区要邑,屏革命根据地西部门户,现在又是国家石油开采基地。大水坑镇南高北低,东南部山峦起伏,沟壑纵横,水土流失严重,中北部地势较平坦。该地属典型中温带大陆性气候,风大沙多,蒸发强烈,日照充足,年降水量不足300毫米。大水坑镇的产业以石油、风电、小杂粮、滩羊为主。境内交通便利,太中银铁路正线、大马公路、盐惠公路、大红线贯穿全境。

大水坑镇突出发展经济作物和特色产品,已基本形成了小杂粮、油料、土豆等农产品生产基地,先后引进樱桃、西红柿、甜瓜、独根红、蓖麻、人工甘草、黄花等多种名、特、优、新品种,种植业结构也逐步由"粮—经"二元结构调整为"粮—经—饲"多元结构。2013年,粮食总产量2073万公斤,比2003年增长2.51倍,年均增长22.87%;油料总产量350万公斤,比2003增长59%。在稳定羊只饲养量20万只的基础上,大力推行暖棚养殖、舍饲养殖,同时积极发展猪、鸡等养殖业。2012年,全镇已建成"三位一体"生态温棚1481座、日光温室86座、太阳能猪舍3.55万平方米。2013年,羊只存栏15.3万只,出栏24.7万只;生猪存栏0.4万头,出栏1.54万头;家畜养殖量10万只。

大水坑镇石油、风能、太阳能资源丰富,开发前景广阔。境内共有油田6处,分布在大水坑、摆宴井、红井子、马坊、新桥、王新庄等处。1959年长庆油田进行石油勘探,探明地质储量3668万吨。1979年建成投产,打井466口,年产油50万吨。1999年以来先后又有中国石油长庆油田分公司采油五厂、长庆油田分公司第六采油厂、中石化华北分公司盐池采油三队进入开采石油,随着勘探、开采技术水平的提高,深层油层的进一步探明,开采力度逐年加大,现建成年产原油产能58.5万吨,年产原油量23万吨左右。2010年,宁夏发电集团、哈纳斯新能源集团进行风电场建设,2013年建成总装机容量198兆瓦,年发电量4亿多度。

裕民社区[Yùmín Shèqū] 隶属大水坑镇。位于裕民路两侧,东至裕农路,西至友谊路,北至水悦东街,南至达悦东街。辖区总面积1.40平方千米,人口4200人。因裕民路而得名。2004年由盐池县人民政府批准成立。辖区内共有机关事业单位8个、居民住宅楼区6片、商业网点192家。

石油社区[Shíyóu Shèqū] 隶属大水坑镇。位于育才路两侧,东至友谊路,西至裕工路,南至达悦西街,北至水悦西街。辖区总面积2.80平方千米,人口5500人,其中常住人口4200人,流动人口1300人。因石油单位及石油职工家属区而得名。2014年,由盐池县人民政府批准设立。辖6个居民小区。辖区内多石油企业。

柳条井村[Liǔtiáojǐng Cūn] 隶属大水坑镇。位于大水坑镇西部,东靠大水坑村,西接惠安堡镇,南邻向阳村、新泉井村,北接冯记沟乡。面积101.96平方千米,人口1673人。辖10个自然村。因驻地柳条井自然村而得名。1958年设立柳条井生产大队,1984年更名为柳条井村。经济以农牧业为主,主要种植小杂粮,养殖业以滩羊为主。

乱窑坑[Luànyáokēng] 又名烂窑坑。自然村,属大水坑镇柳条井村,人口128人。早期村民穷困,无房子居住挖地坑窑居住,得名乱窑坑。经济以农业为主,主要种植小杂粮,外加劳务。

沙窝子[Shāwōzi] 自然村,属大水坑镇柳条井村,人口220人。早期土地沙化严重,人们都居住在沙窝中间,故取名为沙窝子。经济以农业为主,主要种植小杂粮,外加劳务。

玉皇庙[Yùhuángmiào] 自然村,属大水坑镇柳条井村,人口128人。清朝末期在庄子后建一座玉皇大帝庙,村庄因庙名而得名。经济以农业为主,主要种植小杂粮,外加劳务。位于太中银铁路正线南侧。

张旧庄[Zhāngjiùzhuāng] 自然村,属大水坑镇柳条井村,人口220人。此地名使用长久,来历无从考证。居民以张姓为主,村名疑为张记庄讹变。经济以农业为主,主要种植小杂粮,外加劳务。位于大马公路西侧。

朱新庄[Zhūxīnzhuāng] 自然村,属大水坑镇柳条井村,人口220人。村民朱姓居多,为何称新庄已不可考。经济以农业为主,主要种植小杂粮,外加劳务。位于太中银铁路正线南侧。

柳条井[Liǔtiáojǐng] 自然村,属大水坑镇柳条井村,人口176人。村内旧有井,内用柳条箍撑,人称柳条井,村庄因此井而得名。经济以农业为主,主要种植小杂粮,外加劳务。位于盐惠公路南侧。柳条井村村委会驻该自然村,村名源于该自然村村名。

西雪梁[Xīxuěliáng] 自然村,属大水坑镇柳条井村,人口210人。大水坑西有一东南—西北走向的斜山梁,此村庄在梁西,"斜"与"雪"谐音,村庄被人们叫成了西雪梁。经济以农业为主,主要种植小杂粮,外加劳务。

东雪梁[Dōngxuěliáng] 自然村,属大水坑镇柳条井村,人口139人。大水坑西有一东南—西北走向的斜山梁,此村庄在梁东,"斜"与"雪"谐音,村庄被人们叫成了东雪梁。经济以农业为主,主要种植小杂粮,外加劳务。

红井子村[Hóngjǐngzi Cūn] 隶属大水坑镇。位于大水坑镇东北部,东靠二道沟村和马坊村,西接宋堡子村和新建村,南邻李伏渠村,北接青山乡。面积70.20平方千米,人口1710人。辖8个自然村。因驻地红井子自然村而得名。1958年设立大水坑人民公社红井子生产队,1976年设立红井子公社红井子大队,1984年改名为红井子村。村域地势平坦,经济以农牧业为主。系原红井子乡政府驻地。

下青石峁[Xiàqīngshímǎo] 自然村,属大水坑镇红井子村,人口148人。因附近有一座峁状山,山上有青石,故取名青石峁,村庄在1980年分为两个生产队,一个生产队位于山坡下,取名下青石峁。经济以农业为主,主要种植小杂粮,外加劳务。位于太中银铁路正线南侧。

上青石峁[Shàngqīngshímǎo] 自然村,属大水坑镇红井子村,人口124人。因附近有一座峁状山,山上有青石,故取名青石峁,村庄在1980年分为两个生产队,一个生产队位于山坡上,取名上青石峁。经济以农业为主,主要种植小杂粮,外加劳务。

傅地坑[Fùdìkēng] 又名付地坑。自然村,属大水坑镇红井子村,人口146人。因地势较低,傅姓人家居住,故取名傅地坑。经济以农业为主,主要种植小杂粮,外加劳务。傅地坑清墓即在本村。

涝坝沟[Làobàgōu] 自然村,属大水坑镇红井子村,人口118人。明朝时期,打了一道坝堤阻挡洪水,村民居住于沟边,故取名涝坝沟。经济以农业为主,主要种植小杂粮,外加劳务。位于太中银铁路正线南侧。

刘堡子[Liúpùzi] 又名刘家堡子。自然村,属大水坑镇红井子村,人口217人。很早以前刘姓人购买的地盘,在此居住建堡,故取名刘堡子。经济以农业为主,主要种植小杂粮,外加劳务。位于太中银铁路正线北侧。

甜水河[Tiánshuǐhé] 自然村,属大水坑镇红井子村,人口174人。因村旁沟里水质甜,故名。经济以农业为主,主要种植小杂粮,外加劳务。

红井子西[Hóngjǐngzixī] 自然村,属大水坑镇红井子村,人口405人。本地土呈红色,有一口浅水井,命名为红井子,村名亦同。1964年因人口多,分为两个生产队,西边部分以方位取名为红井子西。经济以农业为主,主要种植小杂粮,外加劳务。位于太中银铁路北侧。

红井子东[Hóngjǐngzidōng] 自然村,属大水坑镇红井子村,人口295人。本地土呈红色,有一口浅水井,命名为红井子,村名亦同。1964年因人口多,分为两个生产队,以方位取名为红井子东。经济以农业为主,主要种植小杂粮,外加劳务。位于太中银铁路北侧。

新桥村[Xīnqiáo Cūn] 隶属大水坑镇。位于大水坑镇东部,东靠陕西定边县,西接李伏渠村,南邻东风村,北接二道沟村。面积49.51平方千米,人口1446人。辖9个自然村。因驻地新桥自然村而得名。1937年成立五区四乡(乡址苏记堡子),1958年设立苏记堡子生产队,1965年因新建桥而改名为新桥生产大队,1976年隶属红井子公社,1984年改名为新桥村,2003年撤乡并镇,划归大水坑镇。经济以农牧业为主。

窑沟畔[Yáogōupàn] 自然村,属大水坑镇新桥村,人口56人。过去传说这个村落的人都在沟畔打窑洞居住,因而得名。经济以农业为主,主要种植小杂粮,外加劳务。地近宁陕界。

上掌[Shàngzhǎng] 原名姬家掌。自然村,属大水坑镇新桥村,人口44人。村子在三面环山有壕状较平土地的地形上,在高处的部分称上掌。经济以农业为主,主要种植小杂粮,外加劳务。

下掌[Xiàzhǎng] 原名姬家掌。自然村,属大水坑镇新桥村,人口112人。村子在三面环山有壕状较平土地的地形上,在低处的部分称下掌。经济以农业为主,主要种植小杂粮,外加劳务。

林洼子[Línwāzi]　又名林家洼子。自然村,属大水坑镇新桥村,人口220人。过去林姓人家居住在山洼处,因而得名。经济以农业为主,主要种植小杂粮,外加劳务。

苏老庄[Sūlǎozhuāng]　旧称苏家老庄。自然村,属大水坑镇新桥村,人口143人。过去村子全部住着苏姓人家,所以取名苏老庄。经济以农业为主,主要种植小杂粮,外加劳务。

新桥[Xīnqiáo]　原名苏记堡子。自然村,属大水坑镇新桥村,人口366人。1965年在当地河沟上建了一座新桥,改名新桥。经济以农业为主,主要种植小杂粮,外加劳务。新桥村村委会驻该自然村。

农台[Nóngtái]　原名谢家堡子。自然村,属大水坑镇新桥村,人口263人。因周围地势平坦,叫堡子台,1964年更名为农台,沿用至今。经济以农业为主,主要种植小杂粮,外加劳务。地近宁陕界。

余圪崂[Yúgēlāo]　自然村,属大水坑镇新桥村,人口124人。过去这个庄子的人都姓余,又在沟圪崂处居住,因而得名。1950年设立余圪崂生产队。经济以农业为主,主要种植小杂粮,外加劳务。地近宁陕界。

山泉峁[Shānquánmǎo]　自然村,属大水坑镇新桥村,人口124人。村落在峁上,在村庄旁的沟下有个水泉,因此峁叫山泉峁,村因峁名。经济以农业为主,主要种植小杂粮,外加劳务。地近宁陕界。

新建村[Xīnjiàn Cūn]　隶属大水坑镇。位于大水坑镇中部,东靠红井子村和李伏渠村,西接大水坑村,南邻新泉井村和莎草湾村,北靠宋堡子村。面积84.68平方千米。人口1500人。辖9个自然村。"四清运动"时改名新建,保留至今。1958年设立武记禾场生产大队,1964年改名为新建生产大队,1984年行政体制改革时更名为大水坑乡新建村。经济以农牧业为主。

余记圈[Yújìjuàn]　自然村,属大水坑镇新建村,人口224人。同治年间,村民逃难到陕西,几年后重回此建村落户,建圈养羊,后余姓人在此地居住,故人称余记圈。经济以农业为主,主要种植小杂粮,外加劳务。

碱沟子[Jiǎngōuzi]　自然村,属大水坑镇新建村,人口156人。村旁有一条南北走向的盐碱沟,人称碱沟子,村因沟而名。经济以农业为主,主要种植小杂粮,外加劳务。

新建[Xīnjiàn]　自然村,属大水坑镇新建村,人口65人。原名武记禾场,1965年

"四清运动"时分别从武记塘、范记圈、双圪垯三村搬数十户到此,新设一个生产队,故名。经济以农业为主,主要种植小杂粮,外加劳务。新建村村名即源于该自然村村名。

黄记井[Huángjìjǐng] 自然村,属大水坑镇新建村,人口 219 人。明朝初期,黄姓人在此地建村落户,村内有口井,故得名。经济以农业为主,主要种植小杂粮,外加劳务。

范记圈[Fànjìjuàn] 自然村,属大水坑镇新建村,人口 152 人。因范姓人搬迁到此地定居,并建圈放牧,故而得名。经济以农业为主,主要种植小杂粮,外加劳务。

双圪垯[Shuānggēda] 又写作双疙瘩。自然村,属大水坑镇新建村,人口 172 人。民国年间,村民从何长沟搬迁到此,村内有两个残缺烽墩,民间称圪垯,村民居住在两个圪垯之间,故名。经济以农业为主,主要种植小杂粮,外加劳务。

苗古窑[Miáogǔyáo] 自然村,属大水坑镇新建村,人口 129 人。清朝年间,有苗姓人家庭贫困,盖不起房屋,在此地箍窑居住,故人称苗箍窑,"箍"后为"古",1964 年设立生产队,沿用此名。经济以农业为主,主要种植小杂粮,外加劳务。

牛毛井[Niúmáojǐng] 自然村,属大水坑镇新建村,人口 218 人。村里有口井,原是牛姓人居住在此,1932 年牛姓人绝户,崔姓人逃难到此居住,但村落仍沿用原名。经济以农业为主,主要种植小杂粮,外加劳务。

武记塘[Wǔjìtáng] 自然村,属大水坑镇新建村,人口 165 人。武姓人居住,当地人将地势较平的地方叫"塘",故得名。1964 年此村和余记圈并队,1982 年实行"包干到户"责任制时从余记圈分出,仍称武记塘。经济以农业为主,主要种植小杂粮,外加劳务。

李伏渠村[Lǐfúqú Cūn] 隶属大水坑镇。位于大水坑镇东部,东靠新桥村和二道沟村,西接新建村和莎草湾村,南邻东风村,北接红井子村。面积 60.16 平方千米,人口 1136 人。辖 7 个自然村。因驻地李伏渠自然村而得名。1963 年社队调整时成立,1976 年划归红井子公社,1984 年行政体制改革时更名为李伏渠村,2003 年撤乡并镇,划归大水坑镇。村域地貌属高原丘陵地带,经济以农牧业为主。

李伏渠[Lǐfúqú] 原名榆树渠。自然村,属大水坑镇李伏渠村,人口 126 人。因地势起伏不平,沟中多榆树,人称榆树渠,后李姓人居住于此,改名李伏渠。经济以农业、养殖为主。李伏渠村村名源于该自然村村名。

西湾[Xīwān] 自然村,属大水坑镇李伏渠村,人口 189 人。村庄坐落于张平庄西面的山湾处,故命名为西湾。经济以农业、养殖为主。

罗渠[Luóqú] 自然村,属大水坑镇李伏渠村,人口 131 人。明朝时期罗姓人落户罗庄科后又分居此地,以渠沟为界,故名罗渠。经济以农业、养殖为主。

高新庄[Gāoxīnzhuāng]　又名高兴庄。自然村,属大水坑镇李伏渠村,人口 263 人。高姓人居住,人称高兴庄,后逐渐被人们谐音书写为高新庄。1958—1971 年隶属红井子村,1972 年至今属李伏渠村。经济以农业、养殖为主。2013 年盐池县地名总体规划中将其规范为高新庄。

西梁[Xīliáng]　自然村,属大水坑镇李伏渠村,人口 179 人。清末逃难来到上湾居住的 3 户人家,分割土地,指定一家在西梁居住,居住地称西梁。经济以农业、养殖为主。

罗庄科[Luózhuāngkē]　自然村,属大水坑镇李伏渠村,人口 133 人。罗姓人在此居住形成村庄。经济以农业、养殖为主。

新建塬[Xīnjiànyuán]　自然村,属大水坑镇李伏渠村,人口 141 人。清朝时期屈姓在此落户,取名屈记掌,1981 年改名为新建塬。经济以农业、养殖为主。

东风村[Dōngfēng Cūn]　隶属大水坑镇。位于大水坑镇东南部,东靠新桥村和陕西定边县,西接莎草湾村,南邻麻黄山乡,北接李伏渠村。总面积 62.70 平方千米,人口 1334 人。辖 9 个自然村。1963 年盐池县委社队调整时由苏记堡子生产大队分离,设立甘记畔生产大队,1964 年改名为东风大队,1976 年划归红井子公社,1984 年行政体制改革时更名为东风村,2003 年撤乡并镇,划归大水坑镇。经济以农牧业为主。

甘记畔[Gānjìpàn]　自然村,属大水坑镇东风村,人口 210 人。村南有一条东西走向的干沟,村子在沟畔上,与村相对有一甜水泉,故得名。

麻记畔[Májìpàn]　自然村,属大水坑镇东风村,人口 177 人。传说康熙年间有一户麻姓人家在沟畔上居住,故名麻记畔,此后沿用至今。

史堡子[Shǐpùzi]　自然村,属大水坑镇东风村,人口 206 人。民国年间有史姓人家逃难到此地建一土堡定居,形成村落,人称史堡子。

马记滩[Mǎjìtān]　自然村,属大水坑镇东风村,人口 94 人。因马姓人家居住于滩地而得名。

新庄洼[Xīnzhuāngwā]　自然村,属大水坑镇东风村,人口 121 人。民国时期,因潘姓人家在山坡处定居形成村落,人称新庄洼。

吴记掌[Wújìzhǎng]　自然村,属大水坑镇东风村,人口 173 人。村子处在三面环山有壕状较平土地的地形上,最初为吴姓人居住,故得名。

碗石磕[Wǎnshíkē]　自然村,属大水坑镇东风村,人口 217 人。早年阮姓人家居住,门前有石头沟磕,因而得名阮石磕,碗与阮音相近,碗字又常用,慢慢被人们谐音为碗石磕。

堡头[Pùtóu]　自然村,又名堡头上,属大水坑镇东风村,人口145人。有一个古堡在此村,清朝年间叫堡子墙,村民后传为堡头。

二道沟村[Èrdàogōu Cūn]　隶属大水坑镇。位于大水坑镇东部,东靠陕西省定边县,西接李伏渠村和红井子村,南邻新桥村,北接马坊村。面积46.31平方千米,人口1649人。辖5个自然村。以驻地二道沟自然村得名。1963年盐池县委社队调整时设立二道沟生产大队,1976年划归红井子公社,1984年行政体制改革更名为红井子乡二道沟村,2003年撤乡并镇,划归大水坑镇。经济以农牧业为主,主要种植玉米、土豆、小杂粮。名胜古迹有高窑寺。

二道沟[Èrdàogōu]　自然村,属大水坑镇二道沟村,人口432人。1934年时叫狼嘴,后因大雨冲出两道沟,所以又得名二道沟。主要种植小杂粮。位于太中银铁路正线北侧。现为二道沟村村委会驻地,村名也源于该自然村村名。

后台[Hòutái]　自然村,属大水坑镇二道沟村,人口252人。因此村位于二道沟自然村后的一个台地上,故得名。主要种植小杂粮。

平庄[Píngzhuāng]　又名张平庄。自然村,属大水坑镇二道沟村,人口154人。居住地比较高且平坦,因张姓人入住最早,得名张平庄,后来简称为平庄。

南洼[Nánwā]　自然村,属大水坑镇二道沟村,人口478人。因此庄位于二道沟自然村南土坡上,故得名。以种植小杂粮和养殖滩羊为主。位于太中银铁路正线北侧,地近宁陕界。

金盆湾[Jīnpénwān]　自然村,属大水坑镇二道沟村,人口306人。村民居住的地方呈盆地状,村民希望富裕,金银满屋,故取名金盆湾。位于太中银铁路正线南侧,地近宁陕界。

大水坑村[Dàshuǐkēng Cūn]　隶属大水坑镇。位于大水坑镇西部,东靠新建村,西接柳条井村,南邻新泉井村,北接宋堡子村。面积71.09平方千米,人口1606人。辖6个自然村。附近早先有因山洪而形成的大水坑,故名。1958年设立生产大队,1984年改名为大水坑村。村域地势平坦,耕地全部为旱耕地,主要种植小杂粮、土豆。临近太中银铁路线,是大水坑镇政府驻地。

大东[Dàdōng]　自然村,原为大水坑东村,属大水坑镇大水坑村,人口608人。居民点在大水坑镇东面,故得名大东。经济以农业为主,主要种植玉米、土豆、荞麦,外加劳务。位于盐惠公路南侧。

大西[Dàxī] 自然村,原为大水坑西村,属大水坑镇大水坑村,人口297人。居民点在大水坑镇西面,故称大西。经济以农业为主,主要种植玉米、土豆、荞麦,外加劳务。位于盐惠公路南北两侧。

孙儿庄一队[Sūn'erzhuāng 1 Duì] 自然村,属大水坑镇大水坑村,人口238人。旧因孙姓人家居住在此庄,故得名。孙儿庄分为两个队,此地为一队,故名孙儿庄一队。经济以农业为主,主要种植玉米、土豆、荞麦,外加劳务。

孙儿庄二队[Sūn'erzhuāng 2 Duì] 自然村,属大水坑镇大水坑村,人口238人。旧因孙姓居民居住在此庄,故得名孙儿庄,孙儿庄分为两个队,此地为二队,故名孙儿庄二队。经济以农业为主,主要种植玉米、土豆、荞麦,外加劳务。

七里庄[Qīlǐzhuāng] 自然村,属大水坑镇大水坑村,人口238人。因此庄位于大水坑镇西南七里半处,20世纪初称为七里半塘,公社化后被称为七里庄。经济以农业为主,主要种植玉米、土豆、荞麦,外加劳务。

张布良[Zhāngbùliáng] 又名张步梁。自然村,属大水坑镇大水坑村,人口238人。1958年在当地一个废弃的庙址挖出一个钟,上面刻有"张宝良"三字,因后来当地居民误叫讹传逐步叫成了张布良,甚至张步梁。经济以农业为主,主要种植玉米、土豆、荞麦,外加劳务。位于盐惠公路东侧。

宋堡子村[Sòngpùzi Cūn] 隶属大水坑镇。位于大水坑镇北部,东靠红井子村,西傍冯记沟乡,南接大水坑村和新建村,北邻青山乡。面积62.55平方千米。人口1402人。辖6个自然村。因驻地宋堡子自然村而得名。1963年盐池县委调整社队时设立宋记堡子生产大队,1984年改名为宋记堡子村。有草原面积10万亩,耕地1.3万亩,林木保存面积3400亩。经济以农牧业为主。

宋堡子[Sòngpùzi] 自然村,属大水坑镇宋堡子村,人口398人。同治年间,宋姓的人家在此建村落户,后建堡自保,故得名。经济以农业、养殖为主。位于盐惠公路北侧。宋堡子村村委会驻该村,村名也源于该自然村村名。

毛儿庄[Máo'erzhuāng] 自然村,属大水坑镇宋堡子村,人口239人。因庄子里最早居住毛姓人家,由此得名。经济以农业、养殖为主。位于盐惠公路东侧。

北王场[Běiwángchǎng] 自然村,属大水坑镇宋堡子村,人口256人。民国时期有王姓家族在此落户,建立两处羊场,按方位此处在北边,故得名北王场。经济以农业、养殖为主。位于盐惠公路西侧。

南王场[Nánwángchǎng] 自然村,属大水坑镇宋堡子村,人口169人。民国时期有王姓家族在此落户,建立两处羊场,按方位此处在南边,故得名南王场。

谢记梁[Xièjìliáng]　自然村,属大水坑镇宋堡子村,人口197人。因谢姓人居住于梁上而得名。经济以农业、养殖为主。

姬儿庄[Jī'erzhuāng]　自然村,属大水坑镇宋堡子村,人口170人。姬姓人在此庄居住,故名。经济以农业、养殖为主。

新泉井村[Xīnquánjǐng Cūn]　隶属大水坑镇。位于大水坑镇中部,东靠莎草湾村,西靠柳条井村和向阳村,南邻王新庄村,北接大水坑村和新建村。面积74.90平方千米,人口2079人。辖5个自然村。因驻地新泉井自然村而得名。1958年设立圈湾子生产大队,1961年队部迁至新泉井生产队,1984年改名为新泉井村。村域地貌属丘陵平坦地带。经济以农业为主。

新泉井[Xīnquánjǐng]　自然村,属大水坑镇新泉井村,人口556人。原有冯儿庄、高儿庄、新泉井3个庄头,1958年合并为一个生产队,命名为新泉井。经济以农业为主,主要种植小杂粮,外加劳务。位于大麻公路东侧。新泉井行政村村委会驻该村,新泉井村村名也源于该自然村。

断土沟[Duàntǔgōu]　又名断兔沟。自然村,属大水坑镇新泉井村,人口414人。村南边有洪水沟,野兔子多,传说村民经常追兔子,故起名断兔沟,后谐音为断土沟,村因沟名。经济以农业为主,主要种植小杂粮,外加劳务。

关记沟[Guānjìgōu]　自然村,属大水坑镇新泉井村,人口141人。清代,此地繁华,居民多为官姓人,故起名官记沟,后渐被人记为关记沟。经济以农业为主,主要种植小杂粮,外加劳务。位于大麻公路东侧。

谷山塘[Gǔshāntáng]　自然村,属大水坑镇新泉井村,人口571人。地势平坦,村西南方向有孤山一座,故取名孤山塘,后"四清运动"时改名为谷山塘。经济以农业为主,主要种植小杂粮,外加劳务。位于大麻公路东侧。

莎草湾村[Suōcǎowān Cūn]　隶属大水坑镇。位于大水坑镇中南部,东至李伏渠村和东风村,西接新泉井村,南抵王新庄村,北靠新建村。面积62.49平方千米,人口2270人。辖10个自然村。因驻地莎草湾自然村而得名。1958年属武记禾场生产大队,1963年盐池县委调整社队时设立莎草湾生产大队,1984年改名为莎草湾村。村域地貌属丘陵地带,经济以农牧业为主。

莎草湾[Suōcǎowān]　自然村,属大水坑镇莎草湾村,人口250人。因当地满山都是莎草,故名。经济以农业为主,主要种植小杂粮,外加劳务。莎草湾村村委会驻该自然村,村名亦源于莎草湾。

芨芨峁[Jījīmǎo]　又名寄甲峁。自然村,属大水坑镇莎草湾村,人口205人。村旁山峁上长满了芨芨草,故得名。传说杨家将杨八姐将盔甲及兵器寄存于此村,故有"寄甲峁"的传说,村内立有一碑,碑文上刻"芨家峁"。经济以农业为主,主要种植小杂粮,外加劳务。

井沟畔[Jǐnggōupàn] 自然村,属大水坑镇莎草湾村,人口171人。因在村旁山坡下有一条沟叫井沟,故村庄取名井沟畔。经济以农业为主,主要种植小杂粮,外加劳务。

麦地渠[Màidìqú] 又名麦记渠。自然村,属大水坑镇莎草湾村,人口155人。明朝初期,村内原有一条沟渠,沟两边种植小麦,故取名麦地渠。经济以农业为主,主要种植小杂粮,外加劳务。

齐新庄[Qíxīnzhuāng] 自然村,属大水坑镇莎草湾村,人口50人。明朝初期,齐姓人逃难到此,定居形成村落,人称齐新庄。经济以农业为主,主要种植小杂粮,外加劳务。

任新庄[Rènxīnzhuāng] 自然村,属大水坑镇莎草湾村,人口243人。明朝初期,任姓人逃难到此,定居形成村落,人称任新庄。经济以农业为主,主要种植小杂粮,外加劳务。

观音峁[Guānyīnmǎo] 自然村,属大水坑镇莎草湾村,人口153人。清朝初年,此处山峁上有一座观音庙,故名观音峁。经济以农业为主,主要种植小杂粮,外加劳务。

马坊村[Mǎfāng Cūn] 隶属大水坑镇。位于大水坑镇东北部,东靠陕西省定边县,西接红井子村,南邻李伏渠村,北接青山乡。面积69.36平方千米,人口1437人。辖5个自然村。因驻地马坊自然村而得名。1958年设立马坊生产大队,1984年改名为马坊村。村域地貌属丘陵地带,经济以农牧业为主。

马坊[Mǎfāng] 自然村,属大水坑镇马坊村,人口451人。古时,村落在驿站旁,骆驼队、马队常在此落脚休息,人称马坊。又传是古代朝廷养马的地方。经济以农业为主,主要种植小杂粮、玉米等。马坊村村委会驻该自然村,村名也来源于该自然村村名。

石山沟[Shíshāngōu] 自然村,属大水坑镇马坊村,人口307人。同治年间,有难民逃难到此地建村落户,此地为石头山、石头沟,村子因地形地貌而得名。经济以农业为主,主要种植小杂粮、玉米等。

红沟洼[Hónggōuwā] 原名牛家寨子。自然村,属大水坑镇马坊村,人口403人。1949年后,因牛家寨子村名有"地主之村"的嫌疑,被改名"红沟洼"。经济以农业为主,主要种植小杂粮、玉米等。

井沟[Jǐnggōu] 自然村,属大水坑镇马坊村,人口 320 人。同治年间,村民逃难到此地建村落户,在沟里面打了一口井,故名井沟。经济以农业为主,主要种植小杂粮、玉米等。地近宁陕界。

摆宴井村[Bǎiyànjǐng Cūn] 隶属大水坑镇。位于大水坑镇西南部,东靠向阳村,西接惠安堡镇,南邻麻黄山乡。面积 113.43 平方千米,人口 2045 人。辖 12 个自然村。民间传说村民曾摆宴接待微服私访的康熙皇帝,因而得名。1958 年属隰宁堡,后改为惠安堡人民公社摆宴井生产大队,1976 年划归大水坑公社,1984 年行政体制改革时更名为摆宴井村。经济以农业、工业为主,主要种植小杂粮。工业以石油生产为主。

大掌[Dàzhǎng] 自然村,属大水坑镇摆宴井村,人口 178 人。居民点处于三面环山有壕状较平位置,形似手掌,故得名大掌。经济以农业为主,主要种植小杂粮,外加劳务。

芦沟子[Lúgōuzi] 自然村,属大水坑镇摆宴井村,人口 318 人。村民居住地南边以前有一苦水沟,沟里面芦草生长旺盛,因此人称芦沟子。村庄因沟而名。经济以农牧业为主,主要种植小杂粮,外加劳务。

牛皮沟[Niúpígōu] 自然村,属大水坑镇摆宴井村,人口 228 人。传说有一头牛在此沟中被狼吃掉,只剩下一张牛皮,村庄因沟而得名。经济以农牧业为主,主要种植小杂粮,外加劳务。

前指[Qiánzhǐ] 自然村,属大水坑镇摆宴井村,人口 88 人。1970 年石油大开发,在此设立前线指挥部,后来被百姓简称为前指。经济以农业为主,主要种植小杂粮,外加劳务。

摆西[Bǎixī] 自然村,属大水坑镇摆宴井村,人口 173 人。摆宴井自然村被分为东、西两队,在西边部分被命名为摆西队。经济以农业为主,主要种植小杂粮,外加劳务。

摆东[Bǎidōng] 自然村,属大水坑镇摆宴井村,人口 165 人。摆宴井自然村被分为东、西两队,在东边部分被命名为摆东队。经济以农业为主,主要种植小杂粮,外加劳务。

孙记沟[Sūnjìgōu] 原名孙家梁。自然村,属大水坑镇摆宴井村,人口 163 人。因梁下沟旁过去有孙姓人家居住,故取名孙家梁,1976 年在山梁里设立生产队,命名为孙家梁生产队,2013 年地名规划为孙记沟。经济以农业为主,主要种植小杂粮,外加劳务。

井梁[Jǐngliáng] 自然村,属大水坑镇摆宴井村,人口273人。原名王家寺村,一个梁坡边有一口水井,1965年规划居民点时,将村民全部搬到井的上坡处居住,故取名井梁。经济以农业为主,主要种植小杂粮,外加劳务。

梁禾场[Liánghéchǎng] 自然村,属大水坑镇摆宴井村,人口173人。以前有一梁姓人家,在此购置田产,设立梁家禾场,1974年被命名为梁禾场生产队。经济以农业为主,主要种植小杂粮,外加劳务。

王新庄村[Wángxīnzhuāng Cūn] 隶属大水坑镇。位于大水坑镇南部,西邻向阳村和新泉井村,北靠莎草湾村,南被麻黄山乡半包围。面积40.68平方千米,人口499人。辖4个自然村。明末清初王氏家族逃难于此,取名王新庄,1984年设立后洼乡王新庄村。2003年撤乡并镇,后洼乡大部并入麻黄山乡,但王新庄村划属大水坑镇。经济以农牧业为主,主要种植荞麦、土豆、胡麻等小杂粮,养殖业以滩羊养殖为主。盐池县最高峰陈家山位于本村,海拔1951.5米。

王新庄[Wángxīnzhuāng] 自然村,属大水坑镇王新庄村,人口204人。新中国成立前后,别处人家迁居于此形成新村落,王姓人居多,故得名。经济以农业为主,主要种植小杂粮,外加劳务。位于大麻公路东侧。

崖峁[Yámǎo] 又名崖窑峁。自然村,属大水坑镇王新庄村,人口138人。因在陈家山腰部突出的山峁处筑窑成村,故名。经济以农业为主,主要种植小杂粮,外加劳务。

马畔子[Mǎpànzi] 又名马家畔。自然村,属大水坑镇王新庄村,人口108人。马姓居民住在沟畔处,故名。经济以农业为主,主要种植小杂粮,外加劳务。

康台[Kāngtái] 又名康家台。自然村,属大水坑镇王新庄村,人口86人。清朝末年康姓人在山台下筑窑居住,故而得名。1978年从李塬畔队分出,设立生产队。经济以农业为主,主要种植小杂粮,外加劳务。

向阳村[Xiàngyáng Cūn] 隶属大水坑镇。位于大水坑镇西南部,西邻摆宴井村,东接新泉井村和王新庄村,北靠柳条井村,南连麻黄山乡。面积98.81平方千米。盐池县草原站设在本村中部,面积7.45平方千米。人口1654人。辖道沟、硝池子、狼儿沟、马儿沟、齐记庄、刘叶洼等9个自然村。1965年,刘家禾场、贺坊、李家禾场合并成立生产大队,取名向阳大队。1984年行政体制改革时更名为向阳村。经济以种植、养殖业为主,主要种植玉米、小杂粮,养殖牛羊。

向阳西组[Xiàngyángxīzǔ] 简称向西。自然村,属大水坑镇向阳村,人口225

人。原名贺坊,1965年"四清运动"时改名为向阳,1980年向阳分为西队和东队,本组位于向阳村西面,故得名向西。主要种植小杂粮,外加劳务。

向阳东组［Xiàngyángdōngzǔ］ 简称向东。自然村,属大水坑镇向阳村,人口224人。原名贺坊,1965年"四清运动"时改名为向阳,1980年向阳分为西队和东队,本组位于向阳东面,故得名向东。经济以农业为主,主要种植小杂粮,外加劳务。

狼儿沟东［Láng'ergōudōng］ 简称狼东。自然村,属大水坑镇向阳村,人口113人。传说沟中有野狼存在,称作狼儿沟,1965年村民由康家山搬至狼儿沟,村落位于狼儿沟东面,故得名。经济以农业为主,主要种植小杂粮,外加劳务。

狼儿沟西［Láng'ergōuxī］ 简称狼西。自然村,属大水坑镇向阳村,人口280人。传说沟中有野狼存在,称作狼儿沟,本村位于狼儿沟西面,故得名。经济以农业为主,主要种植小杂粮,外加劳务。

齐记庄［Qíjìzhuāng］ 自然村,属大水坑镇向阳村,人口110人。1923年有人搬迁至此定居,以齐姓人家入住最早,故得名。经济以农业为主,主要种植小杂粮,外加劳务。位于大麻公路西侧。

硝池子［Xiāochízi］ 自然村,属大水坑镇向阳村,人口165人。因村子附近有一个盐碱池产硝,故名。经济以农业为主,主要种植小杂粮,外加劳务。

刘叶洼［Liǔyèwā］ 自然村,属大水坑镇向阳村,人口90人。相传很早以前刘姓人在此居住,因为常年生活独立,不受官府管制,过着游牧生活,后来官府管理,刘姓人不服,人称"刘野人"。后刘姓人迁至山坡居住,得名"刘野人洼",由于名称不雅,后更名为"刘叶洼"。经济以农业为主,主要种植小杂粮,外加劳务。位于大麻公路东侧。

道沟［Dàogōu］ 自然村,属大水坑镇向阳村,人口145人。此村有一苦水沟,因特殊地形水由东向西流,人感觉水呈倒流,因而人称此沟为倒沟,后被叫成了道沟,村因该沟而得名。经济以农业为主,主要种植小杂粮,外加劳务。

马儿沟［Mǎ'ergōu］ 自然村,属大水坑镇向阳村,人口294人。1923年有人逃难到此地沟里建立村落,因沟里面长满了马茹刺,所以人称马茹沟,后被称为马儿沟。经济以农业为主,主要种植小杂粮,外加劳务。位于大麻公路东侧。

惠安堡镇［Huì'ānpù Zhèn］

行政区划代码:640323102。位于盐池县西南部,南与甘肃环县甜水堡相接,西与同心县韦州镇、红寺堡区太阳山镇、灵武市马家滩镇相连,东与大水坑镇为邻,北与冯记沟乡接壤。全镇总面积1050平方千米,人口1.9万人。共辖13个村、1个社区。镇人民政府驻地位于惠安社区,距盐池县城87千米。1961年成立惠安堡公社,1984年公社改乡,1994年改设为镇。2003年,撤并惠安堡镇和萌城乡,成立新的惠安堡镇。惠安堡镇地处鄂尔多斯台地向黄土高原过渡段,地势东南高西北低,南部为黄土丘陵区,北部多为沙丘、碱滩地。惠安堡属荒漠草原区,冬长夏短、春迟秋早、冬寒夏热,干旱少雨,风大沙多,蒸发强烈,日照充足。境内有两条河流经过:一是山水河,发源于甘肃环县,因流经惠安堡镇萌城村,又称萌城河;二是苦水沟,发源于大水坑镇贺坊沟,横贯惠安堡镇。两条河流在盐池、红寺堡两县区交界的小泉村汇合,称苦水河,经灵武市、利通区,在新华桥汇入黄河。惠安堡镇内白云岩、石灰石、煤炭、石油等矿产资源丰富。农作物主要是糜子、谷子、荞麦、油料等,二毛裘皮名扬中外。境内古城址、墩堠众多,有北破城、老盐池堡、惠安堡、萌城堡、隰宁堡等古城址。太中银铁路正线、定武高速公路穿镇而过,211国道纵贯南北,304省道横穿东西,盐惠公路东连大水坑镇接盐池县城,历来为商贾云集的"旱码头"。著名人物:谢王宠(1671—1733年),字宾于,号观斋,世居宁夏河东惠安堡,清康熙年间进士,入翰林院,为官清正,著作颇丰。著名历史事件:1936年,红军解放盐池后,成立苏维埃政府,国民党盐池县政府退守惠安堡,在惠安堡复设盐池县,与红色盐池县对峙。

盐业是惠安堡的古老产业,据史料记载已有两千多年开采历史,至今盐湖犹在。据《汉书·食货志》记载,西汉时三水县有盐官。此处盐湖在隋朝、唐初称为"温泉池",和花马池相比,又称"小盐池"。明代惠安堡最高产盐量达到1781万千克,除了换取马匹,朝廷修长城、军饷的开支都依靠盐税。到了清代,惠安堡的盐业得到进一步发展,设有盐捕通判专门负责管理盐务。清末,局势动荡,老百姓流离失所,盐业衰落。1949年惠安堡解放,成立了惠安堡盐务支局,下设盐警队。1959年建立国营惠安堡盐场。

惠安堡功能区是盐池县"一园五区"的重要组成部分,主要产业有水泥、石灰石露天开采加工、煤炭、化工等,共有企业64家,总投资额达89亿元。2011年,全面落实"工业提速增效年"各项政策措施,进一步优化惠安堡功能区的基础设施建设,A区、B区的供、排水和路网等设施得到完善。

惠安社区[Huì'ān Shèqū] 隶属惠安堡镇。位于惠安堡镇镇建区,位于富民路以东、温池街以南、惠安堡镇民族东街以北,并包括惠安堡工业园,辖区总面积4平方千米,人口9100人。因惠安堡而得名,成立于1995年,辖区内有行政事业单位23家,沿街各类服务商店450余家。211国道、304省道、盐惠公路在这里交会,交通比较方便,历来商贾云集,是盐池县南部的"旱码头"。

惠安堡村[Huì'ānpù Cūn] 隶属惠安堡镇。位于惠安堡镇西北部,东靠杨儿庄村,西接红寺堡区太阳山镇,南邻隰宁堡村,北接老盐池村。面积58.85平方千米,人口 890 人。辖 5 个自然村,因惠安堡古城而得名。1958 年设立惠安堡生产大队,1984 年行政体制改革时更名为惠安堡乡惠安堡村,2003 年撤乡并镇,划归惠安堡镇。村域地势平坦,经济以农业为主,主要种植玉米、杂粮。名胜古迹有惠安堡盐湖、惠安堡古城、北破城等,清代翰林谢王宠出自惠安堡。西银高速公路、304 省道穿境而过,盐惠公路从此起点,建设中的西银高速铁路盐池南站位于本村,交通十分便利。

薛园子[Xuēyuánzi]　自然村,隶属惠安堡镇惠安堡村,人口 232 人。以前居民多数为薛姓,种植蔬菜,故命名为薛园子。位于 211 国道东侧。

赵儿庄[Zhào'erzhuāng]　自然村,隶属惠安堡镇惠安堡村,人口 70 人。清朝时已有村落,因当地居民多数为赵姓,故得名。

南梁[Nánliáng]　自然村,隶属惠安堡镇惠安堡村,人口 275 人。清朝时期有一张姓人在此建了两个羊圈牧羊,因其年龄较小、身材较矮,形如孩童,因此得名张娃圈,一直沿用至"文革"期间,后改名南梁。位于 211 国道西侧。

老盐池村[Lǎoyánchí Cūn]　隶属惠安堡镇。位于惠安堡镇北部,东靠冯记沟乡,西接红寺堡区太阳山镇,南邻惠安堡村,北接灵武市白土岗乡。面积 174.16 平方千米,人口 1208 人。辖 4 个自然村。以驻地老盐池自然村而得名。老盐池历史上曾是唐朝温池县驻地,1961 年设立老盐池生产大队,隶属马儿庄乡,1984 年行政体制改革时更名老盐池村,2003 年撤乡并镇,马儿庄乡大部并入冯记沟乡,但老盐池村划入惠安堡镇。经济以农业为主,主要种植玉米、杂粮。名胜古迹有老盐池古城遗址。定武高速公路、西银高速公路和太中银铁路贯穿本村,交通方便。

老盐池[Lǎoyánchí]　自然村,隶属惠安堡镇老盐池村,人口 417 人。相传明时,朝廷从战略方面考虑,在此地设驿站、重修城堡,因其东 2 公里处有一座盐池,故得名盐池,后因新建了盐池城,便将该地称为老盐池。位于银西高速公路和 211 国道东侧。

梁台[Liángtái]　又名梁台子。自然村,隶属惠安堡镇老盐池村,人口 319 人。新中国成立初期,附近居民在这里开出了几百亩地,小麦年年大丰收,且因四周皆为沟洼之地,独中间地势平坦,故而取名粮台,后谐音叫为梁台。后来,先是一户王姓人从老盐池堡搬到梁台上居住,再后来,周围又有居民搬到这里,慢慢地就形成了一个村落,沿用梁台之名。位于银西高速公路东侧。

烟墩山[Yāndūnshān]　自然村,隶属惠安堡镇老盐池村,人口 218 人。因村旁有烟墩山,产煤、瓷等,村沿用山名。位于银西高速公路东侧。

李记坝[Lǐjìbà]　又名李家坝。自然村,隶属惠安堡镇老盐池村,人口 291 人。相传明末,老盐池城里住着 64 姓人,最后产生了 64 个小村落,其中有李姓人逃荒到此居住,后发财,此处便被叫作李记坝。位于定武高速公路南侧。

杨儿庄村[Yáng'erzhuāng Cūn]　隶属惠安堡镇。位于惠安堡镇东北部,东靠大水坑镇,西接惠安堡村,南邻隰宁堡村,北接冯记沟乡。面积144.68平方千米,人口1461人。辖8个自然村。因原驻地杨儿庄自然村而得名。1983年设立。地势较平坦,缓丘相连。产业以农业生产为主。

陈圈[Chénjuàn]　又名陈家圈。自然村,隶属惠安堡镇杨儿庄村,人口173人。以前村里有个羊圈,陈姓人氏居住在旁,故命名为陈家圈,2013年盐池县地名总体规划将其简化为"陈圈"。

沙沟[Shāgōu]　自然村,隶属惠安堡镇杨儿庄村,人口138人。此地以沙丘地形为主,因雨水冲刷,形成一条深沟,人们叫沙沟。1960年沟边设立生产队,沿用沟名命名。

隰宁堡村[Xíníngpù Cūn]　隶属惠安堡镇。位于惠安堡镇中部,东靠杨儿庄村、大水坑镇,西接红寺堡区太阳山镇,南邻大坝村、狼布掌村,北接惠安堡村。面积76.81平方千米,人口1285人。辖6个自然村。因驻地附近隰宁堡古城而得名。1958年成立惠安堡人民公社隰宁堡大队,1984年改为惠安堡乡隰宁堡村,2003年撤乡并镇时,划入惠安堡镇。地貌以丘陵为主,农业生产以旱地作物种植为主。211国道纵穿而过。

姚沽塘[Yáogūtáng]　又名姚古塘。自然村,隶属惠安堡镇隰宁堡村,人口138人。因当地居民多为姚姓,居住处有一水塘,故得名。

洪涝池[Hónglàochí]　自然村,隶属惠安堡镇隰宁堡村,人口165人。村落因地势相对低洼,常有洪涝灾害发生,故命名为洪涝池。

苦水井[Kǔshuǐjǐng]　自然村,隶属惠安堡镇隰宁堡村,人口242人。因当地井水苦涩,故命名为苦水井。位于211国道东侧。

隰北[Xíběi]　自然村,隶属惠安堡镇隰宁堡村,人口248人。该居民点位于隰宁堡北边,故得名。211国道纵穿而过。

隰南[Xínán]　自然村,隶属惠安堡镇隰宁堡村,人口308人。该居民点位于隰宁堡南边,故得名。211国道纵穿而过。

沟边[Gōubiān]　自然村,隶属惠安堡镇隰宁堡村,人口223人。因村子坐落于一条山沟旁边,故命名为沟边。

大坝村[Dàbà Cūn]　隶属惠安堡镇。位于惠安堡镇中西部,东靠杜记沟村,西南接同心县韦州镇,北接隰宁堡村。面积18平方千米,人口1140人。辖6个自然村。因驻地附近山水河上筑有大坝而得名。1984年前属李记湾大队,1997年改名为大坝村。

地势平坦,盐环定扬水南干渠途经本村。经济以种植业为主,主要种植小麦、玉米。邻近211国道。

刘石嘴[liúshízuǐ]　自然村,隶属惠安堡镇大坝村,人口383人。因当地居民多数为刘姓,地近山水河一石嘴处,故得名。

大坝村一组[Dàbàcūn 1 Zǔ]　自然村,隶属惠安堡镇大坝村,人口253人。1997年吊庄移民建成村落,因该村建于山水河大坝附近,小队以组为名,本组被统一命名为大坝村一组。位于211国道西侧。

大坝村二组[Dàbàcūn 2 Zǔ]　自然村,隶属惠安堡镇大坝村,人口175人。1997年吊庄移民建成村落,因该村建于山水河大坝附近,小队以组为名,本组被统一命名为大坝村二组。位于211国道西侧。

大坝村三组[Dàbàcūn 3 Zǔ]　自然村,隶属惠安堡镇大坝村,人口142人。1997年吊庄移民建成村落,因该村建于山水河大坝附近,小队以组为名,本组被统一命名为大坝村三组。位于211国道西侧。

大坝村四组[Dàbàcūn 4 Zǔ]　自然村,隶属惠安堡镇大坝村,人口196人。1997年吊庄移民建成村落,因该村建于山水河大坝附近,小队以组为名,本组被统一命名为大坝村四组。位于211国道西侧。

大坝村五组[Dàbàcūn 5 Zǔ]　自然村,隶属惠安堡镇大坝村,人口166人。1997年吊庄移民建成村落,因该村建于山水河大坝附近,小队以组为名,本组被统一命名为大坝村五组。位于211国道西侧。

大坝村四组村貌

惠苑村[Huìyuàn Cūn]　隶属惠安堡镇。位于惠安堡镇中部,东边和北边靠隰宁堡村,西邻红寺堡区太阳山镇,南接大坝村。面积5平方千米,人口5394人。该村是生态移民新村,政府命名为"惠苑",意为惠安堡镇环境优美的地方。"十二五"期间,盐池县认真执行自治区生态移民规划,2011年开工建设惠安堡镇隰宁堡生态移民新村,历时3年,分两批将该镇杏树梁、麦草掌、林记口子、四股泉、萌城、杜记沟等6个村46个村民小组的1397户5420人搬迁至靠近水源、靠近公路的隰宁堡村。2014年10月经县人民政府研究批准,正式将"隰宁堡生态移民新村"更名为"惠苑村"。经济主要

惠苑村

靠劳务输出和养殖业。211国道从村内穿过。

麦草掌村[Màicǎozhǎng Cūn] 隶属惠安堡镇。位于惠安堡镇南部,东靠杏树梁村,西接萌城村,南邻甘肃省环县,北接林记口子村。面积64.87平方千米,人口1430人。辖9个自然村。因驻地麦草掌自然村而得名。1986年设立。地貌属丘陵地带,经济以农业为主,主要种植小杂粮。

麦草掌[Màicǎozhǎng] 自然村,隶属惠安堡镇麦草掌村,人口140人。原名馒头掌,1958年改名麦草掌,因村子位于三面环山,中间是壕状较平土地的地形上,地上麦秧草生长旺盛。麦草掌村村委会驻该自然村,村名也取自该自然村村名。

马坊沟[Mǎfānggōu] 自然村,隶属惠安堡镇麦草掌村,人口263人。此沟里古时建过军马坊,故命名为马坊沟,村庄在沟旁,因此沟而得名。

南窑子[Nányáozi] 自然村,隶属惠安堡镇麦草掌村,人口140人。原名烂窑子,不整齐,因在南筑窑,门户向阳,故命名为南窑子。1984年设立自然村时,沿用此村名。

北窑子[Běiyáozi] 自然村,隶属惠安堡镇麦草掌村,人口141人。因此处筑窑向北开门户,故命名为北窑子。1986年设立自然村时沿用此村名。

赵窝棚[Zhàowōpéng] 又名赵家窝棚。自然村,隶属惠安堡镇麦草掌村,人口90人。最早赵姓人在此开辟禾场搭建窝棚耕种,故得名,后有人在此定居,沿用原名。

施天池北组[Shītiānchíběizǔ] 原名祁家天池。自然村,隶属惠安堡镇麦草掌村,人口165人。祁姓人居住在地势较高的地方,雨水积水成塘,风景优美,如天池一般,取名为祁家天池,施姓人给祁姓人打工,后施姓人娶祁姓姑娘为妻,同治年间,祁家人避难离开,无人回归,施姓人居住,改为施家天池。1984年分为南北两组,此村为北组,故得名。

施天池南组[Shītiānchínánzǔ] 自然村,隶属惠安堡镇麦草掌村,人口210人。1984年,施家天池分为南北两组,此村为南组,故得名。

李新庄[Lǐxīnzhuāng] 又名李兴庄。自然村,隶属惠安堡镇麦草掌村,人口83人。该地原为禾场,1986年李姓从麦草掌搬至此建成村落,人称李新庄,现在也谐音为李兴庄。

东圈[Dōngjuàn] 又名墩圈。自然村,隶属惠安堡镇麦草掌村,人口198人。1986年设立自然村,位于固原内边烽火墩下,得名墩圈,又因"墩""东"同音,今多称为东圈。

狼布掌村[Lángbùzhǎng Cūn] 隶属惠安堡镇。位于惠安堡镇东部,东靠大水坑镇,西接杜记沟村,南邻林记口子村,北接隰宁堡村。面积52.62平方千米,人口1738人。辖7个自然村。因驻地狼布掌自然村而得名。1958年成立惠安堡公社狼布掌大队,1984年改为惠安堡狼布掌村。地貌属丘陵地带,经济以农业为主,主要种植小杂粮。

萌兴[Méngxīng] 自然村,隶属惠安堡镇狼布掌村,人口42人。因村民全部从萌城搬迁而来,故命名为萌兴。

小庄子[Xiǎozhuāngzi] 自然村,隶属惠安堡镇狼布掌村,人口260人。清朝年间,有人从山西逃难到此定居谋生,因当时人少,故人称小庄子。

宋红沟[Sònghónggōu] 又名宋家红沟。自然村,隶属惠安堡镇狼布掌村,人口465人。以前当地居民多数为宋姓,结合其地理地形,人称宋家红沟,2013年盐池县地名总体规划将其简化为"宋红沟"。

新合[Xīnhé] 自然村,隶属惠安堡镇狼布掌村,人口245人。当地群众原居住分散,新中国成立后,政府调整集中合并为一组,命名为新合。

下滩[Xiàtān] 自然村,隶属惠安堡镇狼布掌村,人口296人。清朝末年立村,因村子处于山下,地势比较平缓,故命名为下滩,村名沿用至今。

狼布掌[Lángbùzhǎng] 自然村,隶属惠安堡镇狼布掌村,人口375人。清朝末年已有村落,原名浪坝掌。因地理位置处于沟壑之间,易发洪水,在沟下游筑坝拦水,人称浪坝掌,因当地人方言发音,后渐渐讹变为狼布掌。狼布掌村村委会原来驻该自然村,村名因驻地而得名。

大兴[Dàxīng] 自然村,隶属惠安堡镇狼布掌村,人口78人。因村民全部为大水坑搬迁而来,取兴旺之意,故命名为大兴。

林记口子村[Línjìkǒuzi Cūn]　隶属惠安堡镇。位于惠安堡镇东南部,东靠大水坑镇,西连萌城村、杜记沟村,北接狼布掌村,南邻麦草掌村、杏树梁村。面积55.70平方千米,人口1320人。辖10个自然村。因驻地林记口子自然村而得名。1984年行政体制改革时设立。地貌属丘陵地带,经济以农业为主,主要种植小杂粮。

钱记塬[Qiánjìyuán]　又名钱家塬。自然村,隶属惠安堡镇林记口子村,人口227人。清朝建村,村在塬上,因当地居民多数为钱姓,结合其地形地貌,命名为钱记塬。

王庄科[Wángzhuāngkē]　自然村,隶属惠安堡镇林记口子村,人口106人。清代有王姓人家居住在此,故得名。

范记塬[Fànjìyuán]　又名范家塬。自然村,隶属惠安堡镇林记口子村,人口133人。清朝时,本村居民多数为范姓,结合其地理地形,人称范记塬。

万记塬[Wànjìyuán]　又名万家塬。自然村,隶属惠安堡镇林记口子村,人口202人。此地即明朝庆王朱栴养马场万安苑,居民多数为万姓,故得名万家塬。盐池地名里"家""记"通用,2013年盐池县地名总体规划将其规范为"万记塬"。

林记口子[Línjìkǒuzi]　又名林家口子。自然村,隶属惠安堡镇林记口子村,人口111人。以林姓居住在狼布掌的山口处而得名,现多住王姓,但是一直使用原名。林记口子村因该自然村村名而得名。

李记塬[Lǐjìyuán]　又名李家塬。自然村,隶属惠安堡镇林记口子村,人口98人。因早先居民多数为李姓,结合村落所处地形,命名为李家塬,盐池地名里"家""记"通用,2013年盐池县地名总体规划将其规范为"李记塬"。

代记塬[Dàijìyuán]　又名代家塬。自然村,隶属惠安堡镇林记口子村,人口74人。清朝建村,因当地居民多数为代姓,故命名为代记塬。

汪记塬[Wāngjìyuán]　又名汪家塬。自然村,隶属惠安堡镇林记口子村,人口116人。清朝建村,因当时该地居民多数为汪姓,结合其地理地形,命名为汪家塬。盐池地名里"家""记"通用,2013年盐池县地名总体规划将其规范为"汪记塬"。

王下窝[Wángxiàwō]　又名王家下湾。自然村,隶属惠安堡镇林记口子村,人口143人。清朝建村,因当时居民多数为王姓,居住山下湾处,故得名王下湾,后因当地方言中"湾""窝"相近,渐演变为王下窝。

王大夫掌[Wángdàifuzhǎng]　又名王代夫掌。自然村,隶属惠安堡镇林记口子村,人口76人。清朝建村,掌即山窝,村落处于三面环山有壕状较平土地的地形上,居住过姓王的大夫,故得名。

杜记沟村[Dùjìgōu Cūn]　隶属惠安堡镇。位于惠安堡镇中部,东靠狼布掌村,西接同心县韦州镇,南邻萌城村、林记口子村,北接大坝村、隰宁堡村。面积54.27平方千米,人口2443人。辖9个自然村。因原驻地杜记沟自然村而得名。1976年增设杜记沟大队,隶属惠安堡人民公社,1984年行政体制改革时更名为惠安堡乡杜记沟村。地貌属丘陵地带,经济以农业为主,主要种植玉米、小杂粮。211国道穿境而过。

大庄子[Dàzhuāngzi]　自然村,隶属惠安堡镇杜记沟村,人口455人。将各小自然村合并建设,原名李家大庄。2013年盐池县地名总体规划将其统一规划命名为大庄子。位于211国道东侧。

曹圈[Cáojuàn]　又名曹家圈。自然村,隶属惠安堡镇杜记沟村,人口334人。因曹姓人氏居住于地形低洼的环形滩涂上,取名曹家圈,因当地口音,逐渐演变成曹记圈。1915年立村,1996年因扬黄灌区开发,整村搬迁至211国道东侧,2013年盐池县地名总体规划中将其简化为曹圈。

郝记台[Hǎojìtái]　又名郝家台。自然村,隶属惠安堡镇杜记沟村,人口147人。1917年立村,因郝姓人氏居住于四面沟壑的台梁上,故名郝家台,因当地口音,逐渐演变成郝记台。

杜记沟[Dùjìgōu]　又名杜家沟。自然村,隶属惠安堡镇杜记沟村,人口258人。清末杜姓人移民到此地居住,村旁有一条沟壑,故称为杜家沟,因当地口音,逐渐演变成杜记沟。民国初,杜姓人购买冯记沟冯姓人土地,举家迁往冯记沟王冲庄居住,现在已无杜姓人,但原名一直沿用至今。1916年立村。位于211国道西侧。杜记沟村村名取自该自然村村名。

郭东湾[Guōdōngwān]　又名郭墩洼。自然村,隶属惠安堡镇杜记沟村,人口209人。村落建于山坡中间东侧,居民以郭姓人氏为主,故取名郭墩洼,"墩"与"东"谐音,渐被人叫成郭东湾。2013年盐池县地名总体规划将其统一为郭东湾。位于211国道西侧。

关记台[Guānjìtái]　又名关家台、关祭台。自然村,隶属惠安堡镇杜记沟村,人口264人。1916年立村,当时关姓较多,居住在一个梁台上,取名为关家台,因当地方言谐变,逐渐演变成关记台。2013年盐池县地名总体规划将其规范为关记台。位于211国道东侧。

郝记山[Hǎojìshān]　又名郝家山。自然村,隶属惠安堡镇杜记沟村,人口198人。1915年立村,因郝姓人氏居住于一个山头上,得名郝家山,因当地方言谐音,逐渐演变成郝记山。2013年盐池县地名总体规划将其规范为郝记山。位于211国道东侧。

红土沟[Hóngtǔgōu]　自然村,隶属惠安堡镇杜记沟村,人口355人。因此居民点位于山水河边,土为红色,故取名为红土沟。

大湾[Dàwān]　又名李家大湾。自然村,隶属惠安堡镇杜记沟村,人口 245 人。1916 年此地形成村落,因山大沟深,梁台较多而且弯度大,故得名大湾。位于 211 国道西侧。

杏树梁村[Xìngshùliáng Cūn]　隶属惠安堡镇。位于惠安堡镇东南部,东靠麻黄山乡,西接麦草掌村,南邻甘肃省环县,北接林记口子村、大水坑镇。面积 51.62 平方千米,人口 1860 人。辖 12 个自然村。因驻地在杏树梁而得名。1963 年成立惠安堡公社杏树梁生产大队,1976 年改为萌城公社杏树梁大队,1984 年改为萌城乡杏树梁村,2003 年撤乡并镇划入惠安堡镇。地貌属黄土丘陵地带,经济以农业为主,主要种植小杂粮。

芦口子[Lúkǒuzi]　又名芦家口子。自然村,隶属惠安堡镇杏树梁村,人口 158 人。1862 年形成村落时,居住一户芦姓人家,故命名为芦家口子,2013 年盐池县地名总体规划将其简化为芦口子。

孙洼子[Sūnwāzi]　又名孙家洼子。自然村,隶属惠安堡镇杏树梁村,人口 286 人。因村落位于山坡洼地处,居民多数为孙姓,故人称孙家洼子。2013 年盐池县地名总体规划将其简化为孙洼子。

许窝棚[Xǔwōpéng]　又名许家窝棚。自然村,隶属惠安堡镇杏树梁村,人口 164 人。最早许姓人在此开辟禾场搭窝棚耕种,故得名许家窝棚,1860 年有人在此定居,沿用此名,近年来人们又将其简称为许窝棚。

张洼子[Zhāngwāzi]　又名张家洼子。自然村,隶属惠安堡镇杏树梁村,人口 132 人。民国初年形成村落,因居住一户张姓人家,地形为山坡,故得名张洼子。

张记窑[Zhāngjìyáo]　又名张家窑。自然村,隶属惠安堡镇杏树梁村,人口 112 人。1843 年有人在此筑窑定居,形成村落,因居民多数为张氏,故得名张家窑。盐池地名里"家""记"通用,2013 年盐池县地名总体规划将其规范为"张记窑"。

薛记山[Xuējìshān]　自然村,隶属惠安堡镇杏树梁村,人口 136 人。1860 年建村,因居住薛姓人家,取名为薛家山,后因当地方言演变为薛记山。

小口子[Xiǎokǒuzi]　自然村,隶属惠安堡镇杏树梁村,人口 153 人。1856 年建村,因村民居住于大山口下的小山口中间,故命名为小口子。

东庄[Dōngzhuāng]　自然村,隶属惠安堡镇杏树梁村,人口 86 人。1956 年设立生产队,因位于张记窑自然村的东边,故取名东庄。

沙渠洼[Shāqúwā]　自然村,隶属惠安堡镇杏树梁村,人口 108 人。因村民居住于一个沙质渠壕的土坡处,故命名为沙渠洼。

窝风掌[Wōfēngzhǎng] 自然村,隶属惠安堡镇杏树梁村,人口258人。因村落位于避风的大山窝中间,故取名为窝风掌。1967年建村。

高兴庄[Gāoxīngzhuāng] 又名高新庄。自然村,隶属惠安堡镇杏树梁村,人口171人。高姓人到此开荒种地定居,人称高新庄,后逐渐被人们谐音为高兴庄。2013年盐池县地名总体规划将其规范为高兴庄。

四股泉村[Sìgǔquán Cūn] 隶属惠安堡镇。位于惠安堡镇南部,东靠萌城村,西、北接同心县韦州镇,南邻甘肃环县。面积96.65平方千米,人口1430人。辖14个自然村。因驻地四股泉自然村而得名。1963年成立惠安堡公社四股泉生产大队,1976年划入萌城公社,1984年更名为萌城乡四股泉村,2003年撤乡并镇划归惠安堡镇。地貌以黄土丘陵为主,工业以白云岩开采为主。

四股泉上[Sìgǔquánshàng] 自然村,隶属惠安堡镇四股泉村,人口168人。因村旁有4条沟泉水汇集成一口水井而得名,为方便管理,又分为上组、下组,该组为上组,故命名为四股泉上,1953年分组时使用此村名。

四股泉下[Sìgǔquánxià] 自然村,隶属惠安堡镇四股泉村,人口175人。因村旁有4条沟泉水汇集成一口水井而得名,为方便管理,又分为上组、下组,该组为下组,故命名为四股泉下,1953年分组时沿用此村名。

营盘山[Yíngpánshān] 自然村,隶属惠安堡镇四股泉村,人口45人。此居民点所在台地四面皆大沟,唯有西南小路可行,有小水泉可饮用,因地形易守难攻,古时驻扎过兵营,故得名营盘山。

陈记山[Chénjìshān] 自然村,隶属惠安堡镇四股泉村,人口192人。陈氏居民居住在山头上,故得名。

石湾沟[Shíwāngōu] 自然村,隶属惠安堡镇四股泉村,人口270人。因居民点旁边一石沟弯弯曲曲而得名。

石堡子[Shípùzi] 又名石家堡子。自然村,隶属惠安堡镇四股泉村,人口156人。石姓人家居住于此,因村南有古堡旧址,故得名。2013年盐池县地名总体规划中将其简化为石堡子。

红土桥[Hóngtǔqiáo] 自然村,隶属惠安堡镇四股泉村,人口201人。早前张姓人搬到此处定居,当地土呈红色,有一土桥,故得名。

石下河[Shíxiàhé] 又名石家下河。自然村,隶属惠安堡镇四股泉村,人口130人。因石姓人家居住于石子沟下游而得名。

三岔河［Sānchàhé］ 自然村,隶属惠安堡镇四股泉村,人口115人。山水河上游两支流在此庄东南附近处汇流,形成3个岔口,故得名。

河口［Hékǒu］ 又名张家河口。自然村,隶属惠安堡镇四股泉村,人口197人。张姓人家居住于山水河西口处,故得名。

萌城村［Méngchéng Cūn］ 隶属惠安堡镇。位于惠安堡镇南部,东靠林记口子村、麦草掌村,西接四股泉村,南邻甘肃省环县,北接杜记沟村。面积84.93平方千米,人口2370人,辖11个自然村。因驻地附近萌城堡古城而得名。1964年成立隰宁堡人民公社萌城生产大队,1976年改为萌城公社萌城大队,1984年行政体制改革时改为萌城乡萌城村,2003年撤乡并镇,划归惠安堡镇。地貌属黄土丘陵地带。经济上工农业并举,萌城循环经济园在本村。211国道穿境而过。为原萌城乡政府驻地。

南河西组［Nánhéxīzǔ］ 自然村,隶属惠安堡镇萌城村,人口215人。因位于萌城村的南部、山水河边,所以这个村落人称南河,中间有一座石山又把南河分开,就形成南河东组、南河西组,本居民点是南河西组。211国道从村中穿过。

南河东组［Nánhédōngzǔ］ 自然村,隶属惠安堡镇萌城村,人口168人。因位于萌城村的南部、山水河边,所以这个村落人称南河,中间有一座石山又把南河分开,就形成南河东组、南河西组,本居民点是南河东组。211国道从村中穿过。

周山［Zhōushān］ 又名周家山。自然村,隶属惠安堡镇萌城村,人口216人。1951年建村,因当地居民多数为周姓,故命名为周家山。2013年盐池县地名总体规划简化为周山。

沙坡子［Shāpōzi］ 自然村,隶属惠安堡镇萌城村,人口314人。该村落位于风沙较大的沙堆附近,故取名沙坡子。

新建［Xīnjiàn］ 自然村,隶属惠安堡镇萌城村,人口259人。1966年将原马地掌、付家沟、张家禾场3个居民点部分村民搬迁后合并新建一村落,政府命名为新建。

北河上组［Běihéshàngzǔ］ 自然村,隶属惠安堡镇萌城村,人口217人。位于萌城以北、山水河边,1980年成立,北河队分为山上山下两部分,山上的被命名为北河上组。位于211国道西侧。

北河下组［Běihéxiàzǔ］ 自然村,隶属惠安堡镇萌城村,人口210人。位于萌城以北、山水河边,1980年成立,北河队分为山上山下两部分,山下的被命名为北河下组。位于211国道西侧。

宋儿庄［Sòng'erzhuāng］ 自然村,隶属惠安堡镇萌城村,人口251人。最早的居民多数为宋姓,故得名宋儿庄。位于211国道东侧。

贺陡沟[Hèdǒugōu] 又名贺斗沟。自然村,隶属惠安堡镇萌城村,人口236人。因当地居民多数为贺姓,在村内有一深沟很陡,人称贺陡沟,"陡"与"斗"谐音,也有人称贺斗沟,村因沟名。2013年盐池县地名总体规划将其规范为贺陡沟。位于211国道西侧。

林泉[Línquán] 又名林家泉。自然村,隶属惠安堡镇萌城村,人口139人。1953年建成村落,因当时当地居民有林姓,故命名为林家泉,现在无林姓人,沿用原名。2013年盐池县地名总体规划将其简化为林泉。

新庄[Xīnzhuāng] 自然村,隶属惠安堡镇萌城村,人口137人。1968年从林家泉分出成立新生产队,命名为新庄。

高沙窝镇[Gāoshāwō Zhèn]

行政区域代码:640323103。地处盐池县西北部、毛乌素沙地南缘,东靠花马池镇,南连王乐井乡,西邻灵武市宁东镇,北与内蒙古鄂托克前旗接壤。全镇东西长38千米,南北宽33千米,土地面积873.5平方千米,人口1.2万人。共辖9个行政村。镇人民政府驻地高沙窝村,东距县城42千米。早在1936年高沙窝就被红军解放,盐池县二区成立,二区驻地今余庄子,1958年成立高沙窝(时称"国庆")人民公社,1984年置乡,2003年撤并高沙窝乡和苏步井乡,成立高沙窝镇,同时划入原鸦儿沟乡的李庄子村。镇名因驻地而得名。高沙窝镇地势西高东低,多为缓坡丘陵、滩地,地势平缓。该地属于典型中温带大陆性气候,四季多风少雨,气候干燥,气温日较差大,光照充足,太阳辐射强,蒸发强烈。境内有储量可观的石油、天然气,还有少量品质较好的石膏矿。境内共有3道长城,分别称为"隋长城""河东墙"和"深沟高垒",4座城堡分别是兴武营城、毛卜喇堡、永兴堡(又名英雄堡)、天池子堡。太中铁路银川联络线、青银高速公路、307国道横贯东西,303省道从西南向东北斜穿,与宁东能源化工基地毗邻,被称为"宁东第一镇"。

高沙窝镇土地广,草场大,畜牧养殖条件好。羊是当地最富特色的家畜,羊肉、羊毛、羊皮、羊绒、羊尾毛、羊胎盘、羊肠衣、羊鞭、羊肾均属特产,滩羊肉是闻名全国的优质产品,滩羊裘皮产品远销海外,备受用户青睐。2002年,实行封山禁牧后,畜禽全部舍饲圈养。2008年,培育养殖专业户45家,巩固"三位一体"238座,有日光温棚440座,年末生猪出栏5125头,羊只出栏52165只,养殖禽类20.7万羽,畜牧业总产值3340万元。2015年,高沙窝镇建设贺庄子、万军、鑫让等16个养殖园区,扶持施记圈等8个养殖示范村。滩羊存栏18.5万只,出栏12.5万只;生猪1.2万头,出栏7500头;肉牛出栏280头,滩鸡18万羽。

高沙窝镇域内有两个工业园区——盐池县工业园高沙窝功能区和宁夏盐池高沙窝工业集中区。盐池县工业园高沙窝功能区位于宝塔村，占地面积667公顷，距高沙窝镇25千米，北邻307国道、青银高速公路，南靠太中银铁路定银联络线。依托宁东能源化工基地和鄂托克前旗上海庙工业开发区辐射带动优势，利用磁窑堡、梅花井、清水营等近距离煤矿资源而兴建，重点发展煤炭洗选、矿用材料、机械维修制造、精细化工、新型建材等上下游配套产业。宁夏盐池高沙窝工业集中区位于高沙窝镇北侧，占地面积1万公顷，距盐池县城40千米，北至蔡苏路，东至余庄子，其范围东西长13千米，南北宽9千米。发展以煤炭、电力、煤化工为主的先导产业，以石油天然气化工、精细化工、建材和新材料为主的主导产业，以中药材、保健食品和草畜产品加工辅助产业，截至2013年共引进企业55家，工业总产值达3.6亿元。

高沙窝村[Gāoshāwō Cūn] 隶属高沙窝镇。居高沙窝镇中部，是镇政府驻地。东靠花马池镇，西接施记圈村、长流墩村，南邻南梁村，北接营西村、二步坑村、大圪垯村。面积83.14平方千米，人口1583人。辖10个自然村。因处沙地高处而得名。1958年成立高沙窝大队，1984年行政体制改革时，改为高沙窝村。历史上曾沙丘起伏，多荒漠、沙丘。经过多年防沙治沙，植被恢复，现今村域内已无沙地。青银高速公路、307国道、太中银铁路定银联络线穿境而过。村域东北部为高沙窝工业集中区。

高沙窝[Gāoshāwō] 自然村，属高沙窝镇高沙窝村，人口304人。因地势高，风沙大，沙丘面积大，人称高沙窝，307国道穿过本村。高沙窝村和高沙窝镇的名称均来源于该自然村村名。

李记圈[Lǐjìjuàn] 又名李家圈。自然村，属高沙窝镇高沙窝村，人口246人。因李姓人在此地建场养羊，故命名为李记圈。位于307国道西侧。

余庄子[Yúzhuāngzi] 自然村，属高沙窝镇高沙窝村，人口115人。居住地余姓人居多，故命名为余庄子。

马场[Mǎchǎng] 自然村，属高沙窝镇高沙窝村，人口424人。明清时期，曾在此设立军马场，后人们惯称马场。

宝塔村[Bǎotǎ Cūn] 隶属高沙窝镇。位于高沙窝镇西北部，东靠营西村，西接灵武市宁东镇，南连施记圈村，北邻内蒙古鄂托克前旗。面积67.10平方千米，人口1232人。辖9个自然村。因村内旧时有宝塔而得名。1958年成立宝塔大队，1984年行政体制改革时改为宝塔村。太中银铁路定银联络线、307国道和青银高速公路穿境而过。经济上工业、农牧业并举，高沙窝功能区位于本村，主要种植玉米，养殖业以滩羊养殖为主。

边壕[Biānháo] 又名张家边壕。自然村,属高沙窝镇宝塔村,人口75人。明修筑长城时曾在北侧挑挖深沟,叫边壕,以前张姓人在此居住,所以叫张家边壕,后来逐渐被人们简称为边壕。位于宁蒙界处。

宝塔[Bǎotǎ] 自然村,属高沙窝镇宝塔村,人口169人。明清时期,这里有座宝塔,后来塔的周边有人居住,民国初年,因塔被捣毁,这里被人称为倒塔,后来又渐渐被叫成了宝塔。位于青银高速公路北侧。宝塔村村委会驻该自然村,村名也源于该自然村村名。

魏庄子[Wèizhuāngzi] 自然村,属高沙窝镇宝塔村,人口346人。因当地居民多数为魏姓,故得名。位于307国道南侧,高沙窝功能区在其西侧。

徐庄子[Xúzhuāngzi] 又名徐家庄子。自然村,属高沙窝镇宝塔村,人口206人。明清时期,徐姓人在此居住,逐渐形成村落,故命名为徐庄子。

东庄子[Dōngzhuāngzi] 自然村,属高沙窝镇宝塔村,人口436人。因位于徐庄子东边,所以人称东庄子。地近宁蒙界。

大圪垯村[Dàgēda Cūn] 隶属高沙窝镇。位于高沙窝村东部,东靠花马池镇,西南接高沙窝村,北邻二步坑村。面积42.46平方千米,人口1224人。辖7个自然村。因驻地大圪垯自然村而得名。1958年成立大圪垯大队,1984年行政体制改革改为大圪垯村。地貌以缓坡丘陵为主。经济以农牧业为主,主要种植玉米、小杂粮,养殖业以滩羊养殖为主。遗迹有二道边长城。高沙窝工业集中区布局在本村。

李记海子[Lǐjìhǎizi] 自然村,属高沙窝镇大圪垯村,人口282人。地势相对低洼,雨季多积水,因该村李姓居民居多,故命名为李记海子。位于303省道东侧。

泉胜[Quánshèng] 自然村,属高沙窝镇大圪垯村,人口259人。很早以前,此地有一水泉,泉水旺盛,村名由此而来,新中国成立之前,张姓人家在此修建羊场,称作泉子羊场。1972年设立生产队时改为泉胜生产队,1984年改为泉胜自然村。位于303省道南侧。

大圪垯[Dàgēda] 自然村,又写作大疙瘩。属高沙窝镇大圪垯村,人口148人。村东北有一山梁,红军曾建碉堡,村子建在此山旁,故命名为大疙瘩。1958年成立人民公社时称大圪垯生产队,1972年与黑土坑分开,1984年改为大圪垯自然村。大圪垯村村委会驻该自然村,村名也取自该自然村村名。

二步庙[Èrbùmiào] 自然村,属高沙窝镇大圪垯村,人口351人。地近"二步(堡)",原有一土地庙,故得名。

冯记油坊[Féngjìyóufáng] 自然村,属高沙窝镇大圪垯村,人口319人。因冯姓人在此开油坊,1984年设立自然村时命名为冯记油坊。

二步坑村[Èrbùkēng Cūn]　隶属高沙窝镇。位于高沙窝镇北部,东靠花马池镇,西接营西村和高沙窝村,南邻大圪垯村,北接内蒙古鄂托克前旗。面积63.75平方千米。人口1742人。辖8个自然村。因地势低,境内有第二堡(音讹为步)而得名。1958年成立二步坑大队,1984年行政体制改革时改为二步坑村。地貌以缓坡丘陵为主。经济以农牧业为主,主要种植玉米、小杂粮,养殖业以滩羊养殖为主。本村南部规划布局高沙窝工业集中区。古迹有明长城、兴武营古城、马踏井。

杨记梁[Yángjìliáng]　又名杨家梁。自然村,属高沙窝镇二步坑村,人口335人。有杨姓人家在山梁居住,故得名。2013年盐池县地名总体规划中将其规范为杨记梁。苏营公路穿过此村。

二步坑[Èrbùkēng]　自然村,属高沙窝镇二步坑村,人口365人。明成化年间在此建有一堡,因距兴武营有10里路,兴武营为头堡,这里被称为二堡,在堡旁边有一大坑,称二堡坑,又叫作二步坑。位于苏营公路北侧。二步坑村村名取自该自然村村名。

兴武营[Xīngwǔyíng]　自然村,属高沙窝镇二步坑村,人口134人。明正统九年,筑兴武营城,驻扎官兵,设兴武营。正德二年,总制、右都御史杨一清奏设兴武营守御千户所。本自然村因位于兴武营西侧而得名。

潘记梁[Pānjìliáng]　自然村,属高沙窝镇二步坑村,人口178人。当地潘姓居民较多,有很多沙梁,故命名为潘记梁。

红圪垯[Hónggēda]　自然村,属高沙窝镇二步坑村,人口378人。位于古长城北侧,明朝修建二道边长城时,在此建有一座土墩,颜色为红色,称红墩子,新中国成立前,呼延家族购买此地并居住。1958年成立人民公社时改为红墩子生产队,1984年改为红圪垯自然村。位于303省道西侧。

杨记梁[Yángjìliáng]　又名杨家梁。自然村,属高沙窝镇二步坑村,人口352人。此地杨姓人居多,地形高低起伏,有山梁,故命名为杨记梁。位于苏营公路北侧。

李庄子村[Lǐzhuāngzi Cūn]　隶属高沙窝镇。位于高沙窝镇南部,东南靠王乐井乡,西接灵武市宁东镇,北邻施记圈村、长流墩村、南梁村。面积100.49平方千米,人口1504人。辖10个自然村。因驻地李庄子自然村而得名。1958年成立王乐井公社李庄子大队,1976年增设人民公社时划归鸦儿沟公社,1984年行政体制改革时改为鸦儿沟乡李庄子村,2003年撤乡并镇,划归高沙窝镇。地貌以缓坡丘陵为主。经济以滩羊养殖为主。

李庄子[Lǐzhuāngzi]　自然村,属高沙窝镇李庄子村,人口341人。因庄子中李姓人居多,故得名。李庄子村村委会驻该自然村,村名也源自该自然村村名。

田新庄[Tiánxīnzhuāng]　又名田家新庄。自然村,属高沙窝镇李庄子村,人口298人。田姓人搬来新建村庄,故得名。

刘范坡[Liúfànpō]　又名刘家范坡。自然村,属高沙窝镇李庄子村,人口177人。新中国成立以前,从吴忠堡、灵武城到定边的大路边有一刘姓人家开的饭铺,称作刘记饭铺,因方言发音,后被讹传为刘家范坡。2013年盐池县地名总体规划将其简化为刘范坡。

禹家圈[Yǔjiājuàn]　自然村,属高沙窝镇李庄子村,人口42人。早先狼子沟的禹姓人家在此地修建圈舍并放牧养羊,故人称禹家圈。

黄记场[Huángjìchǎng]　自然村,属高沙窝镇李庄子村,人口220人。清朝末年,狼子沟禹姓人家将这块地抵押给吴忠堡黄姓人家,黄姓人家在此居住建牧场,称黄记场。郭巴公路从村中纵向穿过。

营西村[Yíngxī Cūn]　隶属高沙窝镇。位于高沙窝镇北部,东靠二步坑村,西接宝塔村,南邻施记圈村、高沙窝村,北接内蒙古鄂托克前旗。面积87.34平方千米,人口1285人。辖9个自然村。因位于兴武营城西而得名。1958年成立营西大队,1984年行政体制改革时改为营西村。地形较为平坦。经济以农牧业为主,主要种植玉米、小杂粮,养殖滩羊。307国道、太中银铁路定银联络线、青银高速公路穿境而过。

郭记坑[Guōjìkēng]　自然村,属高沙窝镇营西村,人口40人。因地势坑洼不平,居民中郭姓人多,故以姓氏及地理形态命名为郭记坑。

蔡记梁[Càijìliáng]　又名蔡家梁。自然村,属高沙窝镇营西村,人口90人。地势处于山梁之上,蔡姓居民较多,故命名为蔡家梁,因方言谐音为蔡记梁。2013年盐池县地名总体规划将其规范为蔡记梁。

贺庄子[Hèzhuāngzi]　自然村,属高沙窝镇营西村,人口268人。因贺姓居民居多,故以其姓氏命名为贺庄子。太中银铁路定银联络线从村侧通过。

闵庄子[Mǐnzhuāngzi]　自然村,属高沙窝镇营西村,人口124人。此地闵姓人居多,故命名为闵庄子。地近宁蒙界。

长流墩村[Chángliúdūn Cūn]　隶属高沙窝镇。位于高沙窝镇中部,东靠南梁村,西接施记圈村,南邻李庄子村,北邻高沙窝村。面积62.65平方千米,人口771人。辖10个自然村。因境内墩堠得名。1958年人民公社化时成立长流墩大队,1984年行政体制改革时改为长流墩村。经济以农牧业为主。

黄记台[Huángjìtái]　自然村,属高沙窝镇长流墩村,人口 264 人。居住地呈平台状,最早黄姓人居住于此,故名黄记台。

长流墩[Chángliúdūn]　自然村,属高沙窝镇长流墩村,人口 245 人。村庄附近有一烽火墩,墩东面有条大路,人来车往川流不息,人称长流墩,村以墩名。303 省道穿村而过。长流墩村村委会驻该自然村,村名也源于这一烽火墩。

顾记圈[Gùjìjuàn]　又名顾家圈。自然村,属高沙窝镇长流墩村,人口 266 人。1949 年之前顾姓人在此建羊圈养羊并定居,故得名。位于 303 省道北侧。

施记圈村[Shījìjuàn Cūn]　隶属高沙窝镇。位于高沙窝镇西部,东靠长流墩村,西接灵武市宁东镇,南邻李庄子村,北接宝塔村和营西村。面积 120.22 平方千米,人口 858 人。辖 11 个自然村。因姓氏和牧羊而得名。1958 人民公社化时成立施记圈大队,1984 年行政体制改革时改为施记圈村。地表多为缓丘,气候干旱。经济以畜牧业为主。

施记圈[Shījìjuàn]　自然村,属高沙窝镇施记圈村,人口 162 人。最早此地有羊圈,施姓人居住于此,故得名施记圈。303 省道穿村而过。施记圈村村委会驻该自然村,村名也来源于该自然村村名。

南场[Nánchǎng]　自然村,属高沙窝镇施记圈村,人口 153 人。此地是顾记圈之南的养羊地方,故命名为南场。1984 年设立自然村。位于 303 省道南侧。

黄蒿沟[Huánghāogōu]　自然村,属高沙窝镇施记圈村,人口 100 人。山沟长满了黄蒿,人们习惯称之为黄蒿沟,村在沟旁,因沟名而得名。

南台[Nántái]　自然村,属高沙窝镇施记圈村,人口 137 人。村庄建立在范记圈南边一块地形较为平坦的台地,人们惯称为南台。位于 303 省道南侧。

南梁村[Nánliáng Cūn]　隶属高沙窝镇,位于高沙窝镇东南部,东、南与王乐井乡接壤,西邻长流墩村,北邻高沙窝村、花马池镇。面积 23.4 平方千米,辖 5 个自然村,人口 1310 人。1958 年人民公社化时成立南梁大队,1984 年行政体制改革时改名南梁村。地势以丘陵为主,干旱少雨。经济以农牧业为主。

麻黄梁[Máhuángliáng]　自然村,属高沙窝镇南梁村,人口 266 人。因村子附近山梁有麻黄草而得名。太中银铁路定银联络线从村子穿过。

张庄子[Zhāngzhuāngzi]　自然村,属高沙窝镇南梁村,人口 295 人。住户以张姓人居多,故得名。位于 303 省道北侧。

石记坑[Shíjìkēng]　又名南石记坑。自然村,属高沙窝镇南梁村,人口 212 人。因地势较低,石姓人最早居住于此,故得名。位于 303 省道南侧。2013 年盐池县地名总体规划将其规范为石记坑。

新庄子[Xīnzhuāngzi]　自然村,属高沙窝镇南梁村,人口277人。1920年左右,孙姓人家由麻黄梁搬迁至此居住,人称新庄子。位于太中银铁路定银联络线南侧。

南梁[Nánliáng]　自然村,属高沙窝镇南梁村,人口478人。地势比高沙窝高,位于高沙窝南部,故命名为南梁。位于303省道与郭巴公路交叉处。南梁村村委会驻该自然村,村名也来源于该自然村村名。

乡

王乐井乡[Wánglèjǐng Xiāng]

行政区划代码：640323200。位于盐池县的中北部，东连花马池镇，西接灵武市马家滩镇，南邻青山乡、冯记沟乡，北靠高沙窝镇。东西长33千米，南北宽25千米，总面积1028平方千米，人口2.2万人，是盐池县农村人口密度最大的乡镇。共辖13个村65个自然村。乡政府驻王乐井村，距盐池县城22千米。1958年成立王乐井公社，1984年行政体制改革时改为王乐井乡，2003年盐池县行政区划调整，撤并王乐井乡和鸦儿沟乡，成立新王乐井乡。王乐井乡是鄂尔多斯台地的一部分，地形以波状起伏的丘陵为主。属温带大陆性季风气候，四季少雨多风，气候干燥，长冬严寒、短夏温凉、春迟秋早，年降水量300毫米左右，且多集中在夏末秋初，年均蒸发量高于2000毫米。境内有明代长城遗址、哈巴湖、新石器时代文化遗址、安定堡、野湖井堡等。全乡耕地面积15.9万亩（其中水浇地1.95万亩），草原面积91.5万亩，农业以种植玉米、荞麦为主。境内有304省道、郭巴公路、郑马公路横穿而过。

2003年王乐井乡和鸦儿沟乡合并后，乡党委、政府充分挖掘当地土地资源优势和人力资源优势，因地制宜发展特色农业、设施农业。建成孙家楼现代农业示范基地、狼洞沟治沙生态示范区、天和晟马铃薯种植示范区、王乐井西沟高效节水示范区，建成以种植黄瓜、西红柿为主的蔬菜大棚138座，以种植西甜瓜为主的大小拱棚620座，形成以304省道为轴线的西甜瓜"十里瓜廊"。至2013年，有设施农业5000余亩，全乡粮食总产量达到2070.5万公斤。发展养殖暖棚2600余座、养殖园区12个，羊只饲养量达30.1万只。

2002年，建成王乐井扬黄灌区，开辟水浇地一万多亩，使石山子、边家洼、王乐井、刘四渠、郑家堡、王吾岔、官滩7个村数千户农户得到了实惠，各种基础设施得到完善。实行科学种植，大力调整种植结构，种树、种草，粮经作物齐抓，灌区玉米亩产过千斤。2008年，王乐井节水补灌工程建成，又发展补灌农田2.1万亩。

王乐井村[Wánglèjǐng Cūn] 隶属王乐井乡。位于王乐井乡中部，东靠边记洼村,西接郑家堡村,南邻哈巴湖林场,北接曾记畔村。面积50.26平方千米,人口1594人。辖6个自然村。因驻地原有井,称王老井,后音讹为"王乐井"。1950年属三区郭家洼乡,1958年属王乐井公社郭家洼大队,1961年从郭家洼大队分出成立王乐井大队,1984年改为王乐井村。地势中部低,南北高。耕地面积15224.02亩,其中水浇地1797亩,滴灌2500亩,草原面积12149亩。经济以农牧业为主,主要种植玉米,养殖猪、羊等。304省道穿境而过。

何记墩[Héjìdūn] 自然村,属王乐井乡王乐井村,人口107人。最早有何姓居民居住在此地烽火墩附近,故命名为何记墩。位于304省道南侧。

盖木庄[Gàimùzhuāng] 自然村,属王乐井乡王乐井村,人口94人。原为牧区,牧人用木头盖了一间房子居住,后来有人搬迁到此居住,最后演变成村落,故起名盖木庄。

陈庄子[Chénzhuāngzi] 自然村,属王乐井乡王乐井村,人口555人。因当地居民多数为陈姓,故名陈庄子。

西沟[Xīgōu] 又名西庄子。自然村,属王乐井乡王乐井村,人口386人。王乐井北有一南北向冲沟,农业合作化以后,以沟为界划分为两个村,西边称西沟或西庄子。2013年盐池县地名总体规划将其规范为西沟。

东沟[Dōnggōu] 又名东庄子。自然村,属王乐井乡王乐井村,人口294人。王乐井北有一南北向冲沟,农业合作化以后,以沟为界划分为两个村,东边称东沟或东庄子。2013年盐池县地名总体规划将其规范为东沟。

郑家堡村[Zhèngjiāpù Cūn] 隶属王乐井乡。位于王乐井乡中部,东接王乐井村,西接王吾岔村和官滩村,南邻哈巴湖林场,北接刘四渠村。面积76平方千米,人口2298人。辖6个自然村。因驻地郑家堡自然村而得名。1950年属三区郭家洼乡,1958年属郭家洼大队,1961年将大队一分为二,撤销郭家洼成立王乐井、郑家堡两个大队,1984年行政体制改革时改为郑家堡村。经济以农为主兼牧,有耕地面积14468亩、草原88700亩。304省道穿境而过。

郑家堡[Zhèngjiāpù] 自然村,属王乐井乡郑家堡村,人口460人。郑姓人在此地开了一家铺子,"堡"与"铺"谐音,故以其姓氏命名为郑家堡。位于304省道南侧。郑家堡村村委会驻该自然村,村名也源于该自然村村名。

牛头沟[Niútóugōu] 自然村,属王乐井乡郑家堡村,人口460人。相传早年间曾从村西侧的沟中冲出一块形似牛头的石头,故取名牛头沟,村子也以沟名为名。

康庄子[Kāngzhuāngzi] 自然村,属王乐井乡郑家堡村,人口460人。因当地居民多数为康姓,故名康庄子,如今没有康姓,以任姓为主。位于304省道南边。

丁记井[Dīngjìjǐng] 又名丁家井。自然村,属王乐井乡郑家堡村,人口470人。村东有一口饮羊井,传说井旁曾住丁姓居民,故命名为丁记井。位于304省道南侧。

刘四渠村[Liúsìqú Cūn] 隶属王乐井乡。位于王乐井乡中部,东靠曾记畔村、王乐井村,西接孙家楼村、王吾岔村,南邻郑家堡村,北接牛记圈村。面积36.72平方千米,人口1608人。辖刘四渠、南阳沟、郭记洼、沙记渠、官东庄、官西庄6个自然村。因驻地刘四渠自然村而得名。1950—1957年属郭家洼乡,1958年改为郭家洼大队,1961年将大队东部划归王乐井大队,西部划归郑家堡大队,1976年设刘四渠大队,1984年行政体制改革时改为刘四渠村。经济以农牧业为主。

刘四渠[Liúsìqú] 自然村,属王乐井乡刘四渠村,人口159人。当地人把较小的洪水冲沟称"渠",因当地居民多数为刘姓,故命名为刘四渠。刘四渠村村委会驻该自然村,村名也源于该自然村村名。

郭记洼[Guōjìwā] 又叫郭家洼。自然村,属王乐井乡刘四渠村,人口438人。当地人把山梁的缓坡称为"洼",村子郭姓居多且地形以丘陵缓坡为主,故得名。位于304省道北侧。

南阳沟[Nányánggōu] 自然村,属王乐井乡刘四渠村,人口180人。村落位于沟南,向阳处,故得名南阳沟。

官东庄[Guāndōngzhuāng] 自然村,属王乐井乡刘四渠村,人口298人。此地以官姓人居多,与官西庄相对应,此庄在东边,人称官东庄。

官西庄[Guānxīzhuāng] 自然村,属王乐井乡刘四渠村,人口233人。此地以官姓人居多,与官东庄相对应,此庄在西边,人称官西庄。

沙记渠[Shājìqú] 又名沙家渠。自然村,属王乐井乡刘四渠村,人口251人。早期沙姓人居住于此,村中有洪水冲成的沟渠,故命名为沙记渠。

双圪垯村[Shuānggēda Cūn] 隶属王乐井乡。位于王乐井乡西南部,东靠王吾岔村、官滩村,西接灵武市马家滩镇,西南邻冯记沟乡,北接鸦儿沟村。面积96.92平方千米,人口1298人。辖9个自然村。因原驻地东双圪垯村而得名。1976年成立鸦儿沟公社双圪垯大队,1984年行政体制改革时改为鸦儿沟乡双圪垯村,2003年撤乡并镇,划归王乐井乡。地貌属缓坡丘陵。经济以农业和畜牧业为主,主要种植玉米、荞麦等,养殖猪、羊等。

钱记滩[Qiánjìtān] 自然村,属王乐井乡双圪垯村,人口141人。当地人把较大的平地称为"滩",居民以钱姓为主,故得名。位于304省道北侧。双圪垯村村委会现驻该自然村。

东双圪垯[Dōngshuānggēda] 自然村,属王乐井乡双圪垯村,人口96人。因当地有两个对称山丘,人称"双圪垯",该村位于山丘东边,故命名为东双圪垯。位于郭巴公路西侧。双圪垯村村名源于该自然村村名。

西双圪垯[Xīshuānggēda] 自然村,属王乐井乡双圪垯村,人口149人。因当地有两个对称山丘,人称"双圪垯",该村位于山丘西边,故命名为西双圪垯。

寇庄子[Kòuzhuāngzi] 自然村,属王乐井乡双圪垯村,人口298人。因该村居民以寇姓为主,故得名。位于郭巴公路西侧。

郭庄子[Guōzhuāngzi] 自然村,属王乐井乡双圪垯村,人口556人。因该村居民多数为郭姓,故得名。位于304省道北侧。

高庄子[Gāozhuāngzi] 自然村,属王乐井乡双圪垯村,人口116人。因当地曾经有高姓人居住,故名高庄子。位于郭巴公路东侧。

北台[Běitái] 又名北台上。自然村,属王乐井乡双圪垯村,人口61人。因该村位于西双圪垯偏北的平台上,故得名。2013年盐池县地名总体规划将其简化为北台。

孙家楼村[Sūnjiālóu Cūn] 隶属王乐井乡。位于王乐井乡北部,东靠牛记圈村,西接鸦儿沟村,南邻王吾岔村和刘四渠村,北接高沙窝镇。面积84.22平方千米,人口2165人。辖9个自然村。因驻地孙家楼自然村而得名。1984年由盐池县人民政府批准设立并命名。地势属缓坡丘陵。经济以农业和畜牧业为主,主要种植玉米、荞麦等。

孙家楼东队[Sūnjiālóudōngduì] 自然村,属王乐井乡孙家楼村,人口510人。因位于孙家楼村村委会东边,故命名为孙家楼东队。

孙家楼西队[Sūnjiālóuxīduì] 自然村,属王乐井乡孙家楼村,人口615人。因位于孙家楼村村委会的西边,故命名为孙家楼西队。

大阳沟[Dàyánggōu] 自然村,属王乐井乡孙家楼村,人口510人。1886年,此地曾流行鼠疫,居民死亡较多,生者逃往他地,鼠疫过后返回,将本地一深沟改名大阳沟,取"大阳"以祈无病无灾,以后安康。

范庄子[Fànzhuāngzi] 自然村,属王乐井乡孙家楼村,人口260人。早先范姓于此地定居建村,人称范庄子,后范姓消失,现居司、付、陈等姓,沿用原名。

狼子沟[Lángzigōu] 自然村,属王乐井乡孙家楼村,人口390人。该村在一条沟旁,沟中有狼洞,故取名狼子沟。位于郭巴公路东侧。

王记圈[Wángjìjuàn] 又名王家圈。自然村,属王乐井乡孙家楼村,人口240人。最早王姓居民居住在此,修建羊圈养羊,故命名为王记圈。

贺井子[Hèjǐngzi]　自然村,属王乐井乡孙家楼村,人口76人。因此处有井,最早贺姓居民居住在此,故命名为贺井子。1957年前曾为王乐井区贺井子乡政府驻地,1984年设立贺井子自然村。位于郭巴公路西侧。

火山子[Huǒshānzi]　自然村,属王乐井乡孙家楼村,人口56人。此处有山,霜冻较迟,传说晚上能看到磷火,故命名为火山子。

石山子村[Shíshānzi Cūn]　隶属王乐井乡。位于王乐井乡东部,东靠花马池镇,西南接边记洼村,北接曾记畔村。面积31.99平方千米,人口1627人。辖5个自然村。因驻地石山子自然村而得名。清代属花马池分州辖地,民国初期属盐池县一区西水堡,民国二十四年改为盐池县花马池乡五保,1949年划为盐池县三区一乡,1958年改称王乐井公社石山子生产大队,1984年更名为王乐井乡石山子村。经济以农牧业为主,耕地15210亩,主要种植玉米、荞麦等,养殖猪、羊等。304省道穿境而过。

赵记沟[Zhàojìgōu]　自然村,属王乐井乡石山子村,人口282人。因赵姓居住洪水冲沟旁,故名赵记沟,现居民迁至村北,村旁山湾处灰条茂盛,又称灰条湾。

东南队[Dōngnánduì]　自然村,属王乐井乡石山子村,人口478人。原属石山子自然村,20世纪90年代,村民自行分为西北和东南两队,东南部的取名石山子村东南队,简称东南队。位于304省道北侧。

西北队[Xīběiduì]　自然村,属王乐井乡石山子村,人口515人。原属石山子自然村,20世纪90年代,村民自行分为西北和东南两队,西北部的取名石山子村西北队,简称西北队。位于304省道北侧。

周庄子[Zhōuzhuāngzi]　自然村,属王乐井乡石山子村,人口369人。该村最早为周姓人家的羊场,属于牧区,后有下王庄郭姓人家和古峰庄刘姓人家陆续搬迁至此,为了感谢周姓人家收留,特把此地起名为周庄子,现多住刘、郭两姓。

窑石庄[Yáoshízhuāng]　自然村,属王乐井乡石山子村,人口46人。最早居于此地的人在挖窑洞时挖出一块大石头,故得名窑石庄。

鸦儿沟村[Yā'ergōu Cūn]　隶属王乐井乡。位于王乐井乡西部,东靠王吾岔村,西接狼洞沟村,南邻双圪垯村,北接高沙窝镇。面积63.18平方千米,人口1132人。辖4个自然村。因驻地鸦儿沟自然村而得名。1958年成立王乐井公社鸦儿沟大队,1976年更名为鸦儿沟公社鸦儿沟大队,1984年更名为鸦儿沟村,属鸦儿沟乡,2003年撤乡并镇,划归王乐井乡。地处毛乌素沙地南缘,自然条件恶劣,属丘陵沟壑地貌。郭巴公路穿境而过。地下煤炭资源富集。是原鸦儿沟乡政府驻地。

三道沟[Sāndàogōu]　自然村,属王乐井乡鸦儿沟村,人口281人。因位于七家渠东起第三条山沟处而得名。郭巴公路穿村而过。

平凉台[Píngliángtái] 自然村,属王乐井乡鸦儿沟村,人口158人。村庄坐落在山腰平台处,常有凉风徐徐吹来,故命名为平凉台。

七家渠[Qījiāqú] 自然村,属王乐井乡鸦儿沟村,人口191人。由于村庄四周沟较大,过去有7户人家住在小沟处,当地称小沟为渠,因此起名七家渠。

北沟[Běigōu] 自然村,属王乐井乡鸦儿沟村,人口65人。因村子位于三道沟北边的山沟旁,故得名。

牛记圈村[Niújìjuàn Cūn] 隶属王乐井乡。位于王乐井乡东北部,东北靠花马池镇和高沙窝镇,西接孙家楼村,南邻刘四渠村和曾记畔村,北接高沙窝镇。面积150平方千米,人口2495人。辖16个自然村。因原驻地牛记圈自然村而得名。1955—1957年属三区百家井,1958年属王乐井公社百家井大队,1961年撤销百家井大队,成立了牛记圈大队,1984年改为牛记圈村。地处毛乌素沙地南缘,自然条件恶劣,属缓坡丘陵地貌。主要种植荞麦、土豆、玉米,养殖牛羊猪等。307国道、太中银铁路定银联络线、青银高速公路穿境而过,牛毛井铁路隧道位于该村。

姚梁[Yáoliáng] 自然村,属王乐井乡牛记圈村,人口25人。因地势较高,早年有庙,人称庙梁,后狼布掌官姓来此打窑居住,得名"窑梁","窑""姚"谐音,后习惯写为"姚梁"。位于太中银铁路定银联络线南侧。

西场[Xīchǎng] 自然村,属王乐井乡牛记圈村,人口40人。因村子位于官记圈西边的牧场上,故得名。位于太中银铁路定银联络线南侧。

北梁[Běiliáng] 自然村,属王乐井乡牛记圈村,人口58人。因位于牛记圈北边的山梁上,故得名。位于太中银铁路定银联络线北侧。

刘相庄[Liúxiāngzhuāng] 自然村,属王乐井乡牛记圈村,人口282人。原住刘相、刘科兄弟二人,以老大的名字取名,后刘姓绝门,现居官姓为多,但沿用原名。

张步井[Zhāngbùjǐng] 自然村,属王乐井乡牛记圈村,人口262人。原名张八井,早年张姓人在此居住,因地下水缺乏,便在村西北500米处打井取水,但由于难以掌握水层,所以先后打了八眼井,才满足了居民用水需求,因此得名张八井,后演变为张步井。位于青银高速公路和307国道北边。

小沙窝[Xiǎoshāwō] 自然村,属王乐井乡牛记圈村,人口282人。此地原有一片小沙窝,与北面大沙窝(八步沙窝)相区别,故得名小沙窝。位于青银高速公路和307国道北边。

马记圈[Mǎjìjuàn] 自然村,属王乐井乡牛记圈村,人口282人。早年间马姓人家从马湖迁至此地建牧场,后定居,故得名。

赵记圈[Zhàojìjuàn] 又名赵家圈。自然村,属王乐井乡牛记圈村,人口 190 人。早年间赵姓人家迁至此地建牧场,后定居,故得名。

安定堡[Āndìngpù] 自然村,属王乐井乡牛记圈村,人口 176 人。村落靠近安定堡址,因堡而名。

牛西[Niúxī] 又名牛毛井西。自然村,属王乐井乡牛记圈村,人口 157 人。早年村中牛姓和冒姓共同打了一口水井,取名牛冒井,后演变成牛毛井,后分为东西两队,此处为牛毛井西队,2013 年盐池县地名总体规划将其简化为牛西。位于太中银铁路定银联络线西侧。

牛东[Niúdōng] 又名牛毛井东。自然村,属王乐井乡牛记圈村,人口 150 人。早年村中牛姓和冒姓共同打了一口水井,取名牛冒井,后演变成牛毛井,后分为东西两队,此处为牛毛井东队,2013 年盐池县地名总体规划将其简化为牛东。位于太中银铁路定银联络线东侧。

边记洼村[Biānjìwā Cūn] 隶属王乐井乡。位于王乐井乡东南部,东靠石山子村和花马池镇,西接王乐井村和哈巴湖林场,南邻青山乡,北接曾记畔村。面积 65 平方千米,人口 1369 人。辖 5 个自然村。1958 年属王乐井公社石山子大队,1973 年从石山子大队分出,设边记洼大队,1984 年行政体制改革时改为边记洼村。地处毛乌素沙地南缘,自然条件恶劣,属缓坡丘陵地貌。主要种植玉米及其他小杂粮。古迹有野湖井古堡。304 省道穿境而过。

边记洼[Biānjìwā] 自然村,属王乐井乡边记洼村,人口 248 人。因地势北高南低,且半鸡鸟(石鸡)较多而得名半鸡洼,后演变为边记洼。位于 304 省道北侧。边记洼村村委会驻该自然村,村名也来源于该自然村村名。

李渠子[Lǐqúzi] 自然村,属王乐井乡边记洼村,人口 273 人。李姓村民居住在洪水冲沟边,当地称小沟为"渠",故名李渠子。304 省道穿村而过。

野湖井[Yěhújǐng] 自然村,属王乐井乡边记洼村,人口 333 人。相传早年这里野狐狸很多,所以叫野狐岭,后谐音演变为野湖岭,岭下有井,叫野湖井,村子在井四周,以井名为村名。

马记掌[Mǎjìzhǎng] 又名马家掌。自然村,属王乐井乡边记洼村,人口 225 人。此地最早是马姓人居住,村落位于三面环山有壕状较平位置,形似手掌,故名马家掌,因当地方言发音,渐被叫成马记掌,2013 年盐池县地名总体规划将其规范为马记掌。

叶记渠[Yèjìqú] 又名叶家渠。自然村,属王乐井乡边记洼村,人口 197 人。叶姓村民居住在洪水冲沟边,当地称小沟为"渠",故名叶记渠,也叫叶渠子,如今没有叶姓,只有郭姓居住。

官滩村[Guāntān Cūn] 隶属王乐井乡。位于王乐井乡西南部,东靠郑家堡村,西接双圪垯村,南邻冯记沟乡,北接王吾岔村。面积40平方千米,人口889人。辖1个自然村。地处毛乌素沙地南缘,属缓坡丘陵地貌。主要种植玉米,养殖牛、猪、羊等。304省道穿境而过。

官滩[Guāntān] 自然村,属王乐井乡官滩村,人口889人。相传清朝同治年间,此处地势平坦,是放牧官马的滩地,得名官地滩,后来演变为官滩。还有一说:此地无主,民国初年,乔、王、杨姓先后到此开荒,没有地主收租,只给官府纳粮,所以人称"官滩"。位于304省道东侧。官滩村村委会驻该自然村,村名也来源于该自然村村名。

王吾岔村[Wángwúchà Cūn] 隶属王乐井乡。位于王乐井乡中部,东靠刘四渠村和郑家堡村,西接鸦儿沟村和双圪垯村,南邻官滩村,北接孙家楼村。面积32.29平方千米,人口1326人。辖3个自然村。地处毛乌素沙地南缘,属缓坡丘陵地貌。主要种植玉米、马铃薯和荞麦等小杂粮。郑马公路穿境而过。

王吾岔[Wángwúchà] 自然村,属王乐井乡王吾岔村,人口660人。因地形为沟岔,当时居民又多数为王姓、高姓、杨姓等五姓人家,因王姓人居多,故命名为王五岔,后将"五"写为"吾"。如今以高姓为主。郑马公路穿村而过。王吾岔村村委会驻该自然村,村名也源于该自然村村名。

刘记窑[Liújìyáo] 自然村,属王乐井乡王吾岔村,人口277人。刘姓人家在此建窑洞定居,故名刘记窑。

平阳沟[Píngyánggōu] 自然村,属王乐井乡王吾岔村,人口376人。本为平阴沟,清代因鼠疫流行,死人太多,村民为图吉利,故改名为平阳沟。位于郑马公路北边。

曾记畔村[Zēngjìpàn Cūn] 隶属王乐井乡。位于王乐井乡东部,东靠花马池镇,西接刘四渠村,南邻王乐井村、边记洼村和石山子村,北接牛记圈村。面积45.5平方千米,人口2098人。辖6个自然村。1949年为三区政府所在地,1958年设立王乐井公社百家井大队,1961年撤销百家井大队成立了曾记畔大队。1984年行政体制改革时改为曾记畔村。因姓氏和地貌而得名。地处毛乌素沙地南缘,属缓坡丘陵地貌。主要种植冬小麦、荞麦及其他小杂粮。古迹有曾记畔古寨。

牛记山[Niújìshān] 又名牛家山。自然村,属王乐井乡曾记畔村,人口244人。此地元朝时被蒙古人侵占,后蒙古人迁走,牛姓人从山西洪洞县迁到此处山上居住,所以人称牛记山,村与山同名。

张记沟[Zhāngjìgōu]　自然村,属王乐井乡曾记畔村,人口588人。南宋末张姓人为躲兵灾从山西迁移至此地,世代在此居住,取名张记沟。

曾记畔[Zēngjìpàn]　自然村,属王乐井乡曾记畔村,人口443人。清同治年间曾姓人迁移至此居住,又结合其地理环境命名为曾记畔。1949年前为三区政府所在地,1961年成立曾记畔大队,大队住址就在本村,现在曾记畔村村委会驻该自然村,村名也源于该自然村村名。

小阳沟[Xiǎoyánggōu]　自然村,属王乐井乡曾记畔村,人口176人。本村位于南北走向的一大斜坡上,村旁有一水沟,原名阴沟。过去鼠疫横行,死了不少人。民国初,更名为小阳沟,取阳抵阴,以示吉利。早在1268年上官家族就在此居住,形成村落。

佟记山[Tóngjìshān]　自然村,属王乐井乡曾记畔村,人口346人。此地有山,佟姓最早在西山头定居,故名佟记山。同治年间兵乱佟姓人逃往别处,后来王姓人迁至此地,形成村落,取山名为村名。

三道井[Sāndàojǐng]　自然村,属王乐井乡曾记畔村,人口268人。此地有为饮马打的3口井,故以这3口井命名为三道井。

狼洞沟村[Lángdònggōu Cūn]　隶属王乐井乡。位于王乐井乡西北部,东南靠鸦儿沟村,西接灵武市马家滩镇,北接高沙窝镇。面积59.5平方千米,人口1571人。辖5个自然村。因驻地狼洞沟自然村而得名。地处毛乌素沙地南缘,属缓坡丘陵地貌。主要种植荞麦、糜子及其他小杂粮,养殖猪、羊、鸡等。

徐光滩[Xúguāngtān]　自然村,属王乐井乡狼洞沟村,人口200人。古时此滩属徐刚所有,取名徐刚滩,后谐音为徐光滩,"光"寓意希望,故被保留下来。

朱家窑[Zhūjiāyáo]　自然村,属王乐井乡狼洞沟村,人口420人。最早朱姓居民在山坡筑窑而居,故得名。

苦蒿沟[Kǔhāogōu]　自然村,属王乐井乡狼洞沟村,人口186人。此地有沟,沟内蒿草长势茂盛,故命名为苦蒿沟。村在沟旁,取沟名为自然村村名。

冯记沟乡[Féngjìgōu Xiāng]
行政区划代码:640323201。位于盐池县中西部,东与青山乡接壤,西与灵武市马家滩镇毗邻,北与王乐井乡搭界,南与惠安堡镇、大水坑镇相连。东西长37千米,南北宽39千米,全乡总面积903平方千米,人口1.1万人,主要由汉族、回族、满族构成,其中汉族占84.23%,回族占15.77%,满族占7%,是全县少数民族集中居住最多的乡镇。共辖1个社区、8个村54个自然村。乡政府驻冯记沟村,距盐池县城53千米。

1949年属四区,1958年属侯家河公社,1961年属马儿庄公社,1976年从马儿庄公社分离出来,成立冯记沟公社,至1984年行政机构改革时改为冯记沟乡,2003年与原马儿庄乡合并成立新的冯记沟乡。冯记沟乡地处鄂尔多斯台地南缘,主要是波状起伏的丘陵。四季少雨多风,气候干燥,气温日较差大,光照充足,太阳辐射强,冬季寒冷,夏季炎热,年平均气温在0℃—14℃,由东南向西北逐渐降低,属典型的温带大陆性气候。境内水资源严重缺乏,无河流流经,全年降水较少,降水各季分配不均,年均降水量200毫米,主要集中在夏、秋季(6—9月),年蒸发量达2100毫米。境内有铁柱泉古城。冯记沟乡具有煤炭、滩羊、甘草、生态四大产业,其中耕地面积8.7万亩(含水浇地3.2万亩),草原面积103万亩,早期是一个以畜牧业为主的建制乡,近年来煤炭开采业发展迅速,成为宁夏煤炭资源开发的重点地区之一。太中银铁路正线、定武高速公路、304省道、大马公路、冯青公路穿境而过,便捷的交通网络成为连接邻省、县、乡镇,促进全乡经济发展的桥梁和纽带。

冯记沟乡地域辽阔,草原宽广,具备发展畜牧业有利的条件,历史上就"以畜牧业者多于耕种"。明管律《铁柱泉记》有"幅员数百里又皆沃壤可耕之地""草莱辟、禾黍蕃,又可以作牧而庶孳畜"的记载。近年来,坚持走园区建设和示范村培育相结合的路子,在巩固利用好宋新庄、黑土坑等已有养殖园区的同时,新建养殖园区12个,培育养殖示范村12个,形成了以盐兴、冯青公路为轴线的滩羊规模化养殖示范带,实现滩羊年饲养量达到40万只。引导支持生猪、滩鸡、奶牛产业健康快速发展,形成了"以羊为主、多畜并进"的畜牧产业格局。

冯记沟乡已发现的矿产有煤、石油、砂石料等。煤炭包括无烟煤、一般用煤、焦煤、褐煤等,是该乡的优势矿产,共有煤田6处,主要分布在冯记沟村、平台、马儿庄等村,探明储量28亿吨,均为中型煤田。依托煤炭资源优势,引进了神华宁煤集团等大型能源开发加工企业,初步建成以金凤煤矿为中心,金家渠、贺家窑、宋新庄、李家坝等周边大型煤矿组成的冯记沟能源基地。2012年,冯记沟乡开始进行石油开采,已打油井26眼,主要由长庆油田公司采油三厂、采油五厂开采。冯记沟乡现有砂石料企业9家,年产砂石料约80万吨,主要分布在冯记沟、王冲庄、雨强、尚记圈等村。

兴隆社区[Xīnglóng Shèqū] 隶属冯记沟乡。位于冯记沟乡街面两侧,东起新农村,西至西街口。辖区总面积约为4.00平方千米,人口约900人,大部分居民为煤矿职工和退休职工。2013年由盐池县人民政府批准成立。寓意居民事业兴隆、生活富足。

冯记沟村[Féngjìgōu Cūn] 隶属冯记沟乡,冯记沟乡政府驻地。位于冯记沟乡北部,东靠暴记春村,西接回六庄村,南邻马儿庄村和雨强村,北接王乐井乡。面积107.98平方千米,人口1687人。辖8个自然村。以驻地自然村地名命名。1955年成立冯记沟乡,1956年撤销冯记沟乡,将14个村庄划归四区,由暴记春乡管辖,1961年成立马儿庄人民公社冯记沟生产大队,1966年更名为前进大队,1970年更名为曙光大队,1972年将曙光大队调整为曙光、平台两个大队。1976年增设冯记沟公社,1984年行政体制改革时改为冯记沟村。经济上工业、牧业并举,工业以煤矿、砂石料开采为主,牧业以滩羊养殖为主。地下蕴藏煤炭资源,地面可开采砂石料矿丰富。定武高速公路、304省道穿境而过。

冯王圪垯[Féngwánggēda]　原名王疙瘩。自然村,属冯记沟乡冯记沟村,人口127人。村旁有山圪垯,王姓居住于此,故名王圪垯。2013年盐池县地名总体规划中,为与汪水塘村王圪垯区别并规范用字,将该自然村改名为冯王圪垯。位于定武高速公路南侧。

冯记沟[Féngjìgōu]　自然村,属冯记沟乡冯记沟村,人口374人。清代冯姓人在此建村。因当地居民多数为冯姓人,在两道山梁之间的沟壕地带居住,故命名为冯记沟。冯青公路始于此处。冯记沟乡乡政府、冯记沟村村委会都驻该自然村,乡名、村名与自然村村名同源。

黄草梁[Huángcǎoliáng]　自然村,属冯记沟乡冯记沟村,人口204人。民国初期,村民居住在一个长满黄草的山梁上,故得名。位于304省道西边。

金渠子[Jīnqúzi]　自然村,属冯记沟乡冯记沟村,人口277人。民国初期,因当地居民多数为金姓,又结合其地理形态,故命名为金渠子。位于大马公路西侧。

三墩子[Sāndūnzi]　自然村,属冯记沟乡冯记沟村,人口261人。此地过去是军事要地,有一烽火墩,从铁柱泉城向南数是第三座烽火墩,故命名为三墩子。民国初期形成村落,也以三墩子为名。位于大马公路东侧。

王冲庄[Wángchōngzhuāng]　自然村,属冯记沟乡冯记沟村,人口190人。此地东、西、北全是山梁,中间地势平坦,低洼处经常有积水,或有洪水冲过,故名汪冲庄。汪、王谐音,冲为高地间的平地。清末杜姓人家花60两银子从冯姓人手里购得此地,举家从惠安堡杜家沟搬迁到此处。位于冯青公路北侧。

王申庄[Wángshēnzhuāng]　自然村,属冯记沟乡冯记沟村,人口132人。清末民国初形成村落,村庄地形较低似坑,早先王姓人家居住,得名王深庄,当地"深"和"申"同音,演变为王申庄。

张记墩[Zhāngjìdūn]　自然村,属冯记沟乡冯记沟村,人口111人。民国初期,张姓人居住在烽火墩附近,故命名为张记墩。位于大马公路东侧。

丁记掌村[Dīngjìzhǎng Cūn] 隶属冯记沟乡。位于冯记沟乡东部,东靠青山乡,西接暴记春村,南接雨强村,北至哈巴湖林场。面积76.7平方千米,人口1110人。辖6个自然村。以驻地自然村地名命名。1972年县革委会将暴记春大队调整为暴记春、三道井和丁记掌3个生产大队,隶属马儿庄公社。1976年将三道井大队划归冯记沟公社管辖,1977年将三道井大队与丁记掌大队合并,命名为丁记掌生产大队,1984年改称丁记掌村。盐环定扬水渠流经村域,经济以种植业为主,种植玉米、荞麦。定武高速公路穿境而过。

马和庄[Mǎhézhuāng] 又名马禾庄。自然村,属冯记沟乡丁记掌村,人口159人。明代,马姓人在此建禾场,后定居,故名马禾庄,"禾""和"同音,渐被人写为马和庄。位于定武高速公路北侧。

青马圈[Qīngmǎjuàn] 自然村,属冯记沟乡丁记掌村,人口170人。此地养过马,马匹的颜色为青色,故命名为青马圈。明代就有侯姓人在此建村。冯青公路穿村而过。

石井坑[Shíjǐngkēng] 自然村,属冯记沟乡丁记掌村,人口234人。清朝末期建村,村子处于低洼地带,村子中有口井,石姓人在此居住,故命名为石井坑。位于定武高速公路北侧。

双庄坑[Shuāngzhuāngkēng] 自然村,属冯记沟乡丁记掌村,人口174人。清朝末期建村,村子位于低洼地带,村民分布在坑南坑北两片,呈两个庄子状,故命名为双庄坑。

丁记掌[Dīngjìzhǎng] 自然村,属冯记沟乡丁记掌村,人口270人。明初已有村落,位于三面环山有壕状较平土地的地形上,早先丁姓人居多数,故名丁记掌,如今以侯姓为主。丁记掌村村委会驻该自然村,村名也源于该自然村村名。

丰车梁[Fēngchēliáng] 又作风车梁。自然村,属冯记沟乡丁记掌村,人口220人。村庄山梁上常年有风刮过,因名风掣梁,后谐音为丰车梁,取庄稼丰收之意,村以梁名。位于定武高速公路北侧。

三道井[Sāndàojǐng] 自然村,属冯记沟乡丁记掌村,人口108人。村子在西南至东北走向的两条山梁间,山梁中间呈夹道,夹道有路有井,"山""三"谐音,日久被讹化为"三道井"。

暴记春村[Bàojìchūn Cūn] 隶属冯记沟乡。位于冯记沟乡东北部,东、南接丁记掌村,西靠冯记沟村,北接王乐井乡。面积78.00平方千米,人口约1582人。辖9个自然村。以驻地自然村地名命名。1937 年设立四区五乡,1958 年改设侯家河公社暴记春大队,1961 年暴记春大队归马儿庄公社管辖,1966 年改名跃进队,1970 年恢复暴记春大队,1976 年划归冯记沟乡管辖,1984 年改为暴记春村。地貌属缓坡丘陵。经济以畜牧业为主。古迹有铁柱泉古城。定武高速公路穿境而过。

尚记圈[Shàngjìjuàn]　自然村,属冯记沟乡暴记春村,人口 187 人。因尚姓人在此建羊圈得名,后打一寨子又叫尚家寨子,寨子倒塌后复叫现名。

东升[Dōngshēng]　自然村,属冯记沟乡暴记春村,人口 281 人。杨姓人家在暴记春东边建羊场定居,人称"东场","文化大革命"中大兴改地名之风,改为"东升",有旭日东升之意,保留至今。位于定武高速公路北侧。

杜圈[Dùjuàn]　又名杜记圈。自然村,属冯记沟乡暴记春村,人口 257 人。因杜姓人在此定居养羊,故得名,后渐被人们简称为杜圈。

铁柱泉[Tiězhùquán]　自然村,属冯记沟乡暴记春村,人口 174 人。村旁有泉,泉涌如注,水色似铁,故命名为铁柱泉,明朝时筑城守卫铁柱泉。明朝时期形成村落,村随泉名。

杨记坑[Yángjìkēng]　自然村,属冯记沟乡暴记春村,人口 187 人。周姓人最早落户此地,故名周石井。1950 年杨姓人到此村庄北边低洼处居住,1955 年农业合作化时,因杨姓人多,两处合并,故取名杨记坑。位于冯青公路北侧。

杨庄台[Yángzhuāngtái]　自然村,属冯记沟乡暴记春村,人口 253 人。民国时期杨姓人到此定居于平台上,故名杨庄台。位于冯青公路北侧。

崾冰洼[Yàobīngwā]　又作䔲冰洼。自然村,属冯记沟乡暴记春村,人口 89 人。过去漫山遍野长有䔲冰草,是一种纤维坚韧可用来捆绑榨油坨的草,也是搓绳、打草䔲的最好材料,所以这地方被称䔲冰洼。民国时期有人迁入形成村落,村与地同名。

张记场[Zhāngjìchǎng]　自然村,属冯记沟乡暴记春村,人口 130 人。1948 年,铁柱泉张姓人在此建羊场,故得名张记场。

暴记春[Bàojìchūn]　自然村,属冯记沟乡暴记春村,人口 235 人。早先在此地发现豹子,清代开始有人定居时便叫豹记冲,"冲"为山梁中间平地,冲、春谐音,逐渐传成暴记春。位于冯青公路北侧。暴记春村村委会驻该自然村,村名也取自该自然村村名。

平台村[Píngtái Cūn]　隶属冯记沟乡。位于冯记沟乡西部,东南靠马儿庄村,西南邻惠安堡镇,北接灵武市白土岗乡。面积 78.85 平方千米,人口 1021 人。辖 5 个自然村。以驻地自然村村名命名。1972 年设立平台生产大队,1984 年改为马儿庄乡平台村。2003年撤乡并镇,划归冯记沟乡。村域地势较为平坦,地下煤炭资源富集。定武高速公路穿境而过。

平台[Píngtái] 自然村,属冯记沟乡平台村,人口215人。村子位于一个平台上,地势平坦,故名平台。位于定武高速公路北侧。平台村村委会驻该自然村,村名也取自该自然村村名。

乔儿庄[Qiáo'erzhuāng] 自然村,属冯记沟乡平台村,人口172人。因村民多数为乔姓,故名乔儿庄。

深井[Shēnjǐng] 自然村,属冯记沟乡平台村,人口205人。民国时期建村,因村内有一口深井,故名。

闫兴庄[Yánxīngzhuāng] 又名阎兴庄。自然村,属冯记沟乡平台村,人口202人。因村民多为闫姓,故名。1965年露水湾和新庄子合并为一个生产小队,1984年改为自然村。位于定武高速公路北侧。

余台子[Yútáizi] 自然村,属冯记沟乡平台村,人口227人。清末民国初在此建村,因余姓人居住在台地上,故人称余台子。

汪水塘村[Wāngshuǐtáng Cūn] 隶属冯记沟乡。位于冯记沟乡南部,东靠大水坑镇,西南邻惠安堡,北接马儿庄村和雨强村。面积76平方千米,人口1034人。辖7个自然村。以驻地自然村地名命名。1980年成立大队,属马儿庄公社,1984年行政体制改革时改为汪水塘村,2003年撤乡并镇时划归冯记沟乡。盐环定扬水渠流经村域,经济以种植业为主,种植玉米、杂粮。地下煤炭资源富集。太中银铁路正线、304省道穿境而过。

陈水塘[Chénshuǐtáng] 自然村,属冯记沟乡汪水塘村,人口195人。民国时期形成村落。此地有一水塘,最早陈姓居民定居于此,人称陈水塘。位于太中银铁路正线南侧。

宋新庄[Sòngxīnzhuāng] 自然村,属冯记沟乡汪水塘村,人口140人。民国初期有人迁来形成村落,因居民多为宋姓,人们称其为宋新庄。位于太中银铁路正线北边。

汪水塘[Wāngshuǐtáng] 自然村,属冯记沟乡汪水塘村,人口150人。汪姓人在此定居,村边刚好有一水塘,称之为汪水塘,村以塘名。位于太中银铁路正线南侧。汪水塘村村委会驻该自然村,村名也源于该自然村村名。

王圪垯[Wánggēda] 又名王疙瘩。自然村,属冯记沟乡汪水塘村,人口196人。民国初期,王姓人定居此地,因旁边山梁上有个圆丘,所以人称此村落为王圪垯。位于太中银铁路正线南侧。

余记梁[Yújìliáng]　自然村,属冯记沟乡汪水塘村,人口 122 人。此地有道梁,民国初年,有余姓人定居梁上,故得名。位于太中银铁路正线南侧。

黄米沟[Huángmǐgōu]　又作黄糜沟。自然村,属冯记沟乡汪水塘村,人口 97 人。此地山沟两侧土地适宜生长糜子,糜子去皮后是黄米,故名。位于 304 省道东侧。2013 年盐池县地名总体规划将其规范为黄米沟。

雨强村[Yǔqiáng Cūn]　隶属冯记沟乡。位于冯记沟乡西南部,东靠青山乡,西接马儿庄村,南邻汪水塘村和大水坑镇,北接冯记沟村和丁记掌村。面积 87.12 平方千米,人口 1011 人。辖 9 个自然村。以驻地自然村地名命名。1961 年成立尚记圈大队,1966 更为雨强大队,后更名永红大队,1970 年恢复雨强大队,1984 年改称雨强村,2003 年撤乡并镇时,划归冯记沟乡。村域地势较平整。盐环定扬水渠流经村域,经济以种植业为主,主要种植玉米。地下蕴藏煤炭资源。定武高速公路穿境而过。

闫小口子[Yánxiǎokǒuzi]　自然村,属冯记沟乡雨强村,人口 71 人。民国时期,闫姓居民居住在此地一个小山口附近,故名闫小口子。位于大马公路西侧。

桃胡台[Táohútái]　自然村,属冯记沟乡雨强村,人口 24 人。民国时期,此山台曾住过一个留大胡子的陶姓人,后演变为村子的名字桃胡台。位于大马公路西侧。

尚小口子[Shàngxiǎokǒuzi]　自然村,属冯记沟乡雨强村,人口 82 人。民国时期,尚姓人在此居住,村子西边有一个山口,故命名为尚小口子。位于大马公路东侧。

尚圈[Shàngjuàn]　自然村,属冯记沟乡雨强村,人口 155 人。民国时期,因尚姓人在此定居养羊而得名。

牛记口子[Niújìkǒuzi]　自然村,属冯记沟乡雨强村,人口 272 人。位于东西走向的两道山梁中间的壕谷中,一条大道穿越壕谷,东西各有出口。民国时期,牛姓人居住于此,故人称牛记口子。

胡圈[Hújuàn]　又名胡记圈。自然村,属冯记沟乡雨强村,人口 91 人。民国初期,有人在此建圈养羊,因居民多数为胡姓,故名胡记圈。2013 年盐池县地名总体规划将其简化为胡圈。

张圈[Zhāngjuàn]　又名张记圈。自然村,属冯记沟乡雨强村,人口 76 人。因居民多数为张姓,故名张圈村。2013 年盐池县地名总体规划将其简化为胡圈。

雨强[Yǔqiáng]　自然村,属冯记沟乡雨强村,人口 158 人。很久以前,为求雨而筑庙,并将村子取名为雨强,祈求雨水丰盈。雨强村村委会驻该自然村,村名取自该自然村村名。

杜窑沟[Dùyáogōu]　自然村,属冯记沟乡雨强村,人口82人。村西有一条沟,杜姓人家在沟边打窑洞居住,故得名。位于太中银铁路正线北侧。

马儿庄村[Mǎ'erzhuāng Cūn]　隶属冯记沟乡。位于冯记沟乡西南部,东靠雨强村,西接平台村和惠安堡镇,南邻汪水塘村,北接回六庄村和冯记沟村。面积92.50平方千米,人口1059人。辖5个自然村。以驻地自然村村名命名。1958年成立惠安堡公社叶儿庄生产大队,1961年成立马儿庄公社叶儿庄大队,1966年叶儿庄大队更名为光明大队,1970年又将光明大队更名为马儿庄大队,管辖5个生产队,1976年管辖4个生产队,1981年管辖6个生产队,1984年改为马儿庄村,2003年划归冯记沟乡。村域地势平坦,盐环定扬水渠流经村域,经济以农牧业为主,主要种植玉米,养殖滩羊。定武高速公路和304省道穿境而过,交通较为方便。是原马儿庄乡政府驻地。

马儿庄[Mǎ'erzhuāng]　自然村,属冯记沟乡马儿庄村,人口247人。明朝时期,在距村北2公里处,有一口放饮军马的井叫马殁井,1917年朱姓迁此居住,取名"马庄",由于方言习惯,后渐被人叫成了"马儿庄"。位于304省道东侧。是原马儿庄乡乡政府驻地,现马儿庄村村委会驻该自然村,马儿庄乡、马儿庄村的名称皆源自该自然村村名。

龚儿庄[Gōng'erzhuāng]　自然村,属冯记沟乡马儿庄村,人口140人。1949年前后,龚姓人在此居住,故得名。位于304省道西侧。

黑土坑[Hēitǔkēng]　自然村,属冯记沟乡马儿庄村,人口187人。1949年前王乐井西沟张姓人家在此建羊场居住,1979年建村,村庄地处洼坑,土是黑色,故命名为黑土坑。位于304省道西边。

黎明[Límíng]　自然村,属冯记沟乡马儿庄村,人口202人。原名下午村,民国初期形成村落,"文化大革命"中改名为黎明,寓意光明有生气之意,象征着希望。位于304省道东侧。

叶儿庄[Yè'erzhuāng]　自然村,属冯记沟乡马儿庄村,人口313人。因当地居民多数为叶姓,故名叶儿庄。位于304省道西侧。

回六庄村[Huíliùzhuāng Cūn]　隶属冯记沟乡。位于冯记沟乡西北部,东靠冯记沟村,西接灵武市白土岗乡和马家滩镇,南邻马儿庄村,北接王乐井乡。面积143.86平方千米,人口1865人。辖6个自然村。因历史上回族群众聚居6个村落而得名。1958年成立回六庄大队,1961年隶属马儿庄公社,1966年更名新风大队,1970年恢复原名,1976年划归冯记沟公社,1984年改为回六庄村。村域地势较平坦。经济以种植业和养殖业为主。

岔岱[Chàdài]　自然村,属冯记沟乡回六庄村,人口305人。民国初期形成村落,坐落在山冈上,周围有沟岔,故得名岔岱。

苦水[Kǔshuǐ]　自然村,属冯记沟乡回六庄村,人口330人。因村旁沟中水质苦咸而得名。位于304省道西边。

老庄子[Lǎozhuāngzi]　自然村,属冯记沟乡回六庄村,人口339人。此村子有居民居住相对于本地的人看来是最老的村子,故命名为老庄子。

南滩[Nántān]　自然村,属冯记沟乡回六庄村,人口108人。村子位于回六庄西南边的滩地上,人称南滩。靠近盐池灵武界。

强记滩[Qiángjìtān]　自然村,属冯记沟乡回六庄村,人口387人。民国初期,强姓人在此居住,四周为荒滩,人称强记滩。位于304省道东侧。

井沟[Jǐnggōu]　自然村,属冯记沟乡回六庄村,人口377人。因村东沟沿上有一口水井而得名。地近盐池灵武界。

青山乡[Qīngshān Xiāng]

行政区划代码:640323202。位于盐池县中部,东与陕西省定边县接壤,南与大水坑镇连接,西与冯记沟乡为邻,北与王乐井乡、花马池镇毗邻。青山乡东西长约35千米,南北宽约15千米,总面积706平方千米,人口1.2万人。辖8个村,乡政府驻青山村,距盐池县城34千米。1958年成立侯家河公社,1968年更名为青山公社,1984年行政体制改革改为青山乡,沿用至今。青山原名侯家河,因侯姓人聚居而得名,后因大圪垯山横亘其间,早年植被茂盛、牧草丰美、山清水秀,故更名为青山。青山乡属鄂尔多斯缓坡丘陵区,平均海拔1512米,地势东高西低、南高北低,西北部为丘陵地带,东南部是沟、滩、洼地。植被多为旱生和沙生植物,年降水量少,蒸发量大,辖区内7个村均有较为丰富的浅层水资源,21处地面沟泉水主要在青山以东,从南向北排列。属于典型的中温带半干旱区,大陆性气候,干燥多风,日照充足,光能和热量资源丰富,平均年降水量293毫米,多集中在夏季。境内灵应山石窟寺为自治区级文物保护单位,是周边地区最具影响力的旅游景点之一。全乡经济以农牧业为主,其中耕地8.8万亩,林地27万亩,草原57万亩。定武高速公路、盐惠公路、冯青公路横穿而过。

青山乡重点发展设施农业,围绕高效、节水、优质、安全目标,大力推进标准化、集约化,2015年,完成播种面积7.2万亩,其中粮食作物播种面积5.6万亩(以小麦、小杂粮为主),油料作物播种面积5130亩。畜牧业坚持"以羊为主、多畜并举、舍饲养殖、加工增值"的思路,截至2015年共建成养殖园区5个、养殖示范村组5个、棚舍645

座,滩羊饲养量达到41.73万只,基础母羊存栏11.08万只,完成一年生牧草种植1万亩。

乡境石膏资源丰富,已探明储量达到4.5亿吨,潜在储量达10亿吨,占盐池石膏储量的80%以上,且矿层稳定、埋藏浅、开采成本低,二水硫酸钙含量达90%—94%,属石膏中的一级品。2010年,县委、县政府提出"一园五区"规划,建设了青山石膏工业园区,产品以建筑石膏粉、模具石膏粉、石膏砌块、石膏装饰板为主。2013年,乡党委、政府围绕建设"宁夏石膏第一乡"的目标,把青山石膏工业园区作为全乡"一号工程"实施。截至2014年底共引进18家企业,总投资4.4亿元。

青山村[Qīngshān Cūn]　隶属青山乡。位于青山乡南部,东靠方山村,西接旺四滩村,南邻大水坑镇,北接月儿泉村。面积73.36平方千米,人口2035人。辖5个自然村,因境内青山而得名。1936年盐池解放后,设为四区三乡,1958年设立侯家河公社侯家河生产大队,1968年改为青山公社青山大队,1984年改为青山村。村域以丘陵地貌为主,经济以农牧业为主。

侯记河[Hóujìhé]　又名侯家河。自然村,属青山乡青山村,人口417人。因村前有条小河,居民多数为侯姓,故得名侯记河。1950年属四区三乡,1958年属侯记河公社侯记河大队,1965年分别与六里洼、大圪垯合并为侯记河生产队、六里洼生产队,1979年分为侯记河南队与北队,1984年改为自然村。青山乡政府驻该村,盐惠公路从村子穿过。

尖山湾[Jiānshānwān]　自然村,属青山乡青山村,人口461人。村旁有小山峰尖顶,峰下有沟,沟湾有村,故命名为尖山湾。1958年为侯家河大队尖山湾生产队,1970年为青山大队尖山湾生产队,1984年改为自然村。

杨成沟[Yángchénggōu]　自然村,属青山乡青山村,人口491人。村西有条沟,原居民有杨、陈二姓,"陈""成"谐音,故被称为杨成沟。1958年属侯家河大队,1970年为青山大队杨成沟生产队,1979年调整为杨成沟、前庄两个生产队,1984年改为自然村。

王记场[Wángjìchǎng]　自然村,属青山乡青山村,人口273人。王姓在山梁建一羊场,故而得名王记场。1958年为吴记油坊大队王记场生产队,1960年为营盘台大队王记场生产队,1972年为青山大队王记场生产队,1980年分为王记场南、北两个生产队,1984年改为自然村。

六里洼[Liùlǐwā]　自然村,属青山乡青山村,人口393人。因刘姓住山下洼处,又因距青山乡乡政府北6华里而得名。1950年属四区三乡,1958年属侯家河公社,1962

年分为六里洼上庄、下庄两个生产队，1963年又合并为六里洼生产队，1984年设立自然村。

月儿泉村［Yuè'erquán Cūn］ 隶属青山乡。位于青山乡中北部，东靠郝记台村和方山村，西接古峰庄村，南邻旺四滩村和青山村，北接哈巴湖林场。面积110.83平方千米，人口1553人。辖9个自然村，因月儿泉而得名。1958年设立侯家河公社月儿泉生产大队，1976年改为青山公社月儿泉大队，1984年行政体制改革时改为月儿泉村。村域地形波状起伏，丘陵居多。经济以种植业和养殖业为主，主要种植玉米，养殖猪、羊等。定武高速公路从村域北部穿过。

月儿泉［Yuè'erquán］ 自然村，属青山乡月儿泉村，人口385人。村旁有一沟，形似弯月，沟内有泉，故名。位于定武高速公路南边。月儿泉村村委会驻该自然村，村名也取自该自然村村名。

赵记塘［Zhàojìtáng］ 自然村，属青山乡月儿泉村，人口128人。地形四面高，中间为塘，又因居民多数为赵姓，故名赵记塘。1950年属四区三乡，1958年属郝记台大队，与六庄滩为一个生产队，1964年独立为赵记塘生产队，1970年合并到六庄滩生产队，1976年又独立为赵记塘生产队。位于定武高速公路北侧。

月儿泉自然村村貌

雷记沟［Léijìgōu］ 自然村，属青山乡月儿泉村，人口292人。相传此地有一棵6人合抱不住的大榆树，有一天，乌云满天，雷鸣电闪，雷击坏了榆树，瞬间洪水猛涨，把村东冲开了一条沟，得名雷击沟，后人将"雷击沟"写成"雷记沟"。1936年红军解放盐池成立四区，区政府设在雷记沟，目前区政府以前窑洞遗址仍在。

库团［Kùtuán］ 原名宁家苦滩。自然村，属青山乡月儿泉村，人口201人。因宁姓人家居住在有苦水的滩上，当地称洼地为坑，故而得名苦滩坑，后误写为"苦团坑"，再后来被讹音为"库团"。

火庄台［Huǒzhuāngtái］ 又名火庄子。自然村，属青山乡月儿泉村，人口234人。此台上禾草生长较好，当地"火""禾"谐音，故名火庄台。位于定武高速公路南侧。

路记红庄［Lùjìhóngzhuāng］ 自然村，属青山乡月儿泉村，人口193人。很早以

◎ 第一部分 政区与市政设施

前有路姓人在此居住,因土地为红色,故命名为路记红庄。位于定武高速公路北侧。

牛圈坑[Niújuànkēng] 自然村,属青山乡月儿泉村,人口204人。此地低洼似坑,牧草茂盛,草质优良,人们在此养牛,后逐渐形成村落,故得名牛圈坑。

东梁[Dōngliáng] 自然村,属青山乡月儿泉村,人口77人。1980年实行包产到户,一些农户从月儿泉生产大队搬迁到月儿泉东的山梁上,因此命名为东梁。位于定武高速公路南侧。

古峰庄村[Gǔfēngzhuāng Cūn] 隶属青山乡。位于青山乡西北部,东靠月儿泉村,西接冯记沟乡,南邻旺四滩村,北接哈巴湖林场。面积72.57平方千米,人口2035人。辖5个自然村。以驻地自然村村名而命名。1936年盐池解放后,设立四区四乡,1958年设立侯家河公社古峰庄生产大队,1976年改为青山公社古峰庄大队,1984年行政体制改革时改为古峰庄村。经济以农牧业为主,主要种植玉米、小杂粮,养殖滩羊等。定武高速公路从村域中部穿过。

古峰庄[Gǔfēngzhuāng] 自然村,属青山乡古峰庄村,人口451人。原村南有一孤坟,古峰与孤坟谐音,为避讳后称为古峰。1958年属于侯家河公社古峰庄大队古峰庄生产队,1980年分为古峰庄北队、大井湾两个生产队,1984年改为古峰庄自然村。位于冯青公路北侧。

甘洼山[Gānwāshān] 自然村,属青山乡古峰庄村,人口399人。相传村北洼地有一眼泉水,水淹没了周围的地面,唯独村子没被淹没而干着,"干"与"甘"同音,后写成甘洼山。1958年属于青山公社古峰庄大队甘洼山生产队,1962年分为甘洼山南、北两队,1964年合并为甘洼山生产队,1980年又分为陈记台、甘洼山西南两队,1984年改为甘洼山自然村。位于定武高速公路南侧。

龙记湾[Lóngjìwān] 又名龙家湾。自然村,属青山乡古峰庄村,人口245人。因龙姓人居住在山湾处得名。1958年属于侯家河公社古峰庄大队龙记湾生产队,1972年与糜子滩生产队分开,为龙记湾生产队,1984年改为龙记湾自然村。位于冯青公路北侧。

长山子[Chángshānzi] 又名常山子。自然村,属青山乡古峰庄村,人口408人。因村北的山梁较长,山上有一个庙,人们常上山拜神,人称长山子,村子因山得名。位于定武高速公路北侧。

糜子滩[Mízitān] 自然村,属青山乡古峰庄村,人口157人。此地糜子生长较好,故命名为糜子滩。1958年与龙记湾一个队,1972年分为古峰庄大队糜子滩生产队,1984年改为糜子滩自然村。

方山村[Fāngshān Cūn]　隶属青山乡。位于青山乡东部,东靠陕西省定边县,西接月儿泉村,南邻青山村和营盘台村,北接郝记台村。面积 75.98 平方千米,人口 1544 人。辖 7 个自然村。因境内方山而得名。1936 年盐池解放后,为四区二乡管辖,1958 年设立吴记油坊大队方山生产队,1960 年设立方山生产大队,1966 年与营盘台大队合并,1972 年又恢复为方山大队,1984 年行政体制改革时改为方山村。经济以农业为主,主要种植玉米、小杂粮。

方山[Fāngshān]　自然村,属青山乡方山村,人口 227 人。因村旁有山,山顶为方形,得名方山,村以山名。1958 年属吴记油坊大队,1961 年为方山生产队,1963 年与西台生产队合并为方山生产队,1984 年改为方山自然村。方山村名,也因方山而得名。

西台[Xītái]　自然村,属青山乡方山村,人口 197 人。村子在一条沟的西边台地上,故命名为西台。1956 年为西台生产队,1963 年合并到方山生产队,1984 年改为西台自然村。

尚圈[Shàngjuàn]　又名上圈。自然村,属青山乡方山村,人口 179 人。李姓人家原居住现在村庄北面的高梁上,因地势相对较高,当地人称上圈。1950 年属四区二乡,1958 年属吴记油坊大队,1962 年属方山大队,1963 年与南梁合并为一个生产队,1966 年属营盘台生产队,1972 年属方山大队南梁生产队,1984 年设立自然村。位于宁陕界附近。

小青山[Xiǎoqīngshān]　又名青山。自然村,属青山乡方山村,人口 263 人。因村南侧有大山一座,人称青山。1968 年,侯家河公社更名为青山公社,侯家河生产大队更名为青山生产大队,原青山村随之更名为小青山村。1972 年属方山大队青山生产队,1984 年改为自然村。位于盐惠公路东南侧。

海子塘[Hǎizitáng]　自然村,属青山乡方山村,人口 305 人。以村东积存雨水的低洼海子而得名。1950 年属四区一乡,1958 年属吴记油坊大队,1966 年属郝记台大队,1972 年属方山大队,1984 年改为自然村。

高圈[Gāojuàn]　又名高家圈。自然村,属青山乡方山村,人口 171 人。村民均为高姓,故而得名高记圈。1950 年属四区一乡,1958 年属吴记油坊大队,1966 年属郝家台大队,1972 年属方山大队,1984 年改为自然村。位于盐惠公路东侧。2013 年盐池县地名总体规划将其简化为高圈。

猫头梁村[Māotóuliáng Cūn]　隶属青山乡。位于青山乡东北部,东靠陕西省定边县,西南接郝记台村,北接花马池镇。面积 62.61 平方千米,人口 1292 人。辖 6 个自然村。因驻地自然村村名而得名。1936年盐池解放后,属四区一乡,1958年设立太平庙生产大队,1960年更名为猫头梁生产大队,1984年行政体制改革时改为猫头梁村。村域大部分是哈巴湖自然保护区的重要组成部分。定武高速公路从村域北部穿行而过。

猫头梁[Māotóuliáng] 自然村,属青山乡猫头梁村,人口336人。因此地山梁生长猫头刺较多而得名。1950年属四区一乡,1958年属太平庙生产大队,1980年分为猫头梁东、西,井滩子3个生产队,1984年改为自然村。位于定武高速公路北侧。

二道湖[Èrdàohú] 自然村,属青山乡猫头梁村,人口239人。因村子有上下两道湖,西北面的刘窑头山下有湖,为头道湖,水流到该村低洼处又形成湖泊,故命名为二道湖。1950年属四区一乡,1958年属侯家河公社太平庙生产大队,1960年属猫头梁大队,1984年改为自然村。位于定武高速公路南侧。

斗沟子[Dòugōuzi] 原名陡沟子。自然村,属青山乡猫头梁村,人口188人。村子位于山沟里面,且地势陡峭,"陡"谐音"斗",后叫成斗沟子。1950年属四区一乡,1958年属侯家河公社太平庙大队,1960年属猫头梁大队,1966年与牛记圈合并为牛记圈生产队,1976年与牛记圈分开,为斗沟子生产队,1984年改为自然村。位于定武高速公路北侧。

牛记圈[Niújìjuàn] 又名牛家圈。自然村,属青山乡猫头梁村,人口234人。因当地居民多数为牛姓,故称为牛记圈。地近宁陕界。

庙湾[Miàowān] 自然村,属青山乡猫头梁村,人口120人。村北山梁上有庙一座,村子位于梁下山湾处,故得名。1950年属四区一乡,1964年合并到太平庙生产队,1979年从太平庙生产队分出,1984年改为自然村。

太平庙[Tàipíngmiào] 自然村,属青山乡猫头梁村,人口175人。村子中有一座庙,乡亲用以祈福求太平,故命名为太平庙。1950年属四区一乡,1958年属侯家河公社太平庙大队,1984年改为自然村。村子西南即宁陕界。

郝记台村[Hǎojìtái Cūn] 隶属青山乡。位于青山乡北部,东靠猫头梁村,西接月儿泉村,南邻方山村,北接王乐井乡。面积74.8平方千米,人口1292人。辖7个自然村。因驻地自然村村名而得名。1936年盐池解放后,属四区一乡,1958年成立侯家河公社郝记台生产大队,1976年改为青山公社郝记台大队,1984年行政体制改革时改为郝记台村。村域大部分是哈巴湖自然保护区的重要组成部分。定武高速公路从村域北部穿行而过。

郝记台[Hǎojìtái] 自然村,属青山乡郝记台村,人口360人。因郝姓人居住在此地一个沟台上,取名郝记台。1950年属四区一乡,1958年属侯家河公社郝记台大队,1984年改为自然村。盐惠公路穿村而过。

北马坊[Běimǎfāng]　自然村,属青山乡郝记台村,人口354人。古时为军马场,又因其地理位置居北,故命名为北马坊。1950年属四区一乡,1958年属侯家河公社郝记台大队,1964年分为北马坊西、中、东3个生产队,1970年合并为北马坊生产队,1976年分为郝记台大队北马坊西队、东队,1984年设立自然村。地近宁陕界。

刘窑头[Liúyáotóu]　又名刘家窑头。自然村,属青山乡郝记台村,人口258人。因刘姓人挖窑洞居住于此而得名。1950年属四区一乡,1958年属侯家河公社郝记台大队刘窑头生产队,1963年与六庄滩、沙井子合并为六庄滩生产队,1965年与六庄滩、井坑、赵记塘合并为两个生产队,即六庄滩生产队和刘窑头生产队,1970年又合并为六庄滩生产队,1984年改为自然村。位于定武高速公路北侧。

六庄滩[Liùzhuāngtān]　自然村,属青山乡郝记台村,人口196人。因六姓人家在此种地,故称六庄滩。1950年属四区一乡,1958年属侯家河公社郝记台大队六庄滩生产队,1963年与刘窑头、沙井子合并为六庄滩生产队,1965年与刘窑头、井坑、赵记塘合并分为六庄滩生产队和刘窑头生产队,1970年又合并为六庄滩生产队,1984年改为自然村。

赵记场[Zhàojìchǎng]　自然村,属青山乡郝记台村,人口124人。民国初,赵姓人在地居住而得名。1950年属四区一乡,1958年属侯家河公社郝记台大队,1964年属于郝记台大队赵记塘生产队,1965年与刘窑头、六庄滩、井坑合并为六庄滩生产队和刘窑头生产队,赵记场属六庄滩生产队,1984年改为自然村。位于盐惠公路西北侧。

营盘台村[Yíngpántái Cūn]　隶属青山乡。位于青山乡东南部,东靠陕西省定边县,西接青山村,南邻大水坑镇,北连方山村。面积43.8平方千米,人口1453人。辖7个自然村。因驻地自然村村名而得名。1936年盐池解放后,为四区二乡管辖,1958年成立侯家河公社吴记油坊大队,1960年更名为营盘台生产大队,1976年改为青山公社营盘台大队,1984年行政体制改革时改为营盘台村。古迹有灵应山石窟。

营盘台[Yíngpántái]　自然村,属青山乡营盘台村,人口181人。由于古代驻扎过兵营,故名营盘台。1958年属吴记油坊大队营盘台生产队,1966—1972年与张圈、小水生产队合并为营盘台生产队,1979调整为营盘台东、西两个队,1984年改为自然村。位于盐惠公路东南侧。

王台[Wángtái]　又名王记台。自然村,属青山乡营盘台村,人口80人。因此地居民多数为王姓,故命名为王记台。1958年属吴记油坊大队营盘台生产队,1960年属营盘台大队营盘台生产队,1980年为营盘台大队王记台村民小组,1984年改为王记台自然村。2013年盐池县地名总体规划将其简化为王台。

红庄[Hóngzhuāng]　自然村,属青山乡营盘台村,人口484人。因村庄所在地土质呈红色,故得名。1958年为侯家河公社营盘台大队红庄生产队,1980年分为红庄西队、中队,1984年改为红庄自然村。

张圈[Zhāngjuàn]　自然村,属青山乡营盘台村,人口104人。张姓人家在此修筑羊圈,以其姓氏命名为张圈。地近宁陕界。

东湾[Dōngwān]　自然村,属青山乡营盘台村,人口172人。因村庄坐落在有烽火墩的山湾处而得名。"墩"谐音"东",故命名为东湾。

武记圪垯[Wǔjìgēda]　又名吴记疙瘩。自然村,属青山乡营盘台村,人口216人。因村子四周有5个山梁圪垯而得名,"武""五"同音,故命名为武记圪垯。地近宁陕界。

旺四滩村[Wàngsìtān Cūn]　隶属青山乡。位于青山乡西南部,东靠青山村,西接冯记沟乡,南邻大水坑镇,北接古峰庄村和月儿泉村。面积86.62平方千米,人口1553人。辖8个自然村。因驻地自然村村名而得名。1936年盐池解放后,属于四区四乡,1958年属古峰庄生产大队,1960年设为石记圈生产大队,1970年更名为旺四滩生产大队,1984年改为旺四滩村。沙地面积广布。经济以畜牧业为主。

旺四滩[Wàngsìtān]　自然村,属青山乡旺四滩村,人口288人。王姓人居住滩地上,清朝同治前此地是个热闹的集市,名为王市滩,当地"市"与"四"谐音,后来传为王四滩,后取四季旺盛之意,更名为旺四滩。1950年属四区四乡,1960年属石记圈大队,1970年属旺四滩大队,1979年分为旺四滩东、西两队,1984年改为自然村。

侯记场[Hóujìchǎng]　自然村,属青山乡旺四滩村,人口60人。因当地曾做羊场,居民多数是侯姓,故命名为侯记场。1958年属四区四乡,1960年属石记圈大队,1970年属旺四滩大队,1984年改为自然村。

田记台[Tiánjìtái]　自然村,属青山乡旺四滩村,人口140人。因该地居民多为田姓,村庄坐落在一平台上而得名。1950年属四区四乡,1958年属古峰庄大队,1960年属石记圈大队,1970年属旺四滩大队,1984年改为自然村。

龚记场[Gōngjìchǎng]　自然村,属青山乡旺四滩村,人口101人。最早龚姓人家在此居住,建有羊场,故得名。1954年属四区四乡,1958年属古峰庄大队,1960年属石记圈大队,1970年属旺四滩大队,1984年改为自然村。位于盐惠公路西北侧。

吴记小口子[Wújìxiǎokǒuzi]　自然村,属青山乡旺四滩村,人口338人。因吴姓人家居于小山口处得名。1958年属古峰庄大队,1960年属石记圈大队,1970年属旺四滩大队,1984年改为自然村。

陈记圈[Chénjìjuàn]　又名陈家圈。自然村,属青山乡旺四滩村,人口210人。最早陈姓人家在此建羊圈定居,命名为陈记圈。

石记场[Shíjìchǎng]　自然村,属青山乡旺四滩村,人口208人。石姓人在此建羊场,发展成村落,故得名。1958年属古峰庄大队,1960年属石记圈大队,1970年属旺四滩大队,1984年改为自然村。

黄米湾[Huángmǐwān]　自然村,属青山乡旺四滩村,人口208人。因此处适宜糜子生长,能够加工出好的黄米,故得名。1962年属石记圈大队,1970年与石记场合并为石记场生产队,1980年从石记场生产队分出成立黄米湾生产队,1984年改为自然村。

麻黄山乡[Máhuángshān Xiāng]

行政区划代码:640323203。位于盐池县东南,系陕甘宁三省区交界地区,东部与陕西定边县隔河相望,南部与甘肃环县毗邻,西部与惠安堡镇相连,北部与大水坑镇接壤。全境东西长32千米,南北宽21千米,总面积768平方千米。全乡人口1.1万人。辖13个村102个自然村。乡政府驻麻黄山村,距盐池县城100千米。1958年成立麻黄山人民公社,以驻地麻黄山村命名,1984年行政体制改革改为麻黄山乡,2003年盐池县行政区划调整,撤并麻黄山乡和后洼乡,成立新的麻黄山乡。麻黄山原名枸子山,民国《盐池县志》载:"三山,在韦州堡东一百里。三峰对峙。枸子山,在三山南。涧溪险恶,豺狼所居,人迹罕到。"麻黄山乡是盐池县唯一一个纯山区乡镇,沟壑纵横交错,属黄土高原地貌。植被稀少,昼夜温差大。与大水坑镇分界的陈家山,主峰蒋家山海拔1951.5米,是全县最高点,一条弓形分水岭构成盐池南部东南向和西北向的分界线。境内有古窑洞、李塬畔革命遗址等人文景观。麻黄山乡适宜农牧业综合发展,近年来坚持"以羊为主、多畜并举、以种促养、规模发展"的路子,第二产业起步较晚,但发展较快,特别是石油、风电发展潜力较大。境内有大麻公路、麻惠线与外界连接,交通相对闭塞。

麻黄山乡种植小杂粮种类多、面积广、历史悠久,主要品种有荞麦、糜子、谷子和豌豆等。2006年,盐池县被农业部确定为绿色食品原料标准化生产基地,2010年5月又被农业部批准为国家级小杂粮良种繁殖基地。根据盐池县委、县政府规划,麻黄山乡建立小杂粮种植基地10万亩,占全乡总耕地面积的50%,年产小杂粮500万公斤左右。播种面积和产量居全县各乡镇首位。2010年,种植荞麦、糜子等小杂粮11.68万亩,其中荞麦以榆麦4号为主。

麻黄山乡风力资源丰富,开发风电条件较好。2010年,宁夏哈纳斯新能源集团与宁夏马斯特集团共同投资建设麻黄山60万千瓦风电项目。2011年,国电电力宁夏风电开发有限公司开发麻黄山一期49.5兆瓦工程,于当年9月全部完工,10月底并网。

麻黄山村[Máhuángshān Cūn]　隶属麻黄山乡。位于麻黄山乡中部,东靠平庄村和松记水村,西邻何新庄村,南接黄羊岭村,北连胶泥湾村。面积55平方千米,人口1324人。辖10个自然村。因山上沟内麻黄草多而得名。1958年设立麻黄山生产大队,1984年改为麻黄山村。地貌以黄土丘陵为主,多沟壑。经济以农业为主,主要种植马铃薯、荞麦、小杂粮。

营盘山[Yíngpánshān]　自然村,属麻黄山乡麻黄山村,人口130人。村子所在地地势险要,曾为甘肃和陕西属地,后归宁夏管理,大约明末清初曾驻扎过一个营的士兵,后来当地群众将此地叫营盘山。1965年和杨沙沟合并为一个生产队,1970年重新分队,1984年改为自然村。

麻黄山[Máhuángshān]　自然村,属麻黄山乡麻黄山村,人口253人。村子位于麻黄山上,山上麻黄草茂盛,所以取名麻黄山。村名随山名。大麻公路穿村而过,2007年分为麻黄山东、西队。

马儿庄[Mǎ'erzhuāng]　自然村,属麻黄山乡麻黄山村,人口156人。清朝中晚期,以居民姓氏命名,后村民逐渐变为惠姓、张姓,但仍沿用原名。位于大麻公路东侧。

张记洼子[Zhāngjìwāzi]　又名张家洼子。自然村,属麻黄山乡麻黄山村,人口137人。清朝中晚期,此处土坡处住张姓人家,取名为张家洼子。后有梁、刘、沈、冯等姓人家逐渐迁入居住,但仍沿用原地名。位于大麻公路西侧。

武记湾[Wǔjìwān]　又名武家湾。自然村,属麻黄山乡麻黄山村,人口92人。明朝时,该村与胶泥湾村一起被称作张记川,晚清时,因此处大山前有5道长渠(也就是沟嘴),故取名五记湾,后又讹为武记湾,一直沿用至今。1965年以前武记湾和谢儿渠是一个生产队,1981年武记湾和谢儿渠分队,一部分归属武记湾。大麻公路穿村而过。

谢儿渠[Xiè'erqú]　自然村,属麻黄山乡麻黄山村,人口82人。清朝中晚期,此地居住一姓薛大户,故被称为薛家渠,后搬来一户谢姓人,打窑洞居住,村内有一水壕,故又称为谢儿渠。1965年以前谢儿渠和武记湾是一个生产队,1981年谢儿渠和武记湾分队,一部分归属谢儿渠。位于大麻公路南侧。

杨沙沟[Yángshāgōu]　自然村,属麻黄山乡麻黄山村,人口190人。200年以前杨家先祖从甘肃来到此地,当时居住地山后有一沙沟,常年风沙比较大,流沙涌动,故人们将此地称作杨沙沟。曾为甘肃和陕西属地,后归宁夏管理,1965年杨沙沟和营盘山合并为一个生产队,1970年重新分队。位于大麻公路东侧。

马记口子[Mǎjìkǒuzi]　自然村,属麻黄山乡麻黄山村,人口158人。村庄前后遍地长满麻黄草,西边有一山口得名"麻黄口子",日久演变成"马记口子",村因山名。

新庄东队[Xīnzhuāngdōngduì]　自然村,属麻黄山乡麻黄山村,人口180人。因为是新开发的居民点,且分为东、西两队,此为东队,故得名。1980年建村。

新庄西队[Xīnzhuāngxīduì]　自然村,属麻黄山乡麻黄山村,人口180人。因为是新开发的居民点,且分为东、西两队,此为西队,故得名。1980年建村。

下高窑村[Xiàgāoyáo Cūn]　隶属麻黄山乡。位于麻黄山乡西部,东靠黄羊岭村,西接井滩子村,南邻管记掌村,北接何新庄村。面积82平方千米,人口735人。辖7个自然村。以驻地自然村地名命名。1963年成立麻黄山公社下高窑生产大队,1984年改为下高窑村。地形为黄土丘陵,经济以农业为主。

上甘沟[Shànggāngōu]　自然村,属麻黄山乡下高窑村,人口118人。村落建在一条无水大沟旁,得名"干沟","甘""干"同音,同治年间被人们记为甘沟,新中国成立后,因方位在上,又改称为上甘沟。

桑堡子[Sāngpùzi]　自然村,属麻黄山乡下高窑村,人口81人。过去有桑姓大户迁来居住,后来桑姓发展壮大,建堡子,故名桑堡子,民国年间也叫桑记沟。

堡子塘[Pùzitáng]　自然村,属麻黄山乡下高窑村,人口81人。附近大山上有一个古堡,山下东边有一块塘地,四面环山,约200亩土地,故得名堡子塘。1980年包产到户移民搬迁到堡子塘,形成村落,村因地名。

刘记口子[Liújìkǒuzi]　又名刘口子。自然村,属麻黄山乡下高窑村,人口136人。据说此处过去有一个大财主姓刘,在一个崾岘口居住,故被称为刘记口子。1962年为生产队,1984年改为自然村。

凉风掌[Liángfēngzhǎng]　自然村,属麻黄山乡下高窑村,人口88人。村子位于三面环山有壕状较平土地的地形,住户多在阴面向东北的方向居住,一年四季凉爽舒适,通风较好,所以人称凉风掌。

下高窑[Xiàgāoyáo]　自然村,属麻黄山乡下高窑村,人口167人。村子所在地比井滩子村的上高窑低,故得名。1929年建村,1958年改为下高窑生产队,1984年改为下高窑自然村。下高窑村村委会驻该自然村,村名也源自该自然村村名。

燕儿台[Yàn'ertái]　自然村,属麻黄山乡下高窑村,人口88人。村子建在平台上,相传燕子经常聚集于此,所以取名燕儿台。1980年建成村落。

何新庄村[Héxīnzhuāng Cūn]　隶属麻黄山乡。位于麻黄山乡北部,东靠麻黄山村,西接井滩子村,南邻下高窑村,北接大水坑镇。面积54.7平方千米,人口845人。辖8个自然村。以驻地自然村地名命名。1955年成立何新庄大队,1984年改为何新庄村。地貌以黄土丘陵为主,多沟壑,经济以农业和畜牧业为主。

阳洼[Yángwā]　自然村,属麻黄山乡何新庄村,人口141人。村子位于阳坡处,故得名阳洼,1966年成村落,曾住高姓人家。

西掌[Xīzhǎng]　自然村,属麻黄山乡何新庄村,人口193人。村子地处三面环山有壕状较平土地的地形,位于何新庄自然村西面,故称为西掌。1949年建村。

白记洼子[Báijìwāzi]　自然村,属麻黄山乡何新庄村,人口91人。村庄位于低洼处,解放前是红区、白区交界处,此地为白军占领,故得名为白记洼子。

赵记湾[Zhàojìwān]　自然村,属麻黄山乡何新庄村,人口206人。过去村民赵姓居多,综合其地貌特征,故得名赵记湾。紧邻大麻公路东侧。

何记山[Héjìshān]　自然村,属麻黄山乡何新庄村,人口187人。位于山坡西北的大山梁,住何姓人,故名。位于大麻公路西边。

包塬村[Bāoyuán Cūn]　隶属麻黄山乡。位于麻黄山乡东部,东靠陕西省定边县,西接后洼村,南邻沙崾岘村,北接李塬畔村。面积44.15平方千米,人口946人。辖10个自然村。以驻地自然村地名命名。1979年设立后洼乡包塬大队,1984年改为包塬村,2003年撤乡并镇,划归麻黄山乡。村域地势平坦,适合耕作,经济以种植业为主。

余堡子[Yúpùzi]　自然村,属麻黄山乡包塬村,人口137人。清朝同治年间,有余姓人家搬迁至此建造堡子,因坡缓地平,交通方便,且住户以余姓居多,故命名为余堡子。

史伙场[Shǐhuǒchǎng]　又名史禾场。自然村,属麻黄山乡包塬村,人口194人。清代史姓人在此建禾场,故得名史禾场,当地"禾""伙"谐音,又被记为史伙场。1956年属后洼大队,现归包塬村管辖。

包塬[Bāoyuán]　又名包家塬。自然村,属麻黄山乡包塬村,人口214人。村子位于塬上,包姓居民居多,人称包塬。1936年建村,麻后公路穿村而过。包塬村村委会驻该自然村,村名也源自该自然村名。

史圪崂[Shǐgēláo]　自然村,属麻黄山乡包塬村,人口56人。村庄地形山大沟深,很少有平整的土地,且山路崎岖,地界边缘也以不规则的方式延伸,住户多为史姓,故得名。地近宁陕界,隔十字河与陕西定边县相望。

穆塬[Mùyuán]　自然村,属麻黄山乡包塬村,人口 106 人。因庄子地形坡缓地平,视野开阔,交通方便,居民多为穆姓,故得名。地近宁陕界。

后洼村[Hòuwā Cūn]　隶属麻黄山乡。位于麻黄山乡东部,东北靠包塬村,东南接沙崾岘村,西邻平庄村。面积 48 平方千米,人口 827 人。辖 13 个自然村。以驻地自然村地名命名。1958 年成立余家堡子大队,1963 年由余家堡子大队调整为后洼大队,1976 年设后洼公社,后洼大队为其驻地。1984 年改为后洼乡后洼村。2003 年撤乡并镇,划归麻黄山乡。经济以种植业为主。

后洼[Hòuwā]　自然村,属麻黄山乡后洼村,人口 55 人。位于山脊背洼处,以方位取名,得名后洼。是麻后公路终点,原后洼乡乡政府驻地。

马会台[Mǎhuìtái]　自然村,属麻黄山乡后洼村,人口 90 人。有一座庙坐落在高台上,每年四月初八举办庙会,四方商贩都会聚集在此,此处过去又是骡马大会的场地,故称为马会台。

郭堡子[Guōpùzi]　自然村,属麻黄山乡后洼村,人口 98 人。郭姓人家居住在此地,曾建有堡子,故人称郭堡子。麻后公路穿村而过。

白土峁[Báitǔmǎo]　自然村,属麻黄山乡后洼村,人口 110 人。本地沟里有白土,可以用来糊窑洞,保其敞亮,故命名为白土峁,村处沟内,因沟而名。

沙塬[Shāyuán]　又名沙滩。自然村,属麻黄山乡后洼村,人口 98 人。居住的塬上沙子较多,故取名沙塬。

阳岗[Yánggǎng]　自然村,属麻黄山乡后洼村,人口 135 人。村子位于向阳坡高岗处,故取名为阳岗。

白记滩[Báijìtān]　自然村,属麻黄山乡后洼村,人口 285 人。此村滩上生长柏茇灌木,"柏茇"和"白记"音近,所以被人们渐记为"白记滩"。

平庄村[Píngzhuāng Cūn]　隶属麻黄山乡。位于麻黄山乡中部,东靠后洼村,西接麻黄山村,南邻松记水村,北接胶泥湾村和包塬村。面积 74 平方千米,人口 637 人。辖 7 个自然村。以驻地自然村地名命名。1936 年以前属环县管辖,1936 年以后属盐池县管辖,设立平庄大队,1976 年属后洼公社,1984 年改为平庄村,2003 年撤乡并镇,划归麻黄山乡。经济以种植业为主。

徐畔子[Xúpànzi]　自然村,属麻黄山乡平庄村,人口 89 人。因徐姓人家居住在山畔而得名。

张禾场[Zhānghéchǎng]　又名伙场。自然村,属麻黄山乡平庄村,人口 32 人。清同治年间平庄自然村张姓人到此地种地居住,农作物秸秆堆扎成垛,取名张禾场。1978年后洼公社成立林场,从平庄搬去几户人家,成立村庄,沿用张禾场名称。1992年交到平庄村委会,改名伙场。2013年盐池县地名总体规划将其规范为张禾场。位于麻后公路南侧。

刘记洼[Liújìwā]　自然村,属麻黄山乡平庄村,人口37人。刘姓居住在山坡上,故名。1979年建村。位于麻后公路东南侧。

平庄[Píngzhuāng]　又名唐平庄。自然村,属麻黄山乡平庄村,人口193人。过去唐姓人在平地上建庄,故得名唐平庄,后来山西的张姓父子来唐平庄打工,其子娶唐姓姑娘为妻,生儿育女,张姓人氏增多,唐姓人迁往刘记洼。1984年平庄村成立,取名平庄。

谢畔子[Xièpànzi]　又名薛畔子。自然村,属麻黄山乡平庄村,人口81人。实为谢姓人家居住在河畔,"谢""薛"近音,又被称为薛畔子。

中滩[Zhōngtān]　自然村,属麻黄山乡平庄村,人口82人。1972年将殷记洼范姓人氏和范记畔范姓人氏集中迁居殷记洼上滩,地势较平,取名中滩。

董圪崂[Dǒnggēláo]　自然村,属麻黄山乡平庄村,人口110人。清朝末年松记水村断头嘴自然村董姓人氏迁入此地,取名董新庄。后在土改期间因周边地形改名董圪崂,1972年之前属麻黄山乡松记水村,1972年划入平庄村,1976年属后洼乡。

李塬畔村[Lǐyuánpàn Cūn]　隶属麻黄山乡。位于麻黄山乡东北部,东接陕西省定边县,西邻胶泥湾村,南接包塬村,北靠大水坑镇。面积40平方千米,人口968人。辖9个自然村。以驻地自然村地名命名。1963年设立麻黄山公社墩儿洼大队,1972年更名为李塬畔大队,1976年划属后洼公社,1984年改为李塬畔村。2003年撤乡并镇,划归麻黄山乡。村域以沟岭地貌为主。经济以种植业为主,主要种植小杂粮,马铃薯等。李塬畔革命旧址位于本村。

羊圈山[Yángjuànshān]　自然村,属麻黄山乡李塬畔村,人口209人。因山上原有3个羊圈,故命名为羊圈山。清朝末年建村。

李一队[Lǐ 1 Duì]　自然村,属麻黄山乡李塬畔村,人口96人。当地塬上以李姓居民居多,故以姓氏和地貌命名为李塬畔。清末建村,1980年分为一、二、三队,此为一队,命名为李一队。

李二队[Lǐ 2 Duì]　自然村,属麻黄山乡李塬畔村,人口144人。当地塬上以李姓居民居多,故以姓氏和地貌命名为李塬畔。清末建村,1980年分为一、二、三队,此为二队,命名为李二队。

李三队[Lǐ 3 Duì]　自然村,属麻黄山乡李塬畔村,人口 115 口人。当地塬上以李姓居民居多,故以姓氏和地貌命名为李塬畔。清末建村,1980 年分为一、二、三队,此为三队,命名为李三队。

张南沟[Zhāngnángōu]　自然村,属麻黄山乡李塬畔村,人口 214 人。清末冯姓人因官司改为张姓,逃到此地。1982 年张姓改回冯姓。因当年张姓人家居住于沟南边,综合其姓氏和地貌形态得名为张南沟。

刘峁庄[Liúmǎozhuāng]　又名刘茂庄。自然村,属麻黄山乡李塬畔村,人口 61 人。因当地原居民多数为刘姓,庄子位于山峁旁,结合居民姓氏和地理位置,命名为刘峁庄,后又被人们叫成了刘茂庄。1980 年建成村落。

管记掌村[Guǎnjìzhǎng Cūn]　属麻黄山乡。位于麻黄山乡西南部,东靠黄羊岭村,西接惠安堡镇,南邻甘肃省环县,北接下高窑村。面积 57 平方千米,人口 615 人。辖 9 个自然村。以驻地自然村地名命名。1979 年由下高窑大队分出,设管记掌大队,1984 年改为管记掌村。地貌属典型黄土丘陵,沟壑纵横,经济以农业为主。

沙坡子[Shāpōzi]　自然村,属麻黄山乡管记掌村,人口 138 人。此地河床中有沙砾堆积,故得名沙坡子。

巴儿掌[Bā'erzhǎng]　自然村,属麻黄山乡管记掌村,人口 35 人。村子所在地形像一个手掌,当地方言称"巴掌",故得名巴儿掌。

石葱湾[Shícōngwān]　自然村,属麻黄山乡管记掌村,人口 130 人。因此地石葱生长茂盛,取名石葱湾。

天池塘[Tiānchítáng]　自然村,属麻黄山乡管记掌村,人口 138 人。村子地势虽高,但平塘可耕,水土不失,故名。位于麻后公路西南侧。

李记沟[Lǐjìgōu]　又名李家沟。自然村,属麻黄山乡管记掌村,人口 34 人。1947 年,李姓人家从惠安堡杏树渠村小口子迁入此地,以姓氏和地貌命名。地近宁夏甘肃界。

管记掌[Guǎnjìzhǎng]　自然村,属麻黄山乡管记掌村,人口 73 人。村子位于三面环山有壕状较平土地的地形上,居住人家多为管姓,故得名管记掌。1862—1875 年,山西管家迁此立庄。1972 年,与胶泥湾生产队分队后,成立管记掌生产队。管记掌村村委会驻该自然村,村名亦来源于该自然村地名。

贺背洼[Hèbèiwā]　自然村,属麻黄山乡管记掌村,人口 15 人。从门坎岭看,此处为山坡阴面,贺姓居住,故名贺背洼。1947 年形成村庄。

胶泥湾村[Jiāoníwān Cūn]　隶属麻黄山乡。位于麻黄山乡北部,东靠李塬畔村和包塬村,西接麻黄山村,南邻平庄村,北接大水坑镇。面积49平方千米,人口626人。辖9个自然村。以驻地自然村地名命名。1958年设立胶泥湾大队,1976年划属后洼公社,1984年改为胶泥湾村。2003年撤乡并镇,划归麻黄山乡。村域地势起伏,有丰富的石油、石膏资源。经济以农业为主。

胶泥湾[Jiāoníwān] 自然村,属麻黄山乡胶泥湾村,人口43人。明末叫张记川,沿用至清朝同治年间。因该地胶泥多,质地细腻防渗好,新中国成立后更名为胶泥湾。位于麻后公路南侧。

青山[Qīngshān] 自然村,属麻黄山乡胶泥湾村,人口72人。周围石膏矿石量大且外露呈青色,故得名青山。同治年间因战乱,住户曾迁至甘肃环县甜水堡,后又返回原居地。

史记湾[Shǐjìwān] 又名史家湾。自然村,属麻黄山乡胶泥湾村,人口125人。清同治年间叫肖记湾,居民以肖姓为主,后因战乱迁走,清末一史姓大户迁移此地,更名为史记湾。位于麻后公路北侧。

冯嶵岘[Féngyáoxiàn] 自然村,属麻黄山乡胶泥湾村,人口145人。村落位于嶵岘处,早期居民以刘姓人为主,原名刘嶵岘,后冯姓人迁到此地,渐更名为冯嶵岘。位于麻后公路北侧。

井滩子村[Jǐngtānzi Cūn] 隶属麻黄山乡。位于麻黄山乡西部,东靠何新庄村,西接惠安堡镇,南邻下高窑村,北接大水坑镇。面积58平方千米,人口916人,辖9个自然村。以驻地自然村地名命名。经济以农业、养殖业为主,种植小杂粮等。

郭记洼[Guōjìwā] 自然村,属麻黄山乡井滩子村,人口90人。最早郭氏家族居住山坡上,清同治年间郭姓人外逃,现已无郭姓但村名沿用下来。

陈记洼[Chénjìwā] 又名陈记洼子。自然村,属麻黄山乡井滩子村,人口175人。陈氏家族在土坡上居住,清同治年间建村,取名前庄,沿用至新中国成立前,人民公社化时改为陈记洼子生产队。2013年盐池县地名总体规划将其简化为陈记洼。

张记湾[Zhāngjìwān] 自然村,属麻黄山乡井滩子村,人口143人。清同治年间,张姓人从甘肃迁移至此地定居,以姓氏和地理形态命名。

佘记洼[Shéjìwā] 又名佘记洼子。自然村,属麻黄山乡井滩子村,人口116人。因当地佘姓居民居多,根据地理形态,故命名为佘记洼子。2013年盐池县地名总体规划将其简化为佘记洼。

甘沟[Gāngōu] 自然村,属麻黄山乡井滩子村,人口160人。村子位于沟旁,但缺水干旱,"干"与"甘"同音,故得名甘沟。

上高窑[Shànggāoyáo]　自然村,属麻黄山乡井滩子村,人口 100 人。居住尚姓人家,因窑建在山顶部得名"尚高窑","尚""上"同音,后演变为上高窑。

李新庄[Lǐxīnzhuāng]　自然村,属麻黄山乡井滩子村,人口 123 人。清朝同治年间建村,因居民李姓居多,人称李新庄。

井滩子[Jǐngtānzi]　自然村,属麻黄山乡井滩子村,人口 183 人。此地有一水井,水量颇丰,方圆十里都到此拉水吃,因为水井在平处,故得名井滩子。同治年间建村。井滩子村村委会驻该自然村,村名也来源于该自然村名。

黄羊岭村[Huángyánglǐng Cūn]　隶属麻黄山乡。位于麻黄山乡南部,北靠麻黄山村,南与管记掌村接壤,东与甘肃省相连,西与下高窑村毗邻,村委会驻地位于麻黄山西街,村域面积 46.8 平方千米,人口 911 人。辖 7 个自然村。1972 年从麻黄山生产大队、下高窑生产大队分离出来成立黄羊岭生产大队,驻地黄羊岭自然村,以驻地地名命名。2010 年村委会迁至麻黄山乡西街。经济以农牧业为主,农业主要种植小杂粮、马铃薯,牧业主要养殖盐池滩羊、麻黄山山羊。

黄羊岭[Huángyánglǐng]　自然村,属麻黄山乡黄羊岭村,人口 196 人。黄羊季节性迁徙必经之地,成群的黄羊迁徙场景蔚为壮观,故取名黄羊岭。1972 年以前隶属麻黄山公社麻黄山大队,1972 年属于黄羊岭大队。

韩渠子[Hánqúzi]　自然村,属麻黄山乡黄羊岭村,人口 56 人。位于门坎岭下的一条小沟渠渠畔,韩姓人家居住,因此被人称为韩渠子。

高崾岘[Gāoyàoxiàn]　自然村,属麻黄山乡黄羊岭村,人口 164 人。清朝年间以高姓住户为主,东西方向水流将此地隔断,形成崾岘,故名高崾岘。位于大麻公路延伸段西侧。

门坎岭[Ménkǎnlǐng]　自然村,属麻黄山乡黄羊岭村,人口 109 人。村南有一小山岭形状似门坎,故名。明末清初建村,村因山名,沿用至今。

阳山[Yángshān]　自然村,属麻黄山乡黄羊岭村,人口 168 人。民国时村民由门坎岭、贺背洼先后搬迁至此,因很多民宅坐落于向阳的坡地,故得名阳山。新中国成立后属于麻黄山公社下高窑大队,1972 年和下高窑大队分离调整至黄羊岭大队。

李记畔[Lǐjìpàn]　自然村,属麻黄山乡黄羊岭村,人口 204 人。村子位于山坡处,因当时居民多数为李姓,故得名。地近宁甘界。

沙崾岘村[Shāyàoxiàn Cūn]　隶属麻黄山乡。位于麻黄山乡东南部,东边和南边被陕西省定边县半包围,西接松记水村,北邻后洼村和包塬村。面积 57.5 平方千米,人口 835。辖 7 个自然村。1958 年设立麻黄山公社沙崾岘生产大队,1976 年设立后洼公社沙崾岘大队，1984年改为后洼乡沙崾岘村，2003乡撤乡并镇，划归麻黄山乡。经济以农业为主，主要种植荞麦等。

周大坝[Zhōudàbà]　自然村，属麻黄山乡沙崾岘村，人口122人。因本地有河流流过，河水将泥沙冲击到沿岸，形成坝，后人聚居此地取名大坝，又因住户多为周姓，周大坝由此而来。1901年建村。地处宁陕甘交界处。

余洼子[Yúwāzi]　自然村，属麻黄山乡沙崾岘村，人口162人。地处山坡处，且聚居此处的居民多为余姓，故得名余洼子。本地人多以经商为生。

海彩坪[Hǎicǎipíng]　自然村，属麻黄山乡沙崾岘村，人口58人。相传沟里有一眼泉水，水量大形成一水滩（当地人称海子），当地人求雨用瓶在此处取水，"瓶""坪"同音，演变成海彩坪，此说待考。1949年形成村庄。

潘山[Pānshān]　又叫潘家山。自然村，属麻黄山乡沙崾岘村，人口120人。以居民姓氏和地理形态取名潘家山，后被简化为潘山。隔十字河与陕西定边相望。2013年盐池县地名总体规划将其简化规范为潘山。

沙崾岘[Shāyàoxiàn]　自然村，属麻黄山乡沙崾岘村，人口110人。因地处崾岘处，两侧皆沟，独中间沙路可行，故称沙崾岘。1901年建村。沙崾岘村村委会驻该自然村，村名亦来源于该自然村名。

棉蓬洼[Miánpéngwā]　自然村，属麻黄山乡沙崾岘村，人口134人。因山坡上生长棉蓬草而得名。1928年已有村落。

大伙店[Dàhuǒdiàn]　古称打虎店。自然村，属麻黄山乡沙崾岘村，人口142人。地处宁夏、甘肃、陕西交界处，古时环县驮盐必经之地，是一条私盐路，有3家合伙开店，故称大伙店，后被谐音为"打伙店""打虎店"。1901年建村，1958年设立打虎店生产队，1983年改为打虎店自然村。2013年盐池县地名总体规划将其规范为大伙店。

松记水村[Sōngjìshuǐ Cūn]　隶属麻黄山乡。位于麻黄山乡东南部，东邻陕西省定边县，西接麻黄山村，南临甘肃环县，北靠沙崾岘村。面积94.5平方千米，人口1527人。辖17个自然村。1958年设立麻黄山公社松记水生产大队，1984年改为松记水村。经济以种植养殖为主，主要种植荞麦等，养殖以盐池滩羊、麻黄山山羊为主。

松记水[Sōngjìshuǐ]　自然村，东邻断头嘴，西接贺渠，南至大梁、塘洼，北靠平庄、董圪崂。属麻黄山乡松记水村，人口11人。松记水村委会驻该村。

中嘴子[Zhōngzuǐzi]　又名榆树峁。自然村，属麻黄山乡松记水村，人口53人。该自然村位于一山梁中部，山梁突出如鹰嘴，故得名中嘴子。

前塬[Qiányuán]　自然村，属麻黄山乡松记水村，人口84人。因塬尽沟出而得名。1956年成立农业合作社,后改为前塬(饶前塬)生产队,1980年实行土地承包责任制,改为前塬自然村。地处宁陕甘交界处。

饶平庄[Ráopíngzhuāng]　自然村,属麻黄山乡松记水村,人口152人。饶氏家族在此落户,结合当地地形,被称为饶平庄。1956年成立农业合作社,后改名为饶平庄生产队,1980年实行土地承包责任制,改为饶平庄自然村。

杏树湾[Xìngshùwān]　自然村,属麻黄山乡松记水村,人口122人。此地沟湾长满杏树,故取名杏树湾。1980年与前塬分队,设立杏树湾自然村。

景新庄[Jǐngxīnzhuāng]　自然村,属麻黄山乡松记水村,人口70人。景姓人家从他地搬来,在此定居种地,故名景新庄。

断头嘴[Duàntóuzuǐ]　自然村,属麻黄山乡松记水村,人口149人。村庄坐落在塬嘴处,塬在此断连,故名。

高记沟一队[Gāojìgōu 1 Duì]　自然村,属麻黄山乡松记水村,人口94人。此村是周围村子中地理位置最高的一个,村旁有一深沟,综合其地理环境,得名高记沟。为便于管理,将其分为一队、二队,此自然村为一队。

高记沟二队[Gāojìgōu 2 Duì]　自然村,属麻黄山乡松记水村,人口143人。此村是周围村子中地理位置最高的一个,村旁有一深沟,综合其地理环境,得名高记沟。为便于管理,将其分为一队、二队,此自然村为二队。

大路洼[Dàlùwā]　自然村,属麻黄山乡松记水村,人口117人。因村子紧靠过去驮盐大路边的土坡而得名。

惠记畔[Huìjìpàn]　自然村,属麻黄山乡松记水村,人口94人。民国年间惠氏家族定居于此,居住地在沟畔,取名惠记畔。

贺塬[Hèyuán]　又名贺记塬。自然村,属麻黄山乡松记水村,人口48人。因当地居民多为贺姓,村子又位于塬上。故名贺塬。

杨崖窑[Yángyáyáo]　又名杨崖崾。自然村,属麻黄山乡松记水村,人口94人。明朝年间,张氏家族在此定居,在村子崖畔处有棵白杨树,所以取名杨崖崾,后被人们叫成了杨崖窑。2013年盐池县地名总体规划将其规范为杨崖窑。

贺新庄[Hèxīnzhuāng]　又名贺家新庄。自然村,属麻黄山乡松记水村,人口78人。民国年间,贺氏家族迁此定居,开荒种地,取名贺家新庄。2013年盐池县地名总体规划将其简化为贺新庄。

塘洼[Tángwā]　又名松家水。自然村,属麻黄山乡松记水村,人口72人。孙氏家族曾在此定居,因村中沟里有一口较好的甜泉水,取名孙家水,"孙""松"音近,后被讹为"松记水"。后来孙氏家族无后人,但仍称为松记水。原松记水村村委会驻地,后村委会搬迁别处,周围又形成村落,也叫松记水,2013年盐池县地名总体规划为了区分新旧松记水,将此处规范命名为塘洼。

贺渠[Hèqú]　又叫贺家渠。自然村,属麻黄山乡松记水村,人口143人。贺塬上有浅沟,人称贺渠,明朝年间,贺姓人在沟边定居,村以沟名。

大梁[Dàliáng]　自然村,属麻黄山乡松记水村,人口51人。村南有一大山梁,因附地形得名大梁。地近宁甘界。

第二部分　自然地理实体

地 片

树湾[Shù Wān] 位于盐池与内蒙古鄂托克前旗交界处,距花马池镇西大井自然村西大约3000米,为3条东南—西北向丘陵谷地。因丘陵谷地(俗称"湾")中原有一棵榆树(1945年被二区政府砍伐)而得名。有耕地500亩、草原1000亩、林地800亩,植被较好地带属宁夏,沙漠地带属内蒙古。

皮力井[Pílìjǐng] 位于花马池镇沙边子村,因1919年前蒙古族人皮力居住,并打了一口井而得名。此地片地下水位较高,植被较好,属沙丘地,现有20世纪60年代所打两眼机井,井水可供人畜饮用,浇灌农田。这一带有镇办林场林地200亩、草原1500亩。

皮力井风光

红沙窝[Hóngshā Wō] 位于惠安堡镇惠安堡村西北3000米处、盐湖西北边缘,为盐湖的延伸部分。因此地块东部有红土层而得名。面积约1平方千米,多沙丘碱滩,出产碱(因地表碱皮似鱼鳞,当地人称鱼甲)和石膏。

马毛坑[Mǎmáo Kēng] 位于惠安堡镇惠安堡村西北11000米处,因青石低洼坑和周围形似马毛的小草而得名。周围沙丘土山环抱,中间地势低洼,东部有一青石低洼坑,约1亩大小,雨后有积水。现为自治区滩羊场放牧点,滩羊场驻地约有40人,其中职工8人,住房390平方米,砖木结构羊舍5栋,共630平方米,饲养羊1250只。

机子坑[Jīzi Kēng] 位于高沙窝镇西南24000米处、施记圈村境内。因地势低洼似坑,20世纪70年代有石油单位在此安装机械施工而得名。该地是一片自然低洼地。地上有盐池、灵武两县界协议界碑,地下埋设有白芨滩至马家滩的输水管道。

丘陵山地

盐池山地[Yánchí Shāndì]　位于盐池县中部,呈南北走向,纵贯花马池镇、王乐井乡、青山乡、大水坑镇四乡镇,南北绵延约70千米,东西宽约15千米,是鄂尔多斯台地闭流区东南部的分水岭。因位于盐池县中部,统称盐池山地。一般海拔1500—1650米,最高峰是牛家山,海拔1697米。由麦垛山、佟家山、牛家山、野湖岭、青山、方山、灵应山、大马鞍山等组成,有灵应寺、雷记沟回汉支队驻地旧址、野湖井古城址等名胜古迹。整个山地属温带大陆性半干旱气候,是干草原和荒漠草原,盛产甘草,是宁夏滩羊的主产区。304省道、盐惠公路沿山地修建,交通较为方便。

麻黄山[Máhuáng Shān]　位于盐池县南部,东西走向,连绵约50千米,是黄土丘陵沟壑区,沟壑纵横,地形复杂。古称栒子山,古籍记载"溪涧险恶,豺狼所居,人迹罕至",近代,因山上多长麻黄草,被人称为麻黄山。一般海拔1500—1800米,最高峰陈家山,海拔1951.5米。属温带大陆性半干旱气候,山体多由黑垆土构成,较适于耕作,是盐池县主要的旱作农业区,盛产小杂粮。主要名胜古迹有宝山寺、李塬畔革命旧址。有大麻公路和惠麻公路分别与大水坑镇、惠安堡镇连通。

猫儿头梁[Māo'ertóu Liáng]　位于高沙窝镇长流墩村北边,呈东西走向,长2000米,海拔1456米。因梁上猫头刺生长茂盛而得名。

付记大梁[Fùjì Dàliáng]　位于高沙窝镇施记圈村西边,呈南北走向,长2000米,海拔1420.6米。因付姓人居住山梁而得名。

西南井梁[Xīnán Jǐngliáng]　位于高沙窝镇施记圈村东南方向,呈东西走向,长3500米,海拔1438米。因地形地貌而得名。

老坟梁[Lǎofén Liáng]　位于高沙窝镇长流水村西北方向,呈南北走向,长500米,海拔1433米。因梁坡地埋人,当地人称老坟而得名。

南梁[Nán Liáng]　位于高沙窝镇长流水村西边,呈南北走向,长300米,海拔1446米。因方位和地形地貌而得名。

盐湖梁[Yánhú Liáng]　位于高沙窝镇李庄子村西北方向,呈东西走向,长2000

米,海拔1441米。因地形地貌而得名。

李家庙梁子[Lǐjiāmiào Liángzi] 位于高沙窝镇宝塔村西北方向,呈南北走向,长1000米,海拔1394米。以当地居民姓氏及地形地貌而得名。

土蒿梁[Tǔhāo Liáng] 位于高沙窝镇宝塔村西南方向,呈东西走向,长1100米,海拔1399米。因地形地貌而得名。

蔡记梁[Càijì Liáng] 位于高沙窝镇营西村南边,呈东西走向,长1000米,海拔1447米。以蔡姓在山梁居住而得名。

西梁[Xī Liáng] 位于高沙窝镇施记圈村西南方向,呈东西走向,长1200米,海拔1393米。在施记圈村西南,因方位及地形地貌得名。

夹山梁[Jiāshān Liáng] 位于高沙窝镇施记圈村西南方向,呈南北走向,长1500米,海拔1436米。因地形地貌而得名。

石家庙子梁[Shíjiāmiàozi Liáng] 位于高沙窝镇高沙窝村西南方向,呈东西走向,长2000米,海拔1443米。因姓氏、寺庙及地形而得名。

胡家圈梁[Hújiāquān Liáng] 位于高沙窝镇施记圈村,呈东西走向,长932米,海拔1433米。以当地居民姓氏及地形地貌而得名。

庙梁子[Miào Liángzi] 位于高沙窝镇施记圈村,呈东西走向,长2100米,海拔1300米。因地形地貌及寺庙而得名。

井梁[Jǐng Liáng] 位于王乐井乡鸦儿沟村,呈南北走向,长1500米,海拔50米。因地形地貌及坡地有井得名。

田家梁[Tiánjiā Liáng] 位于王乐井乡石山子村东北方向,呈东北—西南走向,长909米,海拔1514米。因地形地貌及当地居民姓氏而得名。

郗己大梁[Chījǐ Dàliáng] 位于高沙窝镇高沙窝村,呈东西走向,长341米,海拔1437米。因地形地貌和当地居民姓氏而得名。

鞭杆梁[Biāngān Liáng] 位于王乐井乡鸦儿沟村东南方向,呈东西走向,长1200米,海拔1467米。因地形地貌像鞭杆而得名。

吴家大红梁[Wújiā Dàhóng Liáng] 位于青山乡方山村西北方向,呈东西走向,长3500米,海拔1492米。因吴姓人在此居住而得名。

方山梁[Fāngshān Liáng] 位于青山乡方山村西,呈南北走向,长4000米,海拔1492米。因山形而得名。

庙梁[Miào Liáng] 位于青山乡古峰庄村西北方向,呈东西走向,长500米,海拔1478米。此梁上有座庙,故得名庙梁。

麻花梁[Máhuā Liáng]　位于大水坑镇红井子村西北方向,呈东西走向,长 600 米,海拔 1608 米。因地形地貌而得名。

元头梁[Yuántóu Liáng]　位于大水坑镇马坊村,呈东北—西南走向,长 572 米,海拔 1623 米。因呈峁状,叫圆头梁,后被人们记作了"元头梁"。

墩梁[Dūn Liáng]　位于大水坑镇二道沟村东北方向,呈东西走向,长 200 米,海拔 1824.7 米。因地形地貌而得名。

山脊梁[Shānjǐ Liáng]　位于大水坑镇向阳村,呈东北—西南走向,长 4500 米,海拔 1823—1951 米,构成东北至西南向分水岭。因形似人的脊梁,故得名。

观音峁梁[Guānyīnmǎo Liáng]　位于大水坑镇莎草湾村东南方向,呈南北走向,长 2000 米,海拔 1933 米。因山梁峁上建有观音庙而得名。

薛梁子[Xuē Liángzi]　位于大水坑镇摆宴井村西部,呈东西走向,长 300 米,海拔 1504 米。因地形地貌及当地居民姓氏综合得名。

刺圪垯梁[Cìgēda Liáng]　位于大水坑镇摆宴井村东南方向,呈南北走向,长 300 米,海拔 1655 米。因梁上有猫头刺疙瘩而得名。

何家大梁[Héjiā Dàliáng]　位于大水坑镇向阳村东南方向,呈南北走向,长 500 米,海拔 1908 米。因地形地貌及当地居民姓氏综合得名。

马刺沟梁[Mǎcìgōu Liáng]　位于大水坑镇摆宴井村东南方向,呈南北走向,长 1200 米,海拔 1823 米。因地形地貌及沟里生长的植物综合得名。

东雪梁子[Dōngxuě Liángzi]　位于大水坑镇柳条井村东南方向,呈南北走向,长 500 米,海拔 1492 米。因地形地貌而得名。

西雪梁子[Xīxuě Liángzi]　位于大水坑镇柳条井村东南方向,呈南北走向,长 600 米,海拔 1492 米。因地形地貌而得名。

雪梁子[Xuě Liángzi]　位于大水坑镇柳条井村东南方向,呈南北走向,长 1000 米,海拔 1496 米。因地形地貌而得名。

陈东梁[Chéndōng Liáng]　位于惠安堡镇杜家沟村西北方向,呈南北走向,长 1200 米,海拔 1454 米。因地形地貌及当地居民姓氏综合得名。

火石梁[Huǒshí Liáng]　位于惠安堡镇萌城村西南方向,呈南北走向,长 1200 米,海拔 1454 米。因山梁出露的砂岩呈红色而得名。

庙掌梁[Miàozhǎng Liáng]　位于惠安堡镇四股泉村西南方向,呈南北走向,长 1500 米,海拔 1557 米。因庙址和地形地貌而得名。

下河大梁[Xiàhé Dàliáng]　位于惠安堡镇四股泉村西南方向,呈南北走向,长

2000 米,海拔 1582 米。因河沟方位和地形而得名。

小掌子梁[Xiǎozhǎngzi Liáng] 位于惠安堡镇麦草掌村东南方向,呈东西走向,长 1500 米,海拔 1803 米。因地形地貌而得名。

尾巴梁[Wěibā Liáng] 位于惠安堡镇杏树梁村东边,呈南北走向,长 600 米,海拔 1664 米。因地形地貌而得名。

箭沟梁[Jiàngōu Liáng] 位于惠安堡镇狼布掌村东北方向,呈南北走向,长 300 米,海拔 1601 米。因地形地貌而得名。

大沟梁[Dàgōu Liáng] 位于惠安堡镇狼布掌村东北方向,呈南北走向,长 300 米,海拔 1634 米。因地形地貌而得名。

张三梁[Zhāngsān Liáng] 位于惠安堡镇狼布掌村东南方向,呈南北走向,长 500 米,海拔 1489 米。因地形地貌及当地居民姓氏而得名。

羊路梁[Yánglù Liáng] 位于惠安堡镇四股泉村,呈东西走向,长 1127 米,海拔 1450 米。因地理地势而得名。

张家井沟[Zhāngjiājǐng Gōu] 位于惠安堡镇杜家沟村,呈东西走向,长 3483 米,海拔 1489 米。因为张姓人家居住在井边而得名。

河掌梁[Hézhǎng Liáng] 位于惠安堡镇四股泉村,呈东北—西南走向,长 568 米,海拔 1537 米。因地形地势而得名。

大梁头[Dàliángtóu] 位于麻黄山乡何新庄村方向,呈南北走向,长 500 米,海拔 1883 米。因地形地貌而得名。

康山大梁[Kāngshān Dàliáng] 位于大麻黄山乡井滩子村东南方向,呈南北走向,长 1000 米,海拔 1897 米。因村名和地形而得名。

中嘴梁[Zhōngzuī Liáng] 位于麻黄山乡井滩子村东南方向,呈南北走向,长 1100 米,海拔 1889 米。因地形地貌而得名。

李家峁梁[Lǐjiāmǎo Liáng] 位于麻黄山乡井滩子村东南方向,呈南北走向,长 1200 米,海拔 1885 米。因地形地貌及当地居民姓氏而得名。

赵山梁[Zhàoshān Liáng] 位于麻黄山乡包塬村东北方向,呈东西走向,长 1300 米,海拔 1508 米。因地形地貌及当地居民姓氏而得名。

野狐子崾岘[Yěhúzi Yàoxiàn] 位于麻黄山乡麻黄山村西北方向,呈东西走向,长 260 米,海拔 1700 米。因动物和地形地貌而得名。

玉皇梁[Yùhuáng Liáng] 位于麻黄山乡沙崾岘村,呈南北走向,长 5000 米,海拔 1700 米。因庙和地形地貌而得名。

中嘴梁[Zhōngzuī Liáng] 位于麻黄山乡沙崾岘村,呈东北—西南走向,长2017米,海拔1752米。因地理位置而得名。

墩儿梁[Dūn'er Liáng] 位于麻黄山乡沙崾岘村,呈东北—西南走向,长1291米,海拔1791米。因山梁上有个墩堠(烽火墩)而得名。

陈寺梁[Chénsì Liáng] 位于麻黄山乡包塬村,呈东北—西南走向,长1004米,海拔1520米。因陈姓人家居住在山梁之上而得名。

阳洼[Yáng Wā] 位于麻黄山乡何新庄村,呈东西走向,长1675米,海拔1739米。因山梁处于阳面及地理位置而得名。

土包[Tǔ Bāo] 位于麻黄山乡何新庄村,峁状地貌,呈东西走向,长1639米,海拔1697米。因地形地貌而得名。

谷 地

雄洋水沟[Xióngyángshuǐ Gōu]　位于花马池镇东塘村东北方向，呈东西走向，长1500米，海拔1311米。因地形地貌而得名。

苦水沟[Kǔshuǐ Gōu]　位于花马池镇沙边子村东北方向，呈东西走向，长3000米，海拔1307米。因沟内为盐碱苦水而得名。

红山沟[Hóngshān Gōu]　位于花马池镇红山沟自然村，呈东西走向，长595米，海拔1411米。因沟两侧均为红砂石而得名。

西沟湾[Xī Gōuwān]　位于花马池镇田记掌村，呈东西走向，长283米，海拔1536米。因方位和地形地貌而得名。

东沟[Dōng Gōu]　位于高沙窝镇长流水村西边，呈东西走向，长1500米，海拔1432米。因方位和地形地貌而得名。

西川沟[Xīchuān Gōu]　位于大水坑镇史堡子村西北方向，呈东西走向，长2300米，海拔1456米。因地形地貌而得名。

大冲壕[Dàchōng Háo]　位于高沙窝镇施记圈村，呈东西走向，长825米，海拔1412米。因地形地貌而得名。

红柳沟[Hóngliǔ Gōu]　位于王乐井乡孙家楼村东南方向，呈东西走向，长1500米，海拔1427米。因沟边长有红柳及地形而得名。

狼儿子沟[Láng'erzi Gōu]　位于王乐井乡孙家楼村东北方向，呈南北走向，长1500米，海拔1465米。因沟内有狼洞，发现有狼崽而得名。

鸦儿沟[Yā'er Gōu]　位于王乐井乡鸦儿沟村西，呈南北走向，长5000米，海拔1420米。因沟内乌鸦洞穴比较多而得名。

郝家干沟[Hǎojiā Gàngōu]　位于青山乡郝家台村东南方向，呈东西走向，长2000米，海拔1430米。因此沟边上居住郝姓人家而得名。

北马坊沟[Běimǎfāng Gōu]　位于青山乡郝家台村东北，呈东西走向，长2000米，海拔1420米。因村名和地形地貌而得名。

营盘台沟[Yíngpántái Gōu]　位于青山乡营盘台村南,呈东西走向,长3000米。因村名和地形地貌而得名。

二东沟[Èrdōng Gōu]　位于青山乡营盘台村小水自然村东,呈西南—东北走向,长2000米。因方位及地形地貌而得名。

沙沟嘴[Shā Gōuzuǐ]　位于青山乡营盘台村王记台自然村西南,呈东西走向,长1500米。因沟嘴有沙丘而得名。

衙门沟[Yámen Gōu]　位于青山乡方山村衙门沟自然村南,呈东西走向,长1500米。因村名而得名。

狼儿沟[Láng'er Gōu]　位于青山乡方山村西北方向,呈东西走向,长1500米,海拔1469米。因动物和地形地貌而得名。

榆树台沟[Yúshùtái Gōu]　位于青山乡方山村衙门沟自然村东南,呈东西走向,长1500米。因沟沿台上有一棵古榆树而得名。

孙家沟[Sūnjiā Gōu]　位于青山乡方山村上圈自然村北500米处,呈东西走向,长1000米,海拔1438米,沟内有少量流水。因沟口处原住有孙姓人家而得名。

蔡家沟[Càijiā Gōu]　位于青山乡月儿泉村东北方向,呈南北走向,长1500米,海拔1559米。因有蔡姓人家在沟边居住而得名。

雷记沟[Léijì Gōu]　位于青山乡月儿泉村西南,呈东西走向,长1000米,海拔1505米。因有雷姓人家在沟边居住而得名。

如河沟[Rúhé Gōu]　位于青山乡青山村东南方向,呈南北走向,长2000米,海拔1445米。因地形地貌而得名。

棺材沟[Guāncai Gōu]　位于青山乡青山村东南方向,南北走向,长1500米,海拔1669米。因地形地貌而得名。

马乔沟[Mǎqiáo Gōu]　位于青山乡月儿泉村东南,呈南北走向,长1524米,海拔1523米。因马姓人家居住此地而得名。

猫头梁子沟[Māotóuliángzi Gōu]　位于青山乡猫头梁村,呈东西走向,长9306米,海拔1371米。因山梁上生长植物猫头刺而得名。

双沟嘴[Shuāng Gōuzuǐ]　位于青山乡方山村,呈东西走向,长4689米,海拔1393米。因地形地貌而得名。

大羊圈沟[Dàyángjuàn Gōu]　位于大水坑镇马坊村西南方向,呈东西走向,长3000米,海拔1494米。因沟头有羊圈而得名。

柳树沟[Liǔshù Gōu]　位于大水坑镇红井子村东南方向,南北走向,长800米,海拔 1623 米。因沟边有柳树及地形地貌而得名。

红石沟[Hóngshí Gōu]　位于大水坑镇马坊村东南方向,东西走向,长 2000 米。因沟内为红砂石而得名。

肖家沟[Xiāojiā Gōu]　位于大水坑镇红井子村东南方向,呈东西走向。因沟边有肖姓人家居住而得名。

涝坝沟[Làobà Gōu]　位于大水坑镇红井子村东南方向,呈东西走向,长 481 米,海拔 1693 米。因地形地貌而得名。

关家沟[Guānjiā Gōu]　位于大水坑镇新泉井村西北方向,呈南北走向,长 2000 米,海拔 1741 米。以当地居民姓氏及地形地貌综合得名。

阳洼沟[Yángwā Gōu]　位于大水坑镇莎草湾村西北方向,呈东西走向,长 2000 米,海拔 1865 米。因方位及地形地貌而得名。

阎王碥[Yánwángbiǎn]　位于大水坑镇东风村,呈东西走向,长 1500 米,海拔 1514 米。因沟两边陡直,有一条小路翻越沟,小路窄且陡,一不小心就会掉到沟里,不死即伤,当地人称为"见阎王",故流传而得名。

阴阳沟[Yīnyáng Gōu]　位于大水坑镇王新庄村,呈南北走向,长 1000 米,海拔 1669 米。因方位及地形地貌综合得名。

蒋家山沟[Jiǎngjiā Shāngōu]　位于大水坑镇新泉井村,呈南北走向,长 1500 米,海拔 1600 米。以当地居民姓氏及地形地貌综合得名。

野人沟[Yěrén Gōu]　位于大水坑镇向阳村,呈南北走向,长 1500 米,海拔 1679 米。刘姓人居住此沟,因和官府作对,被称为"野人"而得名。

浅井沟[Qiǎnjǐng Gōu]　位于大水坑镇王新庄村,呈南北走向,长 2000 米,海拔 1679 米。因地形地貌而得名。

捷路沟[Jiélù Gōu]　位于大水坑镇王新庄村,呈南北走向,长 2100 米,海拔 1605 米。因地形地貌而得名。

老虎沟[Lǎohǔ Gōu]　位于大水坑镇王新庄村,呈南北走向,长 1500 米,海拔 1679 米。因地形地貌而得名。

断兔沟[Duàntù Gōu]　位于大水坑镇新泉井村西边,呈东西走向,长 500 米,海拔 1594 米。因地形地貌而得名。

关记沟[Guānjì Gōu]　位于大水坑镇新泉井村东部,呈东西走向,长 1000 米,海拔 1611 米。因当地居民姓氏及地形地貌而得名。

刘记沟[Liújì Gōu]　位于大水坑镇摆宴井村西北方向,呈南北走向,长 600 米,海拔1531米。因当地居民姓氏及地形地貌而得名。

草帽子沟[Cǎomàozi Gōu]　位于大水坑镇摆宴井村西北方向,呈南北走向,长1000米,海拔1797米。因地形地貌而得名。

孙记沟[Sūnjì Gōu]　位于大水坑镇摆宴井村西南方向,呈东西走向,长1000米,海拔1611米。以当地居民姓氏及地形地貌综合得名。

条沟[Tiáo Gōu]　位于大水坑镇向阳村东边,呈南北走向,长1000米,海拔1654米。因地形地貌而得名。

三道沟[Sāndào Gōu]　位于大水坑镇向阳村东南方向,呈南北走向,长1600米,海拔1664米。因方位及地形地貌而得名。

背洼沟[Bèiwā Gōu]　位于大水坑镇向阳村东南方向,呈南北走向,长900米,海拔1774米。因方位及地形地貌而得名。

张家沟沿[Zhāngjiā Gōuyán]　位于盐池县草原站东南方向,呈东西走向,长1500米,海拔1614米。因张姓人居住在沟沿而得名。

崾岘沟[Yàoxiàn Gōu]　位于大水坑镇向阳村东南方向,呈南北走向,长1200米,海拔1691米。因地形地貌得名。

西沟[Xī Gōu]　位于大水坑镇新泉井村西南方向,呈东西走向,长2100米,海拔1600米。因方位及地形地貌而得名。

井家沟[Jǐngjiā Gōu]　位于大水坑镇新泉井村南边,呈南北走向,长1000米,海拔1605米。因地形地貌而得名。

沟沿子[Gōuyánzi]　位于大水坑镇新泉井村南边,呈南北走向,长1000米,海拔1650米。因地形地貌而得名。

甜水沟[Tiánshuǐ Gōu]　位于大水坑镇向阳村西南方向,呈东西走向,长1000米,海拔1537米。因沟内流有甜水及地形地貌而得名。

芦沟子沟[Lúgōuzi Gōu]　位于大水坑镇向阳村西南方向,呈东西走向,长4500米,海拔1479米。因沟内生长芦草而得名。

苏家沟[Sūjiā Gōu]　位于大水坑镇莎草湾村,呈东北—西南走向,长533米,海拔1689米。因苏姓人家居住沟边而得名。

窨子沟[Yìnzi Gōu]　位于惠安堡镇老盐池村西北方向,呈南北走向,长1500米。因沟内有窨子(地道)及地形而得名。

张家湾沟[Zhāngjiāwān Gōu]　位于惠安堡镇四股泉村西北方向,呈东西走向,长1000米,海拔1611米。因地形地貌及当地居民姓氏综合得名。

桥桥沟[Qiáoqiáo Gōu]　位于惠安堡镇四股泉村西北方向,呈东西走向,长1200米,海拔1591米。因地形地貌而得名。

石家堡子沟[Shíjiāpùzi Gōu]　位于惠安堡镇三道村西北方向,呈南北走向,长1500米,海拔1571米。以当地居民姓氏及地形地貌综合得名。

蛇腰沟[Shéyāo Gōu]　位于惠安堡镇四股泉村西北方向,呈南北走向,长500米,海拔1557米。因沟像蛇行走弯曲一样而得名。

白家沟[Báijiā Gōu]　位于惠安堡镇四股泉村西北方向,呈南北走向,长1500米,海拔1582米。以当地居民姓氏及地形地貌综合得名。

羊粪沟[Yángfèn Gōu]　位于惠安堡镇四股泉村北边,呈南北走向,长1500米,海拔1521米。因地形地貌而得名。

胶泥沟[Jiāoní Gōu]　位于惠安堡镇四股泉村北边,呈东西走向,长1500米,海拔1561米。因沟内有红色胶泥而得名。

石截子沟[Shíjiézi Gōu]　位于惠安堡镇麦草掌村西边,呈东西走向,长1000米,海拔1700米。因地形地貌而得名。

沙坡子沟[Shāpōzi Gōu]　位于惠安堡镇萌城村东北方向,呈南北走向,长2300米,海拔1552米。因村名而得名。

泉子沟[Quánzi Gōu]　位于惠安堡镇大湾村西北方向,呈东西走向,长2000米,海拔1423米。因沟内有泉水而得名。

天堂沟[Tiāntáng Gōu]　位于惠安堡镇萌城村西南方向,呈南北走向,长1000米,海拔1487米。因地形地貌而得名。

张家井沟[Zhāngjiājǐng Gōu]　位于惠安堡镇杜家沟村南边,呈东西走向,长1000米,海拔1547米。因村名而得名。

白记沟[Báijì Gōu]　位于惠安堡镇四股泉村西南方向,呈南北走向,长800米,海拔1475米。以当地居民姓氏及地形地貌而得名。

西沟[Xī Gōu]　位于惠安堡镇四股泉村西南方向,呈南北走向,长1100米,海拔1551米。因方位及地形地貌而得名。

柿子沟[Shìzi Gōu]　位于惠安堡镇四股泉村西南方向,呈南北走向,长1000米,海拔1562米。因地形地貌而得名。

火要湾沟[Huǒyàowān Gōu]　位于惠安堡镇麦草掌村北边,呈东西走向,长1000米,海拔1700米。因地形地貌而得名。

黄家坝沟[Huángjiābà Gōu]　位于惠安堡镇麦草掌村东南方向,呈东西走向,长

2000 米，海拔 1751 米。因姓氏及地形地貌而得名。

火场沟[Huǒchǎng Gōu] 位于惠安堡镇杏树梁村东边，呈南北走向，长 1500 米，海拔 1664 米。因沟边建有禾场(牧场)及地形地貌而得名。

北垆沟[Běiwā Gōu] 位于惠安堡镇杏树梁村东边，呈南北走向，长 700 米，海拔 1544 米。因方位及地形而得名。

小井沟[Xiǎojǐng Gōu] 位于麻黄山乡管记掌村东边，呈南北走向，长 700 米，海拔 1672 米。因地形地貌而得名。

东沟[Dōng Gōu] 位于惠安堡镇狼布掌村东北方向，呈东西走向，长 1100 米，海拔 1609 米。因地形地貌而得名。

沙泉子沟[Shāquánzi Gōu] 位于惠安堡镇狼布掌村东北方向，呈南北走向，长 2000 米，海拔 1651 米。因方位及地形地貌而得名。

丁家大沟[Dīngjiā Dàgōu] 位于惠安堡镇林家口子村东北方向，呈南北走向，长 1500 米，海拔 1633 米。因丁姓人家居住而得名。

南嘴沟[Nánzuǐ Gōu] 位于惠安堡镇林家口子村西南方向，呈南北走向，长 1000 米，海拔 1643 米。因方位及地形地貌而得名。

蕃茄子沟[Fānqiézi Gōu] 位于惠安堡镇萌城村西北方向，呈南北走向，长 1000 米，海拔 1531 米。因地形地貌而得名。

王家沟[Wángjiā Gōu] 位于惠安堡镇麦草掌村东北方向，呈南北走向，长 1000 米，海拔 1534 米。因姓氏及地形地貌而得名。

炭井沟[Tànjǐng Gōu] 位于惠安堡镇麦草掌村东边，呈东西走向，长 700 米，海拔 1531 米。因地形地貌而得名。

苦苦渠沟[Kǔkǔqú Gōu] 位于惠安堡镇麦草掌村东北方向，东西走向，长 600 米，海拔 1625 米。因地形地貌而得名。

曹拐沟[Cáoguǎi Gōu] 位于惠安堡镇四股泉村，呈东西走向，长 1500 米，海拔 1545 米。因当地居民姓氏及地形地貌而得名。

下庄沟[Xiàzhuāng Gōu] 位于惠安堡镇四股泉村西南方向，呈东西走向，长 600 米，海拔 1504 米。因方位及地形地貌而得名。

李湾沟[Lǐwān Gōu] 位于麻黄山乡何新庄村东南方向，呈南北走向，长 500 米，海拔 1855 米。以当地居民姓氏及地形地貌综合得名。

陈家沟[Chénjiā Gōu] 位于麻黄山乡井滩子村东南方向，呈南北走向，长 1000 米，海拔 1611 米。因陈姓人家居住在沟边而得名。

牛场湾沟[Niúchǎngwān Gōu] 位于麻黄山乡后洼村西南方向,呈东西走向,长1000米,海拔1566米。因地形地貌而得名。

大沟[Dà Gōu] 位于麻黄山乡包塬村东北方向,呈东西走向,长3000米,海拔1357米。因地形地貌而得名。

庙台沟[Miàotái Gōu] 位于麻黄山乡沙峁岘村东边,呈南北走向,长1500米,海拔1368米。因沟台有庙而得名。

丢驴壕[Diūlǘ Háo] 位于麻黄山乡何新庄村西北方向,呈南北走向,长1000米,海拔1776米。因偶发事件及地形而得名。

萌子沟[Méngzi Gōu] 位于麻黄山乡何新庄村西南方向,呈南北走向,长1200米,海拔1606米。因地形地貌而得名。

大井沟[Dàjǐng Gōu] 位于麻黄山乡何新庄村西南方向,呈东西走向,长500米,海拔1606米。因地形地貌而得名。

庙沟[Miào Gōu] 位于麻黄山乡何新庄西南方向,呈东西走向,长1000米,海拔1606米。因沟头山梁有庙而得名。

花鸨沟[Huābǎo Gōu] 位于麻黄山乡麻黄山村西北方向,呈南北走向,长800米,海拔1804米。因沟里多猫头鹰,当地人称猫头鹰为"花鸨",故得名。

中嘴沟[Zhōngzuī Gōu] 位于麻黄山乡沙峁岘村,呈东西走向,长1000米,海拔1600米。因地形地貌而得名。

孙水沟[Sūnshuǐ Gōu] 位于麻黄山乡松家水村,呈东西走向,长1000米,海拔1000米。因孙姓人家居住在此而得名。

绕背山沟[Ràobèi Shāngōu] 位于麻黄山乡松家水村,呈东西走向,长100米,海拔1450米。因地理位置而得名。

黄米峁沟[Huángmǐmǎo Gōu] 位于麻黄山乡沙峁岘村,呈东西走向,长100米,海拔1450米。因黄姓人家居住在此而得名。

张家台沟[Zhāngjiātái Gōu] 位于麻黄山乡沙峁岘村,呈南北走向,长1509米,海拔1520米。因张姓人家居住在此而得名。

井台沟[Jǐngtái Gōu] 位于麻黄山乡沙峁岘村,呈南北走向,长100米,海拔1450米。因地理位置而得名。

周大坝沟[Zhōudàbà Gōu] 位于麻黄山乡沙峁岘村,呈东西走向,长100米,海拔1450米。因村名而得名。

狗拉壕[Gǒulā Háo] 位于麻黄山乡松家水村,呈东北—西南走向,长3600米,海拔1790米。也是宁甘边界,因动物而得名。

西山台沟[Xīshāntái Gōu] 位于麻黄山乡沙崾岘村,呈南北走向,长3000米,海拔1500米。因村民居住地靠近西边而得名。

火石峁沟[Huǒshímǎo Gōu] 位于麻黄山乡沙崾岘村,呈南北走向,长3000米,海拔1400米。因地形地貌而得名。

阳湾沟[Yángwān Gōu] 位于麻黄山乡沙崾岘村,呈东西走向,长5000米,海拔1580米。因方位及地形地貌而得名。

蒿台沟[Hāotái Gōu] 位于麻黄山乡沙崾岘村,呈南北走向,长2000米,海拔1400米。因沟台多生长蒿草而得名。

驼子峁沟[Tuózimǎo Gōu] 位于麻黄山乡沙崾岘村,呈东西走向,长5000米,海拔1400米。因地形地貌而得名。

塬家峁沟[Yuánjiāmǎo Gōu] 位于麻黄山乡沙崾岘村,呈东西走向,长500米,海拔4500米。因居民居住在山沟附近而得名。

麻黄峁沟[Máhuángmǎo Gōu] 位于麻黄山乡麻黄山,呈南北走向,长5000米,海拔1500米。因沟内多生长麻黄草而得名。

柏杞岭沟[Bǎiqǐlǐng Gōu] 位于麻黄山乡沙崾岘村,呈东西走向,长5000米,海拔1400米。因沟边生长的植物而得名。

大西川沟[Dàxīchuān Gōu] 位于麻黄山乡麻黄山村,呈东西走向,长100米,海拔1550米。因山沟位于村庄西边而得名。

小川子[Xiǎo Chuānzi] 位于麻黄山乡包塬村,呈东西走向,长150米,海拔1450米。因地形地貌而得名。

石湾[Shí Wān] 位于大水坑镇莎草湾村,呈东北—西南走向,长3867米,海拔1542米。因地理位置而得名。

张南沟[Zhāngnán Gōu] 位于麻黄山乡李塬畔村,呈东西走向,长2827米,海拔1522米。因张姓人在沟南居住而得名。

甘沟[Gān Gōu] 位于麻黄山乡下高窑村,呈东北—西南走向,长476米,海拔1674米。因地形地貌而得名。

白草畔子[Báicǎo Pànzi] 位于麻黄山乡麻黄山村,呈东西走向,长200米,海拔1600米。因沟两边生长有白草(豆科)而得名。

井沟[Jǐng Gōu] 位于麻黄山乡麻黄山村,呈东西走向,长4593米,海拔1455米。因地理位置而得名。

山 峰

火山子[Huǒ Shānzi]　位于王乐井乡,传说康熙微服出访到宁夏,走到此地感觉炎热,说:"这地方真是个火山子!"故得名。属王乐井乡孙家楼村,海拔1541米,黄土山,现为天然草原。

钱家山[Qiánjiā Shān]　位于盐池县大水坑镇,东临大掌,西接阳洼台,南邻东风大梁峁,北至高崾岘。西北—东南走向,长5400米,海拔1886米。因钱姓人家居住此山中得名。

闫家大山[Yánjiā Dàshān]　位于惠安堡镇麦草掌村北边,南北走向,长700米,海拔1653.6米。以当地居民姓氏及地理地形实体综合命名。

林家山[Línjiā Shān]　位于惠安堡镇萌城村北边,南北走向,长1900米,海拔1573米。因地理地形实体及当地居民姓氏综合得名。

周家山[Zhōujiā Shān]　东邻马儿沟,西接大梁,南临九连山,北至沙坡子。因周姓人家居住在此地而得名,也简称周山。

佟家山[Tóngjiā Shān]　位于王乐井乡西北6公里处,长3100米,宽2450米,高1653米,南北走向,与牛家山东西横贯,是县内中部东西走向分水岭。因原居民姓氏及地形得名。是盐池县一古老地名,盐池佟氏家族很早就在这一带居住。

大方山[Dàfāng Shān]　位于青山乡月儿泉村东边,东西走向,长1000米,海拔1635.9米。以山顶的地貌特征而命名。是盐池县一古老地名,明代时就已称方山。

小方山[Xiǎofāng Shān]　位于青山乡西北方向,东西走向,长680米,海拔1602米。与大方山地貌相像,故名。

青山[Qīng Shān]　位于青山乡东北方向,东西走向,长2800米,海拔1648米。青山之名来源有二,一说山上原来草林茂盛,故叫青山;一说因山上有青石,蕴藏石膏矿,故名青山。是盐池县一古老地名,明代以前就已称青山,古时有往来陕西、宁夏的商道从山下通过,形成繁华的青山街,现尚存遗址。

麦垛山[Màiduǒ Shān]　位于青山乡西南方向,南北走向,长1200米,海拔1607

米。因其山形呈圆包状,形似麦垛,所以得名麦垛山。山脚有明代聚落遗址,是盐池县一古老地名。

灵应山[Língyīng Shān] 位于盐池县中东部、县城西南 31 千米处。东西走向,长 2000 余米,海拔 1665 米。是盐池县一古老地名。因山上有石窟和寺庙,里面供奉佛祖、神像,周边村民经常上香祈福,传说很灵验,故称灵应寺,寺所在的山也就叫灵应山。山体主要由红色砂岩构成,上覆较薄灰钙土和风沙土层,属干旱草原,沟壑处砂岩裸露,地势较险峻。灵应山石窟相传开凿于唐代,现为自治区重点文物保护单位(第四批)。

八卦山[Bāguà Shān] 位于青山乡西南方向,南北走向,长 300 米,海拔 1575 米。因此山的沟梁组成的地貌形似八卦,故得名八卦山,民间传说此山是太上老君的八卦炉所化。

陈家山[Chénjiā Shān] 位于麻黄山北 14 公里处,东南—西北走向,长 8000 米,宽 2000 米,高 1951.5 米,为全县最高峰,是县内黄土高原地形的骨脊。以原居民姓氏和地形命名,是盐池县一古老地名。

大刘家山[Dàliújiā Shān] 位于大水坑镇王新庄村西北方向,南北走向,长 500 米,海拔 1941 米。以当地居民姓氏及地理地形实体综合得名。

蒋家山[Jiǎngjiā Shān] 位于大水坑镇王新庄村西北方向,南北走向,长 1500 米,海拔 1913 米。因地形地貌及当地居民姓氏综合得名。

羊圈山[Yángjuàn Shān] 位于麻黄山乡李塬畔村东边,东西走向,长 700 米,海拔 1647.2 米。因以前山腰建有羊圈而得名。

营盘山[Yíngpán Shān] 位于麻黄山村北边,东邻谢畔子,西接杨沙沟林场,南、北临惠沟,东南—西北走向,海拔 1782 米。传说山上驻扎过兵营,因而得名营盘山。

台 地

鄂尔多斯台地[È'ěrduōsī Táidì] 地处黄河、长城的怀抱之中，东、南、西与晋、陕、宁接壤，海拔1100—1500米，地势从西北向东南微倾，起伏和缓。鄂尔多斯为蒙古语，意为众多的宫帐。明朝时期，蒙古族鄂尔多斯部迁至此处，故台地也命名为鄂尔多斯。盐池县位于鄂尔多斯台地的西南边缘。

大台[Dà Tái] 位于惠安堡镇，西临可可川，东临石湾沟，南临白家沟，北临张家湾。总面积4.41公顷，长490米，宽71米，海拔1705米。因其地理位置而得名。

营盘台[Yíngpán Tái] 位于青山乡营盘台村，东至小水沟，西至东湾，南接墩湾，北邻营盘台沟。总面积约20平方千米，长约5千米，宽约4千米，海拔1440—1589米。因传说台上扎过营盘，驻防过兵马，所以叫营盘台。有学者曾根据历史记载的方位，推测古盐州城址有可能在营盘台上。

大南掌台[Dànánzhǎng Tái] 位于麻黄山乡，东临石湾沟，西临上庄，南临白家沟，北临张新庄。因其地理位置而得名。总面积6.2公顷，长3000米，宽20米，海拔1600米。

小南掌台[Xiǎonánzhǎng Tái] 位于麻黄山乡，东临石湾沟，西临上庄，南临白家沟，北临张新庄。因地理位置而得名。总面积4.3公顷，长2000米，宽35米，海拔1400米。

西山台[Xīshān Tái] 位于麻黄山乡，东临石湾沟，西临上庄，南临白家沟，北临张新庄。因地理位置而得名。总面积39公顷，长5000米，宽80米，海拔1600米。

庄沟台[Zhuānggōu Tái] 位于麻黄山乡，东临石湾沟，西临上庄，南临白家沟，北临张新庄。因地理位置而得名。总面积12公顷，长3000米，宽40米，海拔1500米。

庙台[Miào Tái] 位于麻黄山乡，东邻刘家苑坡，西邻李庄子村，南邻甜水坑，北邻北面台。因地理位置而得名。总面积16.8公顷，长2000米，宽100米，海拔1500米。

苦水台[Kǔshuǐ Tái]　位于麻黄山乡,东临吴家掌,西临新桥村,南临东坡子,北临段岘子。因其地理特征而得名。总面积58.2公顷,长1503米,宽389米,海拔1656米。

沙　地

毛乌素沙地[Máowūsù Shādì]　中国四大沙地之一。位于东经107°20′—111°30′、北纬37°27.5′—39°22.5′。包括内蒙古自治区的鄂尔多斯南部、陕西省榆林市的北部风沙区、宁夏回族自治区盐池县东北部。目前,经过盐池人民几十年来的治理,草原植被恢复良好,在盐池县境内已无大片明沙。长城宁夏段的头道边、二道边从东到西穿过毛乌素沙地南缘。

河 流

山水河[Shānshuǐ Hé] 位于惠安堡镇,黄河一级支流苦水河上游段。因山洪之水得名山水河,过红寺堡太阳山镇后称苦水河。发源于甘肃省环县甜水堡,萌城村入盐池境,大坝村出盐池境。经盐池、红寺堡、同心、灵武由新华桥处汇入黄河。盐池县境内流域面积95平方千米,长31千米,河道宽3—10米,最宽处有50米宽,属常年性河流,但水量不大。河上有萌城桥、甜水河桥。

十字河[Shízì Hé] 位于盐池县大水坑镇、麻黄山乡。发源于陕西省定边县冯地坑镇五堡桐沟和盐池县大水坑镇新桥窑沟畔沟,沿途有多条沟汇入,属于季节性河流,也是宁夏与甘肃的界河。在盐池县流域面积21平方千米,向南流入彭家沟口,到环县洪德汇入环江。清时有名的打虎店即在十字河西畔。

苦水沟[Kǔshuǐ Gōu] 位于大水坑镇,因水质差、味苦涩而得名。源于大水坑镇向阳村贺坊,向西延伸到同心县境内,在红寺堡区境内、惠安堡盐池南侧与山水河相汇集流入黄河。县境内长约45千米,河道宽3—12米,常年有溪流,季节变化较大,气候干燥少雨时局部地段干涸,流域面积425平方千米。

马坊河[Mǎfāng Hé] 位于大水坑镇东部,因流经马坊村,故得名。发源于红石沟,主要由石山沟、红石沟、大河沟3条支沟汇入,属季节性河流,流域面积34.39平方千米。从马坊村东入陕西界后因水量太小,消失于滩地。

盐州河[Yánzhōu Hé] 位于盐池县城南,原名红山沟,又名左记沟,未来县城南部景观水道,规划命名为盐州河,古名今用。发源于左记沟,经红山沟、曹泥洼、黄家圈、李家沟沿、下渠子,穿过长城,汇入苟池。全长18.2千米,每日流量1200立方米,黄家圈以上为长流水,以下到了秋季或山洪暴发才能流到苟池,平时断流。

饮马河[Yǐnmǎ Hé] 位于盐池县城北,源于长城遗址公园,东向汇入定边县境内苟池盐湖,全长12千米,平时水量很小。原无名,未来县城北部景观水道,规划命名为饮马河,唐李益《盐州过饮马泉》中有句"旧时盐州饮马泉",盐池十景中有"天池饮马",借用"饮马"为其专名。

湖 泊

哈巴湖[Hābā Hú]　位于盐池县中北部、王乐井乡境,属盐(同)香(山)干旱草原荒漠区,地势南高北低,海拔1300—1622米。湖面面积约25公顷,属淡水湖。但很早以前这里曾是一个很大的湖。湖名源于蒙古语,"哈巴"是勺子的意思。新石器时代人类就在这里繁衍生息。现在哈巴湖周边建立了哈巴湖国家级自然保护区,是干旱、荒漠地区少有的具有代表性的自然综合体和比较完整的自然生态系统,具有重要的教学和科研价值。哈巴湖周边文物古迹众多,山川沙海兼有,具有很高的旅游开发价值。

哈巴湖

花马池[Huāmǎ Chí]　位于盐池火车站北、花马寺西。盐池县城古称花马池城,此池塘位于县城南5000米处,故得名花马池。该池塘始建于2007年,于2009年建成。面积150公顷。

李家坝盐湖[Lǐjiābà Yánhú]　位于惠安堡镇老盐池村李家坝自然村东1.5千米处,东西长1.5千米,南北宽100米,占地面积15公顷。属天然盐湖,开采年代不详,保存较好,但因处于半荒漠沙漠化地带,长年的风蚀雨刷,加之年久失修和当地居民生产生活活动及不合理利用,盐湖四边有被流沙淹没迹象。现今盐湖为李家坝村民承包,继续产盐。

惠安堡盐湖[Huì'ānpù Yánhú] 位于惠安堡镇人民政府西北200米处,盐湖分南、北、中3个湖,共8.6平方千米,由水注入盐田后,靠自然日晒蒸发而成盐。盐田面积30公顷。早在唐朝时,就已开发产盐。新中国成立前,盐田由私人开发经营,1949年后收归国有。因该盐湖产盐硝大,味微苦,目前主要生产工业用盐。由于土地沙漠化现象不断加剧,盐湖现今面积在逐渐缩小。

惠安堡盐湖

碱池子[Jiǎn Chízi] 位于冯记沟乡马儿庄村西南8千米处,以盐碱湖内产盐,含硝量较大而得名(当地人称"硝"为"碱",称"湖"为"池")。属天然盐湖,呈长方形,水面面积70公顷,最大水深1米,分为东、西两湖,俗称东湖为公湖(不产盐),相连的西湖为母湖。夏季靠日光蒸积成盐,5—7月产盐,平均年产量50吨,味微苦,主要作为工业用盐。

芨芨塘[Jījī táng] 位于高沙窝镇长流水村,东邻石家坑店,西邻红沙窝,南邻蔡家圈,北邻陈家寨子。因地形地貌而得名。

饮马池[Yǐnmǎ Chí] 位于长城遗址公园内、长城关南100米处,面积9.85公顷。原无名,2013年盐池县地名总体规划命名为饮马池。唐李益《盐州过饮马泉》中有名句"旧时盐州饮马泉",盐池十景中有"天池饮马",借用"饮马"为其专名。现在是盐池县城北部最主要的景观水系,是盐池人民休闲的好去处。

小白池[Xiǎobái Chí] 位于凝翠东街南、徐记梁路东,面积16.6公顷。原无名,2013年盐池县地名总体规划命名小白池。唐时盐州城附近有盐池名曰"白池",古名今用,又因此湖季节性积水,面积小,故名小白池。

硝池子[Xiāo Chízi] 位于花马池镇硝池子村,面积30公顷。因湖水很浅,当地气候干旱,湖面蒸发量大,湖中产硝,所以人称硝池子。

兴武湖[Xīngwǔ Hú] 位于高沙窝镇北部、兴武营古城西,面积58.7公顷。原无名,因位于兴武营西边附近,2013年盐池县地名总体规划时专名就近采词,命名为兴武湖。

碱湖[Jiǎn Hú] 位于王乐井乡双圪垯村,面积86.9公顷。原名碱滩湖,2013年盐池县地名总体规划命名为碱湖。

汪水湖[Wāngshuǐ Hú]　位于冯记沟乡汪水塘村西,面积289公顷。原无名,2013年盐池县地名总体规划命名为汪水湖,因位于汪水塘村,专名就近采词。

双庄湖[Shuāngzhuāng Hú]　位于冯记沟乡丁记掌村双庄坑东,面积64公顷。原无名,2013年盐池县地名总体规划命名为双庄湖,专名就近采词。

月儿泉湖[Yuè'erquán Hú]　位于青山乡月儿泉村,面积83.5公顷。原无名,2013年盐池县地名总体规划命名为月儿泉湖,因由月儿泉泉水汇集而成得名。

青山湖[Qīngshān Hú]　位于青山乡驻地北,面积52公顷。原无名,2013年盐池县地名总体规划命名为青山湖,专名就近采词。

惠南湖[Huìnán Hú]　位于惠安堡镇东南6千米处,面积156公顷。原无名,2013年盐池县地名总体规划命名为惠南湖,因位于惠安堡镇南而得名。

硝湖[Xiāo Hú]　位于花马池镇沙边子村一棵树自然村南1公里、从一棵树村通往柳杨堡村公路东侧。面积12公顷。产硝,故得名。

硝　湖

泉

蛇腰沟泉[Shéyāogōu Quán] 位于惠安堡镇四股泉村营盘山自然村附近。沟蜿蜒似蛇,得名蛇腰沟,泉在沟中,故得名。此泉常年流水,日流量约4.3立方米,水质咸苦。

暖泉[Nuǎn Quán] 位于惠安堡镇萌城村南河自然村旁。因此泉常年不结冰,手感温暖而得名。暖泉常年流水,日流量7.2立方米,水质咸苦,但可供附近牲畜饮水。

石堡子沟泉[Shípùzigōu Quán] 因位于惠安堡镇四股泉村石家堡子自然村而得名。常年流水,日流量11.5立方米,水质咸苦,但可供石家堡子、红土桥、四股泉、石湾沟、陈记山等自然村牲畜饮水。

井沟泉[Jǐnggōu Quán] 位于冯记沟乡回六庄村。因位于井沟内而得名。常年流水,日流量4.9立方米,水质甘甜,供人畜饮水。

沿泉沟泉[Yánquángōu Quán] 位于惠安堡镇四股泉村境内。因地理位置得名。常年流水,日流量8.6立方米,水质咸苦,供新建、四股泉村牲畜饮水。

麻黄嘴沟泉[Máhuángzuǐgōu Quán] 位于惠安堡镇四股泉村。因山嘴上生长麻黄草,山下有沟,得名麻黄嘴沟,泉在沟内,故名。常年流水,水质咸苦,日流量2.9立方米。

野湖井沟泉[Yěhújǐnggōu Quán] 位于王乐井乡野湖井村。发源于该村西南侧,向北流入石山子南滩,渗入地下。全长6千米,春季潮水期每日流量为600立方米,平时流量很小,但常年不断流。还有一条沟发源于野湖井村东北,向北流淌,流程3千米,水质甘甜,流量很小,流入北滩渗入地下。

第三部分　交通运输设施

铁 路

太中银铁路正线[Tài-Zhōng-Yín Tiělù Zhèngxiàn] 国家Ⅰ级铁路。位于盐池县中部,东西走向。全路起点山西太原市,终点宁夏中卫市,全长752千米。县内起点二道沟村,终点老盐池村,长61.1千米,途经大水坑镇、冯记沟乡、惠安堡镇。原铁道部命名。太中银铁路是国家"十一五"铁路建设重点项目,设计时速160千米/小时,预留提速200千米/小时条件。铁路于2011年1月11日正式通车运营,是宁夏对东部交通的大动脉,对宁夏煤炭外运也意义重大。

太中银铁路定银联络线[Tài-Zhōng-Yín Tiělù Dìngyín Liánluòxiàn] 国家Ⅰ级铁路。位于盐池县北部,东南至西北走向。全路起点陕西定边县,终点宁夏银川市,全长192千米。县内起点四儿滩,终点宝塔村,长76.6千米,途经花马池镇、王乐井乡、高沙窝镇。原铁道部命名。

银西高铁[Yín-Xī Gāotiě] 高速铁路客运专线。位于盐池西南部,南北走向。全路起点宁夏银川市,终点陕西西安市,全长约618千米。县内起点萌城村,终点老盐池村,长51.3千米,途经惠安堡镇。中国铁路总公司命名。银西高铁是国家高铁主干网中福银高铁的组成部分,设计时速250千米/小时,预留提速350千米/小时条件。银西高铁是连接以西安为中心的关中城市群和以银川为中心的沿黄城市带交流的便捷通道,使宁夏通过西安枢纽与全国快速网互联互通,辐射华东、中南、西南等广大地区,将银川至西安客车运行时间缩短至3小时以内。

太中银铁路定银联络线

公　路

国　道

青银高速公路[Qīng-Yín Gāosù Gōnglù]　编码：G20。属国家干线高速公路，位于盐池县北部，东南至西北走向，全路起点山东青岛市，终点宁夏银川市，全长1610千米。县内起点东郭庄，终点宝塔村，长76.7千米，途经花马池镇、高沙窝镇。1998年开工建设，2000年全线竣工通车。

银昆高速公路[Yín-Kūn Gāosù Gōnglù]　编码：G85。位于盐池县西南部，南北走向，全路起点宁夏银川市，终点云南昆明市，全长2322千米。县内起点老盐池村，终点老盐池村，长7.2千米。该道路是盐池县与红寺堡区界路，路东属盐池县，路西属红寺堡区。

银百高速公路[Yín-Bǎi Gāosù Gōnglù]　编码：G69。位于盐池县西部，南北走向，全路起点宁夏银川市，终点广西百色市，全长2281千米。县内起点高沙窝镇宝塔村，终点惠安堡镇萌城村，长110千米，途经高沙窝镇、王乐井乡、冯记沟乡、大水坑镇、惠安堡镇。因全路起点是银川市，终点是百色市，故称为银百高速公路。

定武高速公路[Dìng-Wǔ Gāosù Gōnglù]　编码：G2012。位于盐池县中部，东西走向，全路起点陕西定边县，终点甘肃武威市，全长481千米。县内起点东郭庄，终点老盐池村，长88.5千米，途经花马池镇、青山乡、冯记沟乡、惠安堡镇。因全路起点是定边县，终点是武威市，故称为定武高速公路。

盐鄂高速公路[Yán-È Gāosù Gōnglù]　编码：S15。位于盐池县东北部，南北走向，全路起点宁夏盐池县，终点内蒙古鄂托克前旗，全长44千米。县内起点盐池县城，终点宁蒙边界红井子，长20千米，途经花马池镇。因全路起点盐池县，终点鄂托克前旗，故称为盐鄂高速公路。

307国道[307 Guódào]　编码：G307。位于盐池县北部，东南至西北走向，全路起点河北黄骅港，终点甘肃山丹县，全长1351千米。县内起点王圈梁，宝塔村出境，长

76.6千米,途经花马池镇、高沙窝镇。国家统一编码命名。

211国道[211 Guódào] 编码:G211。位于盐池县西南部,东南至西北走向,全路起点宁夏银川市,终点贵州榕江县,全长691千米。县内起点老盐池村,终点萌城村,长55.9千米,途经惠安堡镇。国家统一编码命名。

244国道[244 Guódào] 编码:G244。位于盐池县中部,西北至东南走向,全路起点内蒙古自治区乌海市,终点重庆市江津区,全长1567公里。县内起点冯记沟乡回六庄村岔岱,终点大水坑镇二道沟村南洼宁陕界,长63千米,途经冯记沟乡、青山乡、大水坑镇。国家统一编码命名。该路县内主体是原冯青公路。

338国道[338 Guódào] 编码:G338。位于盐池县中北部,西南至东北走向,全路起点河北省海兴县(港口),终点青海省天峻县。县内起点红井子,终点惠安堡村,长128千米,途经花马池镇、王乐井乡、冯记沟乡、惠安堡镇。国家统一编码命名。该路在盐县内主体是原302省道。

省 道

201省道[201 Shěngdào] 编码:S201。由宁夏回族自治区统一编码命名,位于盐池县东部,南北走向。全路起点盐池县花马池镇,终点麻黄山乡,全长105千米,全路在盐池境内。途经花马池镇、青山乡、大水坑镇、麻黄山乡。

202省道[202 Shěngdào] 编码:S202。由宁夏回族自治区统一编码命名,位于盐池县西部,南北走向。全路起点盐池县高沙窝镇,终点彭阳县新集乡,全长323千米,县内长112千米。途经花马池镇、青山乡、大水坑镇、麻黄山乡。

307省道[307 Shěngdào] 编码:S307。由宁夏回族自治区统一编码命名,位于盐池县西部,东西走向。全路起点高沙窝镇,终点青铜峡市,全长140千米,县内长8千米。途经高沙窝镇。

308省道[308 Shěngdào] 编码:S308。由宁夏回族自治区统一编码命名,位于盐池县中部,东西走向。全路起点盐池县城,终点中卫沙坡头区,全长225千米,县内长45千米。途经花马池镇、王乐井乡。

309省道[309 Shěngdào] 编码:S309。由宁夏回族自治区统一编码命名,位于盐池县中南部,东西走向。全路起点宁陕界红柳沟,终点盐池惠安堡镇,全长60千米,全部在盐池境内。途经大水坑镇、惠安堡镇。

310省道[310 Shěngdào]　编码:S310。由宁夏回族自治区统一编码命名,位于盐池县南部,东西走向。全路起点盐池县萌城村,终点同心县喊叫水,全长130千米,县内长6千米。途经惠安堡镇。

县　道

盐惠公路[Yán-Huì Gōnglù]　三级公路。位于盐池县东部和南部,南北转东西走向,起点盐池县城,终点惠安堡镇。全长85.3千米,路基宽7米,沥青混凝土路面。途经花马池镇、青山乡、大水坑镇、惠安堡镇。

冯青公路[Féng-Qīng Gōnglù]　三级公路。位于盐池县中部,东西走向,起点冯记沟乡,终点青山乡。全长30.4千米,路基宽7米,沥青混凝土路面。途经冯记沟乡、青山乡。该县道2016年延伸至大水坑镇马坊村。

麻后公路[Má-Hòu Gōnglù]　位于麻黄山乡内,东西走向,起点麻黄山乡麻黄山村,终点麻黄山乡后洼村。全长45.8千米。

大麻公路[Dà-Má Gōnglù]　位于盐池县南部,南北走向,起点大水坑镇,终点麻黄山乡。全长36千米。

苏营公路[Sū-Yíng Gōnglù]　位于盐池县北部,东西走向,起点花马池镇苏步井村,终点高沙窝镇营西村。全长29千米,途经花马池镇、高沙窝镇。

乡　道

郭记沟线[Guōjìgōu Xiàn]　四级公路。位于花马池镇东部,东西走向,起点花马池镇郭记沟村,终点307国道,长17.9千米,路基宽5米,沥青混凝土路面。途经郭记沟村、八岔梁村、北塘村。因该路由307国道通向郭记沟村,故称为郭记沟线。

柳北线[Liǔběi Xiàn]　位于花马池镇中部,西南至东北走向,起点盐池县柳杨堡村,终点内蒙古北大池村,长22.5千米,路基宽5米,南段15千米为沥青混凝土路面,北段6千米为沙砾路面。县内起点柳杨堡村,终点陈记场,长21千米。途经柳杨堡村、治沙业绩园、沙边子村。因起点柳杨堡村,终点北大池村,故称为柳北线。

左蔡线[Zuǒcài Xiàn] 三级公路。位于花马池镇北部、高沙窝镇北部,起点花马池镇左记湾,终点高沙窝镇蔡记梁,长44.53千米,路基宽7米,沥青混凝土路面。途经东塘村、冒寨子村、李华台村、苏步井村、硝池子村、二步坑村、营西村。因起点左记湾,终点蔡记梁,故称为左蔡线。

东苏线[Dōngsū Xiàn] 四级公路。位于花马池镇北部,东西走向,起点花马池镇东塘村,终点花马池镇苏步井村,长19.8千米,路基宽5米,沥青混凝土路面。途经东塘村、冒寨子村、李华台村、苏步井村。因起点东塘村,终点苏步井村,故称为东苏线。

东沙边子线[Dōngshābiānzi Xiàn] 位于花马池镇东北部,东西走向,起点花马池镇东沙边子,终点柳北线岔路口,长9.5千米,横贯沙边子村。因通往东沙边子,故称为东沙边子线。

皖记沟线[Wǎnjìgōu Xiàn] 位于花马池镇中部,东西走向,起点花马池镇皖记沟村,终点304省道,长4千米,途经皖记沟村、柳杨堡村。因通往皖记沟村,故称为皖记沟线。

圈关线[Juànguān Xiàn] 四级公路。位于大水坑镇西南部、惠安堡镇南部,东西走向,起点大水坑镇圈湾子,终点惠安堡镇关记台,长27.1千米,路基宽6米,沥青混凝土路面。途经新泉井村、向阳村、摆宴井村、狼布掌村、杜记沟村。因起点圈湾子,终点关记台,故称为圈关线。

大红线[Dàhóng Xiàn] 四级公路。位于大水坑镇中部,东西走向,起点大水坑镇,终点陕西省定边县红柳沟镇,长36.8千米,路基宽6米,沥青混凝土路面。县内起点大水坑镇,终点二道沟村,长30.1千米。途经大水坑村、新建村、李伏渠村、红井子村、二道沟村。因起点大水坑村,终点红柳沟镇,故称为大红线。

李新线[Lǐxīn Xiàn] 位于大水坑镇东部,西北至东南走向,起点大水坑镇李伏渠村(延伸与大红公路相接),终点大水坑镇新桥村,长14.1千米,途经李伏渠村、新桥村。因起点李伏渠村,终点新桥村,故称为李新线。

青红线[Qīnghóng Xiàn] 四级公路。位于青山乡东南部,东西走向,起点青山乡,终点青山乡红庄,长17.2千米,路基宽5米,沥青混凝土路面。途经青山村、方山村、营盘台村。因起点青山乡,终点红庄,故称为青红线。

青二线[Qīng'èr Xiàn] 四级公路。位于青山乡南部、大水坑镇东北部,南北走向,起点青山乡,终点大水坑镇二道沟村,长21.4千米,路基宽5米,南段13.4千米为沥青混凝土路面,北段8千米沙砾路面。途经青山村、马坊村、二道沟村。因起点青山乡,终点二道沟村,故称为青二线。

谢涝线[Xièlào Xiàn] 四级公路。位于青山乡南部、大水坑镇北部,南北走向,起点青山乡谢记湾,终点大水坑镇涝坝沟,长14.6千米,路基宽5米,沥青混凝土路面。途经青山村、红井子村。因起点谢记湾,终点涝坝沟,故称为谢涝线。

青月线[Qīngyuè Xiàn] 位于青山乡中部,南北走向,起点青山乡青山村,终点青山乡月儿泉村,长8.2千米。途经青山村、月儿泉村。因起点青山村,终点月儿泉村,故称为青月线。

盐桃线[Yántáo Xiàn] 位于惠安堡镇北部、冯记沟乡南部,东西走向,起点惠安堡镇老盐池村,终点冯记沟乡桃胡台,长116.2千米,路基宽4米,沥青混凝土路面。途经老盐池村、马儿庄村、雨强村。因起点老盐池村,终点桃胡台,故称为盐桃线。

南石线[Nánshí Xiàn] 四级公路。位于惠安堡镇南部,东西走向,起点惠安堡镇南河,终点惠安堡镇石湾沟,长15.8千米,路基宽5米,沥青混凝土路面。途经萌城村、四股泉村。因起点南河,终点石湾沟,故称为南石线。

王后线[Wánghòu Xiàn] 四级公路。位于王乐井乡南部、青山乡西北部,南北走向,起点王乐井乡,终点青山乡,长21.3千米,路基宽7米,沥青混凝土路面。途经王乐井村、哈巴湖国家级自然保护区、月儿泉村。因起点王乐井乡,终点冯青公路岔路口,故称为王后线,别名王后路。

王乐井街[Wánglèjǐng Jiē] 三级公路。位于王乐井乡政府驻地,起点304省道与牛王线岔路口,终点王乐井乡乡政府,长1.86千米,路基宽7米,沥青混凝土路面。途经王乐井乡乡政府、王乐井卫生院、王乐井中心小学。该路为304省道横穿王乐井乡政府驻地段,乡民俗称王乐井街。

牛王线[Niúwáng Xiàn] 四级公路。位于王乐井乡东部,南北走向,起点王乐井村,终点牛记圈村,长15.49千米,路基宽5米,沥青混凝土路面。途经王乐井村、曾记畔村、牛记圈村。因起点王乐井村,终点牛记圈村,故称为牛王线。

郑狼线[Zhèngláng Xiàn] 位于王乐井乡中部,南北走向,起点哈巴湖林场,终点王乐井乡狼子沟,长17.7千米,路基宽4米,沥青混凝土路面。途经哈巴湖林场、郑家堡村、刘四渠村、孙家楼村。因起点接近郑家堡村,终点狼子沟,故称为郑狼线。

包潘线[Bāopān Xiàn] 四级公路。位于麻黄山乡东部,西北至东南走向,起点包塬村,终点潘山,长35.3千米,路基宽6米,沥青混凝土路面。途经包塬村、后洼村、沙崾岘村。因起点包塬村,终点潘山,故称为包潘线。

麻惠线[Máhuì Xiàn] 位于麻黄山乡西部、惠安堡镇南部,东西走向,起点麻黄山乡,终点惠安堡镇杜记沟村,长 38.3 千米。途经麻黄山村、何新庄村、井滩子村、杏树梁、林家口子村、狼步掌村、杜记沟村。因起点麻黄山乡,终点惠安堡镇,故称为麻惠线。

管记掌线[Guǎnjìzhǎng Xiàn] 位于麻黄山乡西部,南北走向,起点麻黄山乡管记掌村,终点接麻惠线,长 8.5 千米。途经下高窑村、管记掌村。因通往管记掌村,故称为管记掌线。

前马线[Qiánmǎ Xiàn] 位于麻黄山乡南部,东西走向,起点麻黄山乡前塬,终点麻黄山乡马儿庄,长 18.7 千米。途经松记水村、麻黄山村。因起点前塬,终点马儿庄,故称为前马线。

李胶线[Lǐjiāo Xiàn] 位于麻黄山乡北部,南北走向,起点麻黄山乡李塬畔村,终点麻黄山乡胶泥湾村,长 3.1 千米。途经胶泥湾村、李塬畔村。因起点李塬畔村,终点胶泥湾村,故称为李胶线。

车　站

盐池火车站[Yánchí Huǒchēzhàn]　位于太中银铁路定银联络线1492km+695m处、盐池县城平安大道南端。隶属兰州铁路局银川车务段,等级为二等站,技术性质为中间站,业务性质为客货运站。办理列车接发、会让,旅客到达、发送业务。是太中银铁路在宁夏回族自治区最东的客运站。

盐池南站[Yánchí Nánzhàn]　位于盐池县惠安堡镇。是银西高铁在惠安堡镇设的高铁站,隶属兰州铁路局银川车务段,在建。

利源汽车站[Lìyuán Qìchēzhàn]　位于民族西街南、盐林北路西、振兴北路东。等级为县级客运站,业务性质为客运站。办理中长途汽车接发业务。因经营企业名称而得名,寓意财源广进,别名盐池汽车站。

大水坑汽车站[Dàshuǐkēng Qìchēzhàn]　位于兴盛西街北,友谊北路西。等级为县级以下客运站,业务性质为客运站,办理中短途汽车接发业务。因位于大水坑镇而得名。

惠安堡汽车站[Huì'ānpù Qìchēzhàn]　位于惠安北路东、兴惠街北、安居北路西。等级为县级以下客运站,业务性质为客运站。办理中短途汽车接发业务。因位于惠安堡镇得名。

机　场

盐池通用机场[Yánchí Tōngyòng Jīchǎng]　位于县城北7千米、柳杨堡村与皖记沟村交界处。机场占地面积1000亩,总投资1.07亿元。该机场是宁夏首家通用机场。主要开展农林作业、喷药播种、人工增雨、应急救援、飞行驾驶培训、空中观光旅游、航空拍摄及超低空客运服务等业务。

桥 梁

佟记圈桥[Tóngjìjuàn Qiáo] 位于盐惠公路。桥长40.8米,宽10米,高8米,跨度20米。在佟记圈村域内,因此得名佟记圈桥。由宁夏路桥公司承建,2008年建成。上部结构采用钢筋混凝土空心板,下部结构采用单柱桥墩台,桥墩台采用扩大基础。最大载重量汽车—20级。

二道沟砖桥[Èrdàogōu Zhuānqiáo] 位于二道沟村中心村。为惠红公路跨莲花池沟桥,因位于二道沟村而得名。桥长26米,宽3米,高22米,由青砖砌成,桥洞为穹隆形。该桥现已退役,两端堆黄土禁行。旁边已通新路新桥。

新桥[Xīn Qiáo] 位于大水坑镇新桥村西北1千米处。桥长40米,宽6米。以其所在自然村命名。桥下为一拱形涵洞,拱高8米,宽10米左右,连接桥面和拱顶处用24层砖砌起。1964年修建,2008年重新维修。新桥村原名苏记堡子,因1964年建砖桥,将苏记堡子更名为新桥。

德胜桥[Déshèng Qiáo] 位于盐王公路。桥长5米,宽8.5米,高1米,跨度5米。因位于德胜墩附近,故得名德胜桥。由宁夏盐池县公路管理段承建,1999年建成。上部结构采用钢筋混凝土实心板,下部结构采用轻型桥台,桥台采用扩大基础。最大载重量汽车—20级。

马儿沟桥[Mǎ'ergōu Qiáo] 位于S103银麻公路。桥长5米,宽8.5米,高1米,跨度5米。在马儿沟村域内,因而得名马儿沟桥。由宁夏先捷路桥建设有限公司承建,2000年建成。上部结构采用钢筋混凝土简支实心板,下部结构采用轻型桥台,桥台采用扩大基础。最大载重量汽车—20级。

郝记台桥[Hǎojìtái Qiáo] 位于盐惠公路。桥长20米,宽6米,高6米,跨度6米。在郝记台村域内,因而得名郝记台桥。20世纪60年代修建,2008年由宁夏路桥公司重建。上部结构采用钢筋混凝土空心板,下部结构采用轻型桥墩台,桥墩台采用扩大基础。最大载重量汽车—20级。

宋家红沟桥[Sòngjiāhónggōu Qiáo] 位于盐惠公路。桥长20米,宽6米,高6

米,跨度6米。在宋家红沟村域内,因而得名宋家红沟桥。由宁夏运达公路工程有限公司承建,2009年建成。上部结构采用钢筋混凝土空心板,下部结构采用轻型桥台,桥台采用扩大基础。最大载重量汽车—20级。

老盐池桥[Lǎoyánchí Qiáo]　位于马老公路。桥长35米,宽8.5米,高10米,跨度9米。在老盐池村域内,因而得名老盐池桥。由宁夏盐池县水电局承建,1996年建成。上部结构为钢筋混凝土连续T梁,下部结构柱式墩,柱式台,钻孔灌注桩基础。最大载重量汽车—20级。

方山桥[Fāngshān Qiáo]　位于青营公路。桥长7米,宽8.5米,高3米,跨度6米。在方山村域内,因而得名方山桥。由宁夏运达公路工程有限公司承建,1994年建成。上部结构采用钢筋混凝土实心板,下部结构采用轻型桥台,桥台采用扩大基础。最大载重量公路—Ⅱ级。

马坊桥[Mǎfāng Qiáo]　位于青营公路。桥长61米,宽8.5米,高8米,跨度20米。在马坊村域内,因而得名马坊桥。由宁夏公路管理局承建,2001年建成。上部结构为先张法预应力钢筋混凝土空心板,下部结构双柱式墩,双柱式台,钻孔灌注桩基础。最大载重量汽车—20级。

鸦儿沟桥[Yā'ergōu Qiáo]　位于郑马公路。桥长7米,宽8.5米,高3米,跨度6米。在鸦儿沟村域内,因而得名鸦儿沟桥。由宁夏盐池县公路管理段承建,2003年建成。上部结构采用钢筋混凝土实心板,下部结构采用轻型桥台,桥台采用扩大基础。最大载重量汽车—20级。

苦蒿沟桥[Kǔhāogōu Qiáo]　位于郑马公路。桥长6米,宽8.5米,高1.8米,跨度5米。在苦蒿沟村域内,因而得名苦蒿沟桥。由宁夏回族自治区交通厅承建,2003年建成。上部结构采用钢筋混凝土实心板,下部结构采用轻型桥台,桥台采用扩大基础。最大载重量汽车—20级。

王乐井桥[Wánglèjǐng Qiáo]　位于王乐井过境公路。桥长15米,宽10米,高7米,跨度5米。在王乐井乡境内,因而得名王乐井桥。由宁夏盐池县交通局承建,1978年建成。上部结构采用砖,下部结构采用轻型桥台,桥台采用扩大基础。最大载重量汽车—20级。

三道沟桥[Sāndàogōu Qiáo]　位于郑马公路。桥长6米,宽8.5米,高1.8米,跨度5米。在三道沟村域内,因而得名三道沟桥。由宁煤集团公司承建,2002年建成。上部结构采用钢筋混凝土实心板,下部结构采用轻型桥台,桥台采用扩大基础。最大载重量汽车—20级。

李记沟桥[Lǐjìgōu Qiáo] 位于柳李公路。桥长5.9米,宽3.83米,高6米,跨度5.2米。在李记沟村域内,因而得名李记沟桥。由宁夏正道机械有限公司承建,2012年建成。上部结构采用钢筋混凝土简支实心板,下部结构采用轻型桥台,桥台采用扩大基础。最大载重量公路—Ⅱ级。

西环桥[Xīhuán Qiáo] 五原南路跨盐州河桥。桥长37.54米,宽21米,高6米,跨度16米。五原南路2013年前叫西环路,故得名。由宁夏先捷路桥建设有限公司承建,2009年建成。上部结构为预应力钢筋混凝土空心板,下部结构柱式桥台,柱式桥墩,钻孔灌注桩基础。最大载重量城市—B级。

东环桥[Dōnghuán Qiáo] 盐川大道跨盐州河桥。桥长26.04米,宽21米,高5米,跨度20米。盐川大道在2013年前叫东环路,故得名。2009年建成。上部结构为预应力钢筋混凝土空心板,下部结构柱式桥台,钻孔灌注桩基础。最大载重量城市—B级。

盐定立交桥[Yán-Dìng Lìjiāoqiáo] 青银高速公路与定武高速公路交接桥,位于盐池县与定边县交界附近,东出即入定边界,故命名为盐定立交桥。

长城关立交桥[Chángchéngguān Lìjiāoqiáo] 青银高速公路与盐鄂高速公路交接桥,也是青银高速公路跨越盐林北路桥,因位于长城关北800米处,就近采词,故命名为长城关立交桥。

鸟瞰长城关立交桥

高沙窝立交桥[Gāoshāwō Lìjiāoqiáo] 青银高速公路与高沙窝镇连通桥,也是跨越高沙窝镇亚苏北路桥,位于高沙窝镇政府东北500米处,故命名为高沙窝立交桥。

花马寺立交桥[Huāmǎsì Lìjiāoqiáo] 太中银铁路定银联络线跨盐惠公路桥,位于名胜古迹花马寺附近,故命名为花马寺立交桥。

四墩子立交桥[Sìdūnzi Lìjiāoqiáo] 太中银铁路定银联络线跨304省道桥,位于四墩子村附近,故名四墩子立交桥。

四儿滩立交桥[Sì'ertān Lìjiāoqiáo] 太中银铁路定银联络线跨越定武高速公路桥,位于四儿滩,故命名四儿滩立交桥。桥长4186米,高35米,远眺甚为壮观。

太中银铁路四儿滩立交桥

猫头梁立交桥[Māotóuliáng Lìjiāoqiáo] 定武高速公路跨越盐惠公路桥,位于猫头梁村,故名猫头梁立交桥。

青马圈立交桥[Qīngmǎjuàn Lìjiāoqiáo] 定武高速公路跨越冯青公路桥,位于青马圈西,故名青马圈立交桥。

张记墩立交桥[Zhāngjìdūn Lìjiāoqiáo] 定武高速公路跨越大马公路桥,位于张记墩附近,故名张记墩立交桥。

马儿庄立交桥[Mǎ'erzhuāng Lìjiāoqiáo] 定武高速公路跨越304省道桥,位于马儿庄村北,故名马儿庄立交桥。

红墩子立交桥[Hóngdūnzi Lìjiāoqiáo] 定武高速公路跨越211国道桥,位于红墩子附近,故名红墩子立交桥。

宋堡子立交桥[Sòngpùzi Lìjiāoqiáo] 太中银铁路正线跨越盐惠公路桥,位于宋堡子南,故名宋堡子立交桥。

朱新庄立交桥[Zhūxīnzhuāng Lìjiāoqiáo] 太中银铁路正线跨越大马公路桥,

位于朱新庄附近,故名朱新庄立交桥。

龚儿庄立交桥[Gōng'erzhuāng Lìjiāoqiáo]　太中银铁路正线跨越304省道桥,位于龚儿庄,故名龚儿庄立交桥。

老盐池立交桥[Lǎoyánchí Lìjiāoqiáo]　太中银铁路正线跨越211国道桥,位于老盐池附近,故名老盐池立交桥。

昫衍桥[Xùyǎn Qiáo]　昫衍北路跨饮马河桥,规划命名昫衍桥。

听鼓桥[Tīnggǔ Qiáo]　鼓楼北路跨饮马河桥,规划命名听鼓桥。取意遥望鼓楼,闻鼓声震。

盐州桥[Yánzhōu Qiáo]　盐州北路跨饮马河桥,规划命名盐州桥。

福州桥[Fúzhōu Qiáo]　福州北路跨饮马河桥,规划命名福州桥。

盐林桥[Yánlín Qiáo]　盐林北路跨饮马河桥,规划命名盐林桥。

跃马桥[Yuèmǎ Qiáo]　平安大道跨花马池桥,位于花马池上,规划命名跃马桥,取花马跃出,盐池振兴之意。

南林桥[Nánlín Qiáo]　盐州南路跨盐州河桥,位于原城南林场。

苦水河桥[Kǔshuǐhé Qiáo]　211国道跨苦水沟桥。

北河桥[Běihé Qiáo]　211国道跨苦水河桥,位于萌城村。

隧　道

牛毛井隧道[Niúmáojǐng Suìdào]　盐池县第一条铁路隧道。位于高沙窝镇与花马池镇交界处,太中银铁路定银联络线穿毛家梁隧道。建于2008年,长4.3千米,单线,按最高160千米/小时通过标准设计。

施工中的牛毛井隧道(苏保伟　李军　赵磊　牟瑾　摄)

涝坎沟隧道[Làokǎngōu Suìdào]　位于大水坑镇二道沟村,起点大水坑镇涝坎沟,终点大水坑镇狼儿嘴,太中银铁路正线穿狼儿嘴隧道。建于2008年,长1.10千米,单线,按最高160千米/小时通过标准设计。

第四部分　党政机关、民间组织、科教文卫体等事业单位

◎第四部分　党政机关、民间组织、科教文卫体等事业单位

党政机关

中国共产党盐池县委员会[Zhōngguó Gòngchǎndǎng Yánchí Xiàn Wěiyuánhuì] 1936年2月,红军西征之前在陕西瓦窑堡成立了中共盐池县委员会。6月,红军解放盐池城,盐池县委移驻花马池城,肩负起建立革命政权、搞武装斗争、发动和组织群众、建立和发展党组织的重任。是宁夏最早成立的县级党委。1947年,国民党进攻盐池,盐池县委暂转移至县境南部麻黄山山区。1949年8月,陕甘宁边区收复盐池,县委迁回县城至今。主要职责:贯彻执行党中央、国务院,自治区党委、政府和吴忠市委、市政府的各项方针政策及上级党委的指示、决定;讨论决定本县经济建设和社会发展重大问题,组织领导群众大力发展社会经济、弘扬优秀文化;加强党委自身建设,抓好全县党组织建设;落实党风廉政建设主体责任,实现全面从严治党,监察全覆盖;对干部进行管理、教育、培训、考核、选拔,按干部管理权限做好任免和奖惩工作;做思想政治工作,抓好社会主义精神文明建设和公民道德建设,提高全民素质,维护全县的社会稳定;加强和改善对县人大、政府、政协的领导和协调,支持他们依法行使职权;对县总工会、共青团、妇联、武装部、宗教协会等组织的领导。中国共产党盐池县委员会现址位于盐池县鼓楼南路37号,与盐池县人民政府合署办公。

盐池县人民政府[Yánchí Xiàn Rénmín Zhèngfǔ] 1936年6月西征红军解放了盐池县城,成立盐池县苏维埃政府,是宁夏第一个苏维埃政权,后随着全国抗日民族统一战线的形成,改为抗日民主政府,属陕甘宁边区三边分区,驻盐池县城。1947年,国民党进攻盐池,盐池县政府暂转移至县境南部麻黄山山区。1949年8月,陕甘宁边区收复盐池,县政府迁回县城至今。主要职责:执行县人民代表大会及其常委会的决议,以及上级国家行政机关的决定和命令,规定行政措施,发布决定和命令;统一领导所属各部门和乡镇人民政府的工作,负责全县性的行政管理工作;审定县属行政事业单位机构编制,依照规定范围任免、培训、考核和奖惩所属公务员;制定和实施全县国民经济和社会发展战略、方针、规划;制订并组织实施全县经济体制改革方案,汇集和传播经济信息,管理并发展对外经济技术交流与合作;领导和管理全县经济、教育、科

学、文化、卫生、体育、环境和资源保护、城乡建设、人事、劳动和社会保障、财政、民政、公安、民族宗教、外事侨务、审计、物价、司法行政、行政监察、广播电视各项工作；负责全县战时兵员动员、平时民兵训练、新兵征集、预备役登记、武装管理、复退军人安置、军烈属优抚工作和人防建设工作；管理全县国有资产，保护劳动群众集体所有的财产，维护和保护企业经营应有的自主权和合法权益；维护社会秩序，保障公民的人身权利、民主权利和其他权利，保障少数民族的利益，保障宪法和法律赋予的男女平等、同工同酬和婚姻自由等各项权利；办理县人大常委会和上级国家行政机关交办的其他事项。盐池县人民政府现址位于盐池县鼓楼南路37号，与中共盐池县委合署办公。

盐池县人民代表大会[Yánchí Xiàn Rénmín Dàibiǎo Dàhuì]　成立于1937年10月，原名为盐池县参议会，1954年更名为盐池县人民代表大会，简称盐池县人大。主要职能：监督、保证宪法、法律、行政法规在盐池县的遵守和执行；决定全县各项工作的重大事项；审查和批准盐池县国民经济和社会发展规划、预算及其执行情况；选举和罢免本级人民政府的正、副职领导人；监督本级人民政府的工作，听取和审查本级人民政府的工作报告；撤销本级人民政府的不适当的决定和命令。在县人民代表大会闭会期间，县人大常委会审查和批准国民经济和社会发展划、预算在执行过程中所必须作的部分调整方案；撤销下一级国家权力机关制定的同宪法、法律和行政法规相抵触的地方性法规和决议；根据盐池县人民检察院检察长的提请，任免盐池县人民检察院副检察长、检察委员会委员、检察员；审议决定盐池县政治、经济、科学、教育、文化、卫生、环境与资源保护、民政等工作的重大事项以及人民群众普遍关注和迫切要求解决的重大问题。位于盐州南路与花马池东街交界处东南侧。

盐池县政治协商委员会[Yánchí Xiàn Zhèngzhì Xiéshāng Wěiyuánhuì]　成立于1950年9月，简称盐池县政协。主要职责：委员视察、参观和调查，就全县各项事业的改革与发展及群众生活的重要问题进行研究，通过建议案、提案和其他形式向有关部门提出批评和建议，推动全县改革开放和社会主义现代化建设。负责盐池县政协工作的宣传报道和信息工作，收集、反映社情民意。组织实施盐池县政协全体会议、常务委员会会议、主席会议的决议、决定。负责与自治区政协及吴忠市政协、县政府有关部门的工作联系，开展本级政协工作；广泛团结本县各党派、团体和各族各界人士，反映他们及所联系群众的意见和要求。位于花马池东街3号、盐池宾馆东侧。

盐池县发展和改革局[Yánchí Xiàn Fāzhǎn Hé Gǎigé Jú]　2004年9月1日由中共盐池县委、县政府批准成立。主要担负全县国民经济和社会发展规划的编制、贯彻和执行，全县经济形势研判，价格备案及物价监督检查，编制全县固定资产投资计划和重点项目建设计划,政府投资项目审批和企业投资项目备案的职责。1955年8月成立盐池县计划委员会,隶属盐池县人民政府。1971年10月设立盐池县计划局。1975年9月盐池县计划局改为盐池县计划委员会。1984年1月机构改革中将计划委员会与经济委员会合并为计划经济委员会。1997年4月在机构改革中县计划委员会与县统计局合并为计划统计局。2004年9月由中共盐池县委、县政府批准成立盐池县发展和改革局,是县政府组成部门。位于盐州南路55号,税务巷以南。

盐池县财政局[Yánchí Xiàn Cáizhèngjú]　1990年6月,由盐池县人民政府批准成立盐池县财政局。主要负责财政收支、财税政策、国有资产管理的综合部门,故得名。新中国成立后,盐池县人民政府仍然设立财政科。1965年10月,财政科与税务局合并为财政局。1966年7月更名为财税局。"文化大革命"中财政机构工作瘫痪。1969年12月,盐池县革命委员会设立财税局。1979年1月,财税局分设为财政局和税务局。1984年1月,机构改革中将财政局更名为财政科。1990年6月,财政科更名为财政局。位于花马池西街131号。

盐池县文化旅游广电局[Yánchí Xiàn Wénhuà Lǚyóu Guǎngdiàn Jú]　2009年,由盐池县文化和旅游局与盐池县广电局合并成立盐池县文化旅游广播电视局,2014年改名为盐池县文化旅游广电局。主要负责全县文化、旅游、广播电视、新闻出版业务工作。位于盐州南路115号。

盐池县工业和安全生产监督管理局[Yánchí Xiàn Gōngyè Hé Ānquán Shēngchǎn Jiāndū Guǎnlǐ Jú]　2015年,由盐池县人民政府批准成立。主要担负全县工业经济运行、监测工业行业日常运行、安全生产综合监管和煤矿安全监察工作的职责。为吴忠市工信局、吴忠市安监局下级单位。2015年3月,因机构改革,盐池县人民政府决定将原盐池县工业和商务局工业方面的职责、盐池县安全生产监督管理局的全部职责整合划入盐池县工业和安全生产监督管理局。位于盐州南路55号。

盐池县安全生产监督管理局[Yánchí Xiàn Ānquán Shēngchǎn Jiāndū Guǎnlǐ Jú]　2017年,由盐池县人民政府批准成立。主要负责全县危化产品生产、经营和储存企业,非煤矿山生产企业,烟花爆竹生产和经营企业安全生产以及监督其安全生产。2009年,根据宁党办〔2009〕75号文件设立盐池县安全生产监督管理局,2014年根据盐党发〔2014〕30号文件撤销盐池县安全生产监督管理局,合并组建盐池县工业和安全监督局,后根据盐编发〔2017〕26号及28号文件恢复盐池县安全监督管理局。位于盐州南路55号,盐州南路与国税巷交叉口西南方向。

盐池县人力资源和社会保障局[Yánchí Xiàn Rénlì Zīyuán Hé Shèhuì Bǎozhàng Jú] 2009年,由盐池县人民政府批准成立。主要负责贯彻实施有关法律法规、规章,执行国家和自治区关于人力资源和社会保障的方针、政策。编制盐池县人力资源和社会保障事业发展规划,并组织实施和监督检查。1980年盐池县人事科成立,1981年县劳动局成立,1984年机构改革,劳动局、人事局合并更名为劳动人事科,1990年劳动人事科更名为劳动人事局,1996年8月劳动人事局更名为人事劳动局,2002年6月人事劳动局更名为人事劳动保障局,2009年9月人事劳动保障局更名为盐池县人力资源和社会保障局。位于鼓楼南街38号。

盐池县卫生和计划生育局[Yánchí Xiàn Wèishēng Hé Jìhuà Shēngyù Jú] 2014年12月,由县委、县政府批准成立。主要负责全县卫生和计生工作。1950年成立卫生科,1958年卫生科与文教科合并为文卫科。1968年,县革委会成立,取消文卫科,卫生工作由革委会生产指挥部文卫组领导,1971年成立县卫生局。1984年卫生局改称卫生科,1990年改为卫生局。1972年盐池县计划生育委员会成立,1982年组建节育手术组,1998年改计划生育办公室为计划生育局。2002年,县卫生局和县计划生育局合并为卫生与计划生育局。2004年,卫生与计划生育局分开。2014年12月,由县委、县政府批准成立盐池县卫生和计划生育局。位于花马池西街325号,振兴路、花马池西街与之相连。

盐池县教育体育局[Yánchí Xiàn Jiàoyù Tǐyù Jú] 1971年,成立盐池县革命委员会文教局。主要负责全县教育、体育工作管理和发展,指导全县中小学、幼儿园业务工作和体育工作,承办盐池县人民政府和区、市教育部门、体育部门交办的其他事项。1971—1984年,成立盐池县革命委员会文教局。1984—1986年更名为盐池县教育科。1986—1998年更名为盐池县教育局。1998—2002年更名为盐池县教育科学技术局。2002年更名为盐池县教育体育局。2010年迁至文化西街169号。

盐池县国土资源局[Yánchí Xiàn Guótǔ Zīyuán Jú] 2002年,由盐池县人民政府批准成立。主要负责全县土地与矿产资源行政管理工作。盐池县土地管理局成立于1986年,后因工作需要,于2002年和原盐池县矿产资源管理局合并组成盐池县国土资源管理局。位于盐州南路198号。

盐池县市场监督管理局[Yánchí Xiàn Shìchǎng Jiāndū Guǎnlǐ Jú] 主要担负盐池县境内工商行政管理、质量技术监督管理、食品药品监督管理的各类行政审批和行政许可并监督管理;组织查处违反工商行政管理、质量技术监督、食品药品监督管理等职责。盐池县质量技术监督局成立于1991年8月,其前身为标准计量管理局;

1996年6月更名为盐池县技术监督局;2000年更名为盐池县质量技术监督局。2001年12月,成立盐池县药品监督管理局。1989年,盐池县工商局成立。2014年12月15日,盐池县工商、质监、药监局"三局合一"组建成立盐池县市场监督管理局。位于鼓楼北街27号。

盐池县科学技术局[Yánchí Xiàn Kēxué Jìshù Jú]　1973年,由盐池县人民政府批准成立。主要负责全县科技工作的规划、组织实施、协调管理以及监督检查与验收等工作。1973年,盐池县科学技术局成立;1978年更名为盐池县科学技术委员会;1997年机构改革,县科委与教育局、文化局、体委合并为盐池县教育科学技术局,但科委仍独立办公。1976年设科研实验化验室和科技信息资料室;1978年设立盐池县四墩子农林牧综合样板试验示范基地(又名盐池县农牧科研所);1982年,在柳杨堡沙边子设立中国科学院兰州沙漠研究所盐池县沙漠化土地综合整治研究基地;1986年,成立盐池县沙漠化土地综合整治领导小组办公室;1997年,设立盐池县外援项目办公室。位于解放街5号。

盐池县环境保护和林业局[Yánchí Xiàn Huánjìng Bǎohù Hé Línyè Jú]　2002年,由盐池县人民政府批准成立。主要负责贯彻执行国家有关生态环境建设、林木资源保护与国土资源绿化的方针、政策和法律法规,组织起草有关地方性环境保护及林业建设规章、制度,并监督实施;研究制定全县环境保护、生态林业中长期发展规划、年度计划并组织实施。属双重领导部门,对本级人民政府和上一级环境保护主管部门负责并报告工作,行政区划隶属宁夏盐池县人民政府。位于解放西街96号。

盐池县扶贫开发办公室[Yánchí Xiàn Fúpín Kāifā Bàngōngshì]　主要负责贯彻落实有关法律法规、规章,执行国家和自治区关于扶贫办开发和老区建设工作的方针、政策,指导全县扶贫开发工作。1981年,盐池县农业建设指挥部成立,下设办公室,挂靠县计委。1985年,单设盐池县农业建设指挥部办公室,内设财务室、综合室。1997年,盐池县扶贫开发领导小组成立,下设办公室,挂靠农建办。2002年,农建办更名为盐池县扶贫开发办公室。位于鼓楼西街321号。

盐池县公安局[Yánchí Xiàn Gōng'ānjú]　1936年,由盐池县委批准成立。主要负责全县预防、制止和侦查违法犯罪活动等工作。1936年中共盐池县委成立,同时成立盐池县保卫局;1937年日本侵华战争爆发后,盐池县保卫局改为保卫科;1950年,县保卫科改为公安局。位于花马池西街与政谐南路交会处。

盐池县住房和城乡建设局[Yánchí Xiàn Zhùfáng Hé Chéngxiāng Jiànshè Jú]　主要负责全县的城乡住房规划、建设、监督和验收以及乡村建设。1936年盐池解放,

1937年成立抗日民主政府,下设建设科,一直到1954年。1954年以后盐池县政府下设机构中取消了建设科。1954—1959年,城市房屋归商业局管理。1960—1971年,城镇建设及城镇房屋由城关镇管理。1972年9月,成立盐池县城镇规划房产委员会,1978年改为盐池县基本建设委员会,1982年改为城乡建设局,1984年又更名为城乡建设科,1992年更名为城乡建设局。1998年更名建设局,辖15个单位,分管供水、采暖、环保、规划、村镇建设、施工管理、建筑企业、质量监督、设计、房屋管理、市政建设、环境卫生、绿化、城建监察等。2002年机构改革,供水公司归属水务局,环境保护办公室归属环境保护与林业局。2009年更名为住房和城乡建设局。位于花马池东街93号。

盐池县民政局[Yánchí Xiàn Mínzhèngjú] 1989年,由民政科改为民政局。主要承担全县救灾减灾、社会救助、社会福利和慈善事业、婚姻登记、地名管理、社会组织登记管理、优待抚恤、退伍安置、收养登记等职责。1937年10月,盐池县抗日民主政府成立后,县政府设民政科;1959年3月撤销民政科,同年5月成立劳动工资福利部;1968年2月县革委会成立,设民政组,民政业务纳入生产处;1971年10月设立民政科;1976年10月民政科改为民政局;1984年1月民政局改为民政科;1989年民政科改为民政局至今。位于文化东街25号。

盐池县交通运输局[Yánchí Xiàn jiāotōng Yùnshū Jú] 2009年10月,由盐池县人民政府批准成立。主要负责全县公路交通基础设施规划、建设、养护管理,安全生产,指导运输市场管理工作,承办县政府和自治区交通运输厅交办的其他事项。1979年,盐池县工业交通局分设为交通局和工业局。1984年,交通局、二轻局、工业局3个单位合并为盐池县经济委员会。1989年3月,成立盐池县交通办公室。1990年6月,盐池县交通局成立,隶属县政府。2009年10月,盐池县交通局改为盐池县交通运输局。位于盐州北路113号。

盐池县司法局[Yánchí Xiàn Sīfǎjú] 1981年,由盐池县人民政府批准成立。主要负责全县法律宣传、法律服务、法律保障三大职能。属双重领导部门,对本级人民政府和上一级司法机关负责并报告工作,司法业务以上级司法机关领导为主,行政区域隶属盐池县人民政府。位于鼓楼南街75号。

盐池县水务局[Yánchí Xiàn Shuǐwùjú] 2005年1月,由盐池县人民政府批准成立。主要负责全县水利水保及扬黄工程的规划、勘测、设计、施工和管理,负责水政水资源管理和水行政执法、防汛抗旱、城乡供水等工作。1956年3月,成立盐池县水利科,1957年7月归并盐池县人委农林水牧部。1973年,设立水利电力局,1984年1月更名为盐池县人民政府水利电力科,1990年4月更名为盐池县水利电力局,1997

年9月更名为盐池县水利水保局,2001年11月组建成立盐池县水务局,2005年1月由盐池县水务局和盐池县扬黄灌溉管理局合并组建盐池县水务局。位于文化街25号。

盐池县农牧局[Yánchí Xiàn Nóngmùjú] 2009年,由盐池县人民政府批准更名为盐池县农牧局。主要负责执行国家有关农业和农村经济发展的方针、政策,拟定农业和农村经济发展规划、计划并组织实施,指导农村土地经营管理制度改革、农村产权制度改革,指导粮食、畜禽等主要农产品生产,引导农业产业结构调整和产品品质的改善,负责食用农产品的质量安全监督管理,承担动植物防疫和检疫体系建设,监测分析农业和农村经济运行,组织农业资源区划和调查工作等。1949年,盐池县人民政府设建设科,主管农林水木等业务,下设畜牧兽医站。1952年分设畜牧科,1970年成立农牧局,1978年分设畜牧局,农牧局改为农业局。1990年,盐池县人民政府农业科改称盐池县农机局。2002年6月,全县机构改革,农业局、科委、农机局、乡镇企业局合并,更名为农业与科学技术局。2009年9月更名为盐池县农牧局。位于文化东街87号。

盐池县审计局[Yánchí Xiàn Shěnjìjú] 1983年,由盐池县人民政府批准成立。主要贯彻落实有关法律法规、条例,执行国家审计工作的方针、政策;拟定全县审计发展规划、专业领域审计工作规划、年度审计计划和相关政策并组织实施。重点对本级财政预算执行情况和其他财政收支情况、政府投资项目、基本建设项目、其他单位主要负责人经济责任等进行审计监督。属双重领导部门,对本级人民政府和上一级审计机关负责并报告工作,审计业务以上级审计机关领导为主,行政区划隶属盐池县政府。位于鼓楼南街19号。

盐池县商务和经济技术合作局[Yánchí Xiàn Shāngwù Hé Jīngjì Jìshù Hézuò Jú] 2014年,由盐池县人民政府批准组建。主要负责全县商贸流通、项目督查管理、招商引资、物流服务、市场体系建设、对外贸易管理等工作。盐池县招商局成立于2003年,属县经济贸易局下级单位。2006年7月,盐池县委机构编制委员会印发《盐池县招商局机构编制方案》,审定招商局是政府直属事业单位,为正科级单位;2007年4月,经自治区人事厅厅长办公会议研究决定,批准盐池县招商局参照公务员法管理;2009年9月,招商局从经济贸易局分离单设。2014年12月,根据盐党发〔2014〕30号文件,撤销盐池县招商局,新组建盐池县商务和经济技术合作局。位于盐州南路55号。

民间组织

盐池县红十字会[Yánchí Xiàn Hóngshízìhuì] 隶属盐池县卫生局。2000年6月在吴忠市工商局登记注册成立。主要负责开展爱心等特殊情况下的救助工作。位于振远东街与盐州南路交叉口东北100米处。邮政编码:751500。

盐池县消费者协会[Yánchí Xiàn Xiāofèizhě Xiéhuì] 隶属盐池县工商局。1994年6月,由盐池县工商局批准成立。主要负责宣传有关消费方面的政策、法规,向消费者提供咨询服务,受理消费者生活消费需要购买、使用商品或接受服务方面的投诉。位于民族西街20号。邮政编码:751500。

盐池县陕甘宁边区红色收藏协会[Yánchí Xiàn Shǎngānníng Biānqū Hóngsè Shōucáng Xiéhuì] 隶属盐池县民政局。2013年9月,由盐池县人民政府批准成立。主要负责收藏陕甘宁边区红色物品,研究红色历史,传播红色文化。位于盐州南路75号。邮政编码:751500。

盐池县汽车维修协会[Yánchí Xiàn Qìchē Wéixiū Xiéhuì] 隶属盐池县运管所。1996年5月由,盐池县人民政府批准成立。主要业务为:制定全县汽车维修工艺规范和标准操作规程,组织汽车维修业务员和检验人员的培训等。位于防秋西街盐池县长城驾校内。邮政编码:751500。

盐池县滩羊产业发展协会[Yánchí Xiàn Tānyáng Chǎnyè Fāzhǎn Xiéhuì] 隶属盐池县农牧局。2002年,由盐池县民政局批准成立,2015年更名为盐池县滩羊产业发展协会。主要业务为:开展滩羊产业关键环节技术和滩羊产品研发;制定行业标准;引进人才和开展技术培训;产品广告宣传;组织会员开展经验交流;开展产品推介活动,开拓中、高端市场;行业自律,产品定价;为会员单位的产品进入市场提供各种信息,帮助会员拓展产品销售渠道。位于盐林北路122号。邮政编码:751500。

盐池县长城保护学会[Yánchí Xiàn Chángchéng Bǎohù Xuéhuì] 隶属盐池县文化旅游广播电视局。2004年1月,在盐池县民政局注册成立。主要业务为:组织长城研究、保护宣传,进行长城文化产品的创意与开发等。位于盐州南路115号。邮政编码:751500。

盐池县餐饮饭店协会[Yánchí Xiàn Cānyǐn Fàndiàn Xiéhuì] 隶属盐池宾馆。2016年3月,在盐池县民政局注册成立。主要业务为:培育名优餐饮企业和饭店,开拓市场,挖掘整理盐池县地方特色菜,推介盐池滩羊系列菜肴,组织会员技术比赛及业务培训,开展行评行检。位于花马池东街盐池宾馆三楼。邮政编码:751500。

盐池县革命老区发展促进会[Yánchí Xiàn Gémìng Lǎoqū Fāzhǎn Cùjìnhuì] 隶属盐池县扶贫开发办公室。2007年12月,在盐池县民政局注册成立。主要业务为:促盐池经济社会发展,宣传动员社会各界关心盐池经济发展,为盐池引进人才、技术、资金等。位于花马池西街321号。邮政编码:751500。

盐池县书法家协会[Yánchí Xiàn Shūfǎjiā Xiéhuì] 隶属盐池县文联。2003年11月,在盐池县民政局注册成立。主要业务为:开展交流、培训活动,为书法爱好者提供服务。位于盐池县文联。邮政编码:751500。

盐池县盐州艺术团[Yánchí Xiàn Yánzhōu Yìshùtuán] 隶属盐池县文化旅游广播电视局。2011年5月,在盐池县民政局注册成立。主要业务为:在全县承接艺术活动,定期进行演出,组织培训等。位于文化西街文化艺术馆。邮政编码:751500。

宁夏盐池县法学会[Níngxià Yánchí Xiàn Fǎxuéhuì] 隶属盐池县委政法委。2016年11月,在盐池县民政局注册成立。主要业务为:组织法学、法律工作者,开展法治宣传和普法教育活动,开展多种形式的法律服务,参与社会治理,促进依法治县。位于县城嘉和园。邮政编码:751500。

宁夏盐池救援大队[Níngxià Yánchí Jiùyuán Dàduì] 隶属盐池县民政局。主要业务为:应急救援,地质灾害、户外活动等救援,积极参与政府组织的社会公益救援活动,承接救援相关工程。位于花马池镇北塘新村。邮政编码:751500。

盐池县乒乓球协会[Yánchí Xiàn Pīngpāngqiú Xiéhuì] 隶属盐池县体育局。主要业务为:宣传乒乓球运动,介绍国内外和当地乒乓球信息,激发社会各界关注和投身乒乓球运动。协助、配合县体育行政部门开展乒乓球培训,协助制定规划并承担实施任务,结合全县性竞赛活动,组织本协会人士观摩国内外重大乒乓球赛事,加强与兄弟市、县乒协的交流。位于花马池镇北关居委会。邮政编码:751500。

宁夏盐池县牛记山皮影艺术团[Níngxià Yánchí Xiàn Niújìshān Píyǐng Yìshùtuán] 隶属盐池县文联。2016年8月,在盐池县民政局注册成立。主要业务为:皮影戏演出,民间乐队演出,大秧歌、眉户、现代舞等演出场地布置,道具出租,学员培训。位于王乐井乡牛记山自然村。邮政编码:751502。

盐池县福利彩票发行中心[Yánchí Xiàn Fúlì Cǎipiào fāxíng zhōngxīn]　隶属盐池县民政局。2013年12月,在盐池县民政局注册成立。主要业务为:中福在线即开型彩票销售,福利双色球的销售,福彩3D彩票销售,福彩快3彩票销售。位于花马池西街335号。邮政编码:751500。

盐池县石膏行业协会[Yánchí Xiàn Shígāo Hángyè Xiéhuì]　隶属青山乡政府。2011年4月,在盐池县民政局注册成立。主要业务为:全县石膏行业服务,自律协调和维护企事业及工作者合法权益,协助政府部门加强石膏行业管理。位于青山乡政府院内。邮政编码:751503。

盐池县慈善协会[Yánchí Xiàn Císhàn Xiéhuì]　隶属盐池县民政局。2011年9月,在盐池县民政局注册成立。主要业务为:募集慈善资金,赈灾救助,扶贫济困,慈善救助,公益援助,慈善宣传,交流与合作及其他工作。位于盐池县民政局院内。邮政编码:751500。

花马池镇柳杨堡种养协会[Huāmǎchí Zhèn Liǔyángpù Zhòngyǎng Xiéhuì]　隶属盐池县科学技术协会。2011年12月,在盐池县民政局注册成立。主要业务为:提供科技服务,开创销售渠道,为种植户与消费者搭建联系桥梁。位于柳杨堡村。邮政编码:751500。

盐池县果蔬种植协会[Yánchí Xiàn Guǒshū Zhòngzhí Xiéhuì]　隶属盐池县科学技术协会。2012年5月,在盐池县民政局注册成立。主要业务:为全县水果蔬菜种植户提供科技服务,开创销售渠道,在种植户与消费者之间搭建联系桥梁。位于花马池镇惠泽村。邮政编码:751500。

盐池县花马池镇滩羊养殖协会[Yánchí Xiàn Huāmǎchí Zhèn Tānyáng Yǎngzhí Xiéhuì]　隶属花马池镇政府。主要业务为:滩羊养殖饲草料集中配送,滩羊的统一销售加工。位于花马池镇柳杨堡村。邮政编码:751500。

盐池县大水坑镇滩羊产业发展协会[Yánchí Xiàn Dàshuǐkēng Zhèn Tānyáng Chǎnyè Fāzhǎn Xiéhuì]　隶属大水坑镇政府。主要业务为:滩羊养殖饲草料集中配送,滩羊的统一销售加工。位于大水坑镇。邮政编码:751506。

盐池县惠安堡镇滩羊产业发展联合会[Yánchí Xiàn Huì'ānpù Zhèn Tānyáng Chǎnyè Fāzhǎn Liánhéhuì]　隶属惠安堡镇政府。主要业务为:滩羊养殖饲草料集中配送,滩羊的统一销售加工。位于惠安堡镇惠安堡村。邮政编码:751507。

盐池县高沙窝镇滩羊养殖技术协会[Yánchí Xiàn Gāoshāwō Zhèn Tānyáng Yǎngzhí Jìshù Xiéhuì]　隶属高沙窝镇政府。2013年9月,在盐池县民政局注册成

◎第四部分　党政机关、民间组织、科教文卫体等事业单位

立。主要业务为:提供科技服务,开拓销售渠道,为养殖户与消费者搭建联系桥梁。位于高沙窝镇大圪垯村。邮政编码:751501。

盐池县王乐井乡滩羊产业发展协会[Yánchí Xiàn Wánglèjǐng Xiāng Tānyáng Chǎnyè Fāzhǎn Xiéhuì]　隶属王乐井乡政府。主要业务为:滩羊养殖饲草料集中配送,滩羊的统一销售加工。位于王乐井乡王乐井村。邮政编码:751502。

盐池县冯记沟乡滩羊产业发展协会[Yánchí Xiàn Féngjìgōu Xiāng Tānyáng Chǎnyè Fāzhǎn Xiéhuì]　隶属冯记沟乡政府。主要业务为:滩羊养殖饲草料集中配送,滩羊的统一销售加工。位于冯记沟乡冯记沟村。邮政编码:751504。

盐池县青山乡滩羊养殖协会联合会[Yánchí Xiàn Qīngshān Xiāng Tānyáng Yǎngzhí Xiéhuì Liánhéhuì]　隶属青山乡政府。主要业务为:滩羊养殖饲草料集中配送,滩羊的统一销售加工。位于青山乡青山村。邮政编码:751503。

盐池县麻黄山羊产业发展协会[Yánchí Xiàn Máhuángshān Yángchǎnyè Fāzhǎn Xiéhuì]　隶属麻黄山乡政府。2016年3月,在盐池县民政局注册成立。主要业务为:组织会员培训羊养殖技术、交流羊养殖经验,开展咨询和培育销售工作。位于麻黄山乡国涛养殖园区。邮政编码:751508。

盐池县马铃薯种植协会[Yánchí Xiàn Mǎlíngshǔ Zhòngzhí Xiéhuì]　隶属盐池县科学技术协会。2006年4月,在盐池县科学技术协会注册成立。主要业务为:对周边地区组织提供各种马铃薯种植技术、外销等技术信息服务,开展技术培训。位于麻黄山乡麻黄山村。邮政编码:751508。

盐池县农村经济技术协会联合会[Yánchí Xiàn Nóngcūn Jīngjì Jìshù Xiéhuì Liánhéhuì]　隶属麻黄山乡政府。2016年11月,在盐池县民政局注册成立。主要业务为:为周边地区会员提供各种种植、外销、培训等技术和信息服务。位于麻黄山乡李记畔自然村。邮政编码:751508。

盐池县小杂粮种植技术协会[Yánchí Xiàn Xiǎozáliáng Zhòngzhí Jìshù Xiéhuì]　隶属盐池县科学技术协会。2010年4月,在盐池县民政局注册成立。主要业务:为盐池县南部山区会员提供小杂粮种植、外销等技术和信息服务。位于麻黄山乡。邮政编码:751508

盐池县甘草种植技术协会[Yánchí Xiàn Gāncǎo Zhòngzhí Jìshù Xiéhuì]　隶属盐池县科学技术协会。2007年10月,在盐池县科学技术协会注册成立。主要业务为:宣传畜牧业政策,组织开展甘草种植技术推广和经济协作。位于县城地毯厂东原石膏厂院内。邮政编码:751500。

科教文卫体等事业单位

科研单位

盐池县农牧科学研究所[Yánchí Xiàn Nóngmù Kēxué Yánjiūsuǒ] 隶属盐池县科技局。位于县城解放街3号。1976年,由盐池县人民政府批准成立。主要负责盐池县滩羊分阶段饲养、多功能饲料开发和草畜高效转化研究推广工作以及盐池县设施农业科技示范基地科研项目的实施、技术示范和推广工作。邮政编码:751500。

盐池县草原实验站[Yánchí Xiàn Cǎoyuán Shíyànzhàn] 隶属盐池县人民政府。位于大水坑镇长庆南路5号。现有实验基地1894.8公顷。1959年由盐池县人民政府批准成立,同年6月,自治区政府机构改革,草原站隶属自治区农牧厅。2007年,草原站由自治区农牧厅移交县政府直接管理,为县政府正科级科研事业单位。主要负责天然草地检测、保护改良建设,牧草品种引进,以及以滩羊为主的畜牧科研及推广工作。邮政编码:751506。

宁夏饲草与草原研究国际合作基地[Níngxià Sìcǎo Yǔ Cǎoyuán Yánjiū Guójì Hézuò Jīdì] 2015年,在盐池县工商局注册成立。位于大水坑镇滩羊选育场。主要从事饲草种植研究。邮政编码:751506。

宁夏盐池甘草国际研究院[Níngxià Yánchí Gāncǎo Guójì Yánjiūyuàn] 隶属盐池县科学技术局。2016年3月,在盐池县工商局注册成立。主要业务为:甘草及中药材产业的学术研究、技术开发、技术成果转化及市场推广,甘草及中药材产业领域咨询服务,对外交流合作与技术培训,承担各级政府部门、企业及其他机构和社会团体的专项课题与科研项目。位于盐池县青年孵化园。邮政编码:751500。

◎第四部分　党政机关、民间组织、科教文卫体等事业单位

教育单位

宁夏行政学校盐池分校［Níngxià Xíngzhèng Xuéxiào Yánchí Fēnxiào］　隶属盐池县委党校。位于县城盐州南路182号。由盐池县委、县政府批准成立。主要负责行政方面教学。邮政编码：751500。

自治区党校盐池分校［Zìzhìqū Dǎngxiào Yánchí Fēnxiào］　隶属盐池县委。位于县城盐州南路182号。1959年成立,1993年成立中央党校函授辅导站,1999年,参照公务员法管理改革。2002年,盐池县行政学校成立,2007年参照公务员的事业单位重新进行登记。主要负责培养县内各级党员干部。邮政编码：751500。

盐池县第一中学［Yánchí Xiàn Dì-yī Zhōngxué］　隶属盐池县教育体育局。位于县城永清南路24号。学校占地面积6.33公顷,建筑面积21236平方米,教学及辅助用房面积9794平方米,办公用房面积2717平方米,生活用房面积8725平方米。1955年,由盐池县人民政府批准成立,2010年与原盐池一中分离为初级中学,2014年进行改扩建。主要负责13—15周岁少年初中教育教学工作及教育体育局交办的其他工作。邮政编码：751500。

盐池高级中学［Yánchí Gāojí Zhōngxué］　隶属盐池县教育体育局。位于县城盐林南路。学校占地面积40.02公顷,建筑面积67889平方米,教学及辅助用房面积36270平方米,办公用房面积3238平方米,生活用房面积28083平方米。2009年,原盐池一中高中部、盐池二中和实验中学合并组建盐池高级中学。主要负责全县16—18周岁少年普通高中教育教学工作及教育体育局交办的其他工作。邮政编码：751500。

盐池县第三中学［Yánchí Xiàn Dì-sān Zhōngxué］　隶属盐池县教育体育局。位于县城振远西街与政谐南路交叉口东南150米。学校占地面积6.72公顷,建筑面积27452平方米,教学及辅助用房面积9895平方米,办公用房面积4154平方米,生活用房面积13403平方米。1975年,由盐池县人民政府批准成立,2014年搬迁至广惠西街。主要负责13—15周岁少年初中教育教学工作及教育体育局交办的其他工作。邮政编码：751500。

自治区标准化一级示范学校——盐池高级中学

盐池县第五中学[Yánchí Xiàn Dì-wǔ zhōngxué] 隶属盐池县教育体育局。位于县城文化街129号。学校占地面积7.95公顷,建筑面积16191平方米,教学及辅助用房面积8379平方米,办公用房面积2526平方米,生活用房面积5286平方米。2004年,由盐池县人民政府批准成立。主要从事13—15周岁少年初中教育教学工作及教育体育局交办的其他工作。邮政编码:751500。

盐池县职业中学[Yánchí Xiàn Zhíyè Zhōngxué] 隶属盐池县教育体育局。位于县城广惠西街1号。学校占地面积5.2公顷,建筑面积5719平方米,办公用房面积386平方米,生活用房面积1196平方米。1982年,由自治区教育厅和盐池县人民政府批准成立。主要负责全县16—18周岁少年职业教育,新增劳动力职业技能培训、农民工技能培训、鉴定及教育体育局交办的其他工作。邮政编码:751500。

盐池县第一小学[Yánchí Xiàn Dì-yī Xiǎoxué] 隶属盐池县教育体育局。位于县城福清路。学校占地面积2.01公顷,建筑面积9180平方米,教学及辅助用房面积6830平方米,办公用房面积1357平方米,生活用房面积993平方米。1918年,成立盐池县高等小学,1936年更名为盐池县完全小学,1968年与盐池中学合并为盐池县电厂五七学校,1972年更名为盐池县第一小学,2014年进行改扩建。主要负责6—12周岁适龄儿童小学教育教学工作及教育体育局交办的其他工作。邮政编码:751500。

盐池县城西滩小学[Yánchí Xiàn Chéngxītān Xiǎoxué] 隶属盐池县教育体育局。位于花马池镇田记掌村城西滩移民新村。学校占地2.25公顷,建筑面积3441平方米,教学及辅助用房1570平方米、生活用房1433平方米,办公用房438平方米。2002年,由盐池县人民政府批准成立。主要负责城西滩移民新村5—6周岁适龄儿童学前和小学教育教学工作及教育体育局交办的其他工作。邮政编码:751500。

盐池县长城希望小学[Yánchí Xiàn Chángchéng Xīwàng Xiǎoxué] 隶属盐池县教育体育局。位于县城长城南路。学校占地面积1.96公顷,建筑面积10359平方米,教学及辅助用房面积6883平方米,办公用房面积2148平方米,生活用房面积1328平方米。1972年,成立盐池县第二小学,1976年更名为盐池县城关七年制学校,1995年更名为盐池县长城希望小学。主要负责城区6—12周岁儿童小学教育教学工作及教育体育局交办的其他工作。邮政编码:751500。

盐池县第三小学[Yánchí Xiàn Dì-sān Xiǎoxué] 隶属盐池县教育体育局。位于县城广惠东街26号。学校占地面积33335平方米,建筑面积14141平方米,教学及辅助用房面积6639平方米,办公用房面积2799平方米,生活用房面积4730平方米。专任教职工88人。2004年,由盐池县人民政府批准成立。主要负责6—12周岁儿童小学教育教学工作及教育体育局交办的其他工作。邮政编码:751500。

盐池县第四小学[Yánchí Xiàn Dì-sì Xiǎoxué] 隶属盐池县教育体育局。位于县城福州北路东侧。学校占地面积2.43公顷,建筑面积6503平方米,教学及辅助用房面积2330平方米,办公用房面积783平方米,生活用房面积3390平方米。1993年,成立柳杨堡北环路小学,2004年更名为盐池县第四小学。主要承担北园子片区5—12岁儿童学前、小学教育以及教育体育局交办的其他工作。邮政编码:751500。

盐池县第三小学

盐池县第五小学[Yánchí Xiàn Dì-wǔ Xiǎoxué] 隶属盐池县教育体育局。位于县城振兴路西侧。学校占地面积9.31公顷,建筑面积8445平方米,教学及辅助用房面积6884平方米,办公用房面积1032平方米,生活用房面积824平方米。2010年,由盐池县人民政府批准成立,2015年进行了扩建。主要负责6—12周岁适龄儿童小学教育教学工作及教育体育局交办的其他工作。邮政编码:751500。

盐池县第一幼儿园[Yánchí Xiàn Dì-yī Yòu'éryuán] 隶属盐池县教育体育局。位于县城东门外功能区内。学校占地面积5420平方米,建筑面积4528平方米,教学及辅助用房面积4248平方米,办公用房面积200平方米,生活用房面积80平方米。1973年,由盐池县人民政府批准成立。主要负责3—6周岁儿童学前教育教学工作及教育体育局交办的其他工作。邮政编码:751500。

盐池县第二幼儿园[Yánchí Xiàn Dì-èr Yòu'éryuán] 隶属盐池县教育体育局。位于县城振远西街南侧。学校建筑面积3718平方米,教学及辅助用房面积3186平方米,办公用房面积360平方米,生活用房面积400平方米。雇用教职工40人。1995年,由盐池县人民政府批准成立,2014年迁建至县城新区办学。主要负责3—6周岁儿童学前教育及教育体育局交办的其他工作。邮政编码:751500。

盐池县拥军路幼儿园[Yánchí Xiàn Yōngjūnlù Yòu'éryuán] 隶属盐池县教育体育局。位于县城福州路西150米。学校占地5.54公顷,建筑面积1149平方米,教学及辅助用房面积761平方米,办公用房面积96平方米,生活用房面积292平方米。2002年,原拥军路小学更名为盐池县拥军路幼儿园,2014年进行了改扩建,是区级二类幼儿园。主要负责迁户小区3—6周岁儿童学前教育教学工作及教育体育局交办的其他工作。邮政编码:751500。

盐池县花马池镇南苑幼儿园[Yánchí Xiàn Huāmǎchí Zhèn Nányuàn Yòu'éryuán] 隶属盐池县教育体育局。位于花马池镇长城村。学校占地面积1.14公顷,校舍建筑面积1280平方米,教学及辅助用房面积960平方米,办公用房面积160平方米,生活用房面积120平方米。2009年,因全县8个乡镇移民集中搬迁至南苑新村,配套建设花马池镇南苑幼儿园。主要负责南苑社区3—6周岁儿童保育教育工作及教育体育局交办的其他工作。邮政编码:751500。

盐池县北塘幼儿园[Yánchí Xiàn Běitáng Yòu'éryuán] 隶属盐池县教育体育局。位于花马池镇沟沿村北塘移民新村。学校占地5600平方米,建筑面积951平方米,教学及辅助用房444平方米,生活用房80平方米,办公用房120平方米。2012年,由盐池县人民政府批准成立。主要负责北塘社区3—6周岁儿童学前教育工作及教育体育局交办的其他工作。邮政编码:751500。

盐池县星阳幼儿园[Yánchí Xiàn Xīngyáng Yòu'éryuán] 隶属盐池县教育体育局。位于县城文化街97-52号。学校占地面积1.1公顷,建筑面积5500平方米,教学及辅助用房面积2535平方米,办公用房面积560平方米,生活用房面积1368平方米。2002年,由盐池县教育体育局批准成立。主要负责城区3—6周岁儿童学前教育教学工作及教育体育局交办的其他工作。邮政编码:751500。

盐池县艺术幼儿园[Yánchí Xiàn Yìshù Yòu'éryuán] 隶属盐池县教育体育局。位于县城盐林南路西侧。学校占地面积5065平方米,建筑面积1739平方米,教学及辅助用房面积1544平方米,办公用房面积40平方米,生活用房面积120平方米。2002年,由盐池县教育体育局批准成立。主要负责3—6周岁儿童学前教育教学工作及教育体育局交办的其他工作。邮政编码:751500。

盐池县星辰幼儿园[Yánchí Xiàn Xīngchén Yòu'éryuán] 隶属盐池县教育体育局。位于县城龙辰苑小区。学校占地面积2670平方米,建筑面积2000平方米,教学及辅助用房面积1362平方米,办公用房面积72平方米,生活用房面积120平方米。2012年,由盐池县教育体育局批准成立。主要负责龙辰苑小区及周边3—6岁儿童学前教育教学工作及教育体育局交办的其他工作。邮政编码:751500。

盐池县天使特殊教育中心[Yánchí Xiàn Tiānshǐ Tèshū Jiàoyù Zhōngxīn] 隶属盐池县教育体育局。位于县城花马池东街北侧。学校占地面积1998平方米,建筑面积1100平方米,教学及教辅用房650平方米,办公用房150平方米,生活用房面积150平方米。2015年经政府协调批准,利用原看守所房舍设立盐池县天使特殊教育中心。主要负责全县8—17周岁残疾儿童义务阶段教育教学工作及教育体育局交办的其他工作。邮政编码:751500。

盐池县第四中学[Yánchí Xiàn Dì-sì Zhōngxué] 隶属盐池县教育体育局。位于大水坑镇育才路70号。学校占地面积6.08公顷,建筑面积11981平方米,教学及辅助用房面积6255平方米,办公用房面积968平方米,生活用房面积4758平方米。1996年,从原盐池二中初中部分离成立,2004年迁至原长庆四中办学,并命名为盐池县第四中学。主要负责大水坑镇、麻黄山乡13—15周岁少年初中教育教学及教育体育局交办的其他工作。邮政编码:751506。

大水坑第一小学[Dàshuǐkēng Dì-yī Xiǎoxué] 隶属盐池县教育体育局。位于大水坑镇兴盛东街138号。学校占地面积1.59公顷,校舍占地面积7593平方米,教学及辅助用房面积2219平方米。1950年,成立大水坑中心小学,2005年更名为大水坑第一小学。主要负责镇区 7—12 周岁适龄儿童小学教育教学工作及教育体育局交办的其他工作。邮政编码：751506。

大水坑第二小学[Dàshuǐkēng Dì-èr Xiǎoxué]　隶属盐池县教育体育局。位于大水坑镇兴盛西街 157 号。学校占地面积 4620 平方米，校舍建筑面积 10230 平方米，教学及辅助用房面积 5063 平方米，办公用房面积 1096 平方米，生活用房面积 4071 平方米。2005 年，由盐池县人民政府批准成立。主要负责大水坑镇农村和镇区西部片区 7—12 周岁儿童教育教学工作和教育体育局交办的其他工作。邮政编码：751506。

大水坑镇幼儿园[Dàshuǐkēng Zhèn Yòu'éryuán]　隶属盐池县教育体育局。位于大水坑镇大水坑村。学校占地面积 1.34 公顷，校舍建筑面积 5383 平方米，教学及辅助用房面积 3973 平方米，生活用房面积 307 平方米，办公用房面积 674 平方米。1986 年，在原长庆采油三厂幼儿园基础上成立，2014 年进行了改扩建，2015 年秋季投入使用，是区级二类幼儿园。主要负责镇区石油社区 3—6 周岁幼儿学前教育及教育体育局交办的其他工作。邮政编码：751506。

大水坑第二幼儿园[Dàshuǐkēng Dì-èr Yòu'éryuán]　隶属盐池县教育体育局。位于大水坑镇大水坑村。学校占地面积 7326 平方米，校舍建筑面积 2560 平方米，教学及辅助用房面积 2045 平方米，生活用房面积 119 平方米，办公用房面积 258 平方米。2012 年，在盐池县第二医院旧址新建。主要负责大水坑镇 3—6 周岁学前教育教学及教育体育局交办的其他工作。邮政编码：751506。

惠安堡中学[Huì'ānpù Zhōngxué]　隶属盐池县教育体育局。位于惠安堡镇惠安南路 36 号。学校占地面积 3.43 公顷，校舍建筑面积 9841 平方米，教学及辅助用房面积 3372 平方米，办公用房面积 842 平方米，生活用房面积 5627 平方米。1968 年，由盐池县人民政府批准成立，1976 年增设普通高中教育，1980 年撤销普通高中部，成为初级中学。主要负责惠安堡镇 13—15 周岁少年初中教育教学及教育体育局交办的其他工作。邮政编码：751507。

惠安堡中心小学[Huì'ānpù Zhōngxīn Xiǎoxué]　隶属盐池县教育体育局。位于惠安堡镇兴惠街 158 号。学校占地面积 3.81 公顷，校舍建筑面积 11153 平方米，教学及辅助用房面积 5014 平方米，办公用房面积 868 平方米，生活用房面积 5271 平方米。1967 年，由盐池县人民政府批准成立。主要负责惠安堡镇杨儿庄村、老盐池村、惠安堡村、惠安堡街道片区 6—12 周岁儿童小学教育教学及教育体育局交办的其他工作。邮政编码：751507。

惠安堡镇灌区第一小学[Huì'ānpù Zhèn Guànqū Dì-yī Xiǎoxué]　隶属盐池县

教育体育局。位于惠安堡镇杜记沟村。学校占地面积1.96公顷,校舍建筑面积2115平方米,教学及辅助用房面积798平方米,办公用房面积234平方米,生活用房面积1082平方米。1997年,由盐池县人民政府批准成立。主要负责惠安堡镇杜记沟村、狼布掌村、四股泉村及移民吊庄5—12周岁儿童学前、小学教育教学工作及教育体育局交办的其他工作。邮政编码:751507。

惠安堡镇幼儿园[Huì'ānpù Zhèn Yòu'éryuán] 隶属盐池县教育体育局。位于惠安堡镇兴惠街129号。学校占地面积4200平方米,建筑面积2200平方米,教学及辅助用房面积1200平方米,办公用房170平方米,生活用房面积200平方米。1990年,由盐池县人民政府批准成立。2009年,由政府出资扩建后投入使用,2015年通过区级二类幼儿园复验。主要负责惠安堡镇3—6周岁儿童保育教育及教育体育局交办的其他工作。邮政编码:751507。

惠安堡镇隰宁堡生态移民新村小学[Huì'ānpù Zhèn Xíníngpù Shēngtài Yímín Xīncūn Xiǎoxué] 隶属盐池县教育体育局。位于惠安堡镇南惠宛村。学校占地面积9000平方米,建筑面积3300平方米,教学及辅助用房面积1320米,办公用房面积760平方米,生活用房面积400平方米。2014年,由盐池县人民政府批准成立,同年惠安堡镇隰宁堡生态移民新村小学与当地幼儿园合并办公,2015年秋季搬至现址。主要负责惠安堡镇惠宛村(生态移民新村)片区6—12周岁儿童小学教育教学及教育体育局交办的其他工作。邮政编码:751507。

惠安堡镇萌城完全小学[Huì'ānpù Zhèn Méngchéng Wánquán Xiǎoxué] 隶属盐池县教育体育局。位于惠安堡镇萌城村。学校占地面积8360平方米,建筑面积1502平方米,教学及辅助用房面积772平方米,办公用房面积72平方米,生活用房面积658平方米。1958年,成立盐池县萌城小学,2004年更名为萌城一贯制学校,2008年更名为惠安堡镇萌城完全小学。主要负责萌城、四股泉、杏树梁和林记口子村5—12周岁儿童学前和小学教育工作及教育体育局交办的其他工作。邮政编码:751507。

惠安堡镇隰宁堡移民新村幼儿园[Huì'ānpù Zhèn Xíníngpù Yímín Xīncūn Yòu'éryuán] 隶属盐池县教育体育局。位于惠安堡镇惠宛新村。学校占地面积1公顷,建筑面积4610平方米,教学及辅助用房面积3610平方米,办公用房面积400平方米,生活用房面积100平方米。2013年,由盐池县人民政府批准成立。主要负责惠安堡镇惠宛村(生态移民新村)3—6周岁儿童保育教育工作及教育体育局交办的其他工作。邮政编码:751507。

花马池镇郭记沟教学点[Huāmǎchí Zhèn Guōjìgōu Jiàoxuédiǎn]　隶属盐池县教育体育局。位于花马池镇郭记沟村。学校占地面积1.05公顷,校舍建筑面积485平方米,教学及辅助用房面积140平方米,生活用房面积345平方米。1968年,成立花马池镇郭记沟完全小学,2014年变更为花马池镇郭记沟教学点。主要承担郭记沟村5—9周岁儿童学前、小学教育教学及教育体育局交办的其他工作。邮政编码:751500。

王乐井乡中心小学[Wánglèjǐng Xiāng Zhōngxīn Xiǎoxué]　隶属盐池县教育体育局。位于王乐井乡王乐井村。学校占地面积2.48公顷,校舍建筑面积2254平方米,教学及辅助用房面积12543平方米,办公用房面积243平方米,生活用房面积777平方米。1964年,由盐池县人民政府批准成立,2006年与初级中学合并为九年制,2010年初中部合并至盐池一中,恢复盐池县王乐井乡中心小学。主要负责王乐井乡5—12周岁儿童学前和小学教育教学及教育体育局交办的其他工作。邮政编码:751502。

王乐井乡官滩完全小学[Wánglèjǐng Xiāng Guāntān Wánquán Xiǎoxué]　隶属盐池县教育体育局。位于王乐井乡官滩村。1961年,由盐池县人民政府批准成立。主要负责官滩村5—12周岁儿童学前和小学教育教学及教育体育局交办的其他工作。邮政编码:751502。

王乐井乡鸦儿沟完全小学[Wánglèjǐng Xiāng Yā'ergōu Wánquán Xiǎoxué]　隶属盐池县教育体育局。位于王乐井乡鸦儿沟村。学校占地面积1.28公顷,建筑面积846平方米,教学及辅助用房面积846平方米,办公用房面积22平方米,生活用房面积451平方米。1964年,由盐池县人民政府批准成立,2003年更名为王乐井乡鸦儿沟完全小学。主要负责鸦儿沟村5—12周岁儿童学前和小学教育教学及教育体育局交办的其他工作。邮政编码:751502。

冯记沟乡马儿庄小学[Féngjìgōu Xiāng Mǎ'erzhuāng Xiǎoxué]　隶属盐池县教育体育局。位于冯记沟乡马儿庄村。学校占地面积7124平方米,建筑面积935平方米,教学及辅助用房面积386平方米,办公用房面积176平方米,生活用房面积373平方米。1958年,由盐池县人民政府批准成立。1968年,马儿庄小学增设初中部,称七年制学校。1976—1978年,增设高中班一届。1981年,从七年制学校分离为马儿庄公社中心小学,2003年更名为马儿庄小学。主要负责马儿庄5周岁儿童学前教育和6—12周岁适龄儿童小学教育教学及教育体育局交办的其他工作。邮政编码:751504。

冯记沟井沟教学点[Féngjìgōu Jǐnggōu Jiàoxuédiǎn]　隶属盐池县教育体育局。位于冯记沟乡井沟村。学校占地5400平方米,建筑面积641平方米,教学及辅助用房392平方米,生活用房249平方米。1952年,由盐池县人民政府批准成立,1975年更名为回六庄中学,1982年更名为冯记沟井沟教学点。主要负责井沟村5周岁儿童学前教育和6—9周岁儿童1—3年级小学教育教学工作。邮政编码:751504。

冯记沟中心小学[Féngjìgōu Zhōngxīn Xiǎoxué] 隶属盐池县教育体育局。位于冯记沟乡冯记沟村。学校占地面积2.19公顷,校舍建筑面积2520平方米,教学及辅助用房面积1295平方米,办公用房279平方米,生活用房946平方米。1958年,由盐池县人民政府批准成立。主要负责冯记沟乡6—12周岁儿童小学教育教学及教育体育局交办的其他工作。邮政编码:751504。

冯记沟乡苏商希望幼儿园[Féngjìgōu Xiāng Sūshāng Xīwàng Yòu'éryuán] 隶属盐池县教育体育局。位于冯记沟乡冯记沟村。学校占地面积1.01公顷,校舍建筑面积2446平方米,教学及辅助用房面积1849平方米,生活用房面积234平方米,办公用房面积363平方米。1999年,成立冯记沟乡幼儿园。2014年,江苏商会宁夏分会会长王震同志捐助100万元迁建后更名为冯记沟乡苏商希望幼儿园。主要负责冯记沟乡3—6周岁儿童学前教育工作及教育体育局交办的其他工作。邮政编码:751504。

青山中心小学[Qīngshān Zhōngxīn Xiǎoxué] 隶属盐池县教育体育局。位于青山乡青山村。2000年,由盐池县教育体育局批准成立。主要负责青山乡5周岁儿童学前及6—9周岁1—3年级小学教育教学工作和教育体育局交办的其他工作。邮政编码:751503。

青山乡旺四滩教学点[Qīngshān Xiāng Wàngsìtān Jiàoxuédiǎn] 隶属盐池县教育体育局。位于青山乡旺四滩村。学校占地面积4760平方米,建筑面积280平方米,教学及辅助用房面积120平方米,办公用房面积40平方米,生活用房面积120平方米。2005年,由盐池县教育体育局批准成立。主要负责青山乡旺四滩村5周岁儿童学前及6—9周岁1—3年级小学教育教学工作和教育体育局交办的其他工作。邮政编码:751503。

青山乡营盘台教学点[Qīngshān Xiāng Yíngpántái Jiàoxuédiǎn] 隶属盐池县教育体育局。位于青山乡营盘台村。学校占地面积3843平方米,建筑面积420平方米,教学及辅助用房面积140平方米,办公用房40平方米,生活用房面积240平方米。1958年,由盐池县人民政府批准成立,2014年更名为青山乡营盘台教学点。主要负责青山乡营盘台村5—9周岁儿童的学前和小学教育教学工作及教育体育局交办的其他工作。邮政编码:751503。

青山幼儿园[Qīngshān Yòu'éryuán] 隶属盐池县教育体育局。位于青山乡青山村。学校占地面积4200平方米,建筑面积525平方米,教学及辅助用房面积360平方米,办公用房29平方米,生活用房36平方米。2000年,由盐池县教育体育局批准成立,2010年与青山中心小学合并办学,2015年在今青山中心小学校园内新建。主要负责青山乡3—6周岁儿童的学前保育教育工作和教育体育局交办的其他工作。邮政编码:751503。

麻黄山中心小学[Máhuángshān Zhōngxīn Xiǎoxué] 隶属盐池县教育体育局。位于麻黄山乡麻黄山村。占地面积1.58公顷,建筑面积1449平方米,教学及辅助用房面积589平方米,办公用房面积173平方米,生活用房面积687平方米。1956年,由盐池县人民政府批准成立,1980年更名为麻黄山中心小学。主要负责麻黄山乡7—12周岁儿童小学教育教学及教育体育局交办的其他工作。邮政编码:751508。

麻黄山乡前塬教学点[Máhuángshān Xiāng Qiányuán Jiàoxuédiǎn] 隶属盐池县教育体育局。位于麻黄山乡松记水村。学校占地面积350平方米,建筑面积69平方米,教学及辅助用房面积36平方米,生活用房面积15平方米,办公用房面积18平方米。1975年,成立麻黄山前塬民办小学,2003年更名为麻黄山乡前塬教学点。主要负责松记水村5—9周岁学前、小学教学工作及教育体育局交办的其他工作。邮政编码:751508。

麻黄山乡后洼教学点[Máhuángshān xiāng Hòuwā Jiàoxuédiǎn] 隶属盐池县教育体育局。位于麻黄山乡后洼村。学校占地9600平方米,建筑面积1225平方米,教学及辅助用房574平方米,生活用房391平方米,办公用房224平方米。1982年,由盐池县人民政府批准成立,2003年更名为麻黄山乡后洼完全小学,2014年更名为麻黄山乡后洼教学点。主要负责后洼村5—12周岁儿童学前教育和小学教育教学及教育体育局交办的其他工作。邮政编码:751508。

麻黄山乡幼儿园[Máhuángshān Xiāng Yòu'éryuán] 隶属盐池县教育体育局。位于麻黄山乡麻黄山村。学校占地面积1200平方米,建筑面积425平方米,教学及辅助用房面积191平方米,办公用房面积94平方米,生活用房面积80平方米。2007年,由盐池县教育体育局批准成立,同年与麻黄山中心小学合并办学。主要负责麻黄山乡3—6周岁儿童学前教育及教育体育局交办的其他工作。邮政编码:751508。

盐池县启航幼儿园[Yánchí Xiàn Qǐháng Yòu'éryuán] 2012年,在盐池县工商行政管理局注册成立盐池县幸福幼儿园,2014年更名为盐池县启航幼儿园。位于县城永青苑小区。学校占地面积1278平方米,建筑面积858平方米,教学及辅助用房面积515平方米,办公用房面积58平方米,生活用房面积120平方米。主要从事相应

◎第四部分　党政机关、民间组织、科教文卫体等事业单位

片区3—6周岁儿童学前教育教学工作。邮政编码:751500。

三为文化教育培训中心[Sānwéi Wénhuà Jiàoyù Péixùn Zhōngxīn]　在盐池县工商管理局注册成立。位于县城体育南巷。主要从事文化教育培训。邮政编码:751500。

中国语言朗读教师培训基地[Zhōngguó Yǔyán Lǎngdú Jiàoshī Péixùn Jīdì]　在盐池县教育体育局注册成立。位于县城文化街与盐州南路交叉口南行50米。主要从事教师的语言朗读培训。邮政编码:751500。

北京金喇叭艺术学校[Běijīng Jīnlǎba Yìshù Xuéxiào]　在盐池县教育体育局注册成立。位于县城文化街与盐州南路南行50米路东。主要从事艺术方面教育等业务。邮政编码:751500。

七彩艺校[Qīcǎi Yìxiào]　在盐池县教育体育局注册成立。位于县城文化街与盐州南路交叉口南行50米路东。主要从事艺术方面的教学。邮政编码:751500。

银川小博士外国语学校[Yínchuān Xiǎobóshì Wàiguóyǔ Xuéxiào]　在盐池县教育体育局注册成立。位于县城盐州南路与解放街交叉口北行250米。主要从事中小学生外语、口语教育教学工作。邮政编码:751500。

银川先河教育[Yínchuān Xiānhé Jiàoyù]　在盐池县教育体育局注册成立。位于县城盐州南路与解放街交叉口北行300米。主要从事中小学教育教学、辅导等业务。邮政编码:751500。

银川小博士外国语学校盐池二分校[Yínchuān Xiǎobóshì Wàiguóyǔ Xuéxiào Yánchí 2 Fēnxiào]　在盐池县工商行政管理局注册成立。位于县城长城北路。主要从事中小学生外语、口语教育教学工作。邮政编码:751500。

中央电视台小主持人指定培训基地[Zhōngyāng Diànshìtái Xiǎozhǔchírén Zhǐdìng Péixùn Jīdì]　由盐池县教育体育局批准成立。位于文化街与盐州南路交叉口南行50米。主要负责小主持人的培训工作。邮政编码:751500。

宁夏跆拳道协会指定培训基地[Níngxià Táiquándào Xiéhuì Zhǐdìng Péixùn Jīdì]　由盐池县教育体育局批准成立。位于县城文化街与盐州南路交叉口南行50米路东。主要负责跆拳道的培训。邮政编码:751500。

文化设施

盐池县全民健身活动中心[Yánchí Xiàn Quánmín Jiànshēn Huódòng Zhōngxīn] 位于县城文化街以南、振远街以北、北环路以东。建设于2015年。占地56700平方米，由看台、400米标准化运动场及附属设施组成，看台建筑面积12961平方米（其中布设商业网点面积3782平方米），设计座位10280座；附属工程主要有室外羽毛球场、篮球场、停车场等配套设施。该中心可承接一般性赛事，是集全民健身、体育训练、体育教学、体育娱乐、各类会展等功能于一体的综合性活动场所。

盐池县全民健身活动中心

盐池县图书馆[Yánchí Xiàn Túshūguǎn] 位于县城花马池东街，创建于1979年，2000年建新馆，2001年建成，面积1400平方米。馆内设有成人借阅室、阅览室、少儿借阅室、电子阅览室、采编室、资料室、农村书库等。有阅览座位60个，馆藏图书7万册、电子图书音像制品近300种。年订期刊300余种、报纸30余种。有8个乡镇图书室的图书借阅业务，在县消防救援大队、看守所等建立了图书流动点，定期无偿配送图书。同时开办农家书屋，有109个基层网点，书刊借阅15万册。

盐池县文化馆[Yánchí Xiàn Wénhuàguǎn] 位于县城文化西街，2013年始建，2015年建成，建筑面积8300平方米。工程设计为三层框架结构，概算投资3690万元。整体建筑功能布局齐全、科学合理,一层有容纳700名观众的大型剧场,1000平方米的大型展厅,2个5D数字影厅及中型排练厅、贵宾厅、道具室、演员化妆室、更衣室、健身活动室等,二层设置创作室、培训室、群文辅导室等15个功能室,三层为行政办公区域。

王乐井乡综合文化站[Wánglèjǐng Xiāng Zōnghé Wénhuàzhàn] 位于王乐井乡王乐井村。1980年,由盐池县政府批准成立。主要负责王乐井乡文化宣传工作。

盐州园[Yánzhōu Yuán] 位于县城盐林北路东、福州北路西。面积10.14公顷,沿用原名。

盐州园

西园[Xī Yuán] 位于花马池古城西城墙外侧,面积2.52公顷,规划待建。因位于花马池古城西城墙外侧,故名西园,与南城墙外侧南园相呼应。

怡和园[Yíhé Yuán] 位于县城盐州南路与解放街交叉口西南方向。因寓意安怡、和谐而得名。

盐池旱地沙生植物园[Yánchí Hàndì Shāshēng Zhíwùyuán] 位于青银高速北、治沙路西。沿用原名。

朔园[Shuò Yuán] 位于花马池西街南、盐州南路西。面积0.41公顷,原名街心公园,规划命名朔园,因盐池为宁夏门户,古有"控扼朔方"之说,今取一"朔"字。

方园[Fāng Yuán] 位于花马池东街南、盐州南路东。面积0.41公顷,原名街心公园,规划命名方园,因盐池为宁夏门户,古有"控扼朔方"之说,今取一"方"字。

扼园[È Yuán] 位于花马池东街北、盐州北路东。面积0.39公顷,原名街心公园,规划命名扼园,因盐池为宁夏门户,古有"控扼朔方"之说,今取一"扼"字。

控园[Kòng Yuán]　位于花马池西街北、盐州北路西。面积 0.48 公顷,原名街心公园,规划命名控园,因盐池为宁夏门户,古有"控扼朔方"之说,今取一"控"字。

盐池古长城遗址公园[Yánchí Gǔchángchéng Yízhǐ Gōngyuán]　位于平安大道东、盐林北路西、民族西街北、防秋西街南。

广惠园[Guǎnghuì Yuán]　位于盐州南路东、广惠东街两侧、盐池第三小学西。沿用原名。

威胜园[Wēishèng Yuán]　位于民族东街南、鼓楼北路东、安定街北、东城墙以西。面积 12.25 公顷,沿用原名。

盐池公园[Yánchí Gōngyuán]　位于花马池古城东南角内、永清南路东。沿用原名。

花马寺国家级森林公园[Huāmǎsì Guójiājí Sēnlín Gōngyuán]　位于平安大道东、定武高速公路西、凝翠东街南、太中银铁路定银联络线北。面积 5000 公顷,沿用原名。

解放公园[Jiěfàng Gōngyuán]　位于永清路东侧、盐池县第一中学北侧,西侧、南侧被花马池古城墙环绕。1952 年 4 月建立并命名为盐池县烈士陵园。2016 年 5 月 10 日政府第 49 次常务会议决定更名,保留革命历史元素,公园大门正对解放街,故名为解放公园。

长城公园[Chángchéng Gōngyuán]　位于盐林北路与 307 国道的交叉口西北方向,2015 年改建至今,占地面积 33 公顷,因公园内有段长城及长城关的存在,又是居民休闲娱乐的地方,故名长城公园。

张家场博物馆[Zhāngjiāchǎng Bówùguǎn]　位于花马池镇东塘张家场自然村,2012 年开建,2013 年建成,因地处张家场,故名张家场博物馆。占地 10000 平方米,建筑面积 2260.6 平方米,主体层数为 1 层,主体高度 17 米,管理单位为盐池县文化旅游广电局。2013 年,由盐池县文化和旅游局审批设立。主要用于文物展览。

◎第四部分　党政机关、民间组织、科教文卫体等事业单位

其他事业单位

宁夏回族自治区盐业管理局盐池县分局[Níngxià Huízú Zìzhìqū Yányè Guánlǐjú Yánchí Xiàn Fēnjú]　位于县城民族东街1号。1973年成立盐池县饮食服务公司。2000年,盐池县饮食服务公司与盐池县盐业管理局更名为宁夏回族自治区盐池县盐业公司和宁夏回族自治区盐业管理局盐池县分局。主要负责食盐、工业盐批发,并具有行政执法权限,管理全县盐业市场。邮政编码:751500。

盐池县滩羊肉产品质量监督检查站[Yánchí Xiàn Tānyángròu Chǎnpǐn Zhìliàng Jiāndū Jiǎncházhàn]　隶属盐池县农牧局。位于县城文化东街87号。2006年,由盐池县委机构编制委员会批准成立。主要负责对使用"盐池滩羊"证明商标的企业或个人进行监督、检查,负责盐池滩羊的产地认定和产品认证工作,承办自治区、市业务部门交办的其他工作。邮政编码:751500。

盐池县动物卫生监督所[Yánchí Xiàn Dòngwù Wèishēng Jiāndūsuǒ]　隶属盐池县农牧局。位于县城盐林南路。1986年,成立盐池县兽医工作站,1988年分为盐池县兽医工作站和盐池县动物检疫站。2006年,盐池县动物检疫工作站改为盐池县动物卫生监督所。主要负责全县动物饲养、屠宰、加工、运输管理以及动物产品的检疫监督,负责兽药饲料的监督,动物产品的无害化处理,指导各乡镇卫生监督分所动物卫生监督工作,承办自治区、市业务部门交办的其他工作。邮政编码:751500。

盐池县畜牧技术推广服务中心[Yánchí Xiàn Xùmù Jìshù Tuīguǎng Fúwù Zhōngxīn]　隶属盐池县农牧局。位于县城文化东街87号。1986年,成立盐池县畜牧站。2007年,分解为盐池县畜牧技术推广服务中心和滩羊肉质量监督检验站。主要负责盐池县畜牧业发展的规划研究、政策指导,开展先进实用畜牧业技术引进、学习、推广和服务,承办全县畜牧业调查研究和统计工作,总结推广畜牧业发展典型经验等工作。邮政编码:751500。

盐池县动物疾病预防控制中心[Yánchí Xiàn Dòngwù Jíbìng Yùfáng Kòngzhì Zhōngxīn]　隶属盐池县农牧局。位于县城文化东街87号。1950年,成立盐池兽医站,1953年更名为盐池县畜牧兽医工作站,1986年分为盐池县兽医工作站和盐池县

畜牧站，2006年将盐池县兽医工作站更名为盐池县动物疾病预防控制中心。主要担负全县动物疾病预防控制、监测预防、化验诊断、疫情扑灭、流行病学调查职责，指导各乡镇畜牧兽医站业务工作，承办自治区、市业务部门交办的其他事项。邮政编码：751500。

宁夏回族自治区盐池县公路管理段[Níngxià Huízú Zìzhìqū Yánchí Xiàn Gōnglù Guǎnlǐduàn]　隶属盐池县交通运输局。位于县城盐州南路111号。1980年，由自治区公路管理局批准成立。主要担负盐池县省道、县道、乡道、农村公路养护和公路路政管理职责，承办盐池县人民政府和宁夏公路管理局的其他事项。邮政编码：751500。

盐池县综合福利服务中心[Yánchí Xiàn Zōnghé Fúlì Fúwù Zhōngxīn]　隶属盐池县民政局。位于县城南门供电所北侧。2010年，由盐池县人民政府批准成立。主要负责五保老人集中供养。邮政编码：751500。

盐池县中心敬老院[Yánchí Xiàn Zhōngxīn Jìnglǎoyuàn]　隶属盐池县民政局。位于县城盐州南路183号。2005年，由盐池县人民政府批准成立。主要负责五保老人集中供养。邮政编码：751500。

国家统计局盐池调查队[Guójiā Tǒngjìjú Yánchí Diàochádùi]　隶属宁夏回族自治区统计局。位于县城盐州南路55号。2001年，由盐池县人民政府批准成立。主要负责统计资料的一线入户调查、数据处理、统计分析、统计研究等工作。邮政编码：751500。

盐池县妇女联合会[Yánchí Xiàn Fùnǚ Liánhéhuì]　隶属盐池县委。位于县城鼓楼北街29号。1974年，由盐池县委批准成立。主要负责发放农村妇女小额担保贷款、贫困妇女儿童救助，维护妇女儿童合法权益等。邮政编码：751500。

盐池县残疾人联合会[Yánchí Xiàn Cánjírén Liánhéhuì]　隶属盐池县委。位于县城鼓楼北街29号。1993年，成立盐池县残疾人工作协调委员会，2009年更名为盐池县残疾人工作委员会。主要负责维护残疾人在政治、经济、文化、社会和家庭生活方面同其他公民平等的权利，联系、听取、反映残疾人的需求。邮政编码：751500。

盐池县不动产登记事务中心[Yánchí Xiàn Búdòngchǎn Dēngjì Shìwù Zhōngxīn]　隶属盐池县国土资源局。位于县城盐州南路198号。2015年，由盐池县人民政府批准成立。主要负责全县土地登记、房屋登记、林地登记、草原登记等不动产登记的受理、调查、审核、登记、发证等相关工作。邮政编码：751500。

盐池县政务服务中心[Yánchí Xiàn Zhèngwù Fúwù Zhōngxīn]　隶属盐池县人民政府。位于县城盐州南路75号。2006年，由盐池县人民政府批准成立。主要负责

◎第四部分　党政机关、民间组织、科教文卫体等事业单位

提供信息、行政审批受理、督办、督查等工作。邮政编码：751500。

盐池县法律援助中心[Yánchí Xiàn Fǎlǜ Yuánzhù Zhōngxīn] 隶属盐池县司法局。位于县城盐州南路75号。1999年，由盐池县人民政府批准成立。主要负责为广大居民提供法律咨询服务，特别是为经济困难无力聘请律师的弱势群体提供法律援助，充分体现司法为民的理念。邮政编码：751500。

盐池县地方志编纂委员会办公室[Yánchí Xiàn Dìfāngzhì Biānzuǎn Wěiyuánhuì Bàngōngshì] 隶属盐池县委。位于县城盐州南路75号。1982年，由盐池县人民政府批准成立，1989年以后盐池县地方志编纂委员会办公室与盐池县党史资料征集领导小组办公室一起办公，属县委、县政府双重领导，1996年隶属县委。主要负责《盐池县志》的续修，《盐池年鉴》的编写，地方文史资料的发掘、搜集、整理、保管和使用。邮政编码：751500。

宁夏回族自治区盐池县公证处[Níngxià Huízú Zìzhìqū Yánchí Xiàn Gōngzhèngchù] 隶属盐池县司法局。位于县城盐州南路75号。1981年4月，由盐池县人民政府批准成立。主要负责公证民事、经济、涉外工作以及县政府交办的其他工作。邮政编码：751500。

盐池县资源能源开发服务中心[Yánchí Xiàn Zīyuán Néngyuán Kāifā Fúwù Zhōngxīn] 隶属盐池县人民政府。位于县城鼓楼北街19号。1999年，成立盐池县石油开发协调服务领导小组办公室，2005年变更为盐池县石油开发工作站，2012年由盐池县人民政府批准成立资源能源开发服务中心。主要负责资源能源开发、监督、管理和协调工作。邮政编码：751500。

盐池县农业机械化推广服务中心[Yánchí Xiàn Nóngyè Jīxièhuà Tuīguǎng Fúwù Zhōngxīn] 隶属盐池县农牧局。位于县城盐州南路。主要负责农业技术推广。邮政编码：751500。

盐池县功能区管理委员会[Yánchí Xiàn Gōngnéngqū Guǎnlǐ Wěiyuánhuì] 隶属盐池县人民政府。位于县城盐州南路19号。2012年，由盐池县人民政府批准成立。主要负责贯彻执行党和国家及自治区、市、县关于工业园区各项工作的方针、政策，落实县委、县政府重大决策，组织制定并实施园区发展规划和开发建设计划，依法进行园区土地的开发和利用工作，维护园区企业合法权益等工作。邮政编码：751500。

盐池县工程项目代理建设办公室[Yánchí Xiàn Gōngchéng Xiàngmù Dàilǐ Jiànshè Bàngōngshì] 隶属盐池县住房和城乡建设局。位于县城盐州南路55号。2002年，由盐池县人民政府批准设立。主要负责盐池县除园林和市政工程外的所有由政府

投资的非经营性建设工程项目的组织协调和监督管理，实施政府专业建设制管理模式。邮政编码：751500。

盐池县安全生产委员会办公室[Yánchí Xiàn ānquán Shēngchǎn Wěiyuánhuì Bàngōngshì] 隶属盐池县人民政府。位于县城盐州南路55号。2004年，由盐池县人民政府批准成立。主要负责贯彻党和国家有关安全生产工作的方针、政策、法律法规等，组织研究制订年度及重大活动工作计划、应急预案，组织研究上报影响正常生产、工作、生活及财产安全的重大安全隐患和对事故责任单位及责任人的处理、处罚意见等工作。邮政编码：751500。

盐池县总工会[Yánchí Xiàn Zǒnggōnghuì] 隶属盐池县委。位于县城鼓楼北街29号。1952年，由盐池县人民政府批准成立。主要负责协助人民政府开展工作，参与管理社会经济文化事务，维护职工的合法权益等工作。邮政编码：751500。

盐池县劳动就业和社会保障服务中心[Yánchí Xiàn Láodòng Jiùyè Hé Shèhuì Bǎozhàng Fúwù Zhōngxīn] 隶属盐池县人力资源和社会保障局。位于县城新区文化西街。1982年，成立盐池县劳动服务公司，1994年更名为盐池县劳动就业服务局。主要负责发展全县劳务产业、全民创业、就业再就业、劳动力转移培训、失业保险基金管理和发放等工作，承担盐池县就业再就业工作领导小组办公室、盐池县发展劳务产业工作领导小组办公室、盐池县全民创业工作领导小组办公室职责。邮政编码：751500。

盐池县农机监理站[Yánchí Xiàn Nóngjī Jiānlǐzhàn] 隶属盐池县农牧局。位于县城盐州南路。主要负责贯彻执行党和国家有关农业机械安全生产、农机监理工作的方针、政策和各项农机安全法规，管理盐池县农机安全监理工作，落实盐池县农业机械道路行驶安全技术检验、转籍、入户工作，组织开展农业机械安全检查并对违章人员进行教育、处罚等工作。邮政编码：751500。

盐池县机构编制委员会办公室[Yánchí Xiàn Jīgòu Biānzhì Wěiyuánhuì Bàngōngshì] 隶属盐池县委、县政府。位于县城鼓楼南街37号。1999年，由盐池县人民政府批准成立。主要负责全县机构编制管理工作。邮政编码：751500。

盐池县中药材技术服务站[Yánchí Xiàn Zhōngyàocái Jìshù Fúwùzhàn] 隶属盐池县科技局。位于县城解放街3号。1978年，由盐池县人民政府批准成立，2002年更名为盐池县中药材技术服务站。主要负责制定全县中药材产业化发展的中长期规划和年度计划等工作。邮政编码：751500。

盐池县地震局[Yánchí Xiàn Dìzhènjú] 隶属盐池县科技局。位于县城解放街3

◎ 第四部分　党政机关、民间组织、科教文卫体等事业单位

号。2014年,由盐池县人民政府批准成立。主要负责贯彻执行国家和自治区有关科学技术、地震和知识产权工作的方针政策和法律法规。邮政编码:751500。

盐池县种子管理站[Yánchí Xiàn Zhǒngzi Guǎnlǐzhàn]　隶属盐池县农牧局。位于县城文化东街87号。1972年,成立农技种子站,1977年分设种子站,1980年更名为盐池县种子公司,2006年更名为盐池县种子管理站。主要依法监督管理辖区内种子、农药、肥料等农资生产经营活动,负责种子生产经营许可证审查和办理,承担山区农作物新品种的区域试验及示范工作,做好新品种审定的准备工作,为新品种审定提供科学依据,承办自治区、市业务部门交办的其他事项。邮政编码:751500。

盐池县农村能源工作站[Yánchí Xiàn Nóngcūn Néngyuán Gōngzuòzhàn]　隶属盐池县农牧局。位于县城盐林南路。1984年成立,1987年更名为盐池县农村能源农业环保工作站,2006年更名为盐池县农村能源工作站。主要负责全县农村可再生能源政策的宣传、技术培训与技术指导,农村沼气、太阳能与生物质能等开发利用工作。邮政编码:751500。

中国邮政大水坑镇邮政营业所[Zhōngguó Yóuzhèng Dàshuǐkēng Zhèn Yóuzhèng Yíngyèsuǒ]　隶属中国邮政盐池县分公司。2001年成立,位于大水坑镇兴盛西街239号。占地面积400平方米。1937年,大水坑便有邮政服务。主要负责物流配送,邮政储蓄,代办(收)电话费、电费、交通罚款业务。邮政编码:751506。

哈巴湖国家级自然保护区高沙窝管理站[Hǎbāhú Guójiājí Zìrán Bǎohùqū Gāoshāwō Guǎnlǐzhàn]　隶属宁夏回族自治区哈巴湖国家级自然保护区管理局。位于高沙窝镇。管辖面积124.74平方千米,占保护区总面积的14.8%,有32个林班810个小班。1964年,由盐池县人民政府批准成立盐池县机械林场一作业站,1970年改为余庄子林场,下设魏庄子作业站和余庄子作业站,后迁至高沙窝东5千米处,1979年归属盐池机械化林场,2010年12月更名为高沙窝管理站。主要管护点有高沙窝、天池子、八步战台、芨芨沟。主要负责辖区内自然资源、野生动植物资源、生态旅游资源的保护、开发利用与管理工作。邮政编码:751501。

宁夏回族自治区哈巴湖国家级自然保护区管理局[Níngxià Huízú Zìzhìqū Hābāhú Guójiājí Zìrán Bǎohùqū Guǎnlǐjú]　隶属宁夏回族自治区林草局。位于县城广惠西街6号。1979年,成立宁夏回族自治区盐池机械化林场,2008年更名为宁夏回族自治区哈巴湖国家级自然保护区管理局。主要负责哈巴湖保护区资源保护、科研宣教等工作。邮政编码:751500。

哈巴湖国家级自然保护区骆驼井管理站[Hābāhú Guójiājí Zìrán Bǎohùqū Luòtuojǐng Guǎnlǐzhàn]　隶属宁夏回族自治区哈巴湖国家级自然保护区管理局。位于哈巴湖国家级自然保护区的东北部。管理面积17568.4公顷，占保护区总面积的21.9%。主要管护点有骆驼井、郭记沟、北王圈、夏记墩、马记梁、双堆子。主要负责辖区内自然资源、野生动植物资源、生态旅游资源的保护、开发利用与管理工作。邮政编码：751500。

哈巴湖国家级自然保护区城南管理站[Hābāhú Guójiājí Zìrán Bǎohùqū Chéngnán Guǎnlǐzhàn]　隶属宁夏回族自治区哈巴湖国家级自然保护区管理局。位于哈巴湖国家级自然保护区的中东部。管理面积9730.5公顷，占保护区总面积的11.6%。主要管护点有城南、左记沟台、四儿滩、佟记圈、沙泉湾、红山沟。主要负责辖区内自然资源、野生动植物资源、生态旅游资源的保护、开发利用与管理工作。邮政编码：751500。

王乐井畜牧兽医工作站[Wánglèjǐng Xùmù Shòuyī Gōngzuòzhàn]　隶属盐池县畜牧局。位于王乐井乡王乐井村。1953年，由盐池县人民政府批准成立。主要负责畜牧兽医指导服务工作。邮政编码：751502。

王乐井动物检疫申报点[Wánglèjǐng Dòngwù Jiǎnyì Shēnbàodiǎn]　隶属王乐井乡人民政府。位于王乐井乡王乐井村，2005年，由王乐井乡人民政府批准成立。主要负责王乐井乡动物检疫工作。邮政编码：751502。

王乐井农业服务中心[Wánglèjǐng Nóngyè Fúwù Zhōngxīn]　隶属王乐井乡人民政府。位于王乐井乡王乐井村。2003年，由王乐井乡人民政府批准成立。主要负责王乐井乡农业生产技术咨询与指导工作。邮政编码：751502。

王乐井乡动物卫生监督分所[Wánglèjǐng Xiāng Dòngwù Wèishēng Jiāndū Fēnsuǒ]　隶属王乐井乡人民政府。位于王乐井乡王乐井村。2005年，由王乐井乡政府批准成立。主要负责王乐井乡动物养殖污染处理的监督工作。邮政编码：751502。

王乐井乡农贸市场[Wánglèjǐng Xiāng Nóngmào Shìchǎng]　隶属王乐井乡人民政府。位于王乐井乡王乐井村。1995年，由王乐井乡人民政府批准成立。邮政编码：751502。

王乐井乡综合治理委员会[Wánglèjǐng Xiāng Zōnghé Zhìlǐ wěiyuánhuì]　隶属王乐井乡人民政府。位于王乐井乡王乐井村。2003年，由盐池县政府批准成立。主要负责王乐井乡卫生、治安等的综合治理工作。邮政编码：751502。

冯记沟畜牧兽医工作站[Féngjìgōu Xùmù Shòuyī Gōngzuòzhàn]　隶属盐池县畜牧局。位于冯记沟乡冯记沟村。1977年，由盐池县人民政府批准成立，1988年交给公社管理，1997年交给县农牧局管理。2003年，马儿庄畜牧兽医站并入冯记沟畜牧兽医站。主要负责防疫和统计工作、辖区内的畜牧生殖和预防疾病。邮政编码：751504。

哈巴湖国家级自然保护区二道湖管理站[Hābāhú Guójiājí zìrán Bǎohùqū Èrdàohú Guǎnlǐzhàn] 隶属宁夏回族自治区哈巴湖国家级自然保护区管理局。位于机械化林场城南分场。管辖面积142.14平方千米，占保护区总面积的16.9%。1972年，由盐池县人民政府批准成立，原为太平庙林场，后迁至二道湖，更名为二道湖林场。1979年，隶属盐池机械化林场，2010年更名为二道湖管理站。主要管护点有猫头梁、刘窑头、月儿泉、太平庙。管辖区域有二道湖、斗沟子、猫头梁沟流域。主要负责辖区内自然资源、野生动植物资源、生态旅游资源的保护、开发利用与管理工作。邮政编码：751503。

盐池县城乡供水总公司麻黄山乡水管所[Yánchí Xiàn Chéngxiāng Gòngshuǐ Zǒnggōngsī Máhuángshān Xiāng Shuǐguǎnsuǒ] 隶属盐池县水务局。位于麻黄山乡麻黄山村。2014年，由盐池县水利局批准成立。主要负责乡域内的工程实施，及时足额收缴水费，开展节水抗旱工作，加强经营管理，降低用水成本，减轻农民负担。邮政编码：751508。

麻黄山乡气象站[Máhuángshān Xiāng Qìxiàngzhàn] 位于盐池县麻黄山山顶。1959年，由自治区气象局批准成立。2004年，建成自动气象站，同时增加生态观测任务。2006年，自动站正式运行，同年5月更名为麻黄山国家观测站二级站。2009年，改为麻黄山气象站。主要负责气象探测、生态、风能、人工影响天气。邮政编码：751508。

麻黄山乡何新庄村互助养老院[Máhuángshān Xiāng Héxīnzhuāng Cūn Hùzhù Yánglǎoyuàn] 隶属盐池县民政局。位于麻黄山乡何新庄村。由盐池县人民政府批准成立。主要负责五保老人集中供养。邮政编码：751508。

麻黄山乡沙嶆岘村互助养老院[Máhuángshān Xiāng Shāyàoxiàn Cūn Hùzhù Yánglǎoyuàn] 隶属盐池县民政局。位于麻黄山乡沙嶆岘村。由盐池县人民政府批准成立。主要负责五保老人的集中供养。邮政编码：751508。

麻黄山畜牧兽医工作站[Máhuángshān Xùmù Shòuyī Gōngzuòzhàn] 隶属盐池县畜牧局。位于麻黄山乡麻黄山村。1958年，由盐池县畜牧站批准成立。主要负责麻黄山乡畜牧技术指导和动物防疫工作。邮政编码：751508。

医疗设施

盐池县人民医院[Yánchí Xiàn Rénmín Yīyuàn] 隶属盐池县卫生和计划生育局。位于县城永青路以西、南环路以南。医院占地面积10公顷,建筑面积2820平方米。1988年成立,2012年迁入现址,2013年顺利通过二级甲等医院评审。主要负责全县人民群众的医疗、预防、保健、急救工作,医疗救助服务,并为周边市、县(旗)群众提供医疗服务。邮政编码:751500。

改(扩)建后的盐池县人民医院

盐池县中医医院[Yánchí Xiàn Zhōngyī Yīyuàn] 隶属盐池县卫生和计划生育局。位于县城花马池西街264号。1985年,由盐池县人民政府批准成立。原址位于花马池西街街心公园对面,2009年迁至现址。主要负责全县人民群众医疗、急救、保健、康复、科研及社区医疗服务工作。邮政编码:751500。

盐池县妇幼保健所[Yánchí Xiàn Fùyòu Bǎojiànsuǒ] 隶属盐池县卫生和计划生育局。位于县城盐州南路。1987年,由盐池县人民政府批准成立。2015年,盐池县妇幼保健所和盐池县计生服务站合并,更名为盐池县妇幼保健所。主要负责全县妇幼保健,妇女病普查,产前诊断与接生,妇幼信息监测与管理,计划生育宣传与教育、技术服务等。邮政编码:751500。

花马池镇中心卫生院[Huāmǎchí Zhèn Zhōngxīn Wèishēngyuàn] 隶属盐池县卫生和计划生育局。位于花马池镇长城村。1954年,由盐池县人民政府批准成立,2003年更名为花马池镇中心卫生院。2007年,苏步井卫生院、柳杨堡卫生院并入花马池镇中心卫生院。主要负责服务周边乡镇人民群众的医疗、预防、保健、急救工作。邮政编码:751500。

盐池县城关社区卫生服务中心[Yánchí Xiàn Chéngguān Shèqū Wèishēng Fúwù Zhōngxīn] 隶属盐池县卫生和计划生育局。位于盐州南路55号。主要为社区居民提供预防服务、医疗服务、保健服务、健康教育、家庭康复等医疗卫生服务。邮政编码:751500。

惠安堡中心卫生院[Huì'ānpù Zhōngxīn Wèishēngyuàn] 隶属盐池县卫生和计划生育局。位于惠安堡镇惠安堡村。1958年成立,1998年改为中心卫生院。2001年,自治区投资建设门诊楼。2009年,医疗体制改革,卫生院设综合门诊、中医科及相关辅助科室。主要负责惠安堡镇居民就医和疾病预防及指导和监督村卫生室业务工作。邮政编码:751507。

高沙窝镇中心卫生院[Gāoshāwō Zhèn Zhōngxīn Wèishēngyuàn] 隶属盐池县卫生和计划生育局。位于高沙窝镇园翠街47号。1958年,由盐池县人民政府批准成立。主要负责高沙窝镇基本医疗、公共卫生、计划生育、康复、健康教育、预防保健等服务工作,管理和指导村卫生室的业务工作,承办盐池县卫计局交办的其他事项。邮政编码:751501。

王乐井乡卫生院[Wánglèjǐng Xiāng Wèishēngyuàn] 隶属盐池县卫生和计划生育局。位于王乐井乡西街。1952年,由盐池县人民政府批准成立。主要负责全乡群众的基本医疗、基本公共卫生服务和计划生育指导,各村卫生室的业务工作,承办盐池县卫计局和各业务指导单位交办的其他事项。邮政编码:751502。

王乐井乡妇幼保健计划生育服务站[Wánglèjǐng Xiāng Fùyòu Bǎojiàn Jìhuà Shēngyù Fúwùzhàn] 隶属王乐井乡人民政府。位于王乐井乡王乐井村。1965年,由王乐井乡人民政府批准成立。主要负责全乡妇女、儿童健康教育的宣传、咨询服务工作。邮政编码:751502。

冯记沟乡中心卫生院[Féngjìgōu Xiāng Zhōngxīn Wèishēngyuàn] 隶属盐池县卫生和计划生育局。位于冯记沟乡东街206号。1977年成立,2008年更名为冯记沟乡中心卫生院。主要负责全乡基本医疗、预防保健、常见病多发病护理等公共卫生服务工作。邮政编码:751504。

青山乡卫生院[Qīngshān Xiāng Wèishēngyuàn]　隶属盐池县卫生和计划生育局。位于青山乡青山村。1957年成立。主要负责全乡基本医疗、预防保健、常见病多发病护理等公共卫生服务工作。邮政编码:751503。

麻黄山乡卫生院[Máhuángshān Xiāng Wèishēngyuàn]　隶属盐池县卫生和计划生育局。位于麻黄山乡麻黄山村。1954年,成立麻黄山(七区)卫生所,1958年改称红旗公社卫生院,1968年改称麻黄山公社卫生院,1984年改称麻黄山乡卫生院。主要负责全乡基本医疗、预防保健、常见病多发病护理等公共卫生服务工作。邮政编码:751508。

盐池县疾病预防控制中心[Yánchí Xiàn Jíbìng Yùfáng Kòngzhì Zhōngxīn]　隶属盐池县卫生和计划生育局。位于县城盐州南路200号。2006年成立,内设行政管理科、公共卫生科、疾控科、检验科、体检科、地病科等。主要负责全县疾病预防、监测预防、化验诊断、流行病学调查等工作。邮政编码:751500。

盐池杏林医院[Yánchí Xìnglín Yīyuàn]　2014年,在盐池县工商行政管理局注册成立。位于县城振远西街盛世华庭小区21号营业房。主要从事医疗卫生服务业务。邮政编码:751500。

盐池县便民诊所[Yánchí Xiàn Biànmín Zhěnsuǒ]　2003年,在盐池县工商行政管理局注册成立。位于县城文化西街72号。主要从事中医科服务等。邮政编码:751500。

赵洪刚诊所[Zhàohónggāng Zhěnsuǒ]　1996年注册成立。位于高沙窝镇高沙窝村。主要从事内科服务。邮政编码:751501。

盐池县忠林诊所[Yánchí Xiàn Zhōnglín Zhěnsuǒ]　2012年,在盐池县工商行政管理局注册成立。位于大水坑镇大水坑村。主要从事医药用品的销售和病情诊断服务。邮政编码:751506。

◎第四部分　党政机关、民间组织、科教文卫体等事业单位

重要建筑

长城关[Chángchéng Guān]　又称东关门,遗址位于今盐池县城原北瓮城(即威胜门)之北120米处,北关北路泄洪沟桥南侧、头道边之上。长城关为明嘉靖十年(1531年)三边总制王琼所筑。《嘉靖宁夏新志》卷三记载:"关门上有楼,高耸雄壮",上书"深沟高垒""朔方天堑""北门锁钥""防胡大堑"等字。据调查,1949年前砖楼尚存,后楼上建筑被毁,关门也被劈成豁口,现仅存高大土筑墩台,底阔28米,高约6米。2016年,盐池县在原址西1.8千米处复建长城关,恢复关城昔日雄姿。

长城关

盐池县革命烈士纪念碑[Yánchí Xiàn Gémìng Lièshì Jìniànbēi]　位于盐池县城东、福清路东侧、烈士陵园内。以地理位置和历史意义命名,建于1952年,原纪念塔由青砖石灰石砌成,保持了青石相间的色调,塔高18米,呈八棱锥状,塔顶置五角星一颗,塔基比塔宽出2米,塔的八面分别有宁夏省委、省政府,宁夏军区及盐池县委的题词。为缅怀为中国革命和解放事业英勇献身的先烈而建。1977年6月,拆除原有塔基护栏,1986年6月和1996年7月两次对纪念塔进行维修。2006年拆除原塔,在原

址上重建了大理石贴面纪念碑。

玉皇阁[Yùhuáng Gé]　位于惠安堡古城北门约10米高的城门洞上,门洞西侧砌有28层石阶,留有正门和转折门,台面260平方米,建于清代。因内置玉帝铜像而得名。玉皇阁坐北朝南,共两层,一层殿中设有三霄娘娘神像3尊,二层殿中有一道木质隔墙,分为南北两间,南坐玉皇大帝,北有观音。玉皇阁顶上有小阁楼,高70厘米,宽50厘米,内奉姜子牙神像,东拐角悬挂一口圆形大钟。1936年,国民党胡宗南部队曾将楼梯拆毁,后经过张复元修复,于1960年被拆除。2008年,惠安堡镇居民筹资在原址复原。

三清阁[Sānqīng Gé]　位于花马池城北城墙上,1583年建成,因殿内二层供奉道教三清神像得名,占地面积1200平方米,建筑面积2600平方米,坐北向南,西、北、东三面为砖墙,东西两侧开圆窗,画梁漆柱。

三清阁

第五部分　纪念地和名胜古迹

◎ 第五部分　纪念地和名胜古迹

纪念地

盐池革命烈士纪念园[Yánchí Gémìng Lièshì Jìniànyuán]　位于县城南侧花马寺国家级森林公园内，占地400余亩。是全国100个红色经典景区之一，全国爱国主义教育基地，宁夏国防教育基地，国家AAA级旅游景区，宁夏"十佳"诚信旅游景区。纪念园2006年9月建成，内有革命烈士纪念馆和中国滩羊馆两大主体建筑，以及解放广场、解放纪念碑、苏维埃纪念馆、红军陵、《王贵与李香香》雕塑、大生产磨坊、群羊雕塑等附属工程。是了解盐池悠久历史、体验盐池地方特色、缅怀盐池革命先烈的好去处。

盐池县苏维埃政府复原旧址[Yánchí Xiàn Sūwéi'āi Zhèngfǔ Fùyuán Jiùzhǐ]　位于盐池县城内。1936年，借盐池商人靳体元四合院为盐池县苏维埃政府驻地，坐北面南，正房3间，左右厢房6间，新中国成立初期已毁。2006年，按原址比例恢复，坐北面南，正房3间，为毛泽民纪念馆；左右厢房6间，分别是王贵与李香香创作纪念地、苏维埃政府办公旧址。院外东西厢房分别为元华工厂生产车间和边区第一个城区消费合作社的复原景观。

官滩战斗遗址[Guāntān Zhàndòu Yízhǐ]　位于王乐井乡官滩村南。1937年，陕甘宁边区保安司令高岗率领警备二团二营及直属骑兵一团共两千余人，在官滩和土匪展开战斗，剿灭土匪百余人。现地表还有当年战斗挖的掩体遗迹及散落步枪弹壳。

红井子碉堡[Hóngjǐngzi Diāobǎo]　位于大水坑镇红井子村南0.3千米处。该碉堡为20世纪40年代驻扎在红井子的工委游击队二连骑兵修筑而成。现仅剩高2米左右的残土堆，土质为黄土掺杂砂石。碉堡顶部边长8米，底部和顶部连接处已呈坡状，夯层较为明显。

萌城战斗遗址[Méngchéng Zhàndòu Yízhǐ]　位于惠安堡镇萌城河西队东北0.3千米处。1936年11月17日，红四军、红三十一军由同心进至萌城和甜水堡地区，与胡宗南部激战，毙伤敌600余人，掩护了红军主力转移，红十师政治部主任彭瑞等壮烈牺牲。

新桥村西碉堡[Xīnqiáocūnxī Diāobǎo]　位于大水坑镇新桥村西 0.3 千米处,以所在自然村命名。碉堡为不规则圆形,底部直径 6 米,残高 2.5 米,紧贴碉堡的战壕也为不规则圆形,直径 13 米,深 2 米。此碉堡设有掩体。据当地百姓讲,1947 年马鸿宾四团在新桥驻扎两个多月,建了数个碉堡,这是其中之一。

盐池第一口油井大 21#[Yánchí Dìyīkǒu Yóujǐng Dà 21#]　位于大水坑镇摆宴井村西南 0.5 千米处。1972 年,由长庆油田钻二、四、六队开采。大 21# 油井采用 3 台柴油机和 1 台泥浆机开采,开创了盐池石油开采的先河。1975 年 3 月 19 日,原石油工业部部长康世恩到此视察。今仅有机器台座遗址。

李家大湾水库场部旧址[Lǐjiādàwān Shuǐkù Chǎngbù Jiùzhǐ]　位于惠安堡镇李家大湾村水利大坝东 0.5 千米处的岸畔上。此旧址是 20 世纪 50 年代管理水库的办公用窑,以所在位置命名。地表有两个石头和水泥混合制成的大门墩子。残存窑洞 8 孔,坐西向东,由北向南依次编号为 1—8 号,1 号窑洞宽 4 米,进深 8 米,中间过道宽 1.2 米,通向 2 号窑洞。3 号、4 号、5 号、7 号、8 号窑洞形制一致。6 号窑洞宽 4 米,进深 12 米。

杨成沟碉堡[Yángchénggōu Diāobǎo]　位于青山乡杨成沟村西 0.5 千米处山脊上。20 世纪 30 年代,红军经过红井子与马鸿逵军队战斗时所修工事碉堡,以地理位置命名,呈圆形,黄土夯筑,高 1.2 米,直径 20 米,宽 0.4 米,外围南壕沟通往北山沟,壕长 8 米,碉堡内侧墙被黄土掩埋,东侧墙已坍塌,西侧堡体保存较好,长有蒿草。

新桥红四方面军旧址[Xīnqiáo Hóngsìfāngmiànjūn Jiùzhǐ]　位于大水坑镇新桥村新桥自然村南沟崖 0.1 千米处。窑洞为并排三间,进深约 7 米,宽约 3.5 米,高 4 米,东边窑洞比西边两孔稍大,现已废弃。窑洞前有 5 米宽、13 米长的院子,有土筑围墙,今窑洞门窗全无,已废弃不用。

西梁战斗遗址[Xīliáng Zhàndòu Yízhǐ]　位于大水坑镇李伏渠村西梁自然村西 0.5 千米处,以地理位置命名。1948 年 1 月,盐池县委书记孙璞等率领游击队,连夜奔走百余里,赶到敌保安中队驻地西梁,击毙敌中队长陈明德等 2 人,击伤 2 人。

高崾岘 1 号碉堡遗址[Gāoyàoxiàn 1 Hào Diāobǎo Yízhǐ]　位于麻黄山乡黄羊岭村南 0.3 千米处大山梁上,是 1936 年红军建立的军事设施。碉堡呈不规则圆锥体,周长 50 米,残高 3 米,属盐池县文化旅游广播局管理,保护级别尚未确定。1984 年第一次检查,2009 年复查。

惠安堡语录塔[Huì'ānpù Yǔlùtǎ]　位于惠安堡镇中心广场,以地理位置命名,1967 年建成。塔高 12 米,基座边长 2.3 米,基座高 2.1 米。2000 年,维修惠安堡中心广场时,对语录塔进行维修,在原砖体碑身上抹灰并进行粉刷,并对塔身南、西、东三面字体做了修改,塔体东面"为人民服务",为1967年建成时题写。塔体保存完好,上刻字由原来的黄底红字改成现今的黄底灰字。长年风蚀雨刷,砖混塔体基座部分剥落。

柳杨堡老供销社[Liǔyángpù Lǎogōngxiāoshè] "文化大革命"时期建筑,因地处柳杨堡村中而得名。灰砖结构,坐北向南5间,门面上写有"伟大的导师 伟大的领袖 伟大的统帅 伟大的舵手 毛主席万岁",门左边有"读毛主席的书",右边有"做毛主席的好社员"等标语口号。

山凹民居[Shān'āo Mínjū] 位于惠安堡镇隰宁堡东0.1千米处,以地理位置命名,为20世纪50年代建筑,为农民在平地挖深5米、东西长24米、南北宽16米的方坑。坑西壁上由左至右挖窑10孔,民居保存尚好。

牛记圈供销社[Niújìjuàn Gōngxiāoshè] 位于牛记圈村中心,以地理位置命名,为1960年所建,现已弃而不用。房屋共6间,青砖结构,顶部用青砖一竖两横砌成镂空图案,坐北向南,东西长22米,南北宽7米,门面墙上用白字写有"农业学大寨"5个大字。

王乐井供销社[Wánglèjǐng Gōngxiāoshè] 位于王乐井乡王乐井村西0.2千米处,建于1950年,以所在自然村命名,呈长方体,灰砖结构,门面涂刷黄色涂料。共有建筑8间,长20米,宽9米,墙体高5米,屋顶凸出长200厘米、宽50厘米的墙体上镌刻一颗五角星。供销社现已闲置。

惠安堡粮库[Huì'ānpù Liángkù] 位于惠安堡镇北距中心广场0.3千米处,以地理位置命名,建于1964年,总占地面积316800平方米。其中25间粮仓闲置,按原样保存。西面由15个拱形顶仓房组成,每个仓房高6米,宽4.3米。南面有一排高7米、宽15米的双面坡式建筑,房屋中间有隔墙,房顶有7个铁人字架,建于1983年。北面有一排高7米、东西长36米、南北宽8米的双面坡式建筑,建于1972年。

杨成沟水坝[Yángchénggōu Shuǐbà] 位于青山乡青山村杨成沟自然村,以地理位置命名。1958年开挖,用于蓄水种田。水坝东西基宽100米、南北长500米。东西两侧坝体用于行人,保存较好。

中日生态项目柳杨堡区瞭望台[Zhōngrì Shēngtài Xiàngmù Liǔyángpùqū Liàowàngtái] 位于花马池镇柳杨堡村北3000米处高大山坡上,以所在村命名,主要功能为林草防火和禁牧瞭望。占地面积4000公顷,为黄河中游防护林建设项目柳杨堡区,瞭望塔3座建筑形制相同。瞭望塔位于项目区西、北、东侧,由9根0.35米粗水泥柱撑起,高6米,台基宽5.4米。

中日生态项目高沙窝区瞭望台[Zhōngrì Shēngtài Xiàngmù Gāoshāwōqū Liàowàngtái]　位于高沙窝镇长城村内、明长城内侧0.5千米处,为黄河中游防护林建设项目高沙窝区附属设施。瞭望塔由6根0.3米的水泥柱撑起,高9米。主要功能为林草防火和禁牧瞭望。

石山子赵家祠堂[Shíshānzi Zhàojiā Cítáng]　位于王乐井乡石山子自然村北,以所在自然村命名。为清末石山子赵姓家族集资筹建的宗族建筑。原建筑毁于"文革"时期,2005年重建。祠堂南北宽18.4米,东西长30米,坐西向东,正殿位于正西,底座南北长13米,东西宽8.6米。

饶平庄饶记祠堂[Ráopíngzhuāng Ráojì Cítáng]　位于麻黄山乡饶平庄村北,清同治年修建,以所在村命名。2006年,饶姓家族集资在原址重建,坐东面西,祠堂前立一石碑,上有碑志。正祠前台南北长13米,东西宽9.5米,宗祠南北长10.95米,东西宽7.5米,前檐伸出2.9米,距门4.6米。

◎第五部分　纪念地和名胜古迹

重点文物保护单位

张家场城址[Zhāngjiāchǎng Chéngzhǐ]　张家场城址位于盐池县城西北16公里张家场村西,为秦汉时期的昫衍县城,以地理位置命名。城址平面呈长方形,东西长1200米,南北宽800米,面积0.96平方公里。城墙系黄土夯筑,基宽约为8米,残高1—3米,东、西墙开门。古城周围,已探明约10平方公里的汉代古墓群,已发掘的8座墓室分别为砖室墓、石室墓、土坑墓、土洞墓,形制均为长方形斜坡式墓道,半圆形券拱单室。古城内遍布汉代绳纹砖瓦、陶器残片等,随葬品有陶灶、壶、博山炉、斧、甑等。现为国家级文物保护单位(第六批)。

张家场古城址　　　　　张家场博物馆

兴武营城址[Xīngwǔyíng Chéngzhǐ]　位于盐池县城西北50千米处,为明代兴武营城遗址。古城呈长方形,东西宽478米,南北长565米,墙体基宽12米,残高9米,顶部残宽3—5米,黄土夯筑,夯层厚0.2米,墙体外侧甃以砖石,早年已被拆除。四隅有角台,南、西墙体辟门均为叠涩砖拱门并置瓮城。南瓮城东西长33米,南北宽28米,面西辟门。西瓮城东西长27米,南北宽24米,面南辟门。古城墙体外侧每隔90米置一马面,城内中央有一边长14米、残高7米的台基遗址。古城西城门及瓮城已坍塌,南拱券门已被填埋,瓮城门已成豁口,土筑墙体外墙基有掏蚀凹槽。长城(深沟高垒)从古城东墙起始,是明代长城防御系统的重要组成部分。现为国家级文物保护单

兴武营城址

位(第七批)。

老盐池古城址[Lǎoyánchí Gǔchéngzhǐ]　位于盐池县城西南约75公里处,又名盐池堡,隶属惠安堡镇。明代以前有旧城一座,周长一里。弘治十三年(1500年),巡抚王珣拓其城,周长二里。正德四年(1509年),都御史王时中增四里许,开南、北门各一,因地近盐池而得名。今古城址为东西二城。东城之西墙为西城之东墙。西城南北长760米,宽500米,城墙以黄土夯筑,基宽8米,顶宽4米,西墙辟门,外设瓮城,瓮门面北,四隅有角台。城内遍布明代残砖碎瓦。东城亦长760米,宽230米,较之西城塌毁严重,城墙仅剩土脊,城内散布有少量唐宋时的瓷片。推测此城似为唐时温池县故址。如今西城内有民居,即老盐池村,村名即由堡来。现为自治区重点文物保护单位(第二批)。

北破城城址[Běipòchéng Chéngzhǐ]　位于惠安堡镇政府驻地西北3.5千米处,以地理位置命名。城址呈方形,东西长264米,南北宽233米,墙高7米,基宽9米,顶宽约2米,黄土夯筑,夯层厚18厘米。东西墙各辟一门,四隅有角台。城内文化层厚0.3—1.5米,地表覆盖流沙。南、西、北城墙保存较好,夯层明显,东城墙已毁。曾出土完整褐釉剔刻花瓷瓶,地面散布黑釉、褐釉剔刻花瓷片和少量唐宋钱币,据专家断定为唐、宋、西夏所留,一度有人认为此为古盐州城址。现为自治区重点文物保护单位(第二批)。

窨子梁唐墓[Yìnziliáng Tángmù]　位于盐池县城西北37千米的硝池子窨子山南坡上。1984年文物普查时发现,1985年发掘,建于唐代,故得名窨子梁唐墓。唐墓由西向东共6座,全部为依山开凿的平底墓道石室墓,墓室为方形,石制棺床,左右对称设两个龛。3号墓墓道宽3.9米,墓室中有两根八棱形石柱。出土文物有木俑、琉璃球、石鼎、墓志铭、陶器、货币、胡旋舞墓门等，这些文物分别收藏在自治区博物馆和县博物馆。琉璃球被国家文物局专家组鉴定为国家一级文物。最为著名的是六号墓出土的，被定为国宝级文物的石刻胡旋舞墓门。墓门单扇高89厘米，宽43厘米，厚5厘米，上下有圆柱形门枢。左门扇上雕刻一女子，右门扇雕刻一男子，两人头戴圆帽，身着圆领窄袖紧身长袍，脚穿长筒软靴，扬臂挥帛，翩翩起舞。各自以直径约1米的圆毡为舞台，纵横腾挪，急转如风，终不离毡。该门制作刀法娴熟，做工细腻，画面线条流畅，人物表情生动，体态优美，写实性很强，具有极高的历史价值和艺术价值。现为国家级文物保

窨子梁唐墓出土的胡旋舞墓门

护单位（第七批）、自治区重点文物保护单位（第三批）。

花马池城［Huāmǎchí Chéng］ 亦称花马池古城址，即今盐池县城。旧城筑于明正统八年，始在塞外花马盐池北，于天顺年间改筑今处，万历八年甃以砖石，城址为长方形，北城墙长1028.7米，东城墙长1073.8米，南城墙1037.1米，西城墙长1092.7米。清乾隆六年重修，现消失墙体为391.6米，黄土夯筑。开东、南、北三门，均带瓮城，北瓮城早年被毁，东瓮城留有部分残迹，南瓮城现已用砖重新包砌。2006年，在盐池北城墙上复原三清阁。2017年，盐池县政府立项修复花马池城东、西、南、北城墙，恢复盐池县城古城风貌。

铁柱泉古城址［Tiězhùquán Gǔchéngzhǐ］ 位于今冯记沟乡暴记春村。明嘉靖十五年（1536年），兵部左侍郎兼都察院左都御史刘天和主持筑铁柱泉城，宁夏巡抚张文魁、宁夏总兵王效协力修建。正德进士管律作《城铁柱泉碑》（又名《铁柱泉记》）记其事。古城呈长方形，南北长385米，东西宽360米。古城东墙辟门置瓮城，瓮城南北28米，东西宽18米，黄土夯筑，基宽10米，残高4—8米，顶部残宽1—3米，夯层厚约20厘米，原有砖石，早年已被拆除。古城内部分荒芜，部分现为农田，地表散布着大量明代瓷器残片和砖瓦等。现为自治区重点文物保护单位。

李塬畔革命旧址[Lǐyuánpàn Gémìng Jiùzhǐ]　位于麻黄山乡李塬畔村,依山而建。曾为革命时期的办公场所,故得名。遗址为3孔土窑,坐北面南,依山傍沟。从西向东,第一孔为伙房,宽6米,进深7.5米。第二孔为办公室兼领导宿舍,宽6.5米,进深12米。第三孔是警卫人员宿舍兼马厩,宽6.5米,进深12米。均为穹隆顶,双开门,棱格窗。窑前院落东西长34米,南北宽27米。1947年8月—1949年8月为中共宁夏工作委员会、中共盐池县委员会、盐池县人民政府驻地。1947年8月12日,在马鸿逵部队侵占盐池县城,县委、县政府机关撤退至此,开展游击战争。1949年8月,中国人民解放军收复盐池县城,宁夏工委和盐池县委、县政府机关离开李塬畔。现为自治区重点文物保护单位(第三批)。

李塬畔革命旧址

安定堡城址[Āndìngpù Chéngzhǐ]　位于盐池县城西北30千米、王乐井乡牛记圈村,为明代军事设施遗址。其东、西、北三面有长城环绕,堡墙、角台及马面均以黄沙土夯筑,墙垣外侧包砖已被村民拆毁,墙体内侧无包砖。城内地面高于城外,地势东高西低,东南角地势相对较高。城内遍布残砖碎瓦,房屋基址已被挖毁。城堡整体保存一般,其四面城墙、角台,北墙马面保存较好。城门址及瓮城门址残毁不存,因受风雨冲刷坍塌较重,墙体大块剥离,表面夯土酥碱严重,根部掏空,墙体外侧表面有较多风蚀凹进的孔洞。现为自治区重点文物保护单位(第四批)。

高平堡城址[Gāopíngpù Chéngzhǐ]　位于花马池镇十六堡村。明代筑,为长城沿线驻兵之所之一。北距头道边墙百余米,边长250米,呈正方形,城墙基宽7米,现残高3—7米,顶宽1—2米,黄土夯筑。面东辟门,置瓮城,瓮城南北长15米,东西宽15米,四隅设角台。城外有庙台废址二处。现为自治区重点文物保护单位(第四批)。

毛卜喇城址[Máobǔlā Chéngzhǐ]　位于高沙窝镇徐庄子村东北1.5千米处。建于明代,用于军事防御,头道边墙绕古城东北墙而过,呈正方形,边长280米,黄土夯筑,夯层14—16厘米,夯层中掺有白土、胶土。城墙基宽8米,顶部最宽处近4米,窄处不到1米,高6米。南城墙辟门并有瓮城,瓮城南北长34米,东西宽23米。东墙亦辟门。北墙中央有一高大烽火墩,东西长18米,南北宽16米,高6米。四隅有角台,东北角台向北突出墙体3米,向东5米。东城墙地面散存大量建筑材料和青花瓷器残片,墙体有块状剥落现象,整体结构保存较好,城门及瓮城门已呈豁口,西北角台局部已坍塌。靠近北墙烽火墩处有人为打开豁口。城内建筑已毁,墙体风蚀现象明显。现为自治区重点文物保护单位(第四批)。

隰宁堡城址[Xíníngpù Chéngzhǐ]　位于今惠安堡镇南10千米处。据《嘉靖宁夏新志》载,明成化年间都御史徐廷章奏筑,城周回一里。弘治十三年(1500年),都御史王珣展筑为二里许,开南门,置瓮城。古城址呈"凸"字形,城墙以黄土夯筑,南北长532米,东西宽382米,西墙中部设马面,四隅均有角台。土筑残垣高4米左右,今城内荒芜,遍布明代残砖碎瓦等物。曾设递运所。以开垦荒地安置移民命名。现为自治区重点文物保护单位(第四批)。

英雄堡城[Yīngxióngpù Chéng]　位于花马池镇英雄堡村南1千米处,又名永兴堡,筑于明弘治七年(1494年),呈曲尺形,东西长257米,南北宽133米,墙以黄土夯筑,基宽8米,高4—8米,顶宽2—4米。城墙四隅有角台,西墙正中辟门,外置瓮城。城内中部和北部有建筑基址,地面有大量砖瓦和瓷器残片,墙体保存一般,外侧已被沙漠所埋,城内荒芜。

萌城堡城[Méngchéngpù Chéng]　位于苦水河边,今惠安堡镇南31千米、萌城村西1.5千米处,为明代堡城遗址。得名以新建之由,"萌",新生也。堡城呈不规则四边形,现四周墙体坍塌较为严重,东墙大部墙体因长期雨水侵蚀,山洪冲毁崩塌至东侧河道内。南墙大部墙体或自然坍塌,或人工拆毁,有4处较大豁口。西墙有4处豁口。北墙外侧被山洪冲刷切割严重。堡内现存两处较大台基。堡城内大部为农田和荒草沙地,西墙外侧为当地居民居所,并伴有部分农田,南墙外侧一部分墙体底部有当地居民掏挖的窑洞。清代和民国时期曾在城中设驿站、递运所、批验盐引所。萌城村村名即沿用堡名而来。

野狐井堡[Yěhújǐng Pù]　位于县城西20千米处、今王乐井乡边记洼村。始筑于明万历四十一年(1613年),总制黄嘉善、宁夏巡抚崔景荣奏筑。土筑残垣约400平方米,四隅有角台,似有东门。堡东有山,称作野狐岭,因过去此处狐狸较多而得名。其上有一烽火台遗迹,有坞城约60平方米,烽火台筑于坞城的北墙正中。两城相距里许。俗谓山下的野狐井堡为北宋名将狄青所筑,山上的坞城为西夏双羊公主所建。故有"双羊赶狄青,大战野狐岭"的传说。经考证,这两处古城遗迹均系明人所为,其传毫无依据。城堡以东的山水沟对岸有一自然村与堡同名,是先有村名,还是先有堡名,不得而知。今话音谐变,已被误叫成"野湖井"。

灵应山石窟[Língyīngshān Shíkū]　灵应山石窟寺距盐池县城37公里,是佛道合一的寺庙。因该寺甚灵,"凡有求必应",故名灵应寺。石窟建于唐,后经明万历、清康熙年间修葺。窟群坐落在面东的崖壁上,由南向北分别是龙王庙、药王庙、观音殿、吕祖洞等13座石窟。窟室为平顶或穹隆顶,小者4平方米,大者40余平方米,原有造像、壁画已毁。每年农历三月初三,为民间庙会。古寺院东西长40米,南北宽20米。现为自治区重点文物保护单位(第四批)。

灵应山石窟

雷记沟回汉支队驻地旧址[Léijìgōu Huíhàn Zhīduì Zhùdì Jiùzhǐ]　位于青山乡月儿泉村雷记沟自然村。现为自治区重点文物保护单位(第四批)。

盐池县明长城遗址[Yánchí Xiàn Míngchángchéng Yízhǐ]　是明朝在北部地区修筑的军事防御工程,亦称边墙。盐池北部有两道明长城,分别是头道边和二道边。主管单位是盐池县文物局,所(在)跨行政区是花马池镇、王乐井乡、高沙窝镇,花马池镇主要道路或交通线与之相连。

高嶣岘炮楼[Gāoyàoxiàn Pàolóu]　位于麻黄山乡黄羊岭村高嶣岘自然村。炮楼构筑于1936年11月,为西征红军在山城堡战役之前所建。由1号、2号、3号炮楼,指挥部和连通炮楼的战壕组成。山城堡战役是中国工农红军三大主力会师后的第一大仗,也是红军长征后,第二次国内革命战争的最后一战。现为自治区重点文物保护单位(第五批)。

唐平庄会议旧址[Tángpíngzhuāng Huìyì Jiùzhǐ]　位于麻黄山乡唐平庄村。1948年5月21—26日,中共宁夏工委、盐池县委在唐平庄召开重要会议,商议配合解放军解放宁夏。会后,梁大均率回汉支队部分指战员奔赴固原与解放军六十四军会合。现为自治区重点文物保护单位(第五批)。

头道边王乐井乡段[Tóudàobiān Wánglèjǐng Xiāng Duàn]　位于王乐井乡境内,以其所在区域命名。墙体所处地势为低山缓坡丘陵地带,东南—西北走向,均为土墙,以原始地形为基础,用黄沙土和红沙土分段分层夯筑,土源均就地取材。该段墙体采取分体夯筑、分段版筑的方法,东接安定堡长城段,西北接青羊井村长城段,共有敌台33处。

麦垛山遗址[Màiduǒshān Yízhǐ]　位于青山乡尖山湾村北0.1千米处、麦垛山西侧,以地理位置命名,为明代聚落遗址。遗址沿山坡东西向分布,面积约200000平方米,内有3处房屋基址,夯土层较为明显,厚15厘米。地面多黑、白、黄釉瓷片,部分底部有"成化年制"字样。文化层被人为深翻,无法辨认。

傅地坑清墓[Fùdìkēng Qīngmù]　位于大水坑镇涝坝沟村东北。建于清康熙二十八年(1689年),"左都督仍记余功管直隶山永副总兵"傅成曾祖父母、祖父母、父母的墓葬,墓室开凿于半山之中。墓东南立一石碑,高3.09米,宽0.78米,墓前的石像生已毁。

铁柱泉[Tiězhù Quán]　位于盐池县城西南40余千米处、今冯记沟乡暴记春村。史书记载,此泉,"水涌甘冽……日饮数万骑弗之涸。幅员数百里又皆沃壤可耕之地。北虏入寇,往返必饮于兹"。以泉涌如注,水色似铁而得名。明朝弘治十三年(1500年),总制秦纮于此筑城守泉。东旁有一自然村沿用泉名,称铁柱泉。

墩堠、战台

河东墙沿线墩台

沙老鸹墩[Shālǎoguā Dūn] 又叫双井子墩,位于花马池镇八岔梁村双井子自然村西1.5公里、二道边南0.5公里、苟池盐湖北1公里处。墩台损毁严重,坍塌呈圆锥状,残高6米。

夏记墩[Xiàjì Dūn] 位于花马池镇八岔梁村夏记墩自然村南50米、盐池县城走王记梁乡道北200米处。墩台呈倒覆斗形,底边长12米,高7米,保存较好,以所在村命名。

老张墩[Lǎozhāng Dūn] 位于花马池镇八岔梁村夏记墩自然村西北500米、二道边西110米处。墩台底边长7米,高6米,因墩下居住过一姓张的老头而得名。

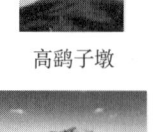

安定堡瞭马墩	曹记墩	大 墩	墩圈墩	墩湾墩
冯记沟雨墙双墩	天池子墩	高鹞子墩	关祭台墩	惠安堡双墩
金渠子墩	喇嘛墩	狼母墩	黎明双墩	农台墩
前塬墩	沙坡子墩	沙崾岘墩	孙记墩	夏记墩

饱经风霜的盐池墩堠(陈静 摄)

大墩[Dà Dūn]　又叫皖记沟1号墩,位于花马池镇皖记沟村皖记沟自然村东南1公里、杨寨子村东北2公里二道边内侧。坍塌严重,南壁残高5米,北壁呈缓坡状。

二墩[Èr Dūn]　又叫皖记沟2号墩,位于花马池镇皖记沟村皖记沟自然村西0.7公里处,二道边紧贴墩北侧。墩台呈倒覆斗形,底边长8.5米,高6.5米,南侧有土块散落。因墩台自东南向西北依次排列而得名。

三墩[Sān Dūn]　又叫皖记沟3号墩、王江墩,位于花马池镇皖记沟村北王圈自然村南1.8公里、皖记沟村西北3.5公里、南王圈东北3.5公里处。墩台坍塌严重,残高5米,南侧、西侧有土块滑落,像一张人脸,因民国初年沙边子村王江在附近居住而得名。

庙梁子墩[Miàoliángzi Dūn]　又叫东冒寨子1号墩、宝子梁墩,位于花马池镇皖记沟村南王圈自然村北2.7公里庙梁子上、东冒寨子村东南2公里处。墩台坍塌严重,直径7.5米,残高约4.5米,基座四周被风蚀悬空,因墩台南侧有一小庙而得名。

尤记墩[Yóujì Dūn]　又叫东冒寨子2号墩,位于花马池镇柳杨堡村东冒寨子自然村北0.4公里、柳杨堡走沙边子油路南280米处。台基东西长12米,南北宽14米,高4米,呈倒覆斗形,保存较好。因附近最早居住尤姓人家而得名。

倒墩[Dào Dūn]　又叫上滩墩,位于花马池镇柳杨堡村上滩自然村东北、下滩村西南石子路东边。20世纪70年代被村民推平,现在周围长满白刺,台基直径13米,残高约2.5米。

杨记墩[Yángjì Dūn]　位于花马池镇柳杨堡村上滩自然村北1公里山梁上、盐池至前旗公路东侧300米处,台基东西长15米,南北宽13米,高10米,由于年久风蚀,台体被切割出多条自上而下的壕沟。因墩台西南居住过杨姓人家而得名。

蔡记墩[Càijì Dūn]　位于花马池镇柳杨堡村上滩自然村北2公里、北大池盐湖西南5公里、二道边外侧1.6公里处,台基东西长12米,南北宽14米,高9米,呈倒覆斗形,保存较好。1.5米和3.5米高处分别有围绕台体的孔洞,露出椽子残件,因墩台东北居住过蔡姓人家而得名。

龙记墩[Lóngjì Dūn]　位于花马池镇柳杨堡村杨记圈自然村东南2公里、338国道西侧60米、走杨记圈油路北侧20米处。台基东西长10米,南北宽12米,高10米,因靠近东侧龙家寨子而得名。

倒墩[Dào Dūn]　位于花马池镇柳杨堡村杨记圈自然村东部0.6公里处,台基东西长14米,南北宽15米,残高6米,墩台坍塌严重,居民根据其形状来称呼。

杨老六墩[Yánglǎoliù Dūn]　又叫大墩,位于花马池镇柳杨堡村杨记圈自然村西北 0.6 公里、村小学东北 0.32 公里处，台基东西长 12 米，南北宽 14 米，高 9 米，墩台北 5 米处有坞城痕迹，残高 0.5 米。

红墩[Hóng Dūn]　位于花马池镇柳杨堡村杨记圈自然村西北 1.1 公里处山梁上，台基边长 14 米，高 6 米。由于年久失修，南侧两大土块与台体分离，即将倒塌。因修筑墩台的土中含红色砂土而得名。

避墩[Bì Dūn]　位于花马池镇张家场自然村至黄沙窝自然村油路南侧 20 米、杨记圈自然村至黄沙窝自然村连接油路交会处，台基直径 14 米，高 4 米，坍塌为倒置圆锥状，因墩下挖有一窑洞可以遮蔽风雨而得名。

大墩[Dà Dūn]　位于花马池镇李记沟村黄沙窝自然村东 1 公里处，台基边长 15 米，高 7 米，坍塌严重，南侧一大土块与台体分离。

刘四墩[Liúsì Dūn]　位于花马池镇李记沟村黄沙窝自然村北 0.24 公里处，台基东西长 11 米，南北宽 9 米，高 4 米，墩台坍塌严重，东侧形成斜坡。

双墩坑底墩[Shuāngdūnkēngdǐ Dūn]　位于花马池镇李记沟村黄沙窝自然村西北 2 公里的深坑里，墩台坍塌呈圆锥状，台基直径 14 米，高 7 米，根据所处地理位置命名。

北台墩[Běitái Dūn]　位于花马池镇李记沟村北台自然村东北 2 公里、黄沙窝自然村西北 3.2 公里山梁上，台基底部东西长 17 米，南北宽 15 米，高 11 米，呈倒覆斗形，保存较好，以所在村命名。

砖窑墩[Zhuānyáo Dūn]　位于花马池镇冒寨子村官记圈自然村西南 3 公里、李华台村张记台自然村东南 3 公里处，周围地势平坦，视野开阔，墩台坍塌呈圆锥状，台基直径 15 米，高 3 米，被村民改建成一座砖窑，现已废弃。因墩台被改造成砖窑而得名。

喇嘛墩[Lǎma Dūn]　位于花马池镇李华台村张记台自然村东南 1.5 公里山梁上，台基东西长 14 米，南北宽 13 米，高 7 米。由于年久风蚀，墩台顶部被切割成四大块，整体保存较好。

蛇墩墩[Shédūn Dūn]　位于花马池镇李华台村张记台自然村南 1 公里、安定堡自然村至张记台自然村油路东 600 米处，台基边长 14 米，高 5 米，坍塌严重，台体上土块从四面落下堆积。

龙记墩[Lóngjì Dūn]　位于花马池镇李华台村南圈自然村东南 1 公里、张记台自然村西 1.2 公里山梁上，台基东西长 16 米，南北宽 14 米，高 11 米，保存较好。因附近有龙姓人家居住而得名。

黄鹞子墩[Huángyàozi Dūn]　位于花马池镇李华台村南圈自然村西 0.5 公里斜坡上,河东墙擦墩台北侧东西而过,台基东西长 14 米,南北宽 7 米,残高 4 米。

孙记墩[Sūnjì Dūn]　位于花马池镇李华台村南圈自然村西北 2.3 公里山梁上,台基底边长 10 米,高 7 米,台体高大雄伟。因有孙振和家几代人居住而得名。

叶记场墩[Yèjìchǎng Dūn]　位于花马池镇芨芨沟村陈记梁自然村西北 3 公里、芨芨沟村叶记场自然村东北 0.8 公里处,台基东西长 14 米,南北宽 12 米,残高 3 米,坍塌严重。

曹记墩[Cáojì Dūn]　又叫九墩子,位于花马池镇芨芨沟村叶记场自然村西北 1 公里山梁上,台基底部边长 11 米,高 8 米,南侧下部坍塌,西侧下部有人工挖的窑洞,东侧有人工挖的两个窑洞。因墩下有曹姓人家居住而得名。

马记墩[Mǎjì Dūn]　又叫八墩子,位于花马池镇芨芨沟村陈记壕自然村北侧、202 省道东 0.6 公里处,台基底部边长 11 米,高 6 米,因新中国成立前担任过盐池骑兵游击队队长的马进财在此居住而得名。

七墩[Qī Dūn]　位于高沙窝镇大圪垯村冯记油坊自然村东北 1 公里、202 省道西北 1 公里处,台基底座边长 11 米,残高 5 米,坍塌呈圆锥状,残高 3.5 米。因墩台自西向东依次排列而得名。

六墩[Liù Dūn]　位于高沙窝镇大圪垯村冯记油坊自然村西北 1 公里处,台基底部东西长 13 米,南北宽 11 米,高 8 米。由于坍塌,墩台南侧形成斜坡,上面长满白刺。因墩台自西向东依次排列而得名。

五墩[Wǔ Dūn]　位于高沙窝镇二步坑村红圪垯自然村东南 3.4 公里处,北距二道边 10 米,台基底部东西长 11 米,南北宽 12 米,高 5 米,因风蚀,西南角、东侧有土块掉落,墩台四周遍布瓷片。因墩台自西向东依次排列而得名。

四墩[Sì Dūn]　位于高沙窝镇二步坑村红圪垯自然村东 1 公里处。1958 年,墩台被拆毁,土用于平田整地,现仅存名称没有墩台,因墩台自西向东依次排列而得名。

三墩[Sān Dūn]　位于高沙窝镇二步坑村潘记梁自然村东北 2.5 公里、红圪垯自然村西北 3.5 公里处,北壁坐落在二道边上,墩台坍塌严重,残高 4 米,顶部土块掉落呈不规则形状。因墩台自西向东依次排列而得名。

二墩[Èr Dūn]　位于高沙窝镇二步坑村潘记梁自然村正北 2 公里、二道边南侧 5 米处。墩台 10 米见方,高 9 米,西南角坍塌,整体保存较好,底部东侧有村民挖一窑洞当作碾坊。因墩台自西向东依次排列而得名。

一墩[Yī Dūn]　又叫红墩,位于高沙窝镇二步坑村兴武营自然村东 2 公里、通往兴武营油路北500米处,台基宽10米,残高4米。墩台外部用白土夯筑,内部填充红砂土,经历年风蚀,外墙白土坍塌,红砂土散落。此墩因土质为红色而得名。

古寺墩[Gǔsì Dūn]　位于高沙窝镇二步坑村兴武营古城西1.4公里、西山寺北1.8公里、并行的二道边与头道边长城中间,周围是盐碱地,台体坍塌呈圆锥状,残高约6米。因南侧有明代西山寺遗址而得名。

烂泥豁子墩[Lànníhuōzi Dūn]　位于高沙窝镇二步坑村兴武营自然村西4公里处,二道边紧贴墩北而过,南距头道边50米,坍塌严重,呈圆锥状,顶部残缺,残高约6米。

段记井湾墩[Duànjìjǐngwān Dūn]　位于烂泥豁子西2公里处,二道边紧贴墩北而过,南距头道边15米,坍塌严重,呈圆锥状,残高约6米,南侧有人工挖的窑洞。圈墙位于墩南,只有东、南、西三边,东西长20米。西侧50米为高沙窝镇二步坑村闵庄子自然村通往内蒙古巴郎庙的油路。北侧150米有新建的蒙古敖包。

郭记坑东北墩[Guōjìkēng Dōngběidūn]　位于高沙窝镇营西村郭记坑自然村东北2.5公里处,二道边紧贴墩北而过,南距头道边10米,正对着头道边敌台。墩坍塌严重,残高约4米,墩南侧顶部有一土块如柱直立,以所在村命名。

郭记坑墩[Guōjìkēng Dūn]　位于高沙窝镇营西村郭记坑自然村北2.5公里、闵庄子自然村通往内蒙古巴郎庙油路西1.3公里处,二道边紧贴墩北而过,南距头道边10米,东南15米为头道边敌台。墩坍塌严重,呈圆锥状。以所在村命名。

东庄子墩[Dōngzhuāngzi Dūn]　位于高沙窝镇宝塔村东庄子自然村东北1公里处,二道边紧贴墩北而过,南距头道边30米,呈方锥状,底边长10米,高7米。以所在村命名。

东庄子西北墩[Dōngzhuāngzi Xīběidūn]　位于东庄子自然村西北1.1公里,北距二道边2米,南距头道边35米,坍塌严重,呈圆锥状,高约4米。以所在村命名。

毛卜喇北墩[Máobǔlā Běidūn]　位于毛卜喇堡东北1公里、二道边南20米、头道边北10米处,与毛卜喇墩隔头道边相望。坍塌呈四方平台,底边长约16米,高约3米,顶上中部有水泥柱测绘标志,顶部南侧残存几个风蚀后形成的土块,因位于毛卜喇堡东北方向而得名。

毛卜喇西墩[Máobǔlā Xīdūn]　位于毛卜喇堡西1公里处,二道边紧贴墩北而过,南距头道边30米,西距大坝50米,底边长8米,高5米。因位于毛卜喇堡西而得名。

张记边壕东北墩[Zhāngjìbiānháo Dōngběidūn]　位于高沙窝镇宝塔村张记边

壕自然村东北 1.7 公里处,二道边紧贴墩北而过,南距头道边 30 米,呈方锥状,墩墙上布满蜂窝状小坑,底边长 12 米,高 7 米。

夜猫子墩[Yèmāozi Dūn]　位于高沙窝镇宝塔村张记边壕自然村正北方向 650 米处,二道边贴墩北侧而过,南距头道边 50 米,坍塌呈圆锥状,残高约 4 米,南侧有人工挖的窑洞(已坍塌)。因墩台上洞窟里经常有猫头鹰居住而得名。

"深沟高垒"沿线墩台

德胜墩[Déshèng Dūn]　位于花马池镇沟沿村德胜墩自然村东 1 公里处,底部边长 10 米,高 6 米,坍塌严重,南侧残存方形台体,北侧呈缓坡,可登上墩顶。以所在村命名。

大墩[Dà Dūn]　位于县城北 4 公里处山梁上、338 国道西 1.7 公里处。台基底部边长 15 米,南北宽 18 米,顶部东西长 8 米,南北宽 10 米,高 8 米,顶部中心有测绘水泥标志,四方形,保存完好。

小墩[Xiǎo Dūn]　位于县城北 2 公里大墩梁南坡上,西北距大墩 2 公里,坍塌严重,顶部参差不齐,形成一堵墙形状,顶部中间土块掉落形成一直径 30 厘米孔洞,残高约 10 米,底部风雨冲刷,露出红土地面。

刘八庄东北墩[Liúbāzhuāng Dōngběidūn]　位于花马池镇长城村刘八庄自然村东北 1.5 公里、"深沟高垒"(头道边)北侧 233 米处,北侧紧贴一道疑似长城的土墙,墩台坍塌呈圆锥状,底边直径 10 米。以所在村命名。

刘八庄墩[Liúbāzhuāng Dūn]　位于刘八庄村北 764 米、"深沟高垒"北侧 160 米、疑似长城的土墙南侧 5 米处,底边长 5 米,高 5.5 米,方锥形,墩台南壁被挖一窑洞,深 4 米,宽 2.5 米,高 2 米。墩台西南方向有坞城痕迹,北侧为一东西向季节性水沟。以所在村命名。

刘八庄西北墩[Liúbāzhuāng Xīběidūn]　位于刘八庄村西北 1.84 公里、"深沟高垒"北侧 150 米处,北侧紧贴一道疑似长城的土墙,墩台坍塌呈圆锥状,南侧墩台主体有部分凸起,底座直径 15 米,残高 4 米。以所在村命名。

十六堡墩[Shíliùpù Dūn]　位于十六堡新村育松树苗耕地南侧、头道边东北侧 100 米处,北侧紧贴一道疑似长城的土墙,北壁呈斜坡,南壁直立,底座东、西、北三面平缓,与周围地面连成一体,残高 3 米。以所在村命名。

高平堡墩[Gāopíngpù Dūn]　位于高平堡古城东北 0.6 公里、头道边北侧 120 米处,北侧紧贴一道疑似长城的土墙,坍塌呈圆锥体,底座直径 12 米,残高 4 米。因靠近高平堡而得名。

牛毛井墩[Niúmáojǐng Dūn] 位于王乐井乡牛记圈村牛东自然村东北1.6公里、"深沟高垒"东北侧120米处山梁上,长城在这里转了个弯,由偏西转向偏西北方向。墩台底边长6米,高6米,因年久风蚀,四周土块掉落,已看不出当年方形墩台原貌,呈不规则多边形,南侧有一高3米、宽1米土块倚靠在墩台主体上,墩台四周长满芨芨草,南、北两侧各500米远为深沟。以所在村命名。

陈记墩[Chénjì Dūn] 位于花马池镇李记沟村叶记豁子自然村东1公里山梁上,墩台底边东西长7.2米,南北宽8.4米,高约7米。西南角坍塌,东侧坍塌呈斜坡状,西侧20米新建一供电房。因过去墩台底下居住陈姓村民而得名。

瞭马墩[Liàomǎ Dūn] 位于安定堡古城西北0.7公里、"深沟高垒"北侧高大山梁上,四周视野开阔,墩台底边长11米,高约7米。因其过去的军事防御功能而命名。

毛记墩[Máojì Dūn] 位于花马池镇芨芨沟村长城自然村西南,墩台东北0.6公里处有4户居民,北距"深沟高垒"1公里。墩台底边长6米,高8米,墩台上夯土层明显,风蚀的台体尽显历史沧桑。

余记场墩[Yújìchǎng Dūn] 位于头道边南100米,余记场西、通往巴郎庙油路西2公里处,坍塌严重,残高约5米,顶部不平整,从南侧看像两头并卧的狮子。以所在村命名。

毛卜喇墩[Máobǔlā Dūn] 位于毛卜喇堡东1公里、"深沟高垒"南10米处,与毛卜喇北墩隔头道边相望,底边长约11米,高8米。墩台呈方锥状,保存完整。东、南、西三面有坞城墙体痕迹,北墙以头道边代替,残高约1米,呈鱼脊状。因邻近毛卜喇堡而得名。

路方墩[Lùfāng Dūn] 又叫录芒墩,位于高沙窝镇宝塔村张记边壕自然村西500米处,墩台坍塌严重,台基底边长7米,高4米,周围被坍塌黄土包围。

固原内边沿线墩台

前塬墩[Qiányuán Dūn] 位于麻黄山乡松记水村前塬自然村南1公里甘宁两省交界山梁上,东、南、西三面为深沟,北侧有浅沟与北侧一山梁隔开。墩台底部边长7米,高8米,方锥形,东壁上部坍塌成斜坡,西南角坍塌。坞城30米见方,四周挑挖沟壕筑墙,形成深2米左右沟壕,坞城墙高5米,开东门,北墙完好,其余墙体残损。以所在村命名。

李家畔墩[Lǐjiāpàn Dūn] 位于麻黄山乡黄羊岭村李家畔自然村南、环县秦团庄乡白塬畔村北,"沟拉壕"位于两村中间,墩台位于两省交界处的山梁上。东距麻黄山通往秦团庄油路200米。台基边长9米,高8米。坞城边长37米,高3米,厚2米,开南门,四周墙体风蚀呈狼牙状。坞城外有当年筑墙挑挖取土形成的壕沟。南墙外为深沟,由于长期山水冲刷,流水从南墙豁口向北延伸,威胁到墩台的安全。墩台东部有缓坡,可登上墩顶。以所在村命名。

施天池墩[Shītiānchí Dūn] 位于惠安堡镇麦草掌村施家天池自然村南1.8公里高大山梁上,南为甘肃地界,方圆几十公里范围视野开阔。台基底部边长4.5米,高6米,方锥形。坞城24米见方,开南门,墙高3.5米,四面墙体均有不同程度损坏。坞城外四周疑似为当年筑坞城取土形成的壕沟,壕沟外侧形成又似一坞城的墙体,壕沟四角各栽一水泥桩。以所在村命名。

墩圈墩[Dūnjuàn Dūn] 位于麦草掌村墩圈自然村北0.5公里山梁上,东、北皆深沟,北侧红砖砌一小庙。台基底部边长9米,高9米,台体呈方锥形,南壁底部挖一窑洞,高、深各2米,宽1.5米,墩台保存完好。坞城边长35米,高7米。有3层坞城:内坞城边长30米,高4米,厚2米,只有北墙西段、南墙中段和东南角部分坍塌,其余完好。西墙中部偏下有门洞供出入,宽、高各2米。中、外坞城呈鱼脊状,四边墙体与内坞城各相距6米,以所在村命名。

墩圈北墩[Dūnjuàn Běidūn] 位于麦草掌村墩圈自然村西北1.5公里、甜水堡古城东南2.7公里山梁上。台基底部边长5米,高5米,台体呈方锥形,从西北角可登上墩顶。坞城边长24米,墙体高4米,厚2米,北、东、南3面墙体基本完好,西墙残破。

沙坡子墩[Shāpōzi Dūn] 位于惠安堡镇萌城村沙坡子自然村东北1公里、东距甜水堡3公里高大石山梁上,周围地面都是横向排列的裸露石块,墩台呈方锥形,底部边长6米,高8米,北壁中间土块整体滑落,西南角分离出一块高约3米、宽2.5米土块,南壁下有人工挖窑洞,洞高1.5米,宽2米。坞城24米见方,墙高4米,厚1.5米,北、西墙相对完整,南墙有部分豁口,东墙残留北段,开东门。以所在村命名。

营盘山墩[Yíngpánshān Dūn] 位于惠安堡镇四股泉村营盘山自然村北1公里山梁上,四周皆为沟梁。台基底部边长8米,高7米,北壁倒塌呈斜坡,由此可登上墩顶,顶部略尖。坞城边长45米,西、北墙保存较好,高6米,顶宽1米。有3层坞城:内坞城边长34米,高4米,北墙相对完整,西北角有豁口。南、东墙高低不平,残高约2米,东墙偏北有豁口,疑似留的门。中、外坞城呈鱼脊状,四边墙体与内坞城各相距5米,以所在村命名。

灵武至庆阳驿路沿线墩台

刘记沟墩[Liújìgōu Dūn]　位于惠安堡镇刘记沟水库南1.7公里、定武高速北1.1公里、西距211国道170米处。墩台底部边长8.4米，高5米，已坍塌，形成围绕中间墩台的土堆。以所在村命名。

烟墩山墩[Yāndūnshān Dūn]　位于惠安堡镇老盐池村烟墩山自然村西南750米山梁上，呈圆锥状，高约4米，底座直径15米，南北两侧均为深沟，山梁上布满鹅卵石，墩上长有一丛丛芨芨草，东北30米有一小院，四周山梁上装有风车。以所在村命名。

红墩子[Hóng Dūnzi]　位于211国道东285米，紧靠红墩子村东侧，定武高速南887米处，墩北侧5米远有信号塔，墩台高7米，底边长9米，方锥形，东侧30米为银西高铁，四周用铁网护栏围护。以所在村命名。

北洼墩[Běiwā Dūn]　位于老盐池古城西北1.5公里、211国道东480米、定武高速南1.45公里处。四周坍塌，高约6米，中部土堆上残留的部分台体高约3米，宽约5米。

三里墩[Sānlǐ Dūn]　位于中石油第三输油处宁夏商业储备库南275米、211国道东160米、居民区东侧，墩台坍塌呈圆锥状，残高约3米，底座直径约9米。以距离惠安堡古城的路程命名。

八里墩[Bālǐ Dūn]　位于惠安堡镇政府南3.89公里、211国道东侧164米处，南侧50米为变电所，墩台坍塌严重，残高4米，北侧呈斜坡，南侧中部有一豁口，整个墩台像一只爬行的乌龟。以距离惠安堡古城的路程命名。

苦水井西南墩[Kǔshuǐjǐng Xīnándūn]　位于苦水井村西南2公里处，202省道紧贴墩台东侧南北而过，墩顶部呈"凹"字形，底部边长7米，高约5米，从北侧豁口可登上墩顶，墩南侧亦有一豁口。以所在村命名。

隰宁堡东北墩[Xíníngpù Dōngběidūn]　位于惠安堡镇隰宁堡村东北730米、211国道东侧0.86公里、九泵站东南0.77公里处，墩台坍塌呈圆锥状，残高3.5米，底座直径12米，东侧顶部有块状凸起高约2米，顶上长有几丛芨芨草。因临近隰宁堡而得名。

隰宁堡村中墩[Xíníngpù Cūn Zhōngdūn]　位于隰宁堡村中部偏东，南、北、西3面为居民住宅，西至211国道100米，台基底部边长6米，高3米，呈四方形，顶部平整。南侧有人为开凿的窑洞，以砖砌成长方形门洞，里面宽阔，堆放草料。因所在地理位置而得名。

贾家圈墩[Jiǎjiājuàn Dūn] 位于惠安堡镇大坝村贾家圈自然村东侧山梁上,西侧 260 米有两个信号塔。墩台底部边长 6 米,高 6 米,四面坍塌呈多边形,各立面较直。坞城 42 米见方,仅存痕迹。以所在村命名。

李家大庄子墩[Lǐjiādàzhuāngzi Dūn] 位于惠安堡镇杜家沟村李家大庄子自然村东侧、211 国道东 154 米处。墩台底部边长 5 米,残高 4 米,台体分裂成三大块,顶部凸凹不平。以所在村命名。

杜家沟墩[Dùjiāgōu Dūn] 位于惠安堡镇杜家沟自然村东北 836 米、211 国道东 400 米处。墩台底部边长 6 米,高 6.5 米,方锥形。东壁自上而下凹进去一块。以所在村命名。

郭墩洼墩[Guōdūnwā Dūn] 位于惠安堡镇杜记沟村郭墩洼自然村西北 0.5 公里、211 国道西 200 米处。墩台底部边长 9 米,高 7 米,方锥形,西、南两侧为深沟。坞城北、东、南 3 面墙体长各 20 米,西侧墙体与墩台西侧南北两端相接,残高 0.3 至 0.8 米不等。以所在村命名。

关祭台墩[Guānjìtái Dūn] 位于惠安堡镇杜记沟村关祭台自然村 211 国道东侧山梁上,底部边长 7 米,高 4.5 米,四方形,西南角坍塌,东侧深沟里有银西高铁。坞城呈簸箕形,东西长 30 米,南北宽 52 米,墙体厚 2 米,南墙倒塌,其余 3 面墙体基本完好。以所在村命名。

王庄科墩[Wángzhuāngkē Dūn] 位于惠安堡镇林记口子村王庄科自然村西北 0.7 公里、关家新庄东 2 公里高大山梁上,与 211 国道直线距离 2.1 公里,墙体外有通信塔及两座机房。墩台底部边长 9 米,高 7.5 米。以所在村命名。

崔新庄墩[Cuīxīnzhuāng Dūn] 位于惠安堡镇萌城村东侧、萌城通往麦草掌油路北山梁上,一条简易村道从墩东侧南北而过,西侧沟底为银西高铁。台体高大,方锥形,保存完好,底部边长 9 米,高 7 米,从北侧沿豁口可登上墩顶,墩顶形成长方形平台,中间凹四周凸,中部有水泥测绘标志。墩南侧有两圈"U"字形围墙,内圈与墩同宽,长 10 米,外圈长宽各 13 米。墩北侧有一长方形台体,高约 0.6 米,与墩同宽。以所在村命名。

花马池至惠安堡驿路沿线墩台

头墩[Tóu Dūn] 又叫二堡墩,位于盐池县城西南高级中学西 80 米、西北环路西 40 米、供热厂北 50 米处。墩台底部边长 9 米,高 5 米,因是花马池到惠安堡驿路沿线的第一墩,因此得名。

二墩[Èr Dūn]　又叫李毛庄墩,位于花马池镇四墩子村李毛庄自然村北1公里、李毛庄通往盐池汽车城油路西770米处,底边宽7米,高6米,呈方锥状。

三墩[Sān Dūn]　位于李毛庄自然村西3公里处,坍塌严重,呈圆锥状,南侧墩壁耸立,北坡平缓,可登上墩顶,残高4米。坞城边长20米,残高1—1.5米不等,开南门。

四墩子[Sì Dūnzi]　位于花马池镇四墩子村四墩子自然村东南,墩西10米处有信号塔。墩被村民推平当了打谷场,形成直径22米、高约3米的圆形台地。

五墩[Wǔ Dūn]　位于花马池镇四墩子村下王庄自然村南3公里处,南侧80米有输电铁塔。墩台坍塌严重,呈圆锥状,残高2米。

六墩[Liù Dūn]　位于王乐井乡石山子村周庄子自然村北的圆梁上,村民为讲风水当年将墩向东平移100米,现在只有圆梁在,墩台不存。

七墩[Qī Dūn]　位于周庄子自然村西3公里树带子西,东北距石山子水库600米。墩台坍塌严重,只存高约1.5米的土丘,周围有围墙,边长22米,厚1.5米,开南门。南墙残存两段,东段残长6.5米,高2米,西段残长2.5米,高2米。北墙残存长18米的一段,高1.5米。西墙南段残长3米,高1.5米。

八墩子[Bā Dūnzi]　又叫野狐井墩,位于王乐井乡边记洼村野狐井自然村北。台基底部边长10米,高7米。墩建在坞城北墙中部,坞城边长80米,开南门。

九墩子[Jiǔ Dūnzi]　位于野狐井自然村西偏北2.5公里、扬黄支渠油路东50米处。墩台底边长8米,高8米,保存完好,墩体四周遍布蜂窝、鸟窝。坞城边长24米,北墙相对完好,高2.5米,厚1米,东墙倒塌,南墙东段长5米,高2.5米,西墙北段残存长3米,高2米。

十墩子[Shí Dūnzi]　俗称倒墩墩,位于王乐井乡王乐井村盖木庄自然村西北1.5公里处,通往南海子油路从墩东100米南北而过。墩台坍塌严重,呈圆锥状,高约2米,上面长了几丛芨芨草,有坞城痕迹。

王记墩[Wángjì Dūn]　位于南海子生态旅游区西北2.6公里处,墩台底部边长8米,高8米,呈方锥形,保存完好。坞城26米见方,北墙残高2米,东墙倒塌,西墙中段残存长11米,高2.5米,南墙东段残存长10米,高2.5米。墩四面墙壁上距离地面4米处有数个直径0.3米并排的孔洞。因附近有王姓人家居住而得名。

大明墩[Dàmíng Dūn]　位于哈巴湖旅游风景区内油路西侧100米处,北距景区门口双墩2公里。墩台部分坍塌,呈圆柱状,顶部有近年来砌的一圈红砖,好似王冠,残高 4 米。

二墩子墩[Èrdūnzi Dūn] 位于哈巴湖旅游风景区西 3 公里沙窝里的高梁上,西南距离铁柱泉墩 2.5 公里。墩台底部边长 8 米,高约 5 米,北侧有人工掏挖小窑洞,能容一人藏身。

铁柱泉墩[Tiězhùquán Dūn] 位于冯记沟乡暴记春村铁柱泉自然村东北 1 公里处。台基底部边长 7 米,高 9 米。有坞城痕迹,北墙残高 1 米,长约 10 米。因附近有铁柱泉而得名。

杜记圈墩[Dùjìjuàn Dūn] 位于冯记沟乡暴记春村杜记圈自然村北 0.5 公里、铁柱泉自然村通往冯记沟乡油路南 100 米处。墩台底部边长 6.5 米,高约 8 米,方锥状。墩台东北角 1.5 米高处以上掉落。坞城边长 21 米,四周墙体倒塌呈鱼脊状。以所在村命名。

杜记圈北山梁墩[Dùjìjuàn Běishānliángdūn] 位于杜记圈自然村北 0.8 公里、铁柱泉自然村通往冯记沟乡油路北 200 米的山梁上。坍塌呈圆锥状,顶部形成直径 5 米的平台。平台中心有测绘标志,上写"GPS-3678 COWT426",墩北侧 100 米是一片白色盐碱滩。以所在村命名。

三墩子东北墩[Sāndūnzi Dōngběidūn] 位于冯记沟乡冯记沟村三墩子自然村东北 3.3 公里、冯记沟乡政府驻地东南 2 公里处。台体坍塌严重,形成顶部直径 20 米土堆。墩台东侧有人工挖的狭长夯道,顶部偏南有一长 1.5 米、宽 0.5 米,深 5 米左右的直坑,疑似盗洞。墩西南侧 100 米为 244 国道。以所在村命名。

三墩子墩[Sāndūnzi Dūn] 位于三墩子自然村东北 1 公里处。台基底部边长 8 米,高 7 米,顶部坍塌呈不规则形。以所在村命名。

翦儿庄墩[Jiǎn'erzhuāng Dūn] 又叫四墩子,位于冯记沟乡冯记沟村翦儿庄自然村西南、金凤煤矿(304 省道)东 1 公里处。台基底部边长 6 米,高 8 米。以所在村命名。

红墩墩[Hóngdūn Dūn] 位于盐兴公路西 2 公里、从盐兴公路走金凤洗煤厂油路西侧 10 米处,西北距洗煤厂 500 米,坍塌严重,只剩下约高 3 米的尖土堆。因土质泛红而得名。

龚儿庄墩[Gōng'erzhuāng Dūn] 位于冯记沟乡马儿庄村龚儿庄自然村北、滩羊育种场北 500 米、盐兴公路西北 0.6 公里、李家坝盐湖南畔。台基底部东西长 10 米,南北宽 11 米,高 8 米,方锥形,保存较完整。以所在村命名。

汪水塘墩[Wāngshuǐtáng Dūn] 位于冯记沟乡汪水塘村东 3 公里、宋新庄自然村南 3 公里、铁路北 600 米处,东距宋新庄煤矿 2 公里。台基底部边长 5 米,高 3 米,坍塌夯土将台基覆盖。以所在村命名。

叶儿庄西北墩[Yè'erzhuāng Xīběidūn]　位于冯记沟乡马儿庄村叶儿庄自然村西北 1.32 公里、定武高速南 1 公里处。坍塌严重,高约 3 米,中部偏南呈高约 1.5 米上细下粗圆柱状。墩台上长满莎草。以所在村命名。

叶儿庄西墩[Yè'erzhuāng Xīdūn]　位于叶儿庄自然村西 2 公里处。台基底部边长 5 米,高 6 米,四方形。以所在村命名。

十里墩[Shílǐ Dūn]　位于叶儿庄自然村西 5 公里、李家坝盐湖北侧,与龚儿庄墩隔湖相望。坍塌严重,台基底部边长 6 米,高 4 米,西侧掉落三大土块,倚靠在墩体上。根据距离命名。

五里墩[Wǔlǐ Dūn]　又叫梁台子墩,位于老盐池古城东北 3 公里处,东距十里墩 4 公里,东侧约 300 米新建一座水库,向西 620 米为扬黄支渠。墩台四方形,底边长 8 米,高 6 米,周围地势平坦,视野开阔。根据距离命名。

老盐池至下马关沿线墩台

老盐池西南墩[Lǎoyánchí Xīnándūn]　位于惠安堡镇老盐池自然村西南 2.5 公里、211 国道西 500 米、铁路南 460 米处,原属于盐池境内老盐池自然村,现划归红寺堡。墩台坍塌严重,呈圆锥状,残高 4 米。以所在村命名。

苏家井北墩[Sūjiājǐng Běidūn]　位于惠安堡盐湖北 3.6 公里处,东距惠安堡盐湖北古城 1 公里,原属于盐池境内苏家井村,现划归红寺堡。墩台体型高大,呈倒覆斗形,底边东西长 11 米,南北宽 9 米,高 8 米,顶部东侧坍塌,坞城 25 米见方,墙体残高 1 米。以所在村命名。

苏家井南墩[Sūjiājǐng Nándūn]　位于惠安堡盐湖北 1.5 公里处,东距惠安堡盐湖西古城 1 公里,原属于盐池境内苏家井村,现划归红寺堡。墩台体型高瘦,底边东西长 4 米,南北宽 6 米,高 8 米,北壁直立,东壁自上而下有雨水冲刷形成的凹槽。墩台周围有鱼脊状坞城痕迹。以所在村命名。

小泉墩[Xiǎoquán Dūn]　位于惠安堡盐湖西北侧、盐兴公路北 1.9 公里处,原属于盐池境内小泉村,现划归红寺堡。墩台坍塌严重,呈不规则形状,底边长 10 米,高 6 米,从东侧可登上墩顶。以所在村命名。

铁柱泉至兴武营沿线墩台

鸦儿沟胡记寨子双墩[Yā'ergōu Hújìzhàizi Shuāngdūn]　位于王乐井乡鸦儿沟村西北,两墩相距130米。西墩坍塌严重,形成顶部平整的圆锥体,高2.5米,直径4.5米。东墩亦坍塌严重,底边长4米,高3米,方锥形。因在胡记寨子而得名。

鸦儿沟毛记墩双墩[Yā'ergōu Máojìdūn Shuāngdūn]　又叫毛记墩,位于鸦儿沟村北1.17公里、七家渠村东南300米、202省道西边50米山梁上,南侧紧邻水库,两墩相距30米。西墩坍塌严重,仅剩下高约3米、长宽各2米的墩体。东墩底边长6米,高6米,方锥形。因附近有毛姓人家居住而得名。

田新庄墩[Tiánxīnzhuāng Dūn]　位于高沙窝镇李庄子村田新庄自然村东0.5公里、海拔1485米的山梁上。墩台底边东西长6米,南北宽4.2米,高约5米,方锥形。墩台四壁布满鸟雀居住的洞穴,周围遍布黑釉、青花瓷片。以所在村命名。

黄记场墩[Huángjìchǎng Dūn]　位于高沙窝镇长流墩村黄记场自然村西北0.5公里处,周围草原中种满柠条。墩台底边宽7米,高4米,方锥形,坍塌较严重,从北侧可登上墩顶。以所在村命名。

长流墩[Chángliú Dūn]　位于高沙窝镇长流墩村陈记寨子西南542米处。墩台坍塌严重,呈圆锥状,残高3米,顶部被人工推为直径5米的平台。墩台南侧有坞城痕迹。以所在村命名。

马场墩[Mǎchǎng Dūn]　位于高沙窝镇高沙窝村马场自然村,修筑铁路时被毁,现遗址不存。以所在村命名。

杨记梁墩[Yángjìliáng Dūn]　位于高沙窝镇二步坑村杨记梁自然村西北侧,营西村通往苏步井油路北350米处,北距兴武营古城2.7公里,距"深沟高垒"西南2.5公里。墩台被围栏围在一户党姓村民的草原中。墩台底边长9米,高6米,东侧有一窑洞,宽高各0.8米,深2米。东侧斜坡上放置一磨盘。以所在村命名。

天池子到磁窑堡驿路沿线墩台

天池子墩[Tiānchízi Dūn]　位于高沙窝镇南梁村新庄子自然村东北1公里、307国道南500米处山梁上。墩台底边长8米,高7米,坍塌呈不规则形状,北壁上布满孔洞。因北侧有天池子而得名。

哈什墩[Hāshén Dūn]　位于新庄子自然村西南1.4公里处。墩台底部南北宽3米,东西长8米,高6米。台体中间整体东西向出现一个裂缝,将墩台一分为二,北侧一半有倾倒危险。

甘谷墩[Gāngǔ Dūn] 位于高沙窝镇长流墩村黄记台自然村东北2公里、光伏园区内。墩台底边宽6米,高5米,四方形,四面有土块掉落。

顾记圈墩[Gùjìjuàn Dūn] 位于高沙窝镇长流墩村顾记圈自然村西北2公里斜山坡上,周围地势开阔,东北1公里处盐碱滩里长满芨芨草。墩台底边长8米,高7米,方锥形。坞城50米见方,墙体呈鱼脊状,北侧东西两侧墙体与墩台北壁两侧相接。以所在村命名。

惠安堡至傅地坑沿线墩台

赵儿庄墩[Zhào'erzhuāng Dūn] 位于惠安堡镇惠安堡村赵儿庄自然村东北0.76公里、309省道南0.66公里处。方锥形,体型俊伟,底边长12米。以所在村命名。

金渠子墩[Jīnqúzi Dūn] 位于冯记沟乡冯记沟村金渠子自然村西侧2公里,北距宋新庄煤矿3公里,惠安堡通往大水坑油路北3公里处山梁上,西侧、北侧坍塌呈坡状,东、南两壁直立,台基底部边长约7米,高6米。四周视野开阔,从西侧可攀爬上墩顶。以所在村命名。

朱新庄墩[Zhūxīnzhuāng Dūn] 位于大水坑镇朱新庄自然村1公里、太中银铁路南1公里。台体高大,东西长10米,南北宽18米,高6米,台体南侧直立,东、北、西面呈缓坡。墩顶东西长8米,南北宽12米,中间凹下,东侧120米有一座庙宇。以所在村庄命名。

柳条井墩[Liǔtiáojǐng Dūn] 位于大水坑镇柳条井村柳条井自然村西北0.5公里、大水坑通往惠安堡公路北100米、柳条井通往杨儿庄砾石路东侧。墩台高大,呈倒覆斗形,台基边长9.5米,高6米。以所在村命名。

黑山墩[Hēishān Dūn] 位于大水坑镇镇区南4.6公里、大麻公路西侧1.3公里山梁上,台体高大,台基底边长8.5米,高8米。东侧山头上有一信号塔,西侧50米处安装有风机。

盐场堡至饶阳水堡沿线墩台

红庄墩[Hóngzhuāng Dūn] 位于青山乡营盘台村红庄自然村西1公里处,墩台损坏严重,台体呈圆柱状,残高2米,宽2米。以所在村命名。

墩湾墩[Dūnwān Dūn] 位于青山乡营盘台村东湾自然村西50米山梁上,坍塌呈圆锥状,高3米,顶部偏南有一凸起土块,残高1米。墩台底部直径15米,顶部有一水泥测绘标志。墩台周围有坞城痕迹。以所在村命名。

张平庄墩［Zhāngpíngzhuāng Dūn］ 位于大水坑镇二道沟村张平庄自然村西北山梁上,东、西两侧都是深沟,紧靠北侧有一信号塔,西、北侧数个山梁上安装有风车。墩台坍塌严重,呈圆锥状,底部直径 15 米,残高 4.5 米,台体 2.5 米高处铲削下一圈,形成围绕墩台顶部的一圈步道,中间包围的台体高约 2 米,直径约 3.5 米,从东侧可以登上墩顶。以所在村命名。

农台墩［Nóngtái Dūn］ 位于大水坑镇新桥村农台自然村中部偏东。底部边长 6 米,高 8 米,方锥形,保存完好,东壁有一水冲沟壕从墩台顶部直达底部。南侧有一山水沟已冲刷到墩台基底边缘,直接威胁到墩台安全。以所在村命名。

史家湾墩［Shǐjiāwān Dūn］ 位于麻黄山乡胶泥湾村村部南 0.65 公里处山梁上,东、西两侧各有一信号塔。墩台底部边长 6 米,高 7.5 米,方锥形。台基底部东侧有村民挖的窑洞,窑洞高 1 米,宽 0.6 米,深 2 米。墩台北部 20 米处有一处居民院落。以所在村命名。

沙崾岘墩［Shāyàoxiàn Dūn］ 位于麻南作业区宜通公司北 1 公里处山梁上,麻黄山乡沙崾岘村村部在公司南 0.5 米,墩台北侧为深沟,西侧有油井,墩台底部边长 7 米,高 8 米,方锥形,顶部有 20 世纪 60 年代为飞机导航设置的松木三脚架,南壁有人工挖窑洞,宽 1 米,高 1.2 米,深 2 米。以所在村命名。

杨崖窑墩［Yángyáyáo Dūn］ 位于麻黄山乡松记水村杨崖窑自然村东南 0.5 公里、塘洼村东北 0.5 公里处。台体经多年风蚀,四壁夯土剥落,残存墩台台基边长 2 米,高 6 米。以所在村命名。

双 墩

惠安堡双墩［Huì'ānpù Shuāngdūn］ 位于惠安堡镇区北 4 公里处高梁上,两墩相距 64 米。西墩呈方锥形,高约 8 米,底部四周被土簇拥形成圆形底座,直径约 20 米。东墩残高约 7.5 米,底部直径 20 米。以所在村命名。

黎明双墩［Límíng Shuāngdūn］ 位于冯记沟乡马儿庄村黎明自然村南。北墩位于村南 0.3 公里处,台基底部边长 12 米,高 3 米,墩台坍塌呈缓坡状,上面长满芨芨草,地面周围遍布瓷片。南墩位于村东南 0.5 公里处,台基底部边长 12 米,高 4 米,墩台坍塌呈缓坡状,北坡长满芨芨草,有一人工挖窑洞(已塌)。两墩相距 256 米。以所在村命名。

雨强双墩［Yǔqiáng Shuāngdūn］ 位于冯记沟乡雨强村雨强自然村西北 2 公里

处,南距冯记沟—青山油路500米,墩北500米有一煤矿。两墩相距102米。西墩呈方锥形,底边长8米,高8米,底边周围被风蚀形成一圈凹槽,西、北、南3面有土块掉落。有坞城痕迹,边长约30米。东墩呈方锥形,底边长10米,高9米。墩北壁上布满鸟类洞穴,以所在村命名。

张记墩双墩[Zhāngjìdūn Shuāngdūn] 位于冯记沟乡冯记沟村张记墩自然村东部、盐中高速南1.8公里处,两墩相距100米。东侧的圆墩在村东150米处山梁上,坍塌呈土堆状,残高约2米,上面长满芨芨草,土堆上白色土质与周围土质明显不同。西墩位于村东3公里处,墩台四壁坍塌,呈圆柱状,底部直径10米,高5米。墩西150米有砖窑。以所在村命名。

马禾庄西双墩[Mǎhézhuāng Xīshuāngdūn] 位于定武高速北1.2公里、冯记沟乡丁记掌村马禾庄自然村西1.4公里山梁上,两墩相距100米。东墩坍塌严重,形成残高3米的平台。西墩底边长8米,高5米,北侧有人工挖的窑洞。以所在村命名。

马禾庄北双墩[Mǎhézhuāng Běishuāngdūn] 位于马禾庄自然村北800米处平坦开阔地带,两墩相距132米,均坍塌呈圆锥状。西墩残高3.5米,东墩残高2米,地面有丰富的陶瓷片。以所在村命名。

哈巴湖双墩[Hābāhú Shuāngdūn] 民间俗称"双堆子",位于哈巴湖旅游风景区门口西侧0.3公里的山梁上,两墩相距45米,均坍塌呈圆锥状,高约4米。因在哈巴湖旅游风景区而得名。

三道井双墩[Sāndàojǐng Shuāngdūn] 位于王乐井曾记畔村三道井自然村西1.5公里处,两墩相距约350米,隔沟相望。均坍塌呈圆锥状。西墩底部南北宽9.6米,东西长13米,顶部南北宽4.8米、东西长8.4米,形成残高1.5米的平台。东墩底部南北宽10米,东西长6米,顶部南北宽6米,东西长3.6米,形成残高2米的平台。以所在村命名。

安定堡双墩[Āndìngpù Shuāngdūn] 位于安定堡古城东南,两墩相距500米。东边的高记墩位于安定堡古城东南1.1公里处,西南距"深沟高垒"直线距离0.65公里,墩台底边宽10米,高8米,西侧底部挖两孔窑洞,北侧一孔窑洞内又向南拐挖一小窑洞,墩台北壁完好,南壁坍塌。西边的黑圪垯墩位于安定堡古城东南0.7公里处,西南距"深沟高垒"0.3公里,南侧有哈巴湖新建护林房,过去曾用砖将墩台包裹,后遭到专家指责,认为是破坏文物,近期又将砖拆除,但墩台上仍留下人工修复痕迹。墩台底边宽12米,高10米。

黄沙窝双墩[Huángshāwō Shuāngdūn] 位于花马池镇李记沟村黄沙窝自然村

西北1.2公里的山梁上,两墩相距160米。东墩台基东西长12米,南北宽15米,高7米,保存相对完整。西墩坍塌严重,呈圆锥状,台基边长14米,高3米。以所在村命名。

边内零星瞭马墩

无量殿墩[Wúliàngdiàn Dūn] 位于花马湖南380米、盐惠公路东侧180米、太中银铁路北270米处,新建的花马寺内。原先墩台西侧有无量殿,后被毁,墩台为黄土夯筑。花马寺建成后,将墩台包砖,上面建瞭望亭。因所处地点有无量殿而得名。

高鹞子墩[Gāoyàozi Dūn] 位于花马池镇佟记圈村黄蒿渠自然村西南3.5公里的高大山梁上,东南距青山乡猫头梁村3.8公里。台基边长10米,高4米,保存完好,墩台四周遍布石块、石片、黑釉瓷片和青花瓷片。据传说,后唐大将高行周在这里作战,会鹞子翻身武功,墩台因此得名。

狼母墩[Lángmǔ Dūn] 位于南海子生态旅游区南3公里的高大山梁上,四周视野开阔,东距王乐井乡—青山乡油路2公里,有砾石路从墩北30米东西而过。坍塌严重,呈圆锥状,残高4米,南侧挖有一窑洞(已坍塌),墩台顶部及周围长满芨芨草。

何记墩[Héjì Dūn] 俗称瞭马墩,位于王乐井乡王乐井村何记墩自然村中偏西,倒塌呈不规则形,高约7米,四周被民居包围。以所在村命名。

苦水墩[Kǔshuǐ Dūn] 位于冯记沟乡平台村乔儿庄自然村北4公里,北距海子井村2.4公里,通往海子井砾石路西侧20米的小山梁上,高4米,底边宽5米。

红墩墩[Hóngdūn Dūn] 位于温池古城东南4公里、惠安堡东北6公里的高大山梁上。墩台坍塌呈圆锥状,直径约15米,顶部有方形水泥测绘标志,南北各有一人工挖窑洞,北侧、西侧为深沟。

摆宴井墩[Bǎiyànjǐng Dūn] 位于大水坑镇摆宴井村中油路南侧130米处,西北距石家寨子370米。坍塌严重,形成高3米、底座直径7米的土堆,四周遍布灰砖瓦和黑釉瓷片。以所在村命名。

摆宴井东墩[Bǎiyànjǐng Dōngdūn] 位于大水坑镇摆宴井村东部油路南侧420米处,西北距石家寨子1.35公里。四方形,高2.3米,底边长10米,顶部疑似被人为铲削掉了。西侧挖有一菜窖,四周遍布灰砖瓦。以所在村命名。

牛皮沟墩[Niúpígōu Dūn] 位于大水坑镇摆宴井村牛皮沟自然村东北70米、摆宴井自然村通往牛皮沟油路北15米处,南、北两侧各有一棵柳树。2012年,修建油路时将墩台推掉垫了路基,遗址不存,所处位置现为村民耕地。以所在村命名。

芦沟子墩[Lúgōuzi Dūn] 位于大水坑镇摆宴井村芦沟子自然村西400米、沟北侧 150 米处。坍塌严重,底边长 5 米,高约 3 米,墩台北坡长满芨芨草,顶部凹陷。以所在村命名。

宋堡子墩[Sòngpùzi Dūn]　位于大水坑镇宋堡子村东北 1 公里处,坍塌呈圆柱状,东壁较直,从西侧缓坡可登上墩顶,直径 6 米,高 3 米。以所在村命名。

马记口子墩[Mǎjìkǒuzi Dūn]　位于麻黄山乡麻黄山村马记口子自然村东 150 米处,台体坍塌严重,底边长 8 米,高约 2 米,东、北两侧形成缓坡,顶部呈平台状,南北宽 6 米,东西长 5 米。东北 20 米是一处庙宇遗址,墩台周围都是村民耕地。以所在村命名。

八步战台[Bābù Zhàntái]　位于王乐井乡张步井村东北 3 千米处,以地理位置命名。修建于明万历年间,为长城沿线的重要军事营垒。战台位于"深沟高垒"内侧,边长约 11 米,高 6.1 米,内为黄土夯筑,外砌砖石。面南辟拱形门洞,设砖砌踏步台阶可登上顶部。外筑围墙,平面为方形,夯层厚 16 厘米,长 64.5 米,墙高 2 米,基宽 1 米。

◎第五部分 纪念地和名胜古迹

其他文物保护单位

龚儿庄窑址[Gōng'erzhuāng Yáozhǐ] 位于冯记沟乡马儿庄村龚儿庄自然村北0.6千米处,以所在村落命名。为清代窑址,东西宽3米,南北长4米,地表散落灰瓦残片,原为烧瓦窑,西边有2处窑口。基址为黄土夯筑,夯层较明显,地表长满蒿草。

黎明遗址[Límíng Yízhǐ] 位于冯记沟乡马儿庄村黎明自然村西1千米处,以地理位置命名。为战国聚落遗址,面积约10000平方米。遗址西南部裸露文化层,厚0.2—1米,地面散布大量饰细绳纹和箆纹的灰陶片。1995年曾征集到饰细绳纹的圆唇鼓腹大陶罐。遗址大部已被流沙掩埋,中间有一东西走向的砾石公路。

南滩遗址[Nántān Yízhǐ] 位于冯记沟乡回六庄村南0.3千米处,以地理位置命名。为清代聚落遗址,面积60000平方米。遗址南、北、西处存文化层,厚0.2—0.5米,地表散存有大量黑、褐釉及青花瓷残片。遗址已被流沙掩埋,裸露文化层清晰可辨。

马禾庄遗址[Mǎhézhuāng Yízhǐ] 位于冯记沟乡马禾庄村西北0.5千米、盐中高速公路北,以地理位置命名。为明代聚落遗址,呈长方形,面积约150000平方米,南北长约1500米,东西宽约1000米。遗址内有房基址,长满蒿草、苦豆草,地表散落大量黑、白釉瓷片及红陶残片,因处于半荒漠沙漠化地带,地表沙化严重。

岔岱北遗址[Chàdài Běiyízhǐ] 位于冯记沟乡回六庄村岔岱自然村北3千米处,以地理位置命名。为明代聚落遗址,东西宽214米,南北长269米。遗址北部有裸露文化层,厚0.5—0.8米,东北部有长3米、宽2米的灰坑,地表大量散存灰陶建筑材料及青花、褐釉、黑釉残瓷片。遗址被流沙掩埋,北部文化层无法辨认,东北部灰坑遗址明显。

岔岱遗址[Chàdài Yízhǐ] 位于冯记沟乡回六庄村岔岱自然村西北1千米处,以地理位置命名。为新石器时代聚落遗址,面积约200000平方米,文化层厚0.2—1米。地面散布磨制石斧、打制的石核、刮削器和灰陶、褐陶素面陶片,似为罐类口、腹、底残片。遗址被流沙及天然白茨覆盖,文化层已无法辨认。

平台遗址[Píngtái Yízhǐ] 位于冯记沟乡平台村南1千米处,以地理位置命名。

为汉代聚落遗址，面积约24000平方米，文化层厚0.2—1米。分东、西二区，均暴露半地穴式房屋遗迹，东区地面有大量的素面红陶和泥质、夹砂灰陶片。西区除灰陶片，还有石纺轮等。地表被流沙及人工种植草覆盖，仅存西区寺庙台基。

黑土坑堡址[Hēitǔkēng Pùzhǐ]　位于冯记沟乡马儿庄村黑土坑南1千米处，以地理位置命名。为明代聚落遗址，呈长方形，南北长90米，东西宽60米，黄土夯筑，夯层厚0.17米，存高3米，墙基宽5米，顶宽1米。南墙辟门，门宽8米，地表散存灰陶残片，整体保存较好，东、西墙体自然风化有豁口，内墙基被流沙掩埋，外墙基有风雨冲刷凹槽。

田记掌堡址[Tiánjìzhǎng Pùzhǐ]　位于花马池镇田记掌村居民点北0.2千米处，建于清代，以地理位置命名。为清代早期堡址遗址，呈曲尺形，东西最宽75米，南北最长133米。墙体为黄土夯筑，夯层厚17厘米，大部已坍塌，残存高6米。南墙辟门，门宽6米。北墙因地势出现两个拐点。城内有面西窑洞6孔，地表散存灰陶建筑材料及青花瓷，黑、褐釉残片，保存差。城墙大部已坍塌，面西6孔窑洞废弃已久。

三道湾遗址[Sāndàowān Yízhǐ]　位于花马池镇芨芨沟村三道湾自然村北2千米处，以其所在区域命名。占地面积300平方米，部分文化层已被流沙掩埋，地表散落灰陶、乳钉纹灰陶、黑陶、绿色釉残片，长有蒿草，基址已不明显。从地表散落的器物残片看似是宋代遗址。

张记梁村冒记寨子遗址[Zhāngjìliángcūn Màojìzhàizi Yízhǐ]　位于花马池镇八岔梁村张记梁自然村东。是明代堡址遗址，20世纪60年代村庄被毁坏，后变为农田。现村民在堡址上种地，但墙基较清楚，呈丘陵状，边长30米，呈方形。

李寨子遗址[Lǐzhàizi Yízhǐ]　位于花马池镇皖记沟村李寨子自然村西北0.2千米处，以地理位置命名。为汉代聚落遗址，面积约1.3公顷，裸露文化层厚0.2—1米，曾在遗址西南距地表深0.30米处出土铁釜1件。地面散布有泥质灰陶片及绳纹灰陶片。遗址整体被流沙掩埋，其上为草原保护地带。

青羊井村2号铺舍[Qīngyángjǐngcūn 2 Hào Pùshè]　位于花马池镇芨芨沟村青羊井自然村南1800米处，以地理位置命名。为明代军事设施遗址，铺舍台体四周有围墙，以东墙为基轴，方向北偏西30°，铺舍东北距长城墙体22米。铺舍为覆斗形方台体，四壁有收分，用条砖砌筑成窑洞式砖室结构。台体用黄沙土夯筑而成，夯打较为结实，所用土源均为就地取材。台高4米，底部边长10米，顶部边长7米，墩体夯层厚0.15米。铺舍建在夯土墩台内部，东墙和西墙南北长4米，墙宽1.5米。铺舍为窑洞式砖券结构，墙砖已被当地村民拆毁。夯土台体四壁用条砖护砌，砌筑厚度为1米，底部边长为13米，顶部边长10米，台高8米。铺舍砌筑形制为窑洞式砖室结构，呈半椭圆形，坐北向南，拱券门洞宽2.4米，窑室宽2.5米，进深5米。现存铺舍台体四壁的护墙砖、顶部墙砖均已被当地村民拆毁，裸露在外的夯土台体四周已被倒塌的夯土和残砖掩埋近1/2。被拆毁裸露的夯土台体，其壁面平整，有夯筑成形后铲平墙面的工具痕迹。夯层清晰可见。四面围墙以夯土台体为中心，四周有夯土墙基址。夯土台体四壁包砖有残留，铺舍四面围墙保存程度相对较好，残高2.8—0.5米。

张记圈堡址[Zhāngjìjuàn Pùzhǐ] 位于花马池镇张记圈村东北1.5千米处，以地理位置命名。为清代堡址遗址，呈长方形，东西长44.4米，南北宽38米，黄土夯筑，夯层厚为16厘米，存高2.6米。西墙辟门，门宽4.4米。城内荒芜，地表散存有残瓦建筑构件。墙体呈鱼脊状，堡址南、西、北墙体顶部已坍塌，东墙保存较好，外墙基有风雨冲刷凹槽。

乔记梁遗址[Qiáojìliáng Yízhǐ] 位于花马池镇乔记梁村北0.2千米处。地处沙碛地带，面积约5000平方米，曾发现完整大陶瓮3件，内壁饰圆点纹。地面上有大量陶罐的残片和兽骨。遗址已被风沙覆盖，从裸露地表的陶罐残片看应为唐代遗址。

青羊井村1号铺舍[Qīngyángjǐngcūn 1 Hào Pùshè] 位于花马池镇芨芨沟村青羊井自然村南1.7千米处，以地理位置命名。为明代军事设施遗址。铺舍东侧围墙为基轴方向北偏东45°。铺舍为覆斗形方台体，仅残存两侧土墙，顶部已毁，用黄土夯筑而成，台高4米，底部边长10米，顶部边长7米，墩体夯层厚0.15米。铺舍建在夯土墩台内部，东墙和西墙南北长4米，墙宽1.5米。铺舍为窑洞式砖券结构，墙砖已被当地村民拆毁。以铺舍墩台为中心，夯土台体四周有围墙痕迹，仅存东墙底部残迹，长10米，围墙高0.7米。台基四周有较多残砖碎瓦堆积，已被倒塌的夯土和残砖掩埋近1/2。

陈家场遗址[Chénjiāchǎng Yízhǐ] 位于花马池镇陈家场村西北1千米处，以地理位置命名。为明代聚落遗址，地处毛乌素沙地南缘，裸露在沙丘洼地上，面积约6000平方米，地面有较多的陶器残片，器型有罐、扁壶等，已被沙蒿等植被覆盖。

土沟遗址[Tǔgōu Yízhǐ] 位于花马池镇土沟村西1千米处，遗址高出地面1米，东西长约200米，南北宽约100米，呈台状。遗址台基上有土筑墙垣，高1—1.5米，基宽2米。地面有青花瓷片和砖瓦建筑材料。

柳杨堡城[Liǔyángpù Chéng] 位于花马池镇柳杨堡村西侧。建于明弘治七年（1494年），呈方形，东西宽约479米，南北长约487米，墙以黄土夯筑，高5米，墙基宽8米，夯土层厚30厘米。东墙辟门，四隅设角台，存南、西两道城墙，高5米，墙顶已被风雨侵蚀,宽1米,不均匀。嘉靖十年(1531年),因长城颓圮不堪保障,遂废弃其东段,于其南另筑"深沟高垒",柳杨堡城由长城内变为长城外,废弃至今,现城内有学校和居民住宅。

东沙边子遗址[Dōngshābiānzi Yízhǐ] 位于花马池镇东沙边子自然村居民点北0.2千米处,以地理位置命名。为汉代遗址,出土汉代风格的灰陶缸、壶、盆等器物,东西长171米,南北宽88米。早年为村民耕地,今已被黄土覆盖,但范围可辨。

沙边子窑址[Shābiānzi Yízhǐ] 位于花马池镇沙边子村东0.3千米处。为汉代窑址遗址,面积约3000平方米,地面暴露有马蹄形窑址1处,窑室以绳纹砖砌成,内直径2米,高1.2米,窑门南向。文化层厚1—2米,地面有薄胎、灰色、饰绳纹陶罐、壶等残片,今已被流沙所掩埋。

北王圈城址[Běiwángjuàn Chéngzhǐ] 位于花马池镇北王圈村。建于明成化九年(1473年),呈近方形,东西长约140米,南北宽约125米。墙以黄土夯筑,高1—3米,基宽8米,夯层厚15厘米,东墙辟门。故城已被流沙完全掩埋,仅存鱼脊状墙体,城内荒芜,长满沙蒿等野生植物,可见砖瓦、瓷器残片和灰陶片等。

白池县古城[Báichí Xiàn Gǔchéng] 头道边("深沟高垒")长城外侧的一座废城,东西长约140米,南北宽约125米,呈近方形。墙以黄土夯筑,高1—3米,基宽8米,夯层厚15厘米,东墙辟门。城内大部被流沙所掩,地面仍可见砖瓦、瓷器残片和灰陶片等。据考古调查和文献记载,专家推测为唐代白池古城,墙体已坍塌呈鱼脊状,城内地面散存灰陶绳纹建筑材料、灰陶缸口沿残片等。

北冒寨子北遗址[Běimàozhàizi Běiyízhǐ] 位于花马池镇北冒寨子村西北0.5千米处的坡地上,盐池至苏步井公路从遗址北部东西向穿过,以地理位置命名。为汉代聚落遗址,东西长约350米,南北宽约120米,地表散存有灰陶建筑砖瓦和灰陶残片,可辨器型有灰陶绳纹口沿等。遗址东侧有建筑房基,地表建筑已毁,灰陶残片广布,文化层被流沙覆盖。

段家塘遗址[Duànjiātáng Yízhǐ] 位于段家塘自然村南1.5千米处,以地理位置命名。为明代聚落遗址,面积约15200平方米,东西长约188米,南北宽约82米。地表散存有大量灰陶残片,可辨器型有罐口沿、底部,还有少量黑瓷残片。遗址西部、东部有建筑遗存,西部房屋地基东西长29米,南北宽20米,其上散存灰陶残片,东部房屋地基东西长16米,南北宽12米。文化层被流沙覆盖。

硝池子遗址[Xiāochízi Yízhǐ] 位于花马池镇硝池子自然村北1千米处,以地理位置命名。为新石器时代聚落遗址,东西宽139米,南北长172米。遗址原为硝池湖,已被流沙掩埋。池西南沿岸上沙坡梁，裸露散存有石斧、石锛及刮削器。早年发现两处灰坑，出土了大量牛、马、骆驼骨等，采集到夹砂红陶口沿，今遗址地表布局范围大部已无法辨认，文化层被流沙掩埋。

红梁子窑址[Hóngliángzi Yáozhǐ]　位于杨记圈村正西1.5千米处红色丘梁上，以地理位置命名。应为明代窑址，东西长55米，南北宽51米，东西并排3个窑址，堆积大量绳纹筒瓦和大板瓦，曾采集完整卷云纹瓦当、筒瓦及大板瓦等。

张记台城址[Zhāngjìtái Chéngzhǐ]　位于张记台村南1千米处，以地理位置命名。建于明代，呈长方形，南北长280米，东西宽260米，墙体黄土夯筑，两侧被沙土掩盖，呈滑坡形锥体。墙体高2米，顶宽1米，开东门，门宽16米，城内东南有一直径2米、深1.8米的古井，门距北墙100米，距南墙164米，城内地表散落有黑釉、褐釉瓷片。

张布良土箍窑[Zhāngbùliáng Tǔgūyáo]　位于张布良村西2千米处，以地理位置命名。窑顶呈穹隆形，建有漏气孔，下底为长方体，每三孔相连而建，六孔为一院，现存三院，四面完整。箍窑高3米，宽2米，深4米，门呈圆形或方形，门高1.5米，宽0.8米。现箍窑部分由居民居住，部分存粮或养牛，东院仅剩对面各一孔。

张布良遗址[Zhāngbùliáng Yízhǐ]　位于张布良新农村东北2千米处，以地理位置命名。为明代村落遗址，东西宽200米，南北长300米，房屋基址较为明显，为黄土夯筑，地表长有蒿草、芨芨草，地面散落黑釉粗瓷片。

二道沟张记堡址[Èrdàogōu Zhāngjì Pùzhǐ]　位于二道沟村南，东西宽50米，南北长60米，墙高3米，宽2米，角台高5米。门向南开，门宽3.6米。地表散落白釉、黑釉瓷片，长满蒿草，保存较好，黄土夯筑，夯层厚12厘米，南、北墙被人为开成村路，城内原有炼油厂。

前指遗址[Qiánzhǐ Yízhǐ]　位于大水坑镇摆宴井村前指自然村北0.5千米处的山梁上，东西长125米，南北宽85米，文化层因人工深翻扰乱无法辨认，地表残存大量陶器残片，有云纹、绳纹残陶片，可辨器型有翻卷口沿、陶罐底部，早年曾出土五铢钱币等。

山西会馆遗址[Shānxī Huìguǎn Yízhǐ]　位于大水坑镇东0.2千米处。建于明代，焚于清同治年间，仅存高大台基。面积约2600平方米，南北长约70米，东西宽36米，高1.3米。台基上有土筑围墙，高约1米，基宽4.4米。台基北部有房址。地面散布大量砖瓦和瓷器残片。

东雪梁堡址[Dōngxuěliáng Pùzhǐ]　位于大水坑镇柳条井村东雪梁自然村北

0.3千米处,以地理位置命名。为清代堡址遗址,几呈正方形,东西长82米,南北宽80米。四隅有角台,南墙留拱形门,宽3米,高3.5米,墙基宽4米。东北角有通向墙顶、宽2.5米踏步台阶,呈斜坡状。墙顶宽3米,带0.4米高的垛墙,黄土夯筑,夯层厚15厘米。堡址内外地表散存灰陶砖瓦残件及黑釉粗瓷罐口沿,墙体壁面脱落,其上有飞禽留下的洞窟,顶部垛墙大部已坍塌,墙体基座有风雨冲刷的凹槽。

西雪梁遗址[Xīxuěliáng Yízhǐ]　位于大水坑镇柳条井西雪梁自然村西1千米处,以地理位置命名。为清代聚落遗址,东西宽120米,南北长145米,北部有东西长70米、南北宽40米、高出地面1—2米的大殿遗址,地基轮廓清晰可辨,墙体已坍塌,仅存26米北墙,黄土夯筑,夯层18厘米。殿址前有0.5—1米的明显文化层,内有黑釉瓷罐残口沿等。遗址内早年曾出土康熙钱币,今已被流沙及人工种草深翻覆盖。北部大殿地基形状可辨,残存少量北墙体。

宋堡子南壕遗址[Sòngpùzi Nánháo Yízhǐ]　位于大水坑镇宋堡子南壕0.2千米处,以地理位置命名。为明代聚落遗址,东西长200米,南北宽150米。文化层已被深翻无法辨认,在中部发现有两处2米宽的灰坑,早年曾出土灰陶卷沿大罐,今地表散存灰陶残罐口沿、黑釉缸底等器物。中太银铁路自遗址南侧东西向穿过。

何家长沟遗址[Héjiāchǎnggōu Yízhǐ]　位于大水坑镇宋堡子村何家长沟,以地理位置命名。为明代碉堡遗迹,东西宽140米,南北长180米。范围内有寺庙遗址、碉堡遗迹,在北部还有灰坑两处,呈带状。寺庙遗址仅存台基,边长25米。碉堡东西长27米,南北宽25米,仅存北墙,为黄土夯筑,夯层厚0.15米,墙高3米,现存实体墙长18米。地表散存黑釉残瓷口沿、青花瓷碗口沿,文化层因深翻无法辨认。

新桥沟西碉堡[Xīnqiáogōu Xīdiāobǎo]　位于大水坑镇新桥村新桥自然村南山水沟南侧,以地理位置命名。为军事建筑及设施遗址。碉堡呈圆锥体,黄土夯筑,底直径14米,顶直径5米,高5米。顶部有掩体,堡体上有明显三角形枪眼,堡底有宽约5米的战壕,低于地面约2米。堡体北侧通往新桥村南山水沟处,有一条战壕直达碉堡,堡体上可清晰地看到通往掩体的洞口,因距村庄远,保存完整,战壕因风沙等原因已呈坡状。

新桥西南碉堡[Xīnqiáo Xīnán Diāobǎo]　位于新桥自然村西南0.2千米处。为东西长9米、南北宽4米、高3米的极不规则土堆,碉堡北部可辨认一条长约50米、宽3米的战壕。据当地村民讲,以前的战壕可以围绕新桥村碉堡群走一圈,已被人为铲挖成不规则土堆,战壕大部分已被村民利用。

新桥南碉堡[Xīnqiáo Nándiāobǎo]　位于新桥村最南边0.05千米处,以地理位置命名。为军事建筑及设施遗址,紧邻新桥至李伏渠新修公路。碉堡东边现已损毁,残留1/3,呈半圆形,南北直径12米,东西4.5米,战壕南北长6米左右,东西宽4米,高2米,堡体近北处有一通向掩体的宽90厘米、高58厘米、深约1.8米的不规则洞口。战壕东壁上有窑洞,仅能看到一处。从堡体顶可隐约看出有掩体痕迹,已被人为取土毁掉了一半,其余还能看出原来真实面貌。

新桥西碉堡[Xīnqiáo Xīdiāobǎo]　位于新桥村新桥自然村西0.3千米处,以地理位置命名。为不规则圆形,底部直径6米,高2.5米,紧贴碉堡的战壕也为不规则圆形,直径13米,战壕深2米,但此碉堡没有掩体。据当地老百姓讲,1947年马鸿逵四团在新桥驻扎两个多月,建了数个碉堡,这是其中之一。碉堡被风蚀雨刷后呈不规则圆形,顶部和战壕连接处已呈坡状,高低不平。

苦水井遗址[Kǔshuǐjǐng Yízhǐ]　位于惠安堡镇隰宁堡村西南2千米处。为明代聚落遗址,东西宽150米,南北长230米,有大量房屋遗迹,西北处有一明显灰坑遗址,长6米,宽5米,文化层因沙化无法辨认。地表散存有灰陶建筑材料残片及黑、褐釉残瓷片,建筑已被风沙损坏或掩埋。

潘河遗址[Pānhé Yízhǐ]　位于惠安堡镇隰宁堡村东2千米处,以地理位置命名。为明代聚落遗址,东西长260米,南北宽180米,文化层已被流沙掩埋。东部有袋状灰坑遗迹3处,长5米,宽4米左右。西部地表散存灰、黑、褐釉残瓷片。曾出土黑、褐釉瓷缸及钱币。遗址大部已被流沙及人工种草所覆盖。

李家坝遗址[Lǐjiābà Yízhǐ]　位于惠安堡镇老盐池村李家坝西北0.8千米处,以地理位置命名。为明代聚落遗址,东西长227米,南北宽110米,东、西两处有高约1.8米寺庙台基。东部台基东西长44米,南北宽30米,地表散存大量黑釉残瓷片。西部台基呈方形,边长30米,地表原有建筑已无,文化层已被深翻掩埋。1980年,有村民在其上新建一座小寺庙。

兴武营西山寺遗址[Xīngwǔyíng Xīshānsì Yízhǐ]　位于高沙窝镇兴武营村西南1千米处高大山梁上。建于明天启三年(1623年),占地面积585.9平方米。寺庙地面建筑已毁,仅存小碎石夯筑台基,呈长方形,东西长31.5米,南北宽18.6米,残高3.7米,夯层0.14米。台基地表散布大量残砖碎瓦等建筑材料。西山寺是兴武营古城的辅助建筑,出土的《宁夏河东兴武营新建西山寺题名西方境碑记》,现存盐池博物馆。

下滩堡址[Xiàtān Pùzhǐ]　位于惠安堡镇狼布掌下滩自然村东北0.5千米处,以地理位置命名。为清代堡址遗址,呈正方形,边长60米,存高3米,顶最宽处为0.5米。南墙辟门,门宽7米,黄土夯筑,夯层厚为12厘米。堡址内外地表散存黑釉残口沿、缸口沿残片等,墙体坍塌严重,仅存墙基有风雨冲刷的凹槽。

小庄子遗址[Xiǎozhuāngzi Yízhǐ]　位于惠安堡镇狼布掌村小庄子自然村西北0.5千米处,以地理位置命名。为明末清初遗址,东西最长约400米,南北最宽约300米,为居住区和寺庙区。居住区位于东北部,房屋墙基可辨认。西区为寺庙区,地表建筑已毁,仅存2米高台基,东西宽12米,南北长14米,地表散存大量灰陶建筑砖瓦、青花瓷口沿残片和黑釉残瓷等,文化层已被深翻扰乱。仅存西部寺庙台基。

芨芨滩遗址[Jījītān Yízhǐ]　位于芨芨滩村北0.5千米处,以地理位置命名。建于明代,面积480000平方米,东西宽600米,南北长800米,内墙基址较明显,呈鱼脊状,地表散落青花、黑釉、黄釉瓷片,长满蒿草、芨芨草。

张记寨子史记旧居[Zhāngjìzhàizi Shǐjì Jiùjū]　位于张记寨子村东1.2千米处、307国道南,以地理位置命名。为清代旧居,地表散落青花、黑釉、褐釉瓷片,房基址较明显,东西长500米,南北宽500米。地表留有烧灰土和铁锈块。旧居房基址为黄土夯筑。

贺庄子堡址[Hèzhuāngzi Pùzhǐ]　位于高沙窝镇贺庄子村,以地理位置命名。为清代堡址遗址,东、南、西被居民住宅所围,太中银铁路擦北墙而过。呈长方形,东西长60米,南北宽48米,墙基宽2.6米,顶宽2.4米,高3.8米。黄土夯筑,夯层12—14厘米不等。南墙辟门,门宽2.9米。城墙顶部有垛墙,高0.8米,宽1米。四隅有角台,突出外墙体南北2.8米,东西2.4米。城内建筑已毁,地表有散存的残砖碎瓦及青花、褐釉瓷片,堡址保存较好,墙体壁面有块状剥落现象,北墙顶部有保存较好的土筑垛墙,形成凹凸现象。堡址处于沙漠化地区,常年风蚀雨刷形成墙体夯土块状剥落现象。

马场井东遗址[Mǎchǎngjǐng Dōngyízhǐ]　位于高沙窝镇马场井村北1.5千米处,以地理位置命名。为汉代聚落遗址,东西长约165米,南北宽约87米,四至尚可辨别。在遗址东侧发现有两处灰坑遗迹,呈不规则形体。地表散存灰陶残片,可辨器形有口沿、缸底等。两处灰坑相距近5米,曾出土汉代风格灰陶片及五铢钱币。西部已被流沙掩埋。遗址上现长满沙蒿、芨芨草。

马场井西遗址[Mǎchǎngjǐng Xīyízhǐ]　位于高沙窝镇马场井村西居民供水站西北1.5千米处,以地理位置命名。为明代聚落遗址,东西长约122米,南北宽约76米,北部部分为居住房址,坐北面南,东西长12米,南北宽8米,黄土夯筑,墙高0.6—1.2米不等。中部有寺庙遗址,地表有灰筒瓦、板瓦等建筑材料,四周散存褐釉瓷器残片,并有少量青花瓷残片。可辨褐、黑釉器型有口沿、腹部及底部。遗址已被流沙掩埋,剩裸露房屋墙基。

◎ 第五部分　纪念地和名胜古迹

姬圈遗址［Jījuàn Yízhǐ］　位于高沙窝镇南梁姬家圈村北5千米处,北距307国道高沙窝段200米,南距太中银铁路高沙窝段1100米,以地理位置命名。为汉代聚落遗址,呈长方形,东西长约200米,南北宽约100米,地表散存有灰陶绳纹残片,可辨器形有口沿、瓮腹部、瓮底部等,布局范围可辨认。文化层被流沙掩埋,地表有人工种植柠条。

长流墩堡址［Chángliúdūn Pùzhǐ］　位于高沙窝镇长流墩村居民点西0.5千米处,以地理位置命名。为清代堡址遗址。遗址呈正方形,边长73米,四隅有角台,墙基宽12米,高5.2米,黄土夯筑,夯层12—14厘米,顶宽0.6—1.2米不等。北墙靠近东墙体6米处辟门,呈拱形,宽4米,高1.6米,其余已被夯土坍塌及沙土所掩埋。堡址保存一般,东、南墙体部分坍塌,留有较大豁口,西、北墙体外侧已被流沙所掩埋。堡址外侧墙基在风力作用下形成掏蚀现象,上有飞禽留下小洞。城内已被流沙覆盖。

范家圈薄荷井遗址［Fànjiājuàn Bòhejǐng Yízhǐ］　位于高沙窝镇范家圈村西3.5千米处,以地理位置命名。为新石器时代聚落遗址,南距黄蒿沟村2000米,西紧靠灵武市宁东镇地界。遗址东西长约1100米,南北宽220—240米,北部呈缓坡,有零散石器散落,南部为缓坡沟壕地带。石器大多散存南部沟壕地带,其中有夹砂红陶残片及石斧、石锛、石磨盘、石凿等磨制石器,采集到数十件,有明显的使用痕迹。夹砂红陶、石器与灵武市鸳鸯湖出土的石器风格完全一样。今遗址已被流沙所掩埋。

大圪垯遗址［Dàgēda Yízhǐ］　位于明长城("深沟高垒")内侧一处向阳坡地上,以地理位置命名。为明代聚落遗址,呈长方形,东西长206米,南北宽72米,面积约1400平方米。遗址东部有一建筑遗址,东西宽9米,南北长26米,台基高0.8米。向西50米处,有一建筑遗址,东西长24米,南北宽14米,台基高1米。两处地表散存大量灰陶绳纹残瓦,包括板瓦、筒瓦和内外褐黑釉的缸口沿。遗址地表建筑已完全塌毁。

余庄子堡址［Yúzhuāngzi Pùzhǐ］　以地理位置命名。为清代堡址遗址,呈长方形,南北宽45米,东西长60米。墙体已坍塌呈鱼脊状,仅存北墙一烽火台,黄土夯筑,东西宽5米,南北长6.8米,高4.1米,夯层16厘米。地表散存大量建筑砖瓦及黑釉、褐釉残瓷片,四周墙体已被流沙所埋,仅存北墙有一残高4.1米的墩堠,壁面剥落。

余庄子遗址［Yúzhuāngzi Yízhǐ］　位于高沙窝镇余庄子村正东1千米处,以地理位置命名。为明代聚落遗址,东西长210米,南北宽110米,呈曲尺形,仅存土筑台基,残高1.2米,距西南角5米处有一边长21米的房屋地基。地表散存大量建筑砖瓦残件、黑及褐釉瓶腹部、青花瓷碟残片等。建筑已毁,西南角仅存一房屋台基遗址,文化层已被流沙掩埋。

·247·

顾家圈遗址[Gùjiāquàn Yízhǐ] 位于高沙窝镇顾家圈村西 2 千米处,以地理位置命名。为明代聚落遗址,面积约 150000 平方米,有多处建筑遗址及砖瓦等建筑材料。遗址西北部有长 60 米、宽 29 米、高 1.5 米的夯土台基,上有残碑,文字漫漶不清。地表散存青花、黑釉残瓷片及建筑残件,以及砖瓦建筑材料,文化层已被人工种草深翻覆盖。

官西庄遗址[Guānxīzhuāng Yízhǐ] 位于官西庄村东 0.5 千米处、盐兴路至孙家楼油路东侧,以其所在区域命名。初步断定为明代遗址,东西宽 200 米,南北长 500 米,残高 0.3 米,房屋基址较为明显,黄土夯筑,东南侧为农田,地表散落大量黑釉、白釉、青花、红陶、灰陶残片。

狼子沟古戏院[Lángzigōu Gǔxìyuàn] 位于狼子沟村北 1 千米处、新巴线东,以其所在区域命名。为清代古戏院遗址。戏院共 3 层,黄土夯筑,夯层厚 20 厘米,呈阶梯状。第一层高 0.5 米,东西宽 33 米,南北长 58 米;二层高 1.1 米,东西宽 18 米,南北长 22 米;三层高 1.1 米,呈方形,边长 7 米。地表散落大量建筑材料,狮纹砖雕像,青花、黑釉残片等。

百家井徐记堡址[Bǎijiājǐng Xújì Pùzhǐ] 位于百家井村南、王牛砾石路东 0.5 千米处,以其所在区域命名,建于明代。堡址边长 80 米,北墙、西墙保存较为完整,东墙为农田,墙基黄土夯筑,夯层厚 12 厘米,东南角台完整,高 3.1 米,南北宽 3.4 米,东西长 2.8 米,南墙中间马面高 3.1 米,伸出 4 米。遗址地表长满蒿草,散布青花瓷片、黑釉瓷片、砖瓦等,外围原有墙,现已毁。

百家井刘记 1 号堡址[Bǎijiājǐng Liújì 1 Hào Pùzhǐ] 位于百家井村南 0.2 千米处、王牛砾石路东,以地理位置命名。建于明代,地表散落建筑材料、黑釉瓷片等。堡址南墙由黄土夯筑,夯层厚 12 厘米,较完整。开东门,门宽 6 米。北墙基高 4 米,宽 1 米,边长 60 米。堡址墙体坍塌严重,四周轮廓明显可辨。

百家井牛记堡址[Bǎijiājǐng Niújì Pùzhǐ] 位于百家井村东北,以地理位置命名。为明代堡址,边长 80 米,西墙墙址较为明显,南墙被毁为农田,东墙北边剩余少量残墙。东墙残存 10 米,高 1.2 米,宽 1 米,黄土夯筑,夯层 12 厘米,墙址已为鱼脊状。堡址地表长满蒿草,散落建筑材料、青花瓷片、黑釉瓷片等。

哈巴湖西遗址[Hābāhú Xīyízhǐ] 位于王乐井乡哈巴湖林场场部西 3 千米处,以地理位置命名。为新石器时代延至汉代聚落遗址,占地面积约 200000 平方米。遗址范围内大部已被流沙及人工种植树木覆盖,沿湖岸边,地表散存有石器、夹砂红陶片,以及典型新石器石叶等。遗址与哈巴湖东南遗址采集器物一致,文化层已无法辨认。

◎ 第五部分　纪念地和名胜古迹

王家圈商道遗址[Wángjiāquàn Shāngdào Yízhǐ]　位于王乐井乡王家圈村南2千米处，以附近村落命名。为清代商道遗址，据当地村民介绍，该商道东通定边，西达银川，为清代后期一条主要商贸道路，黄土铺垫，宽约6米，道路较直，现今有部分道路还在沿用，痕迹较为明显，其余道路已被蒿草覆盖，地表散落有黑釉瓷片。

安定堡尼姑墓[Āndìngpù Nígū Mù]　位于王乐井乡安定堡村东2千米处，以所在地理位置命名。为清墓遗址。据村民介绍，该墓主人生于清光绪年间。墓呈塔形，用红砖砌成，塔呈八棱形，共5层，每层高1米，八棱形直径为5米。塔形墓前立有香龛，顶部呈圆弧形（似现墓碑状），高1米，宽0.6米，香龛面向西。

狼子沟余记堡址[Lángzǐgōu Yújì Pùzhǐ]　位于王乐井乡狼子沟村东北1千米处，以地理位置命名。为明代堡址遗址，东西宽68米，南北长80米。北墙已不存在，东、西墙残存8米。南墙较为完整，黄土夯筑，夯层厚25厘米，残高3.5米，宽1米。地表散落大量黑釉、白釉、青花、红陶残片。

盖木庄堡址[Gàimùzhuāng Pùzhǐ]　位于王乐井乡刘四渠村南0.5千米处，以地理位置命名。为明代聚落城址，呈长方形，带瓮城。墙体东西长0米，南北宽60米，存高4米。南墙辟门，门宽8米。瓮城边长16米。西墙辟门，门宽6米，墙体顶部已坍塌，城墙及瓮城可辨，墙外地表散存残陶瓷片。城内现为附近农民耕地。

汪水塘聚落遗址[Wāngshuǐtáng Jùluò Yízhǐ]　位于王乐井乡郑家堡村南2千米处，以地理位置命名。为明代聚落遗址，面积527平方米。从房屋基址可看出为坐西向东，呈长方形，由多间房屋组成，地表散落有建筑材料及青花、黑、褐釉瓷片。房屋基址残墙高0.8米，南北宽17米，东西长31米，墙宽0.3米，内墙角有黑色烧灰痕迹，仅存房屋基址，破坏较为严重。

边记洼堡址[Biānjìwā Pùzhǐ]　位于王乐井乡边记洼村东，以地理位置命名。为明代堡址遗址，仅存约1米高墙基残体，西北角已被推平，残存墙体隐约可见为黄土夯筑，夯层厚约16厘米。堡址呈正方形，边长40米。墙基根部被黄土堆积无法测量。堡址开南门，地表墙体已被人为破坏。

石山子杨家堡址[Shíshānzi Yángjiā Pùzhǐ]　位于王乐井乡石山子村，以地理位置命名。为明代堡址遗址，南墙较为完整，东、西墙残缺，北墙现已全无，墙基为黄土夯筑，夯层厚16厘米。南墙长42米，基宽1.5米，高3.5米，东墙残长30米，西墙残长24米。堡址内已被居民占用，东南角台保存较为完整，东西长3.3米，南北宽2.6米，角台底部墙体剥落，明显露出夯土层。

毛家庄村2号铺舍[Máojiāzhuāng Cūn 2 Hào Pùshè]　位于王乐井乡毛家庄

村西北2.5千米处长城段，以地理位置命名。为明代军事设施遗址。铺舍建在敌台D136和D137之间的墙体内侧。残存铺舍夯土台基为覆斗形方台体，由黄沙土和红沙土夯筑，台基残高4米，断面呈梯形，底部边长9米，顶部边长7.5米。台基四周有倒塌夯土和砖堆积，铺舍建在夯土台体中部，坐东向西，其形制为窑洞式砖室结构，呈半椭圆形。残迹显示铺舍宽为2.5米，进深4.5米左右。台基四周已被倒塌夯土和残砖掩埋近1/2。以夯土台基为中心，四周有围墙痕迹。仅存墙基痕迹，高0.2—0.3米。坞墙边长20米，门向不明。台基四壁护墙砖、窑洞式铺舍墙砖及顶部券顶砖均已被村民拆毁。

张家边壕遗址[Zhāngjiābiānháo Yízhǐ]　位于明长城（"头道边"）内侧0.2千米、高沙窝镇张家边壕村居民点正西500米处的向阳坡上，以地理位置命名。建于明朝，遗址南北长约60米，东西宽50米，占地约3000平方米。遗址中部有一建筑遗存，今已毁。地表散存残砖碎瓦和青褐色釉残瓷片，其中有灰素面砖、灰筒瓦。能辨认的青花瓷残片有青花瓷碗圈足、浆釉碗口沿等。

郑家堡堡址[Zhèngjiāpù Pùzhǐ]　位于王乐井乡郑家堡村民点中央，以地理位置命名。为清代堡址遗址，呈长方形，东西宽20米，南北长35米，黄土夯筑墙体，夯层厚为16厘米，存高3米，基宽2.5米，顶宽0.5米。南墙辟门，门宽4米，门内左右有两间边长8米的房屋基址。堡址内有居民居住，堡址东、西、南墙保存较好，北墙已被村民拆毁。

郑家堡南堡址[Zhèngjiāpù Nánpùzhǐ]　位于王乐井乡郑家堡子村南1000米处，以地理位置命名。为明代堡址遗址，呈长方形，东西宽35米，南北长38米，存高4米，黄土夯筑，夯层厚17厘米，墙基宽3米，顶宽1米。地表散存灰陶残片及黑、褐釉残瓷片，仅存东墙，西、南、北3面墙已被风蚀成鱼脊状。堡址内有一直径8米人为挖的大坑。

官记圈堡址[Guānjìjuàn Pùzhǐ]　位于王乐井乡牛记圈村官记圈居民点中，以地理位置命名。为清代堡址遗址，呈长方形，南北长51米，东西宽26米，黄土夯筑，夯层厚16厘米，存高4米，墙基宽2.3米，顶宽1米。南墙辟门，门宽3.4米，城内外地表散存青、黑釉瓷残片。墙体已被风蚀成鱼脊状，除人为毁坏豁口，保存较好，内外墙基在风力作用下形成凹槽。

东沟古树化石点[Dōnggōu Gǔshù Huàshídiǎn]　位于王乐井乡东沟村东北2.5千米一东西走向山沟北崖上、距地表层2米的地层中。该地层为黄土层。古树化石在地层中仅露出0.3米的树干，化石点被风雨风化、冲刷，地表露出部分化石实体，其余被黄土掩埋。

鸦儿沟遗址[Yā'ergōu Yízhǐ] 位于王乐井乡鸦儿沟村北 0.5 千米处,以地理位置命名。建于明代,东西宽 40.5 米,南北长 90 米。地表散布青花瓷,黑、褐釉瓷残片。遗址西北部被人为深翻,仅存东南部,文化层已不存在。

鸦儿沟西堡址[Yā'ergōu Xīpùzhǐ] 位于王乐井乡鸦儿沟村西 1 千米处,以地理位置命名。为明代堡址遗址,呈方形,东西宽 68 米,南北长 72 米,存高 4 米,顶宽 0.9 米,黄土夯筑,夯层厚 16 厘米。堡内靠近东部有一墩台,底部南北长 10 米,东西宽 6 米,顶部南北长 6 米,东西宽 5 米。东墙、北墙保存较为完整,西墙、南墙已坍塌呈鱼脊状。墙体基部有风蚀雨刷痕迹,外侧有风蚀凹槽。

鸦儿沟堡址[Yā'ergōu Pùzhǐ] 位于王乐井乡鸦儿沟村居民点西侧,以地理位置命名。为明代堡址遗址,呈长方形,东西长 64 米,南北宽 44 米,城墙高 5 米,黄土夯筑。墙基宽 5 米,顶宽 1.5 米,夯层厚 16 厘米。东墙辟门,宽 3 米,保存较好。南墙有一豁口,内外墙基有风蚀凹槽,有飞禽留下的洞窟。

孙家楼堡址[Sūnjiālóu Pùzhǐ] 位于王乐井乡孙家楼村,以地理位置命名。为清代堡址遗址,呈长方形,南北宽 64 米,东西长 94 米,存高 5 米,黄土夯筑,夯层厚 18 厘米,墙基宽 5 米,顶宽 2 米。南墙辟门,宽 4 米,四隅有角台。四周墙体保存较为完整,有少量人为开挖豁口,内墙保存基本完好。

官西庄堡址[Guānxīzhuāng Pùzhǐ] 位于王乐井乡刘四渠村官西庄自然村东侧,以地理位置命名。为清代堡址遗址,呈长方形,东西长 51.6 米,南北宽 40.3 米,存高 4 米,黄土夯筑,夯层厚 18 厘米,墙基宽 3 米,顶最宽 1 米。东墙辟门,北墙保存较为完整,底部被风沙掩埋,墙体有风雨剥蚀的痕迹,地表散存青花瓷残片,黑、褐釉残瓷片。除北墙保存较好,其余墙体都有部分坍塌,墙体内外基部有风蚀凹槽及人为捣洞。

郭家洼遗址[Guōjiāwā Yízhǐ] 位于王乐井乡郭记洼村东 0.5 千米处,以地理位置命名。为明代聚落遗址,面积约 14250 平方米。北部有一寺庙遗址,残存地基,东西长 12 米,南北宽 11 米,高 3 米。距庙台北 30 米处有一房屋地基,东西长 55 米,南北宽 17 米,地表散存有青花瓷,黑、褐釉残瓷片,地面房屋被毁,仅存墙基,文化层已被深度覆盖。

哈巴湖遗址[Hābāhú Yízhǐ] 位于王乐井乡哈巴湖林场南 1.5 千米处,以地理位置命名。为新石器时代聚落遗址,面积约 3000 平方米。遗址东南部裸露文化层,厚 0.2—1 米,暴露有口宽 2 米、长 1.5 米、深 1 米的灰坑,内有大量烧骨。地面散布石斧、刮削器和细小石叶。陶片以陶质红、灰色饰细绳纹和素面为主,地表被植被所覆盖。

官滩南遗址[Guāntān Nányízhǐ] 位于王乐井乡官滩村东南 1.5 千米处,以地理位置命名。为新石器时代遗址,面积约 15000 平方米。遗址南部裸露文化层,厚 0.2—1 米,地面散布石斧、打制刮削器、砍砸器等。陶片有绳纹、篮纹泥质红陶,泥质褐色陶和夹砂灰陶,器型有罐、壶等。遗址被流沙和植被覆盖,地表散存部分陶片。

官滩北遗址[Guāntān Běiyízhǐ] 位于王乐井乡官滩村北 1.5 千米处,以地理位置命名。为新石器时代遗址,面积约 18000 平方米。遗址中北部裸露文化层,厚 0.2—1.6 米,地面散布以燧石、石英打制的刮削器,磨制石斧等。陶片有绳纹、篮纹夹砂灰陶和夹砂红陶,器型有罐等。遗址被流沙和植被覆盖。

官滩遗址[Guāntān Yízhǐ] 位于王乐井乡官滩村东北 0.5 千米处,以地理位置命名。为清代聚落遗址,东西宽 160 米,南北长 230 米,住房基址及附属基址明显可见,现高约 1.5 米,地表散落大量黑釉、褐釉瓷片。地面建筑已无,只剩房屋基址。

石山子周家堡址[Shíshānzi Zhōujiā Pùzhǐ] 位于王乐井乡石山子村北,以地理位置命名。为清代堡址遗址,呈长方形,东西宽 71.5 米,南北长 87 米。东墙辟门,现已毁。城墙黄土夯筑,夯层厚 16 厘米,高 7 米,墙体保存较好。

东沟遗址[Dōnggōu Yízhǐ] 位于王乐井乡王乐井村东沟自然村西 0.2 千米处,以地理位置命名。为明代遗址,面积约 200000 平方米。沿沟畔南北走向有土窑 30 孔,呈拱形,已废弃,分布在 1000 平方米范围内。坐西向东,地面散布青花瓷片和缸片。

曾记畔堡址[Zēngjìpàn Pùzhǐ] 位于王乐井乡曾记畔村,以地理位置命名。为清代堡址遗址,呈正方形,边长 54 米。城墙黄土夯筑,基宽 3.5 米,顶宽 1 米,存高 6 米,门宽 3.6 米,四隅有角台。北墙辟门,内有土筑台阶,保存较好,黄土夯筑,常年风蚀雨刷使外侧墙体有风蚀凹槽。

牛毛井遗址[Niúmáojǐng Yízhǐ] 位于王乐井乡牛记圈村牛毛井北、明长城外 0.5 千米处,以地理位置命名。为汉代聚落遗址,东西长 409 米,南北宽 208 米,地表散存大量灰陶绳纹残片。遗址南部裸露部分文化层,厚 0.5—1.5 米,中央有高 1.8 米庙台遗址,散存大量灰陶残片,大部文化层被流沙及人工种草覆盖。

王家圈遗址[Wángjiājuàn Yízhǐ] 位于王乐井乡王家圈村东南 2 千米处,以所在村落命名。面积 1000 平方米,遗址在清代为本村范姓居民居住,现被村民作为耕地,发现大量青砖、青花瓷、褐釉、黑釉瓷片和一个尚未完成的砂石猪槽,夯土层有烧灰痕迹。

陈庄子遗址[Chénzhuāngzi Yízhǐ] 位于王乐井乡陈庄子村北 0.5 千米处小土

丘上，以地理位置命名。为明代聚落遗址，仅存夯土台基，黄土夯筑，东西长约200米，南北宽约80米，高3米，台基前有砖砌踏步台阶，地面有砖瓦残件和胎质厚重瓷器残片，地表被植被覆盖。

上土沟堡址[Shàngtǔgōu Pùzhǐ] 位于花马池镇柳杨堡村上土沟北侧0.1千米处，由张成宝和儿子张英建于清代，以地理位置命名。呈正方形，边长36米，基宽3米，存高3米，顶宽1.5米，四隅有角台。南墙辟门，门宽3米，黄土夯筑，城外地表散存有灰陶建筑砖瓦及青花瓷口沿，堡址墙体保存较好。

五堡村铺舍[Wǔpù Cūn Pùshè] 铺舍台体依长城墙体内侧墙垣夯筑而成，建于明代。面积64平方米，呈方形，边长8米，残高6米，底部东西长13米，南北残长11米。现残存铺舍之夯土台，台基为覆斗形方台体，上部应有房舍建筑，现无任何遗迹。铺舍台基用黄沙土夯筑，夯土台体顶部较平整。

大水坑牛毛井遗址[Dàshuǐkēng Niúmáojǐng Yízhǐ] 位于大水坑镇新建村东1千米处，建于明代，以所在自然村命名。面积约100平方米，地面散布有灰陶、青花瓷器残片和瓦当，以及砖瓦等建筑材料残片。遗址地势较低，地面坑洼不平，加之当地农民在此深翻，文化层已不明显。

双圪垯遗址[Shuānggēda Yízhǐ] 位于大水坑镇新建村西北3千米处的最高山坡上，为汉代遗址，以所在自然村命名。占地面积约10000平方米。遗址有灰陶残片和少量的瓷器残片。根据村民讲，曾有放羊人在此地捡到钱币，其中有五铢、大泉五十等。

麻家畔遗址[Májiāpàn Yízhǐ] 位于麻家畔村西北，以地理位置命名。面积约1000平方米，文化层厚10—250厘米，地表有陶罐和红陶片。遗址断面处有明显黄土夯筑夯土层，残存墙基。从散存的器物残片看为新石器时代遗址。

摆宴井堡址[Bǎiyànjǐng Pùzhǐ] 位于大水坑镇摆宴井村，建于清代，以地理位置命名。占地面积3672平方米，呈长方形，东西长68米，南北宽54米，墙体存高7米，基宽4米，顶宽1.8米。北墙辟门，门宽4米，黄土夯筑，夯层厚12厘米，四隅有角台。堡址内外地表散存灰陶砖瓦残件及黑、褐釉残瓷罐口沿等。

陈北遗址[Chénběi Yízhǐ] 位于惠安堡镇杨儿庄村南0.3千米处，以自然村命名。建于明代，占地面积29120平方米，东西长182米，南北宽160米。文化层已被开荒深度覆盖。地表仅存有灰陶罐残口沿、灰陶缸底、黑釉残瓷口沿等。

隰宁堡樊氏家族墓[Xíníngpù Fánshì Jiāzúmù] 位于惠安堡镇隰宁堡村北1千米处，为清代家族墓，以所在位置及姓氏命名。占地面积1500平方米，梯形分布着

8座墓葬,坟茔已被流沙所掩埋,可辨认。内有樊氏后人竖立的碑石,其上书写有"樊氏祖宗之墓 盐池隰宁堡"。地表散存有少量清代风格的青花瓷残片。

张儿庄古井[Zhāng'erzhuāng Gǔjǐng]　位于惠安堡镇杨儿庄村西南3.5千米处,以所在自然村命名。古井为圆形,上面口直径1.7米,井壁用青砖32层,每块砖的厚度为6.5厘米,砖以下还有约0.6米4层不规则石头层,井深3.2米。井内现已被淤沙掩埋,清理时有瓷片、铁块、石斧(残片)出土。

张儿庄遗址[Zhāng'erzhuāng Yízhǐ]　位于惠安堡镇杨儿庄村东南1.5千米处,为民国时期的民居建筑,以所在自然村命名。依河岸地势由西向东修筑窑洞6孔,编号为1号至6号。3号窑洞保存较好,进深6米,窑门宽1.2米,高2.3米,靠近窑门前右侧有一盘土炕,有烟熏痕迹。沟畔上有院墙。

万家塬遗址[Wànjiāyuán Yízhǐ]　位于惠安堡镇林家口子村东1千米处,为明代遗址,以所在自然村命名。占地面积35200平方米,东西长220米,南北宽160米。其内因是农耕地,文化层被多次深翻,已无法辨认。地表散存有大量灰陶残片,可辨器形有灰陶盖沿和缸口沿,以及黑釉缸底部、腹部。

王庄科碉堡[Wángzhuāngkē Diāobǎo]　位于惠安堡镇林记口子村北0.2千米处的山梁上,建于明代,以所在自然村命名。由掩体和战壕两部分组成,碉堡呈圆柱体,直径12米,残高2.5米,墙厚2米,掩体深2.5米,长8米,东墙辟有两射击口,西墙辟门,外侧有3米宽的战壕,掩体墙已坍塌。

范家塬碉堡[Fànjiāyuán Diāobǎo]　位于惠安堡镇林家口子村东侧0.1千米处,以所在自然村命名。碉堡由掩体、战壕两部分组成,碉堡呈圆柱体,残高1.5米,边长9米。碉堡墙厚为2米,掩体深2.5米,高8米,面西有门宽1米。东墙壁有2处射击孔,掩体墙已坍塌。外侧战壕宽4米,基址明显可辨。据当地老百姓讲,该碉堡为蒋介石集团胡宗南部队修筑的军事工程。

施记天池堡址[Shìjìtiānchí Pùzhǐ]　位于惠安堡镇麦草掌村北0.2千米处的高大山顶上,建于明代,以所在自然村命名。占地面积4200平方米,随山顶地形而建,呈圆柱体,墙体高2.5米,顶宽1.5米,直径为50米,顶部筑女儿墙,宽0.6米,高1.2米。有和墙体平行土墩,堡门向西南方向开,宽2.2米,墙体黄土夯筑,夯层厚为12厘米。壁墙外有灰陶砖瓦残片及青花瓷残片,因残片小,无法辨认器型。

毛家庄村1号铺舍[Máojiāzhuāng Cūn 1 Hào Pùshè]　位于王乐井乡毛家庄村西北1千米处长城段,建于明代。铺舍东南距安定堡城址2.6千米,以其所在区域命名。铺舍依长城内侧墙垣夯筑而成,夯层厚0.11—0.12米,现残存铺舍台基为覆斗形方台体,上部房舍建筑已毁。因雨水冲刷和风蚀坍塌,台基的东南角塌毁,水流冲毁约1/4。西壁基本保存较好,台基表面有孔洞,根部风蚀悬空。北、西、南3面底部已被倒塌夯土掩埋。夯土台体顶部较平整,东西长8米,南北长8米,残高6米,底部东西长13米,南北残长11米。铺舍的夯土台基四周有围墙痕迹,仅存底部残迹。围墙边长20米,残高0.3—0.5米。坞墙门向不明。铺舍墙体及台体周围有较多的砖堆积。铺舍底部台体呈方形,断面呈梯形,残高5米。残存夯土台基底部边长9米,顶部边长7米。夯土台基四壁用条砖包砌,包砖墙厚1米。铺舍建在夯土台体内部,坐东向西,铺舍形制为窑洞式砖室结构,顶部为拱形顶,平面呈半椭圆形。据痕迹可测得铺舍窑室残宽为2.5米,进深4.5米。现存铺舍夯土台基四壁的护墙砖及铺舍窑室墙砖均已被当地村民全部拆毁。台体四周已被倒塌的夯土和残砖掩埋近半。

太平庙村落遗址[Tàipíngmiào Cūnluò Yízhǐ] 位于青山乡太平庙自然村东0.05千米处,以地理位置命名。为明代聚落遗址,东西长500米,南北宽300米,房址隐约可见,为3排东西向横排住房,黄土夯筑,宽50厘米。地表长满蒿草,南、北为农田,西边为居民住宅,遗址内原有一口古井,填埋后改造为农田。

郝记台聚落遗址[Hǎojìtái Jùluò Yízhǐ] 位于青山乡盐青公路东1千米、郝记台村西南的牛荆条林中,以地理位置命名。为汉代聚落遗址,东西长500米,南北宽400米,房屋基址明显,高约0.2米,黄土夯筑,坐西向东,东南部圆形直径约4米的庙台有烧土痕迹,地表散落有灰陶、乳钉纹灰陶、红陶残片,堆积密集,有黄土夯筑房屋基址。

月儿泉堡址[Yuè'erquán Pùzhǐ] 位于青山乡月儿泉村西北0.3千米处,以地理位置命名。为清代聚落遗址,呈方形,边长70米,存高6米,黄土夯筑,夯层厚16厘米,墙基宽2米,顶宽1.3米。南墙辟门,门宽4米。地表散存灰陶、黑、褐釉残瓷片,器型分器盖、腹、底残片。堡址墙体有破损豁口,保存较好,墙外基有风雨冲刷的凹槽。

古峰庄金牌窖藏[Gǔfēngzhuāng Jīnpái Jiàocáng] 位于青山乡月儿泉村北0.5千米处的山坡上,以地理位置命名,为隋代窑址遗址。2006年10月,于盐中高速公路取土场发现,窖口宽2米,深3米。出土金牌3块,重3600克,上刻铭文。后在原窖口长60米、宽10米范围出土铁锅及灰陶残片,黑、褐瓷残片。窖藏已被回填,盐中高速公路取土时损毁。

吴家小口子遗址[Wújiāxiǎokǒuzi Yízhǐ] 位于青山乡吴家小口子村东,以地理位置命名。为清代聚落遗址,东西长约500米,南北宽约400米,内有房屋基址,宽1.1米,高1米,黄土夯筑,夯土层可辨,地表散落黑釉、黄釉、白釉残瓷片。东角墙基址保存较好。

吴家小口子砖窑[Wújiāxiǎokǒuzi Zhuānyáo]　位于青山乡吴家小口子村东,以地理位置命名。为清代聚落遗址,呈不规则形状,上顶内凹陷,基高3米,残墙高1米,厚1.4米,直径5.8米,凹陷部分为当时窑口。窑址南边已坍塌,为黄土夯筑,夯土层可辨。地表散落大青砖、黑釉残片。窑址已弃之不用。

甘洼山遗址[Gānwāshān Yízhǐ]　位于青山乡古峰庄村北2千米处,以地理位置命名。为汉代至唐代的聚落遗址,东西长288米,南北宽192米。遗址西部文化层较明显,厚30—50厘米。地表散存灰陶残片及黑褐瓷片。早年出土完整灰陶缸、罐及刀形货币,遗址被流沙及人工种草覆盖。

黄米湾堡址[Huángmǐwān Pùzhǐ]　位于青山乡旺四滩村南0.5千米处,以地理位置命名。为清代堡址遗址,呈长方形,南北宽50米,东西长75米,存高6米。黄土夯筑,夯层厚15厘米,墙基宽2米,顶宽0.5米。西墙辟门,门宽3米。地表散存灰陶砖瓦残片等,保存较好,东墙体有少量豁口,北、西、南墙体保存较完整,城内外墙基有风雨冲刷的凹槽。

尖山湾遗址[Jiānshānwān Yízhǐ]　位于青山乡青山村西1千米处,以地理位置命名。为清代聚落遗址,东西长367米,南北宽146米。地表散存大量青花、黑、褐釉残瓷片。北侧文化层明显,厚0.7—1米。有小路从遗址中间穿过,地表建筑已毁,部分文化层被人为种草植树深翻。

高记圈堡址[Gāojìjuàn Pùzhǐ]　位于青山乡高记圈村北,以地理位置命名。为清代聚落遗址,呈正方形,边长60米。东墙辟门,门宽3米。堡址东北角有上墙顶的踏步通道,宽0.6米。墙体为黄土夯筑,夯层厚17厘米,基宽3米,顶宽2米。地表散存灰陶砖瓦残件及黑釉残瓷片,保存尚好,仅有少量豁口,南墙基外侧有风蚀凹槽。

西台遗址[Xītái Yízhǐ]　位于青山乡西台村北0.5千米处东西向深沟北部的坡地上,以地理位置命名。为明代聚落遗址,东西长约120米,南北宽约80米。地面有灰坑和陶、瓷片,灰坑中有铜箭头和钱币。遗址靠近沟畔一侧被改造成农田,文化层无法辨认。

红庄遗址[Hóngzhuāng Yízhǐ]　位于青山乡营盘台村东0.5千米处,以地理位置命名。为明代聚落遗址,东西长140米,南北宽110米。遗址西部有寺庙台基,南北宽30米,东西长45米,存高1.8米,文化层厚0.2—0.6米,地表散存大量灰陶建筑、残砖瓦及灰陶缸残瓷片。遗址被人工深翻为农田,文化层已无法辨认。

青山遗址[Qīngshān Yízhǐ]　位于青山乡青山村东南1.5千米处,以地理位置命名。为明代聚落遗址,呈半月形分布,东西长约1500米,南北宽约300米。有窑洞数十座和房屋基址,地面有大量灰烬,兽骨,青花瓷、黑釉瓷残片,完整的黑釉瓷罐、红色陶罐及底部有"大明"款的瓷片。遗址内被人工种草所覆盖,文化层已无法辨认。

营盘台遗址[Yíngpántái Yízhǐ] 位于青山乡营盘台村南2千米处,以地理位置命名。为汉代延续至唐代聚落遗址,东西长270米,南北宽130米,西侧有0.5米高的台基,地表散存灰陶建筑材料及黑、褐釉残瓷片,可辨器型有壶底、双耳圈唇口沿等。遗址被人工种草完全覆盖,文化层被深翻破坏。

猫头梁遗址[Māotóuliáng Yízhǐ] 位于青山乡猫头梁村西北2.5千米处,分布在沟壑的两侧,以地理位置命名。为清代聚落遗址,面积约100000平方米,有多处夯土房址,地面有黑釉、白釉瓷片。遗址被人工种植草坪覆盖。

海子塘郝记窑址[Hǎizitáng Hǎojì Yáozhǐ] 位于青山乡海子塘村东北2.6千米处沟畔边缘上,以附近自然村命名,建于新中国成立前。现有4孔较为完整,窑呈穹隆形,宽3米,高3米,深5米,烟囱处有烧灰痕迹。窑西北有小孔通往上方哨口,北上方有一处旧居,墙基址明显,坐北向南,高0.8米,宽0.2米,南北宽50米,东西长60米,地表散落青花、白釉、黑釉、褐釉瓷片,下方有窨子洞,为躲避土匪用。

门坎岭遗址[Ménkǎnlǐng Yízhǐ] 位于麻黄山乡黄羊岭村尖山湾沟嘴南侧,以其所在区域而命名。为清代遗址,占地面积10000平方米,沟畔长有蒿草。地面散布有黑釉、青花瓷片。

饶平庄遗址[Ráopíngzhuāng Yízhǐ] 位于麻黄山乡饶平庄村东2千米处,以地理位置命名。为清代聚落遗址,面积约500平方米,西南为山体,山畔有明显灰土层。遗址残存北墙,北墙上辟门,门宽约2米,东北部有文化层,厚0.5—1米。地表散落褐釉、黑釉、青花瓷片,器型有碗、缸等。遗址有可见灰土层。

史圪崂瓷器窖藏[Shǐgēláo Cíqì Jiàocáng] 位于麻黄山乡包塬村史圪崂自然村西北0.1千米处沟畔沿上,以地理位置命名。为清代窖藏遗址,呈圆锥形,上沿塌陷,洞口呈圆形,直径约50厘米,窖深2米。地表长有芨芨草,散布少量青花瓷片。出土瓷器70余件,有青花、豆青釉色,器型主要为碗、盘,花纹有缠枝花草、梵文、寿字等。窖址保存较好。

巴儿掌遗址[Bā'erzhǎng Yízhǐ] 位于麻黄山乡管记掌村巴儿掌自然村北0.2千米处,以地理位置命名。为西夏时期聚落遗址,面积约1000平方米。地面散布灰陶片和黑釉剔刻花、褐釉瓷片,以及宋代钱币。遗址被水冲毁,裸露遗迹中有灰陶残片,上有乳钉纹,器形呈罐状。

巴儿掌正南遗址[Bā'erzhǎng Zhèngnán Yízhǐ]　位于麻黄山乡管记掌村正南2千米、距巴儿掌遗址300米、巴儿掌南遗址的东面井沟沟嘴畔上,以地理位置命名。为西夏时期聚落遗址,占地面积300平方米。四周环沟,遗址上有红色烧土痕迹。

巴儿掌南遗址[Bā'erzhǎng Nányízhǐ]　位于麻黄山乡管记掌村西南2千米处的沙崾畔上,以地理位置命名。为西夏时期聚落遗址,现基本被水淹没,窑洞口不明,周围发现西夏时期瓷片。沙崾坡下种有牛荆条。文化层厚20—100厘米,曾出土篮纹小口鼓腹的红陶罐。

新庄清墓[Xīnzhuāng Qīngmù]　位于惠安堡镇新庄子村南0.1千米处,以地理位置命名。为清代墓葬,占地面积640平方米,有黄土夯筑墓冢,底部南北长32米,东西宽20米,现高1.5米,地表有石羊、望柱、石座雕塑等。

冯记圈明代墓葬[Féngjìjuàn Míngdài Mùzàng]　位于花马池镇冯记圈村,建于明代,以地理位置命名,占地面积约300平方米。抢救性发掘于1999年,墓主人杨钊。墓葬为南北向葬式,从东向西排列编号为1、2、3号墓,其中,1号墓葬形制为斜坡拱顶砖室墓,墓室呈方形,边长3.2米,高2.14米,叠涩花牙砖门楣,斜坡式墓道长6.85米。

西井滩汉墓群[Xījǐngtān Hànmùqún]　位于花马池镇八岔梁村西井滩西北1.5千米的山坡上。为汉代墓葬群,面积25773平方米,东西长213米,南北宽121米。无坟茔,早年被盗掘墓葬16座,大多在正中及东南部,今已回填,地表散存灰陶绳砖及灰陶器残片。

黄蒿渠墓葬[Huánghāoqú Mùzàng]　位于花马池镇黄蒿渠村西,为汉代墓葬,面积60000平方米,东西长300米,南北宽200米。已暴露穹隆顶砖室墓1座,墓门南向,墓室南北长2.8米,东西宽2米,高2米。处于半荒漠化地带,风蚀雨刷,加之年久失修和当地居民生产生活影响,今墓葬坟茔已被流沙及人工种植草坪所覆盖,地面散布有绳纹砖和灰陶器残片。

皖记沟汉墓群[Wǎnjìgōu Hànmùqún]　位于花马池镇皖记沟村北,为汉代墓葬群,面积6000平方米,东西宽60米,南北长100米。1988年发掘6座墓葬,1989年回填,墓葬形制有竖穴土坑和斜坡墓道土洞墓。后者墓道长20米左右,墓室长6米,宽3.8米,距地表深6米左右,随葬陶器有钫、壶、博山炉、灶、灯,铜器有钫、壶、柿蒂形棺花,玉器有玲、瑱、圭等。

尖山湾清墓群[Jiānshānwān Qīngmùqún]　位于青山乡尖山湾村西3公里、盐大公路东侧。为龚氏家族墓,残存3块乾隆年间砂石墓碑,字迹大多漫漶不清,地面留

◎第五部分　纪念地和名胜古迹

有毁坏石像残块。

潘记圈王氏古墓群[Pānjìjuàn Wángshì Gǔmùqún]　位于高沙窝镇潘记圈村西1千米、深井砖厂西侧,以地理位置命名。面积约100平方米,现有坟冢16个,呈半圆形,坟冢由红砖竖立围圈保护,高1.2米,直径1.2米,坟冢间距0.5米,墓葬保存较好。

深井王氏墓群[Shēnjǐng Wángshì Mùqún]　位于花马池镇深井村东羊场附近。在该村建设羊场地基时发现,墓主人为下潘记圈王氏先祖,共有28座,均为明代墓葬,总面积1000平方米。2009年,共发掘7座,由南向北呈倒"U"字形排列,M1至M4为砖室墓,M5至M7为土洞墓。以M1为主,墓道已被挖毁,残存宽1.18米,距地表最深处3米,砖室墓,拱券门,封门用长条灰砖二竖一侧砌封,门两侧分别起砖墙,错缝平砌,墓内已被破坏,出土明代铜镜、青花瓷碟、碗、酒盅、锡器鼎及墓碑一通,碑上字迹大多无法辨认,出土文物全部存放在县博物馆。

黄蒿渠张记旧居[Huánghāoqú Zhāngjì Jiùjū]　位于花马池镇黄蒿渠村西3千米处。为清代旧居遗址,以其所在村落及姓氏命名,面积6300平方米,南北宽70米,东西长90米,坐北向南,黄土夯筑基址残高1米,宽0.3米,呈方形,外围墙西北边呈圆形,地表散落有青花、白釉、黑釉、褐釉瓷片。

后台宋墓[Hòutái Sòngmù]　位于大水坑镇后台村东北0.1千米沟畔上,面积200平方米。据当地村民介绍,该墓葬为宋狄青墓,墓葬原地表有石羊、石狮、石碑,20世纪50年代被人运走,墓葬呈圆形,中间被水冲刷凹进去,墓前有盗坑,深0.4米,长1米,现地表散落灰陶、黑釉、白釉残片。

朱新庄墓葬群[Zhūxīnzhuāng Mùzàngqún]　位于大水坑镇柳条井村北3千米处。为朱姓家族墓,根据所剩残碑记载,墓葬年代为清代,以所在自然村命名,占地面积10000平方米,墓平面呈圆形。墓葬群前有石像生38件,有石羊、石猪、石柱等,质地为红砂石,石柱上雕有蟠龙纹饰和卷云纹饰。

惠安堡古墓[Huì'ānpù Gǔmù]　位于县城西南74千米处。为西夏墓葬,面积182平方米,直径53米,夯土围墙残高0.5—1米,基宽2米,西北方向辟门,门旁有房址。为县级保护级别,坟茔保存较好,有明显夯层,其上有探眼,夯土围墙已坍塌呈鱼脊状。墓葬中部有一土冢,黄土夯筑,现高4米,底部直径8米,南向有一碑座,地面有陶器残片、剔刻花瓷片、石狮一对。

薛园子墓葬[Xuēyuánzi Mùzàng]　位于惠安堡镇薛园子村东2千米处。为清代墓葬,面积约10000平方米。有墓冢5座,由西向东编1—5号,3号墓底径11米,高2

米,现存石碑 1 座,碑座高 1.76 米,因砂石质地,其上部分文字已剥落,记载了墓主周赞之与夫人宋氏生平,康熙五十年(1711 年)立。墓葬残存坟茔已被沙埋,地表已沙化,石像已毁。

张氏墓[Zhāngshì Mù]　位于惠安堡镇西南 0.5 千米处,为清道光十四年(1834 年)惠安堡马姓盐捕通判夫人张氏之墓,以其姓氏命名,面积 1512 平方米。3 座并列墓葬,墓冢黄土夯筑,椭圆形,底径 96 米,高 1.7 米。其中 1 座立有石碑,高 1.23 米,宽 50 厘米。

南台墓葬[Nántái Mùzàng]　位于高沙窝镇南台村西南 1 千米处,面积 20 平方米,地面建筑已无,坟茔残高约 5 米,为黄土夯筑。墓葬结构不详,据当地居民讲,2005 年挖甘草时发现此墓。墓室长 5 米,宽 4 米,内有供桌、供品等,后将此墓填埋,有围栏设施,今四周为南台村民承包草原。

红圪垯墓[Hónggēda Mù]　位于高沙窝镇红圪垯村东 3 千米处,明代长城(二道边)从遗址南 500 米处东西向穿过。今地表遗迹已被沙漠完全覆盖,仅存人工堆积 4 米的墓冢,有明显夯土层,顶部直径 3.7 米,周长 77 米。地表散存有少量灰陶片,可辨器形有口沿,似汉代墓葬。

康庄子墓葬[Kāngzhuāngzi Mùzàng]　位于王乐井乡康庄子村北 2.5 千米处的山坡上,以地理位置命名,面积 10500 平方米,东西长 150 米,南北宽 70 米。有两座 3.5 米高的坟茔,间距 30 米。地表散存青花瓷残片和灰陶残片,从器物残片判断为宋代墓葬,今地表建筑已毁,石像已无。

狼子沟墓葬[Lángzǐgōu Mùzàng]　位于王乐井乡狼子沟村西,以地理位置命名。面积 466.66 平方米,墓依山穿穴而葬,墓前存残石碑首,碑额上刻"皇清"字样。地表建筑已毁,现地表已被野生植物覆盖,只能从地表残片、墓冢及残石碑首断定为一处清代墓葬。

郑家堡墓地[Zhèngjiāpù Mùdì]　位于王乐井乡郑家堡村东南 0.5 千米处,以地理位置命名。面积 600 平方米,地表有坟茔 8 座,南北顺序依次排列,中间有高 1.3 米、宽 0.6 米的砂石墓碑,刻有"花马池郑家堡庄北新官乙辛"字。

康庄子古墓[Kāngzhuāngzi Gǔmù]　位于王乐井乡康庄子村南 2 千米处,以地理位置命名。为清代墓葬,面积 600 平方米,坟冢已毁,但可辨认。地表散存有清代风格的青花残片。该墓早年多次被盗,从坟冢顶部可清楚地看到 7 个盗洞,地表乱放人头骨及大量青花瓷残片。

龚儿庄墓葬[Gōng'erzhuāng Mùzàng]　位于冯记沟乡马儿庄村西 1 千米处的

向阳坡地上。建于明代,坟茔已无,仅存碑座,墓道清晰可辨。地表散存有石像生,黑、褐釉残瓷片。墓葬保存较好,仅存一无头石像,经辨认为羊。

郝记台汉墓[Hǎojìtái Hànmù] 位于青山乡郝记台村北2千米处。为汉代墓葬,面积约200平方米,坟茔已无法辨认,有圆形盗洞一个,直径约4米,深0.4米,现已被土掩埋,盗洞周围有明显的6个探眼,地表散落有汉代子母砖和灰陶残片。

饶平庄饶记墓葬[Ráopíngzhuāng Ráojì Mùzàng] 位于麻黄山乡饶平庄村西2千米处山峁上,以其所在村落及姓氏命名。为清代墓葬,面积约80平方米,正对东边有一条沟,坟冢已平,但可辨认。坟冢底部直径3米,高50厘米,正东立碑,上写"宣清始祖,饶翁讳国顺之墓"。

阳岗汉墓[Yánggǎng Hànmù] 位于麻黄山乡阳岗村西0.1千米处沟畔上。为汉代墓葬,面积约700平方米,现已塌陷,仅有高1米、宽1.5米的穹隆顶痕迹,穹隆顶距地面约3米。墓室内有厚20厘米的木炭层,出土有五铢钱币。沟畔散落大量砖块。

金渠子臭泥井窑址[Jīnqúzi Chòuníjǐng Yáozhǐ] 位于冯记沟乡金渠子村北1千米处沟畔上,以地理位置命名。窑口下方塌土掩埋,上口完整。3口窑相同,西窑为灶房,地表散落黑粗瓷。中间窑洞上刷白字"大批资本主义,大干社会主义,苦干大干,加油干,批林批孔"。灶房窑门口被塌土掩埋,从中孔通口可见"农业学大寨,工业学大庆",窑深9米,宽3米,高2米。门口深2米处为通口,呈拱形,宽1米。窑址已弃之不用,窑口被淤沙掩埋近半。

李家畔-秃井沟山险[Lǐjiāpàn-Tūjǐnggōu Shānxiǎn] 位于盐池县和甘肃环县交界处,以其所在区域命名。建于明代,起点在盐池县一侧麻黄山乡李家畔村东侧内边墙的西端,止点在麻黄山乡天池塘西南800米处,呈东西走向,属自然沟壑山险。主沟较深,两侧叉沟交错。山险北侧盐池县境内无烽火台,南侧环县境内有冯家沟村烽火台、史家湾村烽火台、任新庄烽火台,冯家沟烽火台至山险直线距离50米,史家湾烽火台距山险直线距离6250米,任新庄烽火台距山险直线距离1750米。

赵记圈狐仙庙[Zhàojìjuàn Húxiān Miào] 位于赵记圈村南0.5千米处。建于清代,地表建筑已无,占地面积63.5平方米。2006年重建,新庙台高1.5米,坐北向南,东西长10.33米,南北宽6.15米,前檐伸出2米。庙门口前檐处中间挂一口铁钟,门前立两根红柱。庙前有七级水泥砌成的踏步台,台前有拱形红底香炉。

上潘记圈龙王庙[Shàngpānjìjuàn Lóngwáng Miào] 位于上潘记圈村东1千米处。建于清代,建筑已毁,仅存东西宽10米、南北长20米、高3米的庙台,地表散落原庙建筑材料。2004年,该村集资在原址重建,坐北向南。新建龙王庙飞檐伸出2.3米,南北长7米,东西宽3.5米,飞檐至门0.95米,门宽1.1米,东边小庙东西1.9米,南北3.1米,门宽0.75米,门至边墙0.5米,小庙至大庙间距3.9米,现周围为农田。

长城村龙王庙[Chángchéng Cūn Lóngwáng Miào] 位于花马池镇长城村北1千米处。建于清代,建筑已毁,地表散落灰陶、黑釉残片及原建筑材料。2007年,该村集资在原址重建。新建龙王庙坐北向南,南北长8米,东西宽4.25米,前檐伸出1.8米,东、西两墙到庙门分别为1.45米,庙门宽0.8米。

三道湾古庙[Sāndàowān Gǔmiào] 位于花马池镇芨芨沟村东北0.2千米处。建于清代,建筑已毁,仅存东西宽6米、南北长8米的基址。2005年,该村集资在原址重建。新庙宇坐北向南,南北长5.66米,东西宽4.23米,前檐伸出1.5米,东、西两墙至庙门1.23米,庙门宽1.25米。

红沟洼龙王庙[Hónggōuwā Lóngwáng Miào] 位于大水坑镇红沟洼村西。建于清代,建筑已毁,原址为东西长20米、南北宽17米。2005年,在原址重建,东西长10米,南北宽7米。该庙面南两间,一间供龙王,一间供财神,庙檐两次向上翘起。

朱新庄寺庙[Zhūxīnzhuāng Sìmiào] 位于大水坑镇柳条井村北2千米处。建于清代,现存寺庙地基,建筑面积336平方米。2007年,在原址重建,有围墙,门向西开,内有面西建筑两间,分别为娘娘庙、始祖庙,进深6米。面南和面北相向建筑两间,分别为龙王庙、财神庙,进深分别为4.6米,在寺庙院外建进深2.8米的土地庙。整个建筑通体用红砖砌起。

张旧庄寺庙[Zhāngjiùzhuāng Sìmiào] 位于大水坑镇柳条井村西北1千米处。建于清代,建筑面积98平方米,地表建筑已毁,只剩土筑台基。2007年,村民集资重建,内有3座庙堂,由正殿和两座偏殿组成,供奉龙王、土地、财神3座神像。大门处有四层踏步台,院落以外用红砖铺地。

农台青龙山寺庙[Nóngtái Qīnglóngshān Sìmiào] 位于大水坑镇新桥村中部。建于清代,地表建筑已毁。2002年,在原址重建,庙顶采用了原庙脊瓦的建筑风格,东西长11米,南北宽7.2米。前檐出檐1.6米,檐与地面有4根柱子支撑,庙内供有3尊神像。

张布良龙王庙[Zhāngbùliáng Lóngwáng Miào] 位于张布良新农村东北1千米处。建于清代,建筑已毁,基址南北长20米、东西宽12米,地表散落大量原建筑材料。2004年,在原址重建,坐西向东,南北宽5.8米,东西长3.8米,飞檐突出1米,门宽1.2米。

马儿沟寺庙[Mǎ'ergōu Sìmiào] 位于马儿沟村西北1千米、青麻线北山脊上。建于清代,建筑已无,仅存南北宽8米、东西长14米的台基,地表散落建筑材料、黑釉瓷片等。2005年,在原址重建,坐北面南,南北宽5.3米、东西长8米。前檐伸出1.32米,距门3.9米,门宽1.17米。庙顶有雕花飞檐、挂红瓦,庙门前用红色立柱支撑。

沙坡子寺庙[Shāpōzi Sìmiào] 位于惠安堡镇萌城村西南1.5千米处,建于清代,因地处沙坡子自然村得名。现存边长为25米的台基,地表散存有大量灰陶建筑砖瓦材料,黑、褐釉残瓷片。2005年,在原址新建,新庙基址东西长16米,南北宽11米,由坐西面东的正殿及左右厢房组成,并有专人管理。

芨芨滩寺庙[Jījītān Sìmiào] 位于芨芨滩村北0.5千米处。建于清代,地表建筑已无,仅存残高2.1米、东西宽14米、南北长25米的庙台基址。2005年,在原址重建,新庙坐北向南,面阔两间,东西宽5.74米,南北长6.25米,有雕花飞檐挂红瓦,前檐伸出1.43米,距门0.8米,门宽0.9米,两门间距1.85米,门至西墙0.76米。

苦水井龙王庙[Kǔshuǐjǐng Lóngwáng Miào] 位于惠安堡镇苦水井自然村东0.05千米处。建于清代,因所处地理位置得名。原庙台基南北长11米,东西宽6米,内墙绘龙王等神像,在北墙上供龙王、山神、土地神牌位。龙王庙南北长8.1米,其中前廊长2.3米,东西宽4.3米。原庙已成危房,现建筑为2005年所建。

赵儿庄土地庙[Zhào'erzhuāng Tǔdì Miào] 位于惠安堡镇赵儿庄村西南0.5千米处。建于清代,因所处地理位置得名。地表建筑已无,仅存地基南北宽8米、东西长10米。地表散落建筑材料,2007年在原址重建,坐东向西,南北宽3.6米,东西长5.36米,门宽1.37米。屋顶挂红瓦,有雕花飞檐。

杨儿庄土地庙[Yáng'erzhuāng Tǔdì Miào] 位于惠安堡镇杨儿庄村北0.05千米处。建于清代,因所处地理位置得名。地表建筑已无,仅存庙台残高0.5米,东西宽8米,南北长13米。地表散落建筑材料,2007年在原址重建,坐北向南,南北长6.93米,东西宽4.09米,前檐伸出1.43米,距门1.22米,门宽1.18米。屋顶挂红瓦,有雕花飞檐。

武新庄寺庙[Wǔxīnzhuāng Sìmiào] 位于惠安堡镇武新庄村南0.05千米处。建于清代,因地处武新庄村得名。地表建筑已无,仅存庙台高1.3米,南北宽13米,东西长17米,2007年在原址重建,坐东向西,东西长7.1米,南北宽4.1米,前檐伸出1.88米,距门1.2米,门宽1.3米,门前立有木柱,柱子距墙1米。屋顶挂红瓦,有雕花飞檐。

南梁孙家庙子寺庙[Nánliáng Sūnjiāmiàozi Sìmiào] 位于高沙窝镇南梁自然村东1千米处。建于清代,因所处地理位置得名。现仅存东西30米、南北20米、高1米的台基,地表散落原庙宇建筑材料。2004年,在原址基础上建龙王庙和财神庙。龙王庙南北长8米,东西宽4.3米,前檐伸出1.8米,门宽1.04米,庙门前挂一口大钟,详尽描述建庙经过:清道光二十五年建,同治年间被毁,1950年重建,1959年被毁,2004年又重建。龙王庙西边为财神庙,两庙间距5米。财神庙东西宽6.1米,南北长8米,前檐伸出2.66米,两边距门2.13米,门宽1.3米,边墙距柱1米,门前挂一口大钟,立两根柱。

大圪垯龙王庙[Dàgēda Lóngwáng Miào] 位于大圪垯村村部西0.5千米处。建于清代,因所处地理位置得名。"文化大革命"时期被毁,地表散落原庙建筑材料和白釉瓷片,庙台高1米,东西宽16米,南北长40米。2004年,在原址基础上重建,有高0.9米的围墙,围墙南北长19米,东西宽9米,门宽2米。新庙坐北向南,东西宽4.15米,南北长8米,门宽1.1米,前檐伸出3米,寺庙东西距围墙2米,南墙距围墙8米。

石山子龙王庙[Shíshānzi Lóngwáng Miào] 位于王乐井乡石山子村。建于清代,毁于1958年,2011年重建。在清代还建有娘娘庙、关老爷庙、文昌庙、土地庙,其中文昌庙、土地庙在1920年海原大地震中坍塌,娘娘庙、关老爷庙分别于1958年、1974年拆除。2013年村民出资重建了娘娘庙和关老爷庙。建筑面积300平方米。

郭庄子关公庙[Guōzhuāngzi Guāngōng Miào] 位于王乐井乡双圪垯村西南2.5千米处。建于清代,因所在村庄而得名,呈正方形,边长15米,坐东向西,"文化大革命"时期被破坏,地表散落大量原建筑材料。2004年在原址重建,东西长6.5米,南北宽4米,飞檐突出1.6米,门宽1米。门面用瓷砖贴面。

何家墩寺庙[Héjiādūn Sìmiào] 位于王乐井村南0.5千米处,位于小土丘上,建于明代,因所在村庄而得名。地表建筑已毁,现存夯土台基,东西长约200米,南北宽约80米,高3米,台前有砖砌踏步,地面有砖瓦和瓷器残片。2005年在原址重建,坐北面南3间,坐东面西1间,庙宇均有伸出1.5米的前檐。

狼子沟神仙庙[Lángzǐgōu Shénxiān Miào] 位于王乐井乡狼子沟村西1千米、新巴线(公路)西侧山脊上。建于清代,"文化大革命"时被破坏,残高1米,东西长40米,南北宽24米。2002年,在原址重建,新庙东西长8.2米,南北宽3.9米,前檐伸出2.6米,距门1.16米,门宽1.06米,坐西向东,门口立2个石柱,贴原寺庙兽头纹饰建筑材料4件。

刘相庄龙王庙[Liúxiāngzhuāng Lóngwáng Miào] 位于王乐井乡刘相庄村北0.5千米处。建于清代,"文化大革命"时被破坏,现存台基,残高1.5米,东西宽20米,长30米。2000年,在原址重建,新庙坐北向南,东西宽4米,南北长8米,前檐伸出

1.6米,距门1.1米,门宽1.4米。庙门口挂原庙铁钟一口,上有"乾隆四十五年""宁夏府""灵州花马池安定堡刘相庄龙王神庙神钟一口"字样,下雕莲花纹。

佟记山龙王庙[Tóngjìshān Lóngwáng Miào] 位于王乐井乡佟记山村中心村道西侧0.5千米、佟记山村牌后山脊上。建于清代,因所处地理位置而得名,建筑已无,仅存庙址残高2.2米,东西长28米,南北宽25米,地表散落建筑材料、兽头饰物、青花瓷片等。2000年,在原址重建两座寺庙,坐北向南,东西宽4.25米,南北长7米,前檐伸出2.73米,距门1.34米,门宽1.08米。

曾记畔寺庙[Zēngjìpàn Sìmiào] 位于王乐井乡曾记畔村。建于清代,建筑已无,仅存东西长20米、南北宽15米、残高1.2米的土筑台基。2000年,在原址重建坐北向南寺庙两间。新庙红砖砌起,南北长5.35米,东西宽3.2米,前檐伸出1.35米,距门0.78米,门宽1.2米。

张家沟寺庙[Zhāngjiāgōu Sìmiào] 位于王乐井乡张家沟村南1千米、王牛砾石路东。建于清代,建筑已无,仅存东西长40米、南北宽20米、残高0.4米的台基,围墙北到庙台15米、东西长20米,围墙基址明显,黄土夯筑。2003年在原址重建,东西宽4.12米,南北长9.6米,前檐伸出2.93米,前檐前立红色木柱两根,分别距门1.07米、1.46米。

青马圈龙王庙[Qīngmǎjuàn Lóngwáng Miào] 位于冯记沟乡丁记掌村。建于清代,毁于"文化大革命"时,由该村出资重建。建筑面积100平方米,其并排还有玉皇阁一座。

马儿庄玉皇庙[Mǎ'erzhuāng Yùhuáng Miào] 位于冯记沟乡马儿庄村北1千米处,建于清代。原建筑已毁,基址东西宽30米,南北长35米。2006年,在原址重建,坐北向南,围墙东西宽30米,南北长35米,高1.7米,飞檐伸出1.2米,大门前有3层砖砌踏步台阶。寺庙东西长10.5米,南北宽8.4米,东距围墙7米,南距庙门18米,飞檐突出3.2米,门宽1.4米。庙前有红砖砌成的上香台。紧靠正庙西墙有土地庙、山神庙,东西宽3.2米,南北长4.3米,距西围墙3米。

金渠子龙王庙、娘娘庙[Jīnqúzi Lóngwáng Miào、Niángniáng Miào] 位于冯记沟乡金渠子村东0.3千米处,建于清代,因所在村庄而得名。庙基呈方锥形,基高2米,东西长18米,南北宽14米,地表散落建筑材料。2006年,在原址重建两庙,南北宽5米,东西长6米,屋顶为两面坡式,挂红瓦。两庙门间距为2.2米,每门宽0.8米,各距东西墙1.1米。

旺四滩寺庙[Wàngsìtān Sìmiào] 位于青山乡旺四滩村东北1千米处。建于清代,因所在村庄而得名。地表建筑已无,仅存高1.5米、东西宽10米、南北长15米的庙台。2006年,在原址上重建,坐北向南。新庙东西宽3.78米,南北长6.47米,前檐伸出1.37米,距门1米,门宽1.12米,庙门前有4根红色木质立柱。屋顶挂红瓦。

长山子玉皇庙[Chángshānzi Yùhuáng Miào]　位于青山乡长山子村西0.1千米、盐中高速公路北。建于清代,地面建筑已无,仅存基址高2米,南北长40米,东西宽30米,地表散落原建筑材料。1996年,在原址重建,坐北向南,南北长6.5米,飞檐突出0.8米,距门1.1米。门宽1.3米,前有一口挂钟,上写:皇帝万岁,太子千秋,乾隆八年八月吉日造。铁钟直径0.4米,高0.5米。

黄羊岭寺庙[Huángyánglǐng Sìmiào]　位于麻黄山乡黄羊岭村东0.1千米处高大山坡上。建于清代,建筑已毁,东西长30米,南北宽20米,庙台残高3米。2000年,在原址上重建,庙内供显神、玉皇、龙王。庙内为箍窑,庙外用红砖砌起,庙门上部为拱形,无窗,东西宽5.1米,南北长5.4米。

大路洼寺庙[Dàlùwā Sìmiào]　位于麻黄山乡大路洼村中心。建于清代,地表建筑已毁,仅存庙基东西宽10米、南北长18米,地表散落原建筑材料。2002年,在原址上重建,坐西面东,开两门,东西宽6米,南北长9米,后墙为土坯墙,前墙用红砖裱起,南墙、北墙均距门1.5米。

青龙庙遗址[Qīnglóngmiào Yízhǐ]　位于麻黄山乡薛畔子村西北1.5千米处。建于明代,地表建筑已毁,地面散落大量建筑材料。在南北长、东西狭的梁峁上,有建筑基址7处,每处台基平面均为正方形,边长约20米,现存高1—2米,地面残存有砖瓦。

三霄娘娘庙[Sānxiāo Niángniáng Miào]　位于麻黄山何记山村。建于2011年,因供奉三霄娘娘和龙王得名。原是1747年何家山村民建立的关公庙,20世纪60年代破"四旧"时被铲除,仅余一口清代生铁铸钟,2011年新庙建成重挂该钟在庙堂之前。

无量殿遗址[Wúliàngdiàn Yízhǐ]　位于花马池镇黄记圈村南1千米处。为明代寺庙遗址,现存平面为边长31米的方形夯土台基,高6.8米。台基上有南北长16米、东西宽14.8米、北面设门的夯土殿址一座,门前有砖砌台阶踏步。台基北有房屋基址一处,地面有砖、瓦和瓷器残片。2000年在遗址上兴建花马寺,成为盐池一景。

黑风寺[Hēifēng Sì]　位于惠安堡镇杜记沟村东0.5千米处。建于唐代,毁于20世纪60年代,占地面积4320平方米,东西长80米,南北宽54米。2006年,群众自发筹资,在原庙址基础上重建。寺庙正房为佛殿,左右两排为厢房,有院墙包围。1936年聂荣臻率部曾在此驻扎。

蔡记梁三清殿[Càijìliáng Sānqīng Diàn]　位于高沙窝镇蔡记梁村西0.5千米、307国道南。建于清代,占地面积198.4平方米,仅存南北长16米、东西宽12.4米的寺庙基址,地表散落原寺庙建筑材料。2002年,村民在原址基础上重修,新建寺庙坐北向南,南北长8.5米,东西宽4.28米,飞檐雕花挂琉璃瓦,有红砖砌五级踏步台阶。寺庙修有围墙,围墙东西宽11.2米,南北长16米,高1.8米,前檐伸出3.1米,至门1.35米,门宽1.1米,南围墙到寺庙7米,东围墙到寺庙3米。

郑家堡子无量祖庙[Zhèngjiāpùzi Wúliàngzǔ Miào]　位于王乐井乡郑家堡村。建于清同治年间,以所在自然村命名。占地面积95.7平方米,原址表面散落石柱残体,高0.5米,周长0.3米。原庙台基高3米,东西长50米,南北宽40米。2005年,村民集资在原址上重建,坐西向东,南北长11米,东西宽8.7米,房檐向外伸出2米。

郭庄子寺庙[Guōzhuāngzi Sìmiào]　位于王乐井乡双圪垯村西2千米处。建于清代,以所在自然村命名。占地面积12.6平方米,原址呈正方形,边长14米,高1.5米。"文化大革命"时期被破坏,地表散落建筑材料。2004年,在原址重建两座建筑,坐北面南,飞檐挂瓦。土地庙东西宽3米,南北长4.2米,前飞檐突出0.5米,门宽0.8米。娘娘庙东西宽4.2米,飞檐突出1.6米,门宽1米,两庙间距1.5米。庙前用瓷砖贴面。

安定堡观音寺[Āndìngpù Guānyīn Sì]　位于王乐井乡安定堡村东2千米处。建于清代,以所在自然村命名,地面散落有清代建筑材料。2006年,村民集资在原址上建坐北面南新庙,围墙门向西开,院内建有席棚。围墙东西宽38米,南北长50米,高1.6米,门宽2.6米。庙宇东西长9.2米,南北宽8米,门宽3.1米,前檐伸出2.8米,庙前台高0.5米,庙与西围墙间距12米。戏棚东西长7.5米,南北宽6米,台高0.25米,戏棚顶由木质桁条和椽搭成,墙壁四周用水泥裹砌。

灵应寺[Língyīng Sì]　位于青山乡,据传建于唐代,新中国成立前每年农历三月三日庙会香火极盛。"文化大革命"时捣损神像,拆毁庙宇。2000年后,政府拨款重建,修葺窑窟重塑神像,并重建庙宇,基本恢复了旧时原貌。因位于灵应山,故名灵应寺。建筑面积10000平方米。

千佛寺遗址[Qiānfósì Yízhǐ]　位于麻黄山乡李阳洼村东5千米处。建于清代,以地理位置命名,分别位于3座山峁上。东西两处已倾圮,仅存墙址和瓦砾。唯千佛寺还现存砖墙,高7米,顶已毁,寺平面为方形,边长4米,四壁还残留砖雕、泥塑和少量壁画,但漫漶不清,地表建筑已无,仅存墙址和瓦砾。

惠安堡清真大寺[Huì'ānpù Qīngzhēn Dàsì]　位于惠安堡镇西南0.5千米、银平公路西侧。建于清代末年,毁于1965年,1984年重修,占地面积3600平方米,为砖木结构。

井沟清真寺[Jǐnggōu Qīngzhēnsì]　位于冯记沟乡回六庄村西北0.3千米处。建于1940年,以所在地理位置命名,占地面积1176平方米。1947年,因战火损毁,1949年、1984年两次重修。清真寺东西长42米,南北宽28米,有土木结构大殿,面阔3间,宽21米,进深21米,院内有左右附属建筑。

苦水清真寺[Kǔshuǐ Qīngzhēnsì]　位于冯记沟乡回六庄村西侧0.1千米处,建于民国时期,原建筑因战乱损毁,20世纪80年代重建。2008年维修,占地1138平方米。由大殿和厢房组成,大殿建在1米高的台基上,坐东面西,东西长20米,南北宽17米。

◎第五部分 纪念地和名胜古迹

风景名胜区

花马寺国家级森林公园[Huāmǎsì Guójiājí Sēnlín Gōngyuán]　位于花马池镇南部,2002年12月经国家林业局批准建立。总面积5000公顷,公园地理位置特殊,自然资源丰富,人文景观独特。公园内丘陵、沙、水交融,树木繁茂、沙山雄浑、草原广袤、沙滩浴场细软宽阔,湖水清澈湛蓝,风光旖旎,景色壮美。公园内还有盐池革命烈士纪念园、花马寺、花马湖等名胜,是集生态休闲、科普、爱国主义教育、探险、消夏避暑于一体的高品位国家森林公园。

栖雁湖[Qīyàn Hú]　位于盐池县城东南、四儿滩一带。1996年,盐池县雨水较多,使古河道内白垩系砂岩中的水分逐渐增多,趋于饱和。加上1997年春寒,与往年相比,春潮期来得晚、迅猛,导致岩石中水分大量外流,汇于低洼地,地下潜水面上升,由于地下水位的上升,形成湖泊。水面最大时,总面积达3万多亩,湖水最深处达5.7米,平均水深1米。原无名,因环境幽美,常有水鸟栖息,2013年盐池县地名总体规划命名为栖雁湖。

花马寺[Huāmǎ Sì]　位于花马寺国家级森林公园内。内有久负盛名的无量殿,香火旺盛,周围树木葱茏,景色优美。明代时此处就已有寺庙,叫无量殿,清末时尚有香火,民国年间毁于战火,仅存黄土夯筑的建筑台基。21世纪初,当地善男信女捐资在原址重建寺庙,命名花马寺。

无量殿[Wúliàng Diàn]　位于花马寺之内。明代时就已修建,民国时期毁于战火。21世纪初,当地善男信女原址重建寺庙,命名花马寺,内寺最高处重修无量殿,供奉无量佛祖像。无量殿当年可能与明时城防军事建筑有关。

盐池县苏维埃纪念馆[Yánchí Xiàn Sūwéi'āi Jìniànguǎn]　位于盐池革命烈士纪念园内。纪念馆依苏维埃政府原貌修建,为四合院建筑,主房及厢房门窗、檩条、椽子、大梁均为木质。墙面及房顶用仿草泥材料,四合院铺水泥青砖。纪念馆占地面积730平方米,主要展览内容有毛泽民纪念馆、《王贵与李香香》创作纪念地、苏维埃政府办公旧址、陕甘宁边区第一个消费合作社——盐池城区消费合作社、元华工厂车间等,再现了革命年代艰苦的生活、工作环境。

哈巴湖生态观光旅游区[Hābāhú Shēngtài Guānguāng Lǚyóuqū]　位于王乐井乡南端,距县城25公里。是哈巴湖国家级自然保护区的科教示范区,占地约40平方公里,目前是盐池县域内唯一的国家4A级风景区。旅游区内有独特的荒漠类型景观,是干旱、荒漠地区少有的具有代表性的自然综合体和比较完整的自然生态系统,具有重要的教学和科研价值。景区内林木苍翠、草甸平坦、池塘众多,既有雄浑的大漠风光,又有迷人的草原风情,还有众多的遗址古迹,具有很高的旅游开发价值。

盐池古长城[Yánchí Gǔchángchéng]　古代,盐池地处北方边陲,战略地位重要,为巩固边防,中原王朝在这里修筑了多条长城。目前,盐池县的长城明显的共有4条。其中明代长城3条,分别称为头道边、二道边、固原内边,二道边长城建造于明成化十年(1474年),固原内边建造于明弘治十五年(1502年),头道边长城建造于明嘉靖十年(1531年),此3条长城总长度为186公里。另一条为隋长城,筑于隋开皇五年(585年),长30公里。隋长城遗迹在全国已罕见,盐池这段显得尤为珍贵。4条长城呈夹角之势将盐池包围,因此,盐池有"长城博物馆"之誉。

盐池沙地旱生灌木园[Yánchí Shādì Hànshēng Guànmùyuán]　位于盐池县城西北2公里处,始建于1985年,是宁夏最早的植物园。全园面积1100亩,共有7个功能分区,种植各种灌木130种、乔木30种、果树26种、常绿树16种、草本植物100余种。植物园绿色葱茏、花果飘香、百鸟啾啾、空气怡人,既是科普、教学、科研基地,也是人们游览休闲的理想场所。

治沙英雄白春兰冒贤业绩园[Zhìshā Yīngxióng Báichūnlán Màoxián Yèjìyuán]　位于花马池镇北部的沙边子村,距盐池县城15公里。业绩园2008年建成,占地面积3200亩,由白春兰冒贤治沙业绩展馆、馆前广场、入园牌楼、冒贤雕像、暖心阁等组成。治沙英雄白春兰冒贤业绩馆分序厅和主展厅。主展厅主要展陈白春兰全家20多年来治理沙漠的艰苦历程、取得的重要成绩以及盐池县生态治理成就。目前,该园是集科普、科教、娱乐、游览等功能于一体的沙漠农庄森林风景区。

一般名胜区

八卦山[Bāguà Shān] 位于青山乡尖山湾村,由8座山峁组成。峁,是黄土高原上的一种特殊地貌,顶部浑圆,斜坡较陡。此山峁由于早年的水蚀被切割成8个棱角,并分成了不同的台阶,每一阶层因冲刷的高低位置不同,分别以"—"或"--"显示出来(八卦中以"—"表示阳,以"--"表示阴),活像一座立体八卦图,因名八卦山。当地有神话故事传说此山本是太上老君的八卦炼丹炉所化。

左记沟[Zuǒjì Gōu] 也称红山沟,位于盐池县西南13公里。左记沟是红色砂岩上天然形成的峡谷,总长约7公里,宽2—10米。左记沟冲蚀出奇特的丹霞地貌,峡谷两岸时而陡峭、时而平缓。悬峭之处的红砂石,绚丽夺目;平缓之处的黄沙,金色耀眼。溪水在不同地段形成形质不同的瀑布10余处,有的只有几十厘米,有的高达3米以上。岸边的树木根系外露,千姿百态,似盆景,胜根雕,令人赏心悦目,叹为观止。

牛头沟古榆树[Niútóugou Gǔyúshù] 位于王乐井乡牛头沟村沟沿上,以所在村落命名。树高11米,树冠约21米,树干直径2.25米,根部茎多暴露在地表,枝丫交错,树干有6个分枝,纵横交错。该榆树为民国时期所种,具体年代不详。

自然保护区

哈巴湖国家级自然保护区[Hābāhú Guójiājí Zìrán Bǎohùqū] 哈巴湖国家级自然保护区位于盐池县中北部,属于荒漠—湿地生态系统类型,地理坐标东经106°53′—107°40′,北纬37°37′—38°03′,海拔1300—1622米,东西长65千米,南北宽44千米,总面积84000公顷,其中核心区30700公顷,缓冲区22300公顷,实验区31000公顷。1998年建区,2006年晋升为国家级自然保护区。主要保护对象是荒漠—湿地典型的自然生态系统。保护区地处鄂尔多斯台地向黄土高原的过渡地带,形成了独特的过渡带自然生态系统,具有丰富的动植物资源和自然景观。区内有野生维管束植物315种,分属于54科169属,其中有国家重点保护植物麻黄、甘草、沙冬青、沙棘、沙芦草等6种。有脊椎动物24目52科156种和44个亚种,其中鱼类2目3科10种;两栖类1目2科2种;爬行类1目3科6种2个亚种;鸟类15目32科107种20个亚种;哺乳类5目12科31种22个亚种。有国家Ⅰ级保护鸟类金雕、白尾海雕、大鸨、小鸨和黑鹳,国家Ⅱ级重点保护兽类石貂、荒漠猫、兔狲,国家Ⅱ级重点保护鸟类大天鹅、白琵鹭和蓑羽鹤等。

第六部分　农业和水利设施

农场、牧场

高沙窝村设施农业园区[Gāoshāwō Cūn Shèshī Nóngyè Yuánqū] 位于高沙窝镇高沙窝村、307 国道南侧 1 千米处,太中银铁路定银联络线、青银高速公路、307 国道、南磁公路等横穿而过。

盐池县兴旺繁殖专业合作社[Yánchí Xiàn Xīngwàng Fánzhí Zhuānyè Hézuòshè] 2007 年,在盐池县工商行政管理局注册成立。位于花马池镇城南林场,主要从事滩羊养殖、收购及销售。邮政编码:751500。

盐池县绿源牧草产业专业合作社[Yánchí Xiàn Lǜyuán Mùcǎo Chǎnyè Zhuānyè Hézuòshè] 2008 年,在盐池县工商行政管理局注册成立。位于县城机械化林场城南分场。主要从事组织采购、供应成员所需生产资料,组织购销社员生产的产品,开展成员所需的贮藏、加工、包装服务,组织开展标准化生产,提供信息服务。邮政编码:751500。

盐池县哈巴湖鹿业有限公司[Yánchí Xiàn Hābāhú Lùyè Yǒuxiàn Gōngsī] 2006 年,在盐池县工商行政管理局注册成立。位于县城机械化林场城南分场。主要从事梅花鹿养殖,饲草料种植,农副产品、土特产品购销。邮政编码:751500。

盐池县众鑫奶牛养殖专业合作社[Yánchí Xiàn Zhòngxīn Nǎiniú Yǎngzhí Zhuānyè Hézuòshè] 2005 年,在盐池县工商行政管理局注册成立。位于县城机械化林场城南分场。主要从事组织成员饲养奶牛,组织采购、供应成员所需生产资料,组织收购销售成员生产的产品,引进新技术、新品种,开展技术培训、技术交流和咨询服务。邮政编码:751500。

盐池县哈巴湖九丰养殖专业合作社[Yánchí Xiàn Hābāhú Jiǔfēng Yǎngzhí Zhuānyè Hézuòshè] 2015 年,在盐池县工商行政管理局注册成立。位于县城机械化林场城南分场。主要从事组织成员进行滩羊养殖销售,组织收购成员生产产品,供应成员所需生产资料,引进新技术、新品种,开展相应的技术交流和技术咨询服务。邮政编码:751500。

盐池县源丰草产业有限公司[Yánchí Xiàn Yuánfēng Cǎochǎnyè Yǒuxiàn Gōngsī]　2003年,在盐池县工商行政管理局注册成立。位于县城机械化林场城南分场。主要从事草业种植、生产加工、销售。邮政编码:751500。

宁夏花马池农业科技开发有限公司[Níngxià Huāmǎchí Nóngyè Kējì Kāifā Yǒuxiàn Gōngsī]　2014年,在盐池县工商行政管理局注册成立。位于县城机械化林场城南分场。主要从事农业开发及苗木种植,农业基地开发、建设,野生黑枸杞改良繁育推广及产品销售,并提供售后服务和相关信息咨询服务,园林花卉、无公害蔬菜、草木种植,国家政策允许经营的农副产品销售,餐饮管理,餐饮服务(仅限分公司经营)等。邮政编码:751500。

盐池县骆驼井养殖专业合作社[Yánchí Xiàn Luòtuojǐng Yǎngzhí Zhuānyè Hézuòshè]　2015年,在盐池县工商行政管理局注册成立。位于哈巴湖国家级自然保护区骆驼井分场。主要从事组织成员进行滩羊、虫草鸡养殖及销售,组织购销社员生产的产品,供应成员所需生产资料,引进新技术、新品种,开展相应的技术交流和技术咨询服务。邮政编码:751500。

盐池县顺翔源滩羊养殖专业合作社[Yánchí Xiàn Shùnxiángyuán Tānyáng Yǎngzhí Zhuānyè Hézuòshè]　2013年,在盐池县工商行政管理局注册成立。位于花马池镇李记沟村。主要从事养殖销售,收购销售成员生产的产品,供应成员所需生产资料,组织开展相关技术的交流和技术咨询服务。邮政编码:751500。

盐池县肥羊羊家庭农牧场[Yánchí Xiàn Féiyángyáng Jiātíng Nóngmùchǎng]　2013年,在盐池县工商行政管理局注册成立。位于花马池镇柳杨堡村。主要从事滩羊养殖销售,玉米、牧草种植。邮政编码:751500。

宁夏盐池县亿鑫牛羊肉销售有限公司[Níngxià Yánchí Xiàn Yìxīn Niúyángròu Xiāoshòu Yǒuxiàn Gōngsī]　2015年,在盐池县工商行政管理局注册成立。位于县城永生物流园区。主要从事牛肉、羊肉、牛皮、羊皮、羊毛销售。邮政编码:751500。

盐池县威尔特养殖专业合作社[Yánchí Xiàn Wēi'ěrtè Yǎngzhí Zhuānyè Hézuòshè]　2013年,在盐池县工商行政管理局注册成立。位于花马池镇东塘村。主要从事组织成员进行滩羊养殖销售,农作物、农副产品种植,收购销售成员生产的产品,供应成员所需生产资料,组织开展相关技术的交流和技术咨询服务。邮政编码:751500。

盐池县茂林苗木种植专业合作社[Yánchí Xiàn Màolín Miáomù Zhòngzhí Zhuānyè Hézuòshè]　2011年,在盐池县工商行政管理局注册成立。位于花马池镇

◎ 第六部分　农业和水利设施

八岔梁村。主要从事组织成员进行苗木育苗、生产、销售,农作物种植销售,农副产品、化肥、农药销售,引进新技术、新品种,组织成员参加技术培训、技术交流等。邮政编码:751500。

盐池县沐阳家庭农场[Yánchí Xiàn Mùyáng Jiātíng Nóngchǎng]　2016年,在盐池县工商行政管理局注册成立。位于花马池镇李记沟村。主要从事农作物、人工甘草、中药材、牧草种植销售,农副产品收购及销售。邮政编码:751500。

盐池县建宝蔬菜种植专业合作社[Yánchí Xiàn Jiànbǎo Shūcài Zhòngzhí Zhuānyè Hézuòshè]　2013年,在盐池县工商行政管理局注册成立。位于花马池镇四墩子村。主要从事组织成员种植蔬菜、养殖销售滩羊,组织购销社员生产的产品,供应成员所需生产资料,组织开展相关技术的交流和技术咨询服务。邮政编码:751500。

宁夏盐池康裕丰农牧业发展有限公司[Níngxià Yánchí Kāngyùfēng Nóngmùyè Fāzhǎn Yǒuxiàn Gōngsī]　2014年,在盐池县工商行政管理局注册成立。位于花马池镇皖记沟村。主要从事滩羊养殖销售,农作物种植、销售。邮政编码:751500。

宁夏盐池县香芝菌草种植专业合作社[Níngxià Yánchí Xiàn Xiāngzhī Jùncǎo Zhòngzhí Zhuānyè Hézuòshè]　2014年,在盐池县工商行政管理局注册成立。位于花马池镇田记掌村。主要从事组织成员进行菌菇种植、加工及销售,收购销售成员生产的产品,供应成员所需生产资料,组织开展相关技术的交流和技术咨询服务。邮政编码:751500。

盐池县万丰家庭农牧场[Yánchí Xiàn Wànfēng Jiātíng Nóngmùchǎng]　2015年,在盐池县工商行政管理局注册成立。位于花马池镇皖记沟村。主要从事滩羊、肉牛养殖及销售。邮政编码:751500。

盐池县对了杂粮家庭农牧场[Yánchí Xiàn Duìle Záliáng Jiātíng Nóngmùchǎng]　2014年,在盐池县工商行政管理局注册成立。位于花马池镇柳杨堡村。主要从事滩羊养殖销售、土豆种植。邮政编码:751500。

宁夏盛瑞兴养殖有限公司[Níngxià Shèngruìxīng Yǎngzhí Yǒuxiàn Gōngsī]　2011年,在盐池县工商行政管理局注册成立。位于花马池镇李记沟村。主要从事种植业,养殖业,农副产品加工、销售及相关技术服务。邮政编码:751500。

宁夏盐池利荣农业开发有限公司[Níngxià Yánchí Lìróng Nóngyè Kāifā Yǒuxiàn Gōngsī]　2013年,在盐池县工商行政管理局注册成立。位于花马池镇四墩子村。主要从事滩羊养殖销售,农作物、农副产品的种植经营,牧草种植、加工及销售,农业机械作业服务。邮政编码:751500。

盐池县宏福源滩羊养殖专业合作社[Yánchí Xiàn Hóngfúyuán Tānyáng Yǎngzhí Zhuānyè Hézuòshè] 2012年,在盐池县工商行政管理局注册成立。位于花马池镇李记沟村。主要从事组织成员进行滩羊养殖销售,收购销售成员生产的产品,供应成员所需生产资料,组织开展相关技术的交流和技术咨询服务。邮政编码:751500。

盐池县勇亨昌养殖专业合作社[Yánchí Xiàn Yǒnghēngchāng Yǎngzhí Zhuānyè Hézuòshè] 2015年,在盐池县工商行政管理局注册成立。位于花马池镇苏步井村。主要从事组织成员进行滩羊养殖、繁育及销售,组织购销社员生产的产品,供应成员所需生产资料,引进新技术、新品种,开展相应的技术交流和技术咨询服务。邮政编码:751500。

盐池县理达农牧有限公司[Yánchí Xiàn Lǐdá Nóngmù Yǒuxiàn Gōngsī] 2006年,在盐池县工商行政管理局注册成立。位于花马池镇四墩子村。主要从事农林牧经济作物种植,畜禽养殖,农作物种子、草种、中药材种子、种苗经销,农畜产品收购、加工、销售。邮政编码:751500。

宁夏航晨生态农业开发有限公司[Níngxià Hángchén Shēngtài Nóngyè Kāifā Yǒuxiàn Gōngsī] 2011年,在盐池县工商行政管理局注册成立。位于花马池镇皖记沟村。主要从事农作物种植,种草,植树造林,预包装食品、畜产品、五金、电子产品,建材、机电产品,汽车销售,肉类加工。邮政编码:751500。

盐池县刘安药业有限公司[Yánchí Xiàn Liú'ān Yàoyè Yǒuxiàn Gōngsī] 2014年,在盐池县工商行政管理局注册成立。位于县城永生物流园区。主要从事农作物种植,种草,植树造林,预包装食品、畜产品、五金、电子产品,建材、机电产品,汽车销售,肉类加工。邮政编码:751500。

盐池县新知养殖专业合作社[Yánchí Xiàn Xīnzhī Yǎngzhí Zhuānyè Hézuòshè] 2013年,在盐池县工商行政管理局注册成立。位于花马池镇高利乌苏村。主要从事组织成员进行滩羊养殖销售,收购销售成员生产的产品,供应成员所需生产资料,组织开展相关技术的交流和技术咨询服务。邮政编码:751500。

盐池县锐山家庭农牧场[Yánchí Xiàn Ruìshān Jiātíng Nóngmùchǎng] 2014年,在盐池县工商行政管理局注册成立。位于花马池镇冒寨子村。主要从事牛羊肉销售。邮政编码:751500。

盐池县宝丰家庭农牧场[Yánchí Xiàn Bǎofēng Jiātíng Nóngmùchǎng] 2013年,在盐池县工商行政管理局注册成立。位于花马池镇李记沟村。主要从事滩羊养殖销售、牧草种植经营。邮政编码:751500。

盐池县冠隆蘑菇种植专业合作社[Yánchí Xiàn Guànlóng Mógu Zhòngzhí Zhuānyè Hézuòshè] 2009年,在盐池县工商行政管理局注册成立。位于花马池镇田记掌村。主要从事组织成员进行蘑菇种植、销售,蘑菇菌种培育生产经营,蔬菜种植与销售,蔬菜、瓜果种苗供应,组织收购、销售成员生产的产品,引进新技术、新品种,开展相关技术培训、技术交流和咨询服务。邮政编码:751500。

盐池县拓丰家庭农牧场[Yánchí Xiàn Tuòfēng Jiātíng Nóngmùchǎng] 2015年,在盐池县工商行政管理局注册。位于花马池镇八岔梁村。主要从事牛养殖及销售,牧草、农副产品种植销售。邮政编码:751500。

盐池县春浩林草产业专业合作社[Yánchí Xiàn Chūnhào Líncǎo Chǎnyè Zhuānyè Hézuòshè] 2016年,在盐池县工商行政管理局注册成立。位于花马池镇四墩子村。主要从事农作物的种植及秸秆收割、粉碎、打捆、压块、成粒及销售服务。邮政编码:751500。

盐池县渊博家庭农牧场[Yánchí Xiàn Yuānbó Jiātíng Nóngmùchǎng] 2013年,在盐池县工商行政管理局注册成立。位于花马池镇田记掌村。主要从事滩羊养殖销售,玉米、苜蓿的种植。邮政编码:751500。

盐池县慧琴种植专业合作社[Yánchí Xiàn Huìqín Zhòngzhí Zhuānyè Hézuòshè] 2016年,在盐池县工商行政管理局注册成立。位于花马池镇田记掌村。主要从事组织成员进行中药材、蔬菜、水果、花卉种植,组织收购、批发种植的产品,储藏、引进新技术、新品种,供应成员所需生产资料,组织开展相应的技术交流和技术咨询服务。邮政编码:751500。

盐池县峻新家庭农牧场[Yánchí Xiàn Jùnxīn Jiātíng Nóngmùchǎng] 2015年,在盐池县工商行政管理局注册成立。位于花马池镇八岔梁村。主要从事滩羊养殖销售,玉米、苜蓿的种植。邮政编码:751500。

盐池县福祥家庭农场[Yánchí Xiàn Fúxiáng Jiātíng Nóngchǎng] 2015年,在盐池县工商行政管理局注册成立。位于花马池镇四墩子村。主要从事滩羊养殖销售。邮政编码:751500。

宁夏盐池县吉裕泰农牧有限公司[Níngxià Yánchí Xiàn Jíyùtài Nóngmù Yǒuxiàn Gōngsī] 2013年,在盐池县工商行政管理局注册成立。位于花马池镇皖记沟村。主要从事滩羊养殖销售,人工甘草、农作物、牧草种植经销。邮政编码:751500。

盐池县永彪家庭农场[Yánchí Xiàn Yǒngbiāo Jiātíng Nóngchǎng] 2015年,在盐池县农经站注册成立。位于花马池镇惠泽村。主要从事生猪养殖销售。邮政编码:

751500。

盐池县自耕园种养殖专业合作社[Yánchí Xiàn Zìgēngyuán Zhòngyǎngzhí Zhuānyè Hézuòshè] 2013年,在盐池县工商行政管理局注册成立。位于花马池镇柳杨堡村。主要从事组织成员进行滩羊、滩鸡养殖及销售,城镇绿化苗木种植、批发零售,农作物、农副产品种植,水产品、禽类产品销售,组织收购销售成员生产的产品,供应成员所需生产资料,组织开展相关技术的交流和技术咨询服务。邮政编码:751500。

盐池县鼎祥家庭农场[Yánchí Xiàn Dǐngxiáng Jiātíng Nóngchǎng] 2013年,在盐池县工商行政管理局注册成立。位于花马池镇四墩子村。主要从事滩羊饲养、销售,林草、苜蓿种植销售。邮政编码:751500。

盐池县伊甸园家庭农牧场[Yánchí Xiàn Yīdiànyuán Jiātíng Nóngmùchǎng] 2014年,在盐池县工商行政管理局注册成立。位于花马池镇皖记沟村。主要从事滩羊养殖销售,苜蓿、玉米种植。邮政编码:751500。

盐池县鲲鹏滩羊养殖专业合作社[Yánchí Xiàn Kūnpéng Tānyáng Yǎngzhí Zhuānyè Hézuòshè] 2015年,在盐池县工商行政管理局注册成立。位于花马池镇李记沟村。主要从事组织成员进行滩羊养殖销售、繁育等技术服务,组织收购销售成员生产的产品,供应成员所需生产资料,组织开展相应的技术交流和技术咨询服务。邮政编码:751500。

盐池县宗亮家庭农场[Yánchí Xiàn Zōngliàng Jiātíng Nóngchǎng] 2013年,在盐池县工商行政管理局注册成立。位于花马池镇东塘村。主要从事滩羊养殖销售,滩羊肉加工、存储及销售,林草、苜蓿种植销售。邮政编码:751500。

盐池县东园家庭农牧场[Yánchí Xiàn Dōngyuán Jiātíng Nóngmùchǎng] 2013年,在盐池县工商行政管理局注册成立。位于花马池镇田记掌村。主要从事滩羊养殖销售、牧草种植。邮政编码:751500。

盐池县万林种养殖专业合作社[Yánchí Xiàn Wànlín Zhòngyǎngzhí Zhuānyè Hézuòshè] 2015年,在盐池县工商行政管理局注册成立。位于花马池镇冒寨子村。主要组织成员进行玉米、苜蓿、小杂粮类农作物种植销售,组织收购销售成员生产的产品,供应成员所需生产资料,组织开展相关技术的交流和技术咨询服务。邮政编码:751500。

盐池县玉琳滩羊养殖专业合作社[Yánchí Xiàn Yùlín Tānyáng Yǎngzhí Zhuānyè Hézuòshè] 2009年,在盐池县工商行政管理局注册成立。位于花马池镇李记沟村。主要组织购销社员生产的产品,供应成员所需生产资料,滩羊饲养、销售,引进新技术、新品种,开展技术培训、技术交流和咨询服务。邮政编码:751500。

盐池县福飞泽家庭农牧场[Yánchí Xiàn Fúfēizé Jiātíng Nóngmùchǎng] 2014年,在盐池县农经站注册成立。位于花马池镇八岔梁村。主要从事肉牛养殖销售。邮政编码:751500。

盐池县吉鹏家庭农牧场[Yánchí Xiàn Jípéng Jiātíng Nóngmùchǎng] 2013年,在盐池县工商行政管理局注册成立。位于花马池镇苏步井村。主要从事滩羊养殖销售、牧草种植销售。邮政编码:751500。

盐池县绿地种养殖专业合作社[Yánchí Xiàn Lǜdì Zhòngyǎngzhí Zhuānyè Hézuòshè] 2015年,在盐池县工商行政管理局注册成立。位于花马池镇冒寨子村。主要从事樟子松、紫花苜蓿、玉米、马铃薯、中药材种植、购销服务,人工甘草种植销售等。邮政编码:751500。

盐池县晟源滩羊养殖有限公司[Yánchí Xiàn Shèngyuán Tānyáng Yǎngzhí Yǒuxiàn Gōngsī] 2015年,在盐池县工商行政管理局注册成立。位于花马池镇芨芨沟村。主要从事滩羊养殖,羊肉加工、销售。邮政编码:751500。

盐池县恒远扬种养殖专业合作社[Yánchí Xiàn Héngyuǎnyáng Zhòngyǎngzhí Zhuānyè Hézuòshè] 2015年,在盐池县工商行政管理局注册成立。位于花马池镇田记掌村。主要从事组织成员进行滩羊养殖,组织购销社员生产的产品,供应成员所需生产资料,引进新技术、新品种,开展相应技术交流和技术咨询服务。邮政编码:751500。

盐池县凤仙休闲农场有限公司[Yánchí Xiàn Fèngxiān Xiūxián Nóngchǎng Yǒuxiàn Gōngsī] 2016年,在盐池县工商行政管理局注册成立。位于花马池镇四墩子村。主要从事热食类食品制售,种植、采摘瓜果蔬菜,农牧开发。邮政编码:751500。

盐池县东祥家庭农场[Yánchí Xiàn Dōngxiáng Jiātíng Nóngchǎng] 2013年,在盐池县工商行政管理局注册成立。位于花马池镇沟沿村。主要从事滩羊养殖销售、牧草种植。邮政编码:751500。

盐池县文彩家庭农场[Yánchí Xiàn Wéncǎi Jiātíng Nóngchǎng] 2013年,在盐池县工商行政管理局注册成立。位于花马池镇李记沟村。主要从事农业、林草的种植,农业技术开发及推广销售。邮政编码:751500。

盐池县元亨养殖专业合作社[Yánchí Xiàn Yuánhēng Yǎngzhí Zhuānyè Hézuòshè] 2012年,在盐池县工商行政管理局注册成立。位于花马池镇四墩子村。主要从事组织成员进行生态鸡的养殖销售,组织收购、销售成员生产的产品,供应成员所需生产资料,组织开展相关技术的交流和技术咨询服务,牛羊肉批发及零售。邮政编码:751500。

盐池县赵东家庭农场[Yánchí Xiàn Zhàodōng Jiātíng Nóngchǎng] 2015年,在盐池县工商行政管理局注册成立。位于花马池镇八岔梁村。主要从事土豆、玉米、枸杞种植销售。邮政编码:751500。

盐池县世通食用菌种植专业合作社[Yánchí Xiàn Shìtōng Shíyòngjùn Zhòngzhí Zhuānyè Hézuòshè] 2011年,在盐池县工商行政管理局注册成立。位于花马池镇四墩子村。主要从事菌类养殖和销售,组织收购成员生产的产品,提供相关的技术咨询。邮政编码:751500。

宁夏盐池鸿源祥绿色食品有限公司[Níngxià Yánchí Hóngyuánxiáng Lǜsè Shípǐn Yǒuxiàn Gōngsī] 2014年,在盐池县工商行政管理局注册成立。位于花马池镇沟沿村。主要从事滩羊养殖销售、牧草种植、柠条平茬、饲草料加工销售、科技培训。邮政编码:751500。

盐池县上王庄奶牛养殖专业合作社[Yánchí Xiàn Shàngwángzhuāng Nǎiniú Yǎngzhí Zhuānyè Hézuòshè] 2012年,在盐池县工商行政管理局注册成立。位于花马池镇上王庄自然村。主要从事组织成员奶牛养殖销售、鲜奶销售,组织收购、销售成员生产产品,供应成员所需生产资料,组织成员开展相关技术的交流和技术咨询服务。邮政编码:751500。

盐池县百顺综合养殖专业合作社[Yánchí Xiàn Bǎishùn Zōnghé Yǎngzhí Zhuānyè Hézuòshè] 2008年,在盐池县工商行政管理局注册成立。位于花马池镇柳杨堡村。主要从事滩羊养殖和销售。邮政编码:751500。

盐池县聚贤庄家庭农场[Yánchí Xiàn Jùxiánzhuāng Jiātíng Nóngchǎng] 2014年,在盐池县工商行政管理局注册成立。位于花马池镇沙边子村。主要从事樟子松等造林苗木种植、销售。邮政编码:751500。

宁夏盐池福羊农牧生态科技有限公司[Níngxià Yánchí Fúyáng Nóngmù Shēngtài Kējì Yǒuxiàn Gōngsī] 2013年,在盐池县工商行政管理局注册成立。位于花马池镇长城村。主要从事滩羊养殖销售、滩羊肉的深加工及销售。邮政编码:751500。

盐池县润丰种养殖专业合作社[Yánchí Xiàn Rùnfēng Zhòngyǎngzhí Zhuānyè Hézuòshè] 2016年,在盐池县工商行政管理局注册成立。位于花马池镇冒寨子村。主要从事组织成员进行滩羊养殖销售,玉米、小杂粮、牧草、农作物种植销售,组织购销社员生产的产品,供应成员所需生产资料,组织开展相应的技术交流和技术咨询服务。邮政编码:751500。

盐池县景莹家庭农场[Yánchí Xiàn Jǐngyíng Jiātíng Nóngchǎng] 2015年,在盐池县工商行政管理局注册成立。位于花马池镇李记沟村。主要从事玉米、小杂粮、瓜果蔬菜、苜蓿、牧草种植销售。邮政编码:751500。

盐池县牧旺滩羊养殖专业合作社[Yánchí Xiàn Mùwàng Tānyáng Yǎngzhí Zhuānyè Hézuòshè] 2009年,在盐池县工商行政管理局注册成立。位于花马池镇四墩子村。主要从事组织成员进行农作物种植及相关技术服务,组织成员进行滩羊养殖销售,组织收购成员生产的农产品,供应成员所需生产资料,组织开展相关技术的交流和技术咨询服务。邮政编码:751500。

盐池县绿博家庭农场[Yánchí Xiàn Lǜbó Jiātíng Nóngchǎng] 2016年,在盐池县工商行政管理局注册成立。位于花马池镇田记掌村。主要从事农作物、人工甘草、中药材、牧草种植销售。邮政编码:751500。

盐池县尤楠种养殖专业合作社[Yánchí Xiàn Yóunán Zhòngyǎngzhí Zhuānyè Hézuòshè] 2013年,在盐池县工商行政管理局注册成立。位于花马池镇柳杨堡村。主要从事组织成员进行滩羊养殖销售,农作物、农副产品的种植,收购、销售成员生产的产品,供应成员所需生产资料,组织开展相关技术的交流和技术咨询服务。邮政编码:751500。

盐池县杨惠喜滩羊养殖专业合作社[Yánchí Xiàn Yánghuìxǐ Tānyáng Yǎngzhí Zhuānyè Hézuòshè] 2016年,在盐池县工商行政管理局注册成立。位于花马池镇柳杨堡村。主要从事组织成员进行滩羊养殖销售,组织收购、销售成员生产的产品,供应成员所需生产资料,组织开展相关技术的交流和技术咨询服务。邮政编码:751500。

盐池县隆祥养殖专业合作社[Yánchí Xiàn Lóngxiáng Yǎngzhí Zhuānyè Hézuòshè] 2015年,在盐池县工商行政管理局注册成立。位于花马池镇长城村。主要从事组织成员进行滩羊养殖销售,组织收购、销售成员生产的产品,供应成员所需生产资料,组织开展相关技术的交流和技术咨询服务。邮政编码:751500。

盐池县广花家庭农场[Yánchí Xiàn Guǎnghuā Jiātíng Nóngchǎng] 2013年,在盐池县农经站注册成立。位于花马池镇田记掌村。主要从事土豆、玉米种植。邮政编码:751500。

盐池县秧盛种植专业合作社[Yánchí Xiàn Yāngshèng Zhòngzhí Zhuānyè Hézuòshè] 2015年,在盐池县工商行政管理局注册成立。位于花马池镇苏步井村。主要组织成员进行滩羊养殖销售,组织收购、销售成员生产的产品,供应成员所需生产资料,组织开展相关技术的交流和技术咨询服务。邮政编码:751500。

盐池县丰泽种养殖专业合作社[Yánchí Xiàn Fēngzé Zhòngyǎngzhí Zhuānyè Hézuòshè] 2015 年,在盐池县工商行政管理局注册成立。位于花马池镇四墩子村。主要从事组织成员进行玉米、中药材、蔬菜种植及加工,组织购销成员生产的产品,供应成员所需生产资料,组织开展相应技术的交流和技术咨询服务。邮政编码:751500。

盐池县玉新家庭农牧场[Yánchí Xiàn Yùxīn Jiātíng Nóngmùchǎng] 2014 年,在盐池县农经站注册成立。位于花马池镇郭记沟村。主要从事滩羊养殖销售、牧草种植。邮政编码:751500。

盐池县新贵家庭农场[Yánchí Xiàn Xīnguì Jiātíng Nóngchǎng] 2014 年,在盐池县农经站注册成立。位于花马池镇四墩子村。主要从事滩羊养殖销售、玉米种植。邮政编码:751500。

盐池县瑞昇家庭农牧场[Yánchí Xiàn Ruìshēng Jiātíng Nóngmùchǎng] 2015 年,在盐池县工商行政管理局注册成立。位于花马池镇柳杨堡村。主要从事玉米、中草药种植销售。邮政编码:751500。

盐池县盈科家庭农牧场[Yánchí Xiàn Yíngkē Jiātíng Nóngmùchǎng] 2015 年,在盐池县工商行政管理局注册成立。位于花马池镇八岔梁村。主要从事滩羊养殖销售,牧草、农副产品种植销售。邮政编码:751500。

盐池县信德润家庭农牧场[Yánchí Xiàn Xìndérùn Jiātíng Nóngmùchǎng] 2013 年,在盐池县工商行政管理局注册成立。位于花马池镇柳杨堡村。主要从事滩羊养殖销售、畜产品加工、苜蓿种植。邮政编码:751500。

盐池县田源家庭农牧场[Yánchí Xiàn Tiányuán Jiātíng Nóngmùchǎng] 2013 年,在盐池县工商行政管理局注册成立。位于花马池镇东塘村。主要从事羊养殖及销售,农作物、苜蓿种植,农副产品销售。邮政编码:751500。

盐池县绿洲家庭农场[Yánchí Xiàn Lǜzhōu Jiātíng Nóngchǎng] 2016 年,在盐池县工商行政管理局注册成立。位于花马池镇李记沟村。主要从事农作物、人工甘草、中药材、牧草种植销售,农副产品收购及销售。邮政编码:751500。

盐池县满有泽家庭农场[Yánchí Xiàn Mǎnyǒuzé Jiātíng Nóngchǎng] 2015 年,在盐池县工商行政管理局注册成立。位于花马池镇八岔梁村。主要从事玉米、土豆及农副产品种植销售。邮政编码:751500。

宁夏盐池正源农业发展有限公司[Níngxià Yánchí Zhèngyuán Nóngyè Fāzhǎn Yǒuxiàn Gōngsī] 2014 年,在盐池县工商行政管理局注册成立。位于县城花马池西街327号。主要从事牛羊肉、农副产品加工销售,甘草、枸杞销售,农作物种植,农业技术开发,农业信息咨询服务,滩羊养殖销售。邮政编码:751500。

盐池县绿植农业开发有限公司[Yánchí Xiàn Lǜzhí Nóngyè Kāifā Yǒuxiàn Gōngsī]　2015年,在盐池县工商行政管理局注册成立。位于花马池镇长城村。主要从事蔬菜种植,农副产品收购、销售,农资经销,代销不分装种子。邮政编码:751500。

宁夏宗源滩羊食品有限公司[Níngxià Zōngyuán Tānyáng Shípǐn Yǒuxiàn Gōngsī]　2009年,在盐池县工商行政管理局注册成立。位于花马池镇长城村。主要从事滩羊、牛、禽类养殖销售,牛、羊、禽屠宰,畜产品交易市场经营管理,公司营业房对外租赁服务。邮政编码:751500。

盐池县自发农牧有限公司[Yánchí Xiàn Zìfā Nóngmù Yǒuxiàn Gōngsī]　2016年,在盐池县工商行政管理局注册成立。位于花马池镇八岔梁村。主要从事滩羊养殖销售,玉米、土豆、农副产品、牧草种植销售。邮政编码:751500。

盐池县常丰达种养殖专业合作社[Yánchí Xiàn Chángfēngdá Zhòngyǎngzhí Zhuānyè Hézuòshè]　2015年,在盐池县工商行政管理局注册成立。位于花马池镇李记沟村。主要从事组织成员进行滩羊养殖销售,农副产品、中药材种植、收购、销售,组织购销成员生产的产品,供应成员所需生产资料,组织开展相关技术的交流和技术咨询服务。邮政编码:751500。

盐池县亿源家庭农牧场[Yánchí Xiàn Yìyuán Jiātíng Nóngmùchǎng]　2013年,在盐池县工商行政管理局注册成立。位于花马池镇沟沿村。主要从事滩羊养殖销售、牧草种植加工。邮政编码:751500。

盐池县嘉宝家庭农牧场[Yánchí Xiàn Jiābǎo Jiātíng Nóngmùchǎng]　2015年,在盐池县工商行政管理局注册成立。位于花马池镇李记沟村。主要从事滩羊养殖销售、玉米种植。邮政编码:751500。

盐池县盛源滩羊养殖专业合作社[Yánchí Xiàn Shèngyuán Tānyáng Yǎngzhí Zhuānyè Hézuòshè]　2013年,在盐池县工商行政管理局注册成立。位于花马池镇田记掌村。主要组织成员进行滩羊养殖销售,组织购销成员生产的产品,供应成员所需生产资料,组织开展相关技术的交流和技术咨询服务。邮政编码:751500。

宁夏盐池伟杰农牧业开发有限公司[Níngxià Yánchí Wěijié Nóngmùyè Kāifā Yǒuxiàn Gōngsī]　2015年,在盐池县工商行政管理局注册成立。位于花马池镇李记沟村。主要从事滩羊肉及畜禽收购、加工、销售,中药材、农副产品种植销售,农业技术开发等。邮政编码:751500。

盐池县龙昌家庭农牧场[Yánchí Xiàn Lóngchāng Jiātíng Nóngmùchǎng] 2014年,在盐池县工商行政管理局注册成立。位于花马池镇八岔梁村。主要从事滩羊养殖销售,玉米、牧草种植,新疆杨、沙枣、红柳类造林苗木批发零售。邮政编码:751500。

盐池县金成种植专业合作社[Yánchí Xiàn Jīnchéng Zhòngzhí Zhuānyè Hézuòshè] 2010年,在盐池县工商行政管理局注册成立。位于花马池镇柳杨堡村。主要从事组织成员种植马铃薯、西瓜、蔬菜、玉米等农作物,组织成员种植中药材,组织成员进行樟子松、柠条等造林苗木种植销售,组织购销成员生产的产品,供应成员所需生产资料,组织开展相关技术的交流和技术咨询服务。邮政编码:751500。

盐池县五合阳农作物种植专业合作社[Yánchí Xiàn Wǔhéyáng Nóngzuòwù Zhòngzhí Zhuānyè Hézuòshè] 2011年,在盐池县工商行政管理局注册成立。位于花马池镇东塘村。主要从事组织成员进行农作物种植、销售,组织收购成员生产的产品,供应成员所需生产资料。邮政编码:751500。

盐池县丰源农牧有限公司[Yánchí Xiàn Fēngyuán Nóngmù Yǒuxiàn Gōngsī] 2010年,在盐池县工商行政管理局注册成立。位于花马池镇田记掌村。主要从事滩羊养殖、繁育,生猪养殖,农作物种植。邮政编码:751500。

盐池县永盛种养殖专业合作社[Yánchí Xiàn yǒngshèng Zhòngyǎngzhí Zhuānyè Hézuòshè] 2010年,在盐池县工商行政管理局注册成立。位于花马池镇八岔梁村。主要从事组织成员生猪、滩羊养殖销售,组织收购、销售成员生产产品,供应成员所需生产资料,组织开展相关技术的交流和技术咨询服务。邮政编码:751500。

宁夏囿和丰农牧业有限公司[Níngxià Yòuhéfēng Nóngmùyè Yǒuxiàn Gōngsī] 2014年,在盐池县工商行政管理局注册成立。位于花马池镇沟沿村。主要从事玉米、饲料、农副产品、化肥销售,滩羊养殖销售等业务。邮政编码:751500。

盐池县双丰家庭农场[Yánchí Xiàn Shuāngfēng Jiātíng Nóngchǎng] 2014年,在盐池县工商行政管理局注册成立。位于花马池镇四墩子村。主要从事蔬菜种植、销售。邮政编码:751500。

盐池县优属农作物种植专业合作社[Yánchí Xiàn Yōushǔ Nóngzuòwù Zhòngzhí Zhuānyè Hézuòshè] 2016年,在盐池县工商行政管理局注册成立。位于花马池镇八岔梁村。主要从事马铃薯、西甜瓜、红萝卜、红葱、洋葱、美葵、沙芥、螺丝菜、辣椒种植、销售及加工。邮政编码:751500。

盐池县德鑫养殖专业合作社[Yánchí Xiàn Déxīn Yǎngzhí Zhuānyè Hézuòshè] 2009年,在盐池县工商行政管理局注册成立。位于花马池镇田记掌村。主要从事牛、羊饲养、销售,引进新技术、新品种,开展与生产经营有关的技术培训、技术交流和咨询服务,供应社员所需的生产资料。邮政编码:751500。

盐池县东塘滩羊养殖专业合作社[Yánchí Xiàn Dōngtáng Tānyáng Yǎngzhí Zhuānyè Hézuòshè] 2009年,在盐池县工商行政管理局注册成立。位于花马池镇东塘村。主要从事组织购销成员生产的产品,供应成员所需生产资料,羊只饲养、销售,引进新技术、新品种,开展技术培训、技术交流和咨询服务等。邮政编码:751500。

盐池县同富坊种养殖专业合作社[Yánchí Xiàn Tóngfùfáng Zhòngyǎngzhí Zhuānyè Hézuòshè] 2013年,在盐池县工商行政管理局注册成立。位于花马池镇皖记沟村。主要从事组织成员进行滩羊养殖销售、牧草种植、畜产品加工,收购、销售成员生产的产品,供应成员所需生产资料,组织开展相关技术的交流和技术咨询服务。邮政编码:751500。

宁夏羊掌柜牧业有限公司[Níngxià Yángzhǎngguì Mùyè Yǒuxiàn Gōngsī] 2015年,在盐池县工商行政管理局注册成立。位于花马池镇八岔梁村。主要从事滩羊养殖销售,预包装食品批发零售,饲草种植销售,羊肉、裘皮、皮毛加工、销售,农牧业科研成果及新技术转让,涉外农副产品开发。邮政编码:751500。

宁夏盐池县土基地滩鸡食品有限公司[Níngxià Yánchí Xiàn Tǔjīdì Tānjī Shípǐn Yǒuxiàn Gōngsī] 2016年,在盐池县工商行政管理局注册成立。位于花马池镇沟沿村。主要从事滩鸡养殖及销售。邮政编码:751500。

盐池县龙鼎盛家庭农牧场[Yánchí Xiàn Lóngdǐngshèng Jiātíng Nóngmùchǎng] 2014年,在盐池县工商行政管理局注册成立。位于花马池镇东塘村。主要从事滩羊养殖销售,玉米、苜蓿种植。邮政编码:751500。

盐池县宁丰种养殖专业合作社[Yánchí Xiàn Níngfēng Zhòngyǎngzhí Zhuānyè Hézuòshè] 2015年,在盐池县工商行政管理局注册成立。位于花马池镇冒寨子村。主要从事组织成员滩羊养殖、牧草种植及加工,组织购销成员生产的产品,供应成员所需生产资料,组织开展相应的技术交流和技术咨询服务。邮政编码:751500。

盐池县陈有堂家庭农场[Yánchí Xiàn Chényǒutáng Jiātíng Nóngchǎng] 2014年,在盐池县工商行政管理局注册成立。位于花马池镇冒寨子村。主要从事滩羊养殖销售、牧草种植。邮政编码:751500。

盐池县牧禾春家庭农牧场［Yánchí Xiàn Mùhéchūn Jiātíng Nóngmùchǎng］ 2014年,在盐池县工商行政管理局注册成立。位于花马池镇冒寨子村。主要从事肉牛养殖销售、牧草种植销售。邮政编码:751500。

盐池县满鑫家庭农牧场［Yánchí Xiàn Mǎnxīn Jiātíng Nóngmùchǎng］ 2016年,在盐池县工商行政管理局注册成立。位于花马池镇八岔梁村。主要从事滩羊养殖销售,玉米、土豆、农副产品种植销售。邮政编码:751500。

盐池县德昌家庭养猪场［Yánchí Xiàn Déchāng Jiātíng Yǎngzhūchǎng］ 2013年,在盐池县工商行政管理局注册成立。位于花马池镇沟沿村。主要从事生猪养殖销售。邮政编码:751500。

盐池县裕润家庭牧场［Yánchí Xiàn Yùrùn Jiātíng Mùchǎng］ 2015年,在盐池县工商行政管理局注册成立。位于花马池镇苊苊沟村。主要从事滩羊养殖销售。邮政编码:751500。

盐池县闰芹家庭农牧场［Yánchí Xiàn Rùnqín Jiātíng Nóngmùchǎng］ 2014年,在盐池县工商行政管理局注册成立。位于花马池镇冒寨子村。主要从事滩羊养殖销售、牧草种植、农副产品种植销售。邮政编码:751500。

盐池县鑫发种养殖专业合作社［Yánchí Xiàn Xīnfā Zhòngyǎngzhí Zhuānyè Hézuòshè］ 2011年,在盐池县工商行政管理局注册成立。位于花马池镇李记沟村。主要组织成员进行滩羊养殖销售和提供相关的技术服务支持。邮政编码:751500。

盐池县硕丰家庭农场［Yánchí Xiàn Shuòfēng Jiātíng Nóngchǎng］ 2016年,在盐池县工商行政管理局注册成立。位于花马池镇李记沟村。主要从事农作物、人工甘草、中药材、牧草种植销售,农副产品收购及销售。邮政编码:751500。

盐池县深井养殖专业合作社［Yánchí Xiàn Shēnjǐn Yǎngzhí Zhuānyè Hézuòshè］ 2010年,在盐池县工商行政管理局注册成立。位于花马池镇长城村。主要从事生猪、羊只养殖销售等。邮政编码:751500。

盐池县塞北园家庭农牧场［Yánchí Xiàn Sāiběiyuán Jiātíng Nóngmùchǎng］ 2014年,在盐池县工商行政管理局注册成立。位于花马池镇田记掌村。主要从事滩羊养殖销售,玉米、牧草、农副产品种植。邮政编码:751500。

盐池县爱山种植专业合作社［Yánchí Xiàn àishān Zhòngzhí Zhuānyè Hézuòshè］ 2015年,在盐池县工商行政管理局注册成立。位于花马池镇田记掌村。主要从事组织成员进行中药材、榆树、刺槐、油松、樟子松、丝棉木、国槐、云杉等绿化苗木培育、批发零售,组织购销成员生产的产品,供应成员所需生产资料,组织开展相应的技术交流和技术咨询服务。邮政编码:751500。

盐池县绿优家庭农场[Yánchí Xiàn Lǜyōu Jiātíng Nóngchǎng] 2015年,在盐池县工商行政管理局注册成立。位于花马池镇李记沟村。主要从事农作物、中药材、牧草种植销售,农副产品收购、销售。邮政编码:751500。

盐池县志红家庭农牧场[Yánchí Xiàn Zhìhóng Jiātíng Nóngmùchǎng] 2014年,在盐池县农经站注册成立。位于花马池镇八岔梁村。主要从事滩羊养殖销售,土豆、小杂粮种植。邮政编码:751500。

盐池县宏顺家庭农牧场[Yánchí Xiàn Hóngshùn Jiātíng Nóngmùchǎng] 2015年,在盐池县工商行政管理局注册成立。位于花马池镇四墩子村。主要从事滩羊养殖销售,玉米、苜蓿种植。邮政编码:751500。

盐池县润泽鑫沟沿滩鸡养殖专业合作社[Yánchí Xiàn Rùnzéxīn Gōuyán Tānjī Yǎngzhí Zhuānyè Hézuòshè] 2015年,在盐池县工商行政管理局注册成立。位于花马池镇沟沿村。主要从事组织成员进行滩鸡养殖销售,苜蓿、土豆、玉米类农作物种植、加工及销售,组织购销社员生产的产品,供应成员所需生产资料,组织开展相应的技术交流和技术咨询服务。邮政编码:751500。

盐池县祥合家庭农牧场[Yánchí Xiàn Xiánghé Jiātíng Nóngmùchǎng] 2014年,在盐池县工商行政管理局注册成立。位于花马池镇皖记沟村。主要从事牛养殖销售,玉米、苏丹草种植。邮政编码:751500。

盐池县绿海苜蓿产业发展有限公司[Yánchí Xiàn Lǜhǎi Mùxu Chǎnyè Fāzhǎn Yǒuxiàn Gōngsī] 2000年,在盐池县工商行政管理局注册成立。位于县城盈德路西50米。主要从事牧草种子、草坪种子、饲料玉米批发零售,滩羊养殖销售,防沙治沙技术研究推广,苜蓿系列产品加工、销售及种植,农副产品加工销售,经营本企业自产产品及技术出口业务。邮政编码:751500。

盐池县赞星家庭农牧场[Yánchí Xiàn Zànxīng Jiātíng Nóngmùchǎng] 2015年,在盐池县农经站注册成立。位于花马池镇郭记沟村。主要从事生猪养殖、玉米种植。邮政编码:751500。

盐池县绿达蔬菜种植专业合作社[Yánchí Xiàn Lǜdá Shūcài Zhòngzhí Zhuānyè Hézuòshè] 2008年,在盐池县工商行政管理局注册成立。位于花马池镇田记掌村。主要从事各类蔬菜种植、新技术引进等业务。邮政编码:751500。

盐池县兴盛家庭农场[Yánchí Xiàn Xīngshèng Jiātíng Nóngchǎng] 2015年,在盐池县农经站注册成立。位于花马池镇四墩子村。主要从事蔬菜种植销售。邮政编码:751500。

盐池县丰庆源家庭农牧场[Yánchí Xiàn Fēngqìngyuán Jiātíng Nóngmùchǎng] 2015年,在盐池县工商行政管理局注册成立。位于花马池镇八岔梁村。主要从事牛养殖销售,玉米、苏丹草种植。邮政编码:751500。

盐池县生珠种养殖专业合作社[Yánchí Xiàn Shēngzhū Zhòngyǎngzhí Zhuānyè Hézuòshè] 2016年,在盐池县工商行政管理局注册成立。位于花马池镇四墩子村。主要从事种植和羊的饲养。邮政编码:751500。

盐池县洋洋家庭农场[Yánchí Xiàn Yángyáng Jiātíng Nóngchǎng] 2015年,在盐池县工商行政管理局注册成立。位于花马池镇四墩子村。主要从事蔬菜种植销售。邮政编码:751500。

宁夏富昌盛生态农业开发有限公司[Níngxià Fùchāngshèng Shēngtài Nóngyè Kāifā Yǒuxiàn Gōngsī] 2013年,在盐池县工商行政管理局注册成立。位于县城功能区一期。主要从事谷物、荞麦的种植、加工及销售。邮政编码:751500。

盐池县耀祥种养殖专业合作社[Yánchí Xiàn Yàoxiáng Zhòngyǎngzhí Zhuānyè Hézuòshè] 2014年,在盐池县工商行政管理局注册成立。位于花马池镇四墩子村。主要从事组织成员进行滩羊养殖,农作物种植、销售,组织购销成员生产的产品,供应成员所需生产资料,组织开展相关技术的交流和技术咨询服务。邮政编码:751500。

盐池县盛鑫家庭农牧场[Yánchí Xiàn Shèngxīn Jiātíng Nóngmùchǎng] 2014年,在盐池县工商行政管理局注册成立。位于花马池镇八岔梁村。主要从事滩羊养殖销售,玉米、农副产品、牧草种植。邮政编码:751500。

盐池县东雄家庭园林场[Yánchí Xiàn Dōngxióng Jiātíng Yuánlínchǎng] 2013年,在盐池县工商行政管理局注册成立。位于花马池镇四墩子村。主要从事国槐、樟子松、侧柏、沙枣、刺槐、臭椿、新疆杨等造林苗木,云杉、桧柏、丝棉木、榆叶梅、连翘、金银木等绿化苗木,地被花卉,人工甘草,板蓝根、黄芪、黄芩、苦豆子、山药的种植销售。邮政编码:751500。

盐池县桃园家庭农场[Yánchí Xiàn Táoyuán Jiātíng Nóngchǎng] 2015年,在盐池县工商行政管理局注册成立。位于花马池镇柳杨堡村。主要从事农副产品、玉米、牧草种植、销售。邮政编码:751500。

盐池县昌顺种养殖专业合作社[Yánchí Xiàn Chāngshùn Zhòngyǎngzhí Zhuānyè Hézuòshè] 2015年,在盐池县工商行政管理局注册成立。位于花马池镇冒寨子村。主要从事组织成员进行滩羊养殖销售,玉米、苜蓿、小杂粮类农作物种植销售,组织购销成员生产的产品,供应成员所需生产资料,引进新技术、新品种,开展相应的技术交流和技术咨询服务。邮政编码:751500。

盐池县宏远种植专业合作社[Yánchí Xiàn Hóngyuǎn Zhòngzhí Zhuānyè Hézuòshè] 2014年,在盐池县工商行政管理局注册成立。位于花马池镇田记掌村。主要从事组织成员进行农作物种植、销售,组织购销成员生产的产品,供应成员所需生产资料,组织开展相关技术的交流和技术咨询服务。邮政编码:751500。

盐池县兆峰瓜菜种植专业合作社[Yánchí Xiàn Zhàofēng Guācài Zhòngzhí Zhuānyè Hézuòshè] 2009年,在盐池县工商行政管理局注册成立。位于花马池镇四墩子村。主要从事组织采购、供应成员所需生产资料,组织收购、销售成员及同类生产经营者生产的产品,开展成员所需要的瓜果蔬菜种植、加工存储销售,引进新技术、新品种,开展与农业生产经营相关的技术培训、技术交流和咨询服务。邮政编码:751500。

宁夏盐池农福农牧业有限公司[Níngxià Yánchí Nóngfú Nóngmùyè Yǒuxiàn Gōngsī] 2015年,在盐池县工商行政管理局注册成立。位于花马池镇李记沟村。主要从事滩羊肉收购、加工、销售,农副产品收购及销售,农产品种植。邮政编码:751500。

盐池县陈明家庭农牧场[Yánchí Xiàn Chénmíng Jiātíng Nóngmùchǎng] 2015年,在盐池县工商行政管理局注册成立。位于花马池镇李记沟村。主要从事滩羊养殖销售、玉米种植。邮政编码:751500。

盐池县千禾饲草料配送有限公司[Yánchí Xiàn Qiānhé Sìcǎoliào Pèisòng Yǒuxiàn Gōngsī] 2011年,在盐池县工商行政管理局注册成立。位于花马池镇李记沟村。主要从事牧草种植、加工及销售,农作物秸秆加工及销售,饲料、饲料添加剂销售,养殖技术咨询服务。邮政编码:751500。

宁夏盐池县通汇农牧科技开发有限公司[Níngxià Yánchí Xiàn Tōnghuì Nóngmù Kējì Kāifā Yǒuxiàn Gōngsī] 2011年,在盐池县工商行政管理局注册成立。位于县城花马池西街龙辰苑小区。主要从事农业种植,滩羊养殖、屠宰,牛羊肉销售等。邮政编码:751500。

盐池县吉羊养殖专业合作社[Yánchí Xiàn Jíyáng Yǎngzhí Zhuānyè Hézuòshè] 2013年,在盐池县工商行政管理局注册成立。位于花马池镇皖记沟村。主要从事组织成员进行滩羊养殖销售,组织收购、销售成员生产的产品,供应成员所需生产资料,组织开展相关技术的交流和技术咨询服务。邮政编码:751500。

盐池县蔡仁家庭农牧场[Yánchí Xiàn Càirén Jiātíng Nóngmùchǎng] 2013年，在盐池县工商行政管理局注册成立。位于花马池镇田记掌村。主要从事滩羊养殖销售，玉米、牧草种植。邮政编码：751500。

宁夏盐池汇丰养殖有限公司[Níngxià Yánchí Huìfēng Yǎngzhí Yǒuxiàn Gōngsī] 2014年，在盐池县工商行政管理局注册成立。位于花马池镇八岔梁村。主要从事肉牛的养殖销售业务。邮政编码：751500。

盐池县田玉家庭农牧场[Yánchí Xiàn Tiányù Jiātíng Nóngmùchǎng] 2013年，在盐池县工商行政管理局注册成立。位于花马池镇八岔梁村。主要从事滩羊养殖销售，苜蓿、玉米、土豆、农副产品的种植销售。邮政编码：751500。

盐池县联众滩羊养殖专业合作社[Yánchí Xiàn Liánzhòng Tānyáng Yǎngzhí Zhuānyè Hézuòshè] 2015年，在盐池县工商行政管理局注册成立。位于花马池镇英雄堡村。主要从事组织成员进行滩羊养殖销售，组织购销社员生产的产品，供应成员所需生产资料，组织开展相应的技术交流和技术咨询服务。邮政编码：751500。

宁夏盐池县福陵滩羊牧业有限公司[Níngxià Yánchí Xiàn Fúlíng Tānyáng Mùyè Yǒuxiàn Gōngsī] 2014年，在盐池县工商行政管理局注册成立。位于花马池镇芨芨沟村。主要从事滩羊养殖销售、牧草种植。邮政编码：751500。

盐池县英祥滩羊养殖专业合作社[Yánchí Xiàn Yīngxiáng Tānyáng Yǎngzhí Zhuānyè Hézuòshè] 2011年，在盐池县工商行政管理局注册成立。位于花马池镇芨芨沟村。主要从事组织成员滩羊养殖销售，组织购销社员生产的产品，供应成员所需生产资料，组织开展相关技术的交流和技术咨询服务。邮政编码：751500。

盐池县昊源种养殖专业合作社[Yánchí Xiàn Hàoyuán Zhòngyǎngzhí Zhuānyè Hézuòshè] 2013年，在盐池县工商行政管理局注册成立。位于花马池镇沟沿村。主要从事组织成员进行滩羊养殖销售，组织购销成员生产的产品，供应成员所需生产资料，组织开展相关技术的交流和技术咨询服务。邮政编码：751500。

盐池县祥盛种养殖专业合作社[Yánchí Xiàn Xiángshèng Zhòngyǎngzhí Zhuānyè Hézuòshè] 2015年，在盐池县工商行政管理局注册成立。位于花马池镇八岔梁村。主要从事组织成员进行滩羊养殖销售，玉米等农作物的种植销售，组织购销成员生产的产品，供应成员所需生产资料，组织开展相应的技术交流和技术咨询服务。邮政编码：751500。

盐池县旭智种养殖有限公司[Yánchí Xiàn Xùzhì Zhòngyǎngzhí Yǒuxiàn Gōngsī] 2013年，在盐池县工商行政管理局注册成立。位于花马池镇皖记沟村。主要从事滩羊养殖、牧草种植、畜产品加工。邮政编码:751500。

盐池县海东种植专业合作社[Yánchí Xiàn Hǎidōng Zhòngzhí Zhuānyè Hézuòshè] 2015年,在盐池县工商行政管理局注册成立。位于花马池镇苏步井村。主要从事组织成员进行农作物、牧草种植,农副产品加工、销售,组织购销成员生产的产品,供应成员所需生产资料,组织开展相应的技术交流和技术咨询服务。邮政编码:751500。

盐池县存智家庭农牧场[Yánchí Xiàn Cúnzhì Jiātíng Nóngmùchǎng] 2014年,在盐池县工商行政管理局注册成立。位于花马池镇沟沿村。主要从事滩羊养殖销售,玉米、牧草种植。邮政编码:751500。

盐池县永祥蔬菜专业种植合作社[Yánchí Xiàn Yǒngxiáng Shūcài Zhuānyè Zhòngzhí Hézuòshè] 2011年,在盐池县工商行政管理局注册成立。位于花马池镇田记掌村。主要从事组织成员进行设施蔬菜、瓜果种植销售,供应成员所需生产资料,组织开展相关技术的交流和技术推广,提供运输及储藏信息服务。邮政编码:751500。

盐池县新鑫源滩羊养殖专业合作社[Yánchí Xiàn Xīnxīnyuán Tānyáng Yǎngzhí Zhuānyè Hézuòshè] 2012年,在盐池县工商行政管理局注册成立。位于花马池镇田记掌村。主要从事组织成员进行滩羊养殖销售,组织购销成员生产的产品,供应成员所需生产资料,组织开展相关技术的交流和技术咨询服务。邮政编码:751500。

盐池县宏玉滩羊养殖专业合作社[Yánchí Xiàn Hóngyù Tānyáng Yǎngzhí Zhuānyè Hézuòshè] 2014年,在盐池县工商行政管理局注册成立。位于花马池镇八岔梁村。主要从事组织成员进行滩羊养殖销售,农副产品、中药材种植、加工、销售,组织购销成员生产的产品,供应成员所需生产资料,组织开展相关技术的交流和技术咨询服务。邮政编码:751500。

盐池县便民农业服务专业合作社[Yánchí Xiàn Biànmín Nóngyè Fúwù Zhuānyè Hézuòshè] 2015年,在盐池县工商行政管理局注册成立。位于花马池镇田记掌村。主要从事组织成员进行节水灌溉、饲草料加工、设施农业种植、市场管理、电子商务营销服务,组织购销成员生产的产品,供应成员所需生产资料,组织开展相应的技术交流和技术咨询服务,地膜、农家肥、化肥、农药、滴灌管的销售。邮政编码:751500。

盐池县海霞家庭农场[Yánchí Xiàn Hǎixiá Jiātíng Nóngchǎng] 2013年,在盐池县工商行政管理局注册成立。位于花马池镇英雄堡村。主要从事肉牛养殖,牧草种植、加工及销售。邮政编码:751500。

盐池县培欢家庭农场[Yánchí Xiàn Péihuān Jiātíng Nóngchǎng] 2016年,在

盐池县工商行政管理局注册成立。位于花马池镇田记掌村。主要从事农作物、人工甘草、中药材、牧草种植销售,农副产品收购及销售。邮政编码:751500。

盐池县三佗家庭农牧场[Yánchí Xiàn Sāntuó Jiātíng Nóngmùchǎng] 2014年,在盐池县工商行政管理局注册成立。位于花马池镇东塘村。主要从事滩羊养殖销售、苜蓿种植。邮政编码:751500。

盐池县紫君滩羊养殖有限公司[Yánchí Xiàn Zǐjūn Tānyáng Yǎngzhí Yǒuxiàn Gōngsī] 2009年,在盐池县工商行政管理局注册成立。位于花马池镇皖记沟村南王圈自然村。主要从事滩羊养殖、滩羊肉销售。邮政编码:751500。

宁夏盐池德赢鸽业发展有限公司[Níngxià Yánchí Déyíng Gēyè Fāzhǎn Yǒuxiàn Gōngsī] 2014年,在盐池县工商行政管理局注册成立。位于花马池镇皖记沟村。主要从事信鸽养殖、培育及销售,组织开展信鸽比赛、信鸽用品及饲料销售。邮政编码:751500。

盐池县好运家庭农牧场[Yánchí Xiàn Hǎoyùn Jiātíng Nóngmùchǎng] 2013年,在盐池县工商行政管理局注册成立。位于花马池镇李记沟村。主要从事滩羊养殖销售、牧草种植。邮政编码:751500。

盐池县赤源家庭农场[Yánchí Xiàn Chìyuán Jiātíng Nóngchǎng] 2013年,在盐池县工商行政管理局注册成立。位于花马池镇佟记圈村。主要从事农副产品、农作物的种植销售。邮政编码:751500。

绥化市霖源苗木栽培有限公司宁夏盐池分公司[Suíhuà Shì Línyuán Miáomù Zāipéi Yǒuxiàn Gōngsī Níngxià Yánchí Fēngōngsī] 2011年,在盐池县工商行政管理局注册成立。位于花马池镇李记沟村。主要从事榆树、侧柏、樟子松、沙枣、红柳等造林苗木,云杉等绿化苗木种植、销售。邮政编码:751500。

盐池县田掌红枸杞种植专业合作社[Yánchí Xiàn Tiánzhǎng Hónggǒuqǐ Zhòngzhí Zhuānyè Hézuòshè] 2016年,在盐池县工商行政管理局注册成立。位于花马池镇田记掌村。主要组织成员进行枸杞种植销售,组织购销成员生产的产品,供应成员所需生产资料,组织开展相应的技术交流和技术咨询服务。邮政编码:751500。

盐池县乐山农机专业合作社[Yánchí Xiàn Lèshān Nóngjī Zhuānyè Hézuòshè] 2013年,在盐池县工商行政管理局注册成立。位于花马池镇四墩子村。主要组织成员开展机械服务,牧草打捆、打坑植树、柠条加工、甘草起苗服务,为农户提供机耕、机播、机收、机械打埂服务,组织开展技术交流和咨询服务。邮政编码:751500。

盐池县王老汉农产品供销专业合作社[Yánchí Xiàn Wánglǎohàn Nóngchǎnpǐn Gōngxiāo Zhuānyè Hézuòshè] 2009年,在盐池县工商行政管理局注册成立。位于花马池镇长城村。主要从事组织成员收购、加工、销售农产品(不含国家明令禁止的项目),开展成员所需的贮藏、加工、包装服务,引进相关的新技术、新品种,开展相关技术培训、技术交流、信息咨询服务。邮政编码:751500。

盐池县学东种植专业合作社[Yánchí Xiàn Xuédōng Zhòngzhí Zhuānyè Hézuòshè] 2015年,在盐池县工商行政管理局注册成立。位于花马池镇田记掌村。主要从事组织成员进行农作物、牧草种植,农副产品加工销售,组织收购、销售成员生产的产品,供应成员所需生产资料,组织开展相应的技术交流和技术咨询服务。邮政编码:751500。

盐池县东海草产业专业合作社[Yánchí Xiàn Dōnghǎi Cǎochǎnyè Zhuānyè Hézuòshè] 2009年,在盐池县工商行政管理局注册成立。位于花马池镇沟沿村。主要从事组织成员进行牧草种植、加工及销售,组织成员进行滩羊养殖销售,供应成员所需生产资料,开展相关的技术交流和技术咨询服务活动。邮政编码:751500。

盐池县盈德惠民种养殖专业合作社[Yánchí Xiàn Yíngdé Huìmín Zhòngyǎngzhí Zhuānyè Hézuòshè] 2008年,在盐池县工商行政管理局注册成立。位于花马池镇田记掌村。主要从事黄花菜种植、加工及销售,饲草料、牧草种植销售。邮政编码:751500。

盐池县建成养殖专业合作社[Yánchí Xiàn Jiànchéng Yǎngzhí Zhuānyè Hézuòshè] 2016年,在盐池县工商行政管理局注册成立。位于花马池镇冒寨子村。主要组织成员进行滩羊养殖销售、农产品种植销售(国家禁止除外)、农副产品收购及销售、农资销售,组织购销成员生产的产品,供应成员所需生产资料,组织开展相应的技术交流和技术咨询服务。邮政编码:751500。

盐池县众源种养殖专业合作社[Yánchí Xiàn Zhòngyuán Zhòngyǎngzhí Zhuānyè Hézuòshè] 2013年,在盐池县工商行政管理局注册成立。位于花马池镇四墩子村。主要从事组织成员进行滩羊养殖销售,收购、销售成员生产的产品,供应成员所需生产资料,组织开展相关技术的交流和技术咨询服务。邮政编码:751500。

盐池县耀程种养殖专业合作社[Yánchí Xiàn Yàochéng Zhòngyǎngzhí Zhuānyè Hézuòshè] 2014年,在盐池县工商行政管理局注册成立。位于花马池镇田记掌村。主要从事组织成员进行滩羊养殖销售、农作物种植销售,组织收购、销售成员生产的产品,供应成员所需生产资料,组织开展相关的技术交流和技术咨询服务。邮政编码:

751500。

盐池县禾鑫种养殖专业合作社[Yánchí Xiàn Héxīn Zhòngyǎngzhí Zhuānyè Hézuòshè] 2011年,在盐池县工商行政管理局注册成立。位于花马池镇长城村。主要组织成员进行滩羊养殖和销售、农作物的养殖和销售,提供相关的技术服务支持。邮政编码:751500。

盐池县泰和养殖专业合作社[Yánchí Xiàn Tàihé Yǎngzhí Zhuānyè Hézuòshè] 2009年,在盐池县工商行政管理局注册成立。位于花马池镇沟沿村。主要组织成员进行畜禽养殖,组织收购、销售成员生产的产品,引进新技术、新品种,开展技术培训、技术交流和咨询服务。邮政编码:751500。

盐池县庆丰设施农业专业合作社[Yánchí Xiàn Qìngfēng Shèshī Nóngyè Zhuānyè Hézuòshè] 2008年,在盐池县工商行政管理局注册成立。位于花马池镇田记掌村。主要从事滩羊养殖、收购及销售,人工甘草种植及销售。邮政编码:751500。

宁夏盐池县梦根喜农牧业开发有限公司[Níngxià Yánchí Xiàn Mènggēnxǐ Nóngmùyè Kāifā Yǒuxiàn Gōngsī] 2015年,在盐池县工商行政管理局注册成立。位于花马池镇柳杨堡村。主要从事滩羊养殖、农作物种植、垂钓服务、果蔬采摘等业务。邮政编码:751500。

盐池县盈德肉牛养殖专业合作社[Yánchí Xiàn Yíngdé Ròuniú Yǎngzhí Zhuānyè Hézuòshè] 2014年,在盐池县工商行政管理局注册成立。位于花马池镇田记掌村。主要组织成员进行肉牛养殖、繁育、销售等,销售成员生产的产品,供应成员所需生产资料。邮政编码:751500。

盐池县振海龙家庭农牧场[Yánchí Xiàn Zhènhǎilóng Jiātíng Nóngmùchǎng] 2014年,在盐池县工商行政管理局注册成立。位于花马池镇东塘村。主要从事滩羊养殖销售、牧草种植。邮政编码:751500。

盐池县佳峰禽蛋家庭农场[Yánchí Xiàn Jiāfēng Qíndàn Jiātíng Nóngchǎng] 2014年,在盐池县工商行政管理局注册成立。位于花马池镇长城村。主要从事蛋鸡养殖及销售、鸡蛋销售。邮政编码:751500。

盐池县伊鑫滩羊养殖专业合作社[Yánchí Xiàn Yīxīn Tānyáng Yǎngzhí Zhuānyè Hézuòshè] 2014年,在盐池县工商行政管理局注册成立。位于冯记沟乡回六庄村。主要从事滩羊养殖、销售,组织收购、销售成员生产的产品,供应成员所需生产资料,组织开展相关的技术交流和技术咨询服务。邮政编码:751504。

盐池县永泰家庭养猪场［Yánchí Xiàn Yǒngtài Jiātíng Yǎngzhūchǎng］ 2013年,在盐池县工商行政管理局注册成立。位于冯记沟乡马儿庄村。主要从事生猪养殖及销售。邮政编码:751504。

盐池县回六庄滩羊养殖专业合作社［Yánchí Xiàn Huíliùzhuāng Tānyáng Yǎngzhí Zhuānyè Hézuòshè］ 2014年,在盐池县工商行政管理局注册成立。位于冯记沟乡回六庄村。主要从事滩羊养殖、繁育、销售,组织收购、销售成员生产的产品,供应成员所需生产资料,组织开展相应的技术交流和技术咨询服务。邮政编码:751504。

盐池县鑫裕家庭农牧场［Yánchí Xiàn Xīnyù Jiātíng Nóngmùchǎng］ 2015年,在盐池县工商行政管理局注册成立。位于冯记沟乡马儿庄村。主要从事生猪养殖及销售、牧草种植。邮政编码:751504。

盐池县鑫畅家庭农牧场［Yánchí Xiàn Xīnchàng Jiātíng Nóngmùchǎng］ 2014年,在盐池县工商行政管理局注册成立。位于冯记沟乡马儿庄村。主要从事生猪养殖及销售。邮政编码:751504。

盐池县黎明种养殖专业合作社［Yánchí Xiàn Límíng Zhòngyǎngzhí Zhuānyè Hézuòshè］ 2011年,在盐池县工商行政管理局注册成立。位于冯记沟乡马儿庄村。主要从事滩羊养殖、销售及农副产品、农作物种植、销售,组织收购、销售成员生产的产品,供应成员所需生产资料,组织开展相关的技术交流和技术咨询服务。邮政编码:751504。

盐池县天丰泰家庭农牧场［Yánchí Xiàn Tiānfēngtài Jiātíng Nóngmùchǎng］ 2016年,在盐池县工商行政管理局注册成立。位于冯记沟乡丁记掌村。主要从事西瓜、玉米、土豆种植及销售。邮政编码:751504。

盐池县鑫源生猪养殖专业合作社［Yánchí Xiàn Xīnyuán Shēngzhū Yǎngzhí Zhuānyè Hézuòshè］ 2005年,在盐池县工商行政管理局注册成立。位于冯记沟乡马儿庄村。主要从事生猪养殖,组织收购成员生产的农产品,引进新技术、新品种,开展与生产经营有关的技术培训、技术交流和咨询服务。邮政编码:751504。

盐池县贵丰家庭养猪场［Yánchí Xiàn Guìfēng Jiātíng Yǎngzhūchǎng］ 2013年,在盐池县工商行政管理局注册成立。位于冯记沟乡马儿庄村。主要从事生猪养殖及销售。邮政编码:751504。

盐池县星裕养殖专业合作社［Yánchí Xiàn Xīngyù Yǎngzhí Zhuānyè Hézuòshè］ 2009年,在盐池县工商行政管理局注册成立。位于冯记沟乡丁记掌村。主要从事滩羊饲养、销售,草饲料种植、加工、销售,引进新技术、新品种,开展与生产经营有关的技术培训、技术交流和咨询服务,组织收购、销售成员生产的农产品,供应成员所需生产资料。邮政编码:751504。

盐池县忠丰家庭农牧场[Yánchí Xiàn Zhōngfēng Jiātíng Nóngmùchǎng] 2016年,在盐池县工商行政管理局注册成立。位于冯记沟乡丁记掌村。主要从事滩羊养殖、销售,农作物种植。邮政编码:751504。

盐池县宏飞滩羊养殖专业合作社[Yánchí Xiàn Hóngfēi Tānyáng Yǎngzhí Zhuānyè Hézuòshè] 2011年,在盐池县工商行政管理局注册成立。位于冯记沟乡黑土坑村。主要进行滩羊养殖和销售及提供相关的技术服务。邮政编码:751504。

盐池县尚鑫园种养殖专业合作社[Yánchí Xiàn Shàngxīnyuán Zhòngyǎngzhí Zhuānyè Hézuòshè] 2015年,在盐池县工商行政管理局注册成立。位于冯记沟乡雨强村。主要从事滩羊养殖、销售,果蔬种植、加工及销售,组织收购、销售成员生产的产品,供应成员所需生产资料,组织开展相应的技术交流和技术咨询服务。邮政编码:751504。

盐池县永兴家庭养羊场[Yánchí Xiàn Yǒngxīng Jiātíng Yǎngyángchǎng] 2014年,在盐池县工商行政管理局注册成立。位于冯记沟乡丁记掌村。主要从事滩羊养殖及销售、牧草种植。邮政编码:751504。

盐池县露萍种养殖专业合作社[Yánchí Xiàn Lùpíng Zhòngyǎngzhí Zhuānyè Hézuòshè] 2008年,在盐池县工商行政管理局注册成立。位于冯记沟乡回六庄村。主要从事中药材种植、拣选和销售。邮政编码:751504。

盐池县鑫通达滩羊养殖专业合作社[Yánchí Xiàn Xīntōngdá Tānyáng Yǎngzhí Zhuānyè Hézuòshè] 2012年,在盐池县工商行政管理局注册成立。位于冯记沟乡马儿庄村。主要从事滩羊养殖、销售,组织收购、销售成员生产的产品,供应成员所需生产资料,组织开展相关的技术交流和技术咨询服务。邮政编码:751504。

宁夏盐池滩羊选育场供种基地[Níngxià Yánchí Tānyáng Xuǎnyùchǎng Gòngzhǒng Jīdì] 2014年,由盐池县工商管理局注册成立。位于大水坑镇滩羊选育场村。主要从事滩羊育种业务。邮政编码:751506。

滩羊选育场[Tānyáng Xuǎnyùchǎng] 位于大水坑镇西7千米、盐惠公路北侧,为自治区畜牧局所属国有牧场。场部占地面积4.47公顷,建筑面积4478平方米,共有职工180人,家属370人。1959年3月建立,是以滩羊选育为主的种羊场,其主要任务是做好滩羊本品种选育,提高品质,防止退化,向社队作出示范,向全国、全区,主

宁夏盐池滩羊选育场供种基地

要是盐池县提供优良种公羊。全场辖1个放牧点,分布在大水坑、惠安堡、马儿庄、冯记沟等处。全场有羊只2000只,年产值200万元,共有耕地1000亩,附设有砖厂、贸易公司。

林场、渔场

东门分场[Dōngmén Fēnchǎng] 位于盐池县城东3千米、花马池镇东门村,原为城南分场的一个作业站。1989年设立东门分场。经营总面积153.2公顷,林地面积143.2公顷,共有1个林班28个小班,森林覆盖率93.5%。职工32名,其中在职人员19名,退休人员13名。在职职工中生产人员14人,管理人员5人;大专学历3人,中专学历5人;助理工程师3名。设党支部1个,党员6名。是盐池县城东部的防沙屏障。

二道湖林场[Èrdàohú Línchǎng] 位于青山乡侯家河东北17千米处,地处盐池—惠安堡公路西边,呈长方形,属盐池县机械化林场。1972年建场。有林面积10271亩,乔灌混交,183亩经果林,生长茂盛。林场驻地郁郁葱葱、树木成荫。

高沙窝管理站高沙窝分场[Gāoshāwō Guǎnlǐzhàn Gāoshāwō Fēnchǎng] 位于高沙窝镇,原为盐池县机械林场一作业站。成立于1964年;1970年改为县属余庄子林场,下设魏庄子作业站和余庄子作业站,后迁至高沙窝东5千米处;1979年10月归属盐池机械化林场管辖,为高沙窝分场;2010年12月,更名为高沙窝管理站。新建管理站339平方米、检查站60平方米、防火隔离带11千米、巡护步道16千米。该站管辖面积12474公顷,占保护区总面积的14.8%,有32个林班810个小班。主要管辖区域为青羊井、余庄子、芨芨沟等。主要有天池子湿地、英雄堡湿地。植被类型有短花针茅草原、长芒草草原、芨芨草、白刺灌丛、苦豆子草原带沙生植被。职工21名,其中在职职工9名,退休职工11名。在职职工中生产工人4名,管理人员5名;大专文化程度3名,中专文化程度2名,工程师1名,助理工程师4名。设党支部一个,党员8名。

南海子林场[Nánhǎizi Línchǎng] 位于王乐井乡南部,是全县最大的乡办林场。早年间这里曾是一片水草丰盛的碱湖,随着自然条件的改变,湖水越来越少,面积越来越小,便称为海子,又因位于王乐井南部而得名南海子。后来因林场建于南海子周边,被县林业局命名为南海子林场。林场总面积40000多亩,建筑面积1300平方米,水浇地300多亩，涝池13个，羊700多只，牛22头，总机械动力为225千瓦。主要营造防风固沙林，兼植乔木。近年来，每年都投入大量的劳动力进行植树固沙，现已基本控制了流沙，地表已结成植被层。

南海子林场风光

井滩子村林场[Jǐngtānzi Cūn Línchǎng] 位于麻黄山乡井滩子村，东至李新庄涝坝，南至武记湾旧址，西至上高窑，北至旧庄湾。1975年开始营造，属大队办集体林场。2010年，林场和林木所有权仍归井滩子村民委员会集体拥有。井滩子村林场总面积79公顷，该地年均气温7.7摄氏度，无霜期128天，年均降水量290毫米，人口101人。

下高窑村林场[Xiàgāoyáo Cūn Línchǎng] 位于麻黄山乡下高窑村道旁，南至刘家口子耕地，西至后阴洼刺地，北至拐沟沟嘴。1973年开始营造，属大队办集体林场。2010年，林场和林木所有权仍归下高窑村民委员会集体所有。下高窑村林场总面积14公顷，该地年均气温7.6摄氏度，无霜期128天，年均降水量290毫米，人口761人。

杨沙沟林场[Yángshāgōu Línchǎng] 位于麻黄山乡杨沙沟自然村，东至沟沿，南至王秀山宅基地路北，西至园子围墙。1974年开始营造，分杨沙沟和马家口子两个片区。1981年，林权"三定"时，林权分别划归杨沙沟和马家口子两个村集体所有，至今未变。杨沙沟林场面积0.79平方千米，该地年均气温7.8摄氏度，无霜期128天，年均降水量290毫米，人口348人。

盐池县恒利林木种苗种植专业合作社[Yánchí Xiàn Hénglì Línmù Zhǒngmiáo Zhòngzhí Zhuānyè Hézuòshè] 2009年，在盐池县工商行政管理局注册成立。位于

花马池镇柳杨堡村。主要从事国槐、刺槐、新疆杨、樟子松、沙枣、臭椿、枣树等林木种苗生产、经营,为成员提供种苗种植技术、购销服务,饲料加工销售,中药材种植,引进新品种,开展技术培训、技术交流和咨询服务。邮政编码:751500。

盐池县牧羊人种养殖专业合作社[Yánchí Xiàn Mùyángrén Zhòngyǎngzhí Zhuānyè Hézuòshè] 2016年,在盐池县工商行政管理局注册成立。位于花马池镇柳杨堡村。主要从事牧草种植、滩羊养殖销售等。邮政编码:751500。

盐池县富农苗木繁育专业合作社[Yánchí Xiàn Fùnóng Miáomù Fányù Zhuānyè Hézuòshè] 2013年,在盐池县工商行政管理局注册成立。位于花马池镇田记掌村。主要从事组织成员进行国槐、樟子松、白蜡、沙枣、榆树、刺槐、垂柳、丝棉木的种植及批发零售,收购、销售成员生产的产品,供应成员所需生产资料,组织开展相关技术的交流和技术咨询服务。邮政编码:751500。

宁夏绿山林草生态产业开发有限公司[Níngxià Lùshān Líncǎo Shēngtài Chǎnyè Kāifā Yǒuxiàn Gōngsī] 2006年,在盐池县工商行政管理局注册成立。位于花马池镇四墩子村。主要从事草原开发、围栏封育,牧草种植、加工销售,造林苗木、绿化苗木、经济林苗木生产销售,柠条、花棒、紫槐、刺槐、榆树、沙枣、山桃、酸枣等林木种子、农副产品经销,畜牧养殖及技术咨询服务。邮政编码:751500。

宁夏盐池县森源花木有限公司[Níngxià Yánchí Xiàn Sēnyuán Huāmù Yǒuxiàn Gōngsī] 2012年,在盐池县工商行政管理局注册成立。位于县城永清南路农业局家属楼。主要从事造林苗木、花卉种植销售。邮政编码:751500。

盐池县旭森绿化苗木有限公司[Yánchí Xiàn Xùsēn Lǜhuà Miáomù Yǒuxiàn Gōngsī] 2015年,在盐池县工商行政管理局注册成立。位于花马池镇李记沟村。主要从事樟子松、国槐、白蜡等造林苗木、丝棉木等绿化苗木种植销售,农副产品种植销售。邮政编码:751500。

水利枢纽、水库、灌区

郝家台水库[Hǎojiātái Shuǐkù] 位于惠安堡镇郝家台村，故名郝家台水库。兴建于2004年，至今无变化。总容量4865万立方米，主要水源为苦水河，水库汇流区南北长15千米，东西最大宽度25千米，面积567.56平方千米，防洪能力50年一遇，坝高30米，坝顶高程1425米，为均质土坝，主要有排水孔、非常泄洪道，正常蓄水位1412.97，死水位1430.75，校核洪水位1425.8。

刘家沟水库[Liújiāgōu Shuǐkù] 位于惠安堡镇刘家沟村，故名刘家沟水库。兴建于2007年。水库坝顶高程为1380米，总库容可达5000万立方米，坝高4米，坝顶长1726米。

杜窑沟水库[Dùyáogōu Shuǐkù] 位于冯记沟乡雨强村杜窑沟，故名杜窑沟水库。兴建于2015年。主要建设内容包括3座土坝、放水建筑物、扬水泵站工程。库区东西长1300米，南北宽550米，主坝顶宽5米，坝顶长460米，最大坝高15米；东副坝顶长375米，最大坝高11米；南副坝顶长338米，最大坝高10米，库区铺设土工膜防渗。总库容332.3万立方米。

杜窑沟水库

萌子沟水库[Méngzigōu Shuǐkù]　位于青山乡郝记台自然村。2001年建成，根据当地地名命名为郝记甘沟淤地坝，2013年加固更名为萌子沟水库。距盐池县城22.7米，为均质土坝，总容量67.94万立方米，其中拦泥库容9.1万立方米，防洪库容19.2万立方米，最大坝高12.3米，坝顶宽7米，坝长150米，坝顶高程1386.17米。

萌子沟水库

后台水库[Hòutái Shuǐkù]　位于大水坑镇二道沟村后台自然村，故名后台水库。2002年，由盐池县水务局水土保持工作站修建，改建于2013年。总库容43.86万立方米，其中拦泥库容5.75万立方米，防洪库容16.34万立方米，最大坝高16米，坝顶宽7米，坝长98米，坝顶高程1402米。

盐环定扬水灌区[Yán-Huán-Dìng Yángshuǐ Guànqū]　盐环定扬黄工程是解决陕西定边县、甘肃环县和宁夏盐池县、同心县部分地区人畜饮水、防治地方病、改善生态环境，在有条件的地区发展农业灌溉的电力扬黄工程。是一项脱贫致富、惠泽于民的扶贫工程，是国家"八五"重点建设项目之一。盐环定扬水灌区主要由宁夏盐池灌域、同心韦州灌域、灵武灌域、红寺堡灌域，甘肃环县灌域等五大片组成。规划开发面积32.12万亩，实际灌溉面积23.2万亩，其中盐池灌区19.6万亩。干渠长123.8千米，最高扬程达651米，工程首级泵站设计流量为11立方米每秒，其中分配给宁夏7立方米每秒。目前工程系统供水范围已辐射陕甘宁三省区的陕西定边，甘肃环县，宁夏盐池、同心、利通、红寺堡等七县区，面积达1万平方千米。供水领域由过去的向人饮、农业用水发展到向人饮、城镇、农业、工业、生态等多领域、全方位供水。

盐环定扬黄灌区风光

渠道、堤防

盐环定扬黄干渠[Yán-Huán-Dìng Yánghuáng Gànqú] 盐环定扬黄干渠是国家盐环定扬黄工程的主体工程。盐环定扬黄工程是国家投资建设的大型电力扬水工程,是由陕西、甘肃、宁夏三省区联合兴建,1988年8月动工,1996年9月竣工,历时8年。该工程是由三省区共用工程和各省区专用工程两部分组成。其中共用工程共建泵站11座,总装机容量61.3兆瓦,总扬程为391.2米,总提水流量为11立方米每秒,其中分配给盐池县5立方米每秒,同心县、环县、定边县各2立方米每秒。渠首泵站位于宁夏回族自治区灵武市,从青铜峡灌区东干渠取水。共用工程总干渠长101千米。输变电工程有220千伏、110千伏、35千伏、6千伏四级150千米输电线路和11座变电站。通信工程是以微波电路做主干线、以特高频电缆电线为分支线的综合通信网络。工程投资3.0343亿元。专用工程共建泵站13座,总装机容量25.6兆瓦。各灌区总扬程:盐池片为452米,同心片为311.3米,定边片为526.4米,环县片为651米。专用工程干、支渠总长为480千米,供水管网总长为1127千米,建加压泵站43座,装机容量3.2兆瓦,供水点1118处,工程投资为6.1923亿元。盐环定扬黄工程主要解决人畜饮水困难,同时发展灌溉面积2.13万公顷。盐环定扬黄干渠在惠安堡镇老盐池村入盐池境,然后在老盐池村分出环县扬水干渠、韦州干渠,在冯记沟乡雨强村分为城西支干渠、定边扬水支干渠。

三道井干渠[Sāndàojǐng Gànqú] 位于冯记沟乡、青山乡,起始于三道井泵站,终止于城西滩盐兴公路交会处,故得名三道井干渠。1998年开挖建设,1999年竣工。全长33.08千米,平均流量为2.48立方米每秒,最大水深1.09米,途经冯记沟乡、青山乡、王乐井乡、花马池镇部分村。

姚沟塘支渠[Yáogōutáng Zhīqú] 位于惠安堡镇,起始于十干渠上段,终止于曹记洼村西,受益村为姚沟塘村,故得名姚沟塘支渠。2004年6月建成。全长3.85千米,平均流量为0.7立方米每秒,最大水深0.5米。

旺四滩支渠[Wàngsìtān Zhīqú] 位于青山乡,起始于三道井干渠上段,终止于旺四滩村西,受益村为旺滩村,故得名旺四滩支渠。2004年6月建成。全长5.4千米,平均流量为0.5立方米每秒,最大水深0.45米。

三墩子支渠[Sāndūnzi Zhīqú]　位于冯记沟乡,起始于三道井泵站压力管道16#镇墩左侧处,终止于回六庄村吊庄北,受益村为冯记沟乡,途经三墩子,故得名。2004年6月建成。全长22.75千米,平均流量为0.8立方米每秒,最大水深0.8米。

李毛庄支渠[Lǐmáozhuāng Zhīqú]　位于花马池镇,起始于城西支渠末端左侧,终止于吴记圈,受益村为李毛庄村,故得名。2004年6月建成。全长5.18千米,平均流量为0.35立方米每秒,最大水深0.3米。

丁记掌支渠[Dīngjìzhǎng Zhīqú]　位于冯记沟乡,起始于三道井泵站压力管道左侧,终止于丁记掌村南,受益村为丁记掌村,故得名。2004年6月建成。全长3.9千米,平均流量为0.24立方米每秒,最大水深0.25米。

官滩支渠[Guāntān Zhīqú]　位于王乐井乡,起始于八干渠中段,终止于官滩村西,受益村为官滩村,故得名。2004年10月建成。全长3.35千米,平均流量为0.24立方米每秒,最大水深0.35米。

老盐池1支渠[Lǎoyánchí 1 Zhīqú]　位于惠安堡镇,起始于八干渠0+402左侧、八干渠中段,终止于老盐池村北,受益村为老盐池村,故得名。1993年4月建成。全长1.19千米,平均流量为0.05立方米每秒,最大水深0.25米。

老盐池2支渠[Lǎoyánchí 2 Zhīqú]　位于惠安堡镇,起始于八干渠2+467右侧、八干渠中段,终止于苏记场村东,受益村为老盐池村,故得名。1993年4月建成。全长1.53千米,平均流量为0.05立方米每秒,最大水深0.2米。

老盐池3支渠[Lǎoyánchí 3 Zhīqú]　位于惠安堡镇,起始于八干渠BB3左侧、八干渠中段(渡槽南起点),终止于老盐池村南,受益村为老盐池村,故得名。1993年4月建成。全长2.65千米,平均流量为0.09立方米每秒,最大水深0.45米。

李家坝支渠[Lǐjiābà Zhīqú]　位于惠安堡镇,起始于八干渠中段,终止于烟墩山村南,受益村为李家坝村,故得名李家坝支渠。2003年10月建成。全长8.38千米,平均流量为0.27立方米每秒,最大水深0.45米。

薛园子支渠[Xuēyuánzi Zhīqú]　位于惠安堡镇,起始于八干渠28+200处、八干渠中下段,终止于薛园子村北,受益村为薛园子村,故得名。1993年11月建成。全长0.3千米,平均流量为0.073立方米每秒,最大水深0.25米。

南梁支渠[Nánliáng Zhīqú]　位于惠安堡镇,起始于八干渠30+212处、八干渠下段,终止于烂山子吊庄村东,受益村为南梁村,故得名南梁支渠。1993年6月建成。

全长 3.25 千米,平均流量为 0.08 立方米每秒,最大水深 0.4 米。

潘儿庄支渠[Pān'erzhuāng Zhīqú] 位于惠安堡镇,起始于盐环定扬水八干渠 38+050 处、盐环定扬水九泵站井水口处,终止于北疙瘩村南,受益村为潘河村、苏步井吊庄,故得名潘儿庄支渠。1993 年 11 月建成。全长 15.32 千米,平均流量为 0.5 立方米每秒,最大水深 0.85 米。

隰宁堡南支渠[Xíníngpù Nánzhīqú] 位于惠安堡镇,起始于盐环定扬水九干渠上段处,受益村为隰宁堡村,故得名隰宁堡南支渠。1994 年 11 月建成。全长 9.26 千米,平均流量为 0.6 立方米每秒,最大水深 0.65 米。

隰宁堡北支渠[Xíníngpù Běizhīqú] 位于惠安堡镇,起始于盐环定扬水九泵站压力管道处,终止于隰宁堡农场北,受益村为隰宁堡村、后洼吊庄村,故得名隰宁堡北支渠。1995 年 8 月建成。全长 1.45 千米,平均流量为 0.09 立方米每秒,最大水深 0.25 米。

大庄子支渠[Dàzhuāngzi Zhīqú] 位于惠安堡镇,起始于盐环定扬水十二干渠下段,终止于大庄子村东,受益村为大庄子村,故得名大庄子支渠。1997 年 10 月建成。全长 6.4 千米,平均流量为 1.22 立方米每秒,最大水深 0.45 米。

城西支渠[Chéngxī Zhīqú] 位于花马池镇,起始于三道井干渠末端,终止于深井村北。2003 年 10 月建成。全长 37.63 千米,平均流量为 2 立方米每秒,最大水深 0.8 米。

宋新庄支渠[Sòngxīnzhuāng Zhīqú] 位于冯记沟乡,起始于盐环定扬水十一泵站上端,终止于汪水塘村东,受益村为宋新庄村,故得名宋新庄支渠。1997 年 10 月建成。全长 2.33 千米,平均流量为 0.45 立方米每秒,最大水深 0.16 米。

龚儿庄右岸支渠[Gōng'erzhuāng Yòu'àn Zhīqú] 位于冯记沟乡,起始于龚儿庄泵站压力管道处,终止于龚儿庄村北,受益村为龚儿庄村,故得名。1997 年 8 月建成。全长 1.92 千米,平均流量为 0.35 立方米每秒,最大水深 0.13 米。

龚儿庄左岸支渠[Gōng'erzhuāng Zuǒ'àn Zhīqú] 位于冯记沟乡,起始于盐环定扬水十一泵站井水口处,终止于龚儿庄牧场,受益村为滩羊场、龚儿庄,故得名。1993 年 11 月建成。全长 3.88 千米,平均流量为 0.9 立方米每秒,最大水深 0.35 米。

余记梁支渠[Yújìliáng Zhīqú] 位于冯记沟乡,起始于十二干渠中下段,终止于余记梁村北,受益村为余记梁村,故得名。2000 年 11 月建成。全长 0.69 千米,平均流量为 0.11 立方米每秒,最大水深 0.3 米。

王乐井支渠[Wánglèjǐng Zhīqú] 位于王乐井乡,起始于三道井干渠盖木庄分水口,终止于王吾岔村三十斗处,受益村为王乐井村,故得名。2003年10月建成。全长24.86千米,平均流量为1.07立方米每秒,最大水深0.6米。

长山子支渠[Chángshānzi Zhīqú]　位于青山乡,起始于三道井干渠上段,终止于长山子村西,受益村为常山子村,故得名。1999年10月建成。全长1.99千米,平均流量为0.05立方米每秒,最大水深0.5米。

石井坑支渠[Shíjǐngkēng Zhīqú]　位于冯记沟乡,起始于三道井干渠上段,终止于石井坑村北,受益村为石井坑村,故得名。1999年10月建成。全长0.8千米,平均流量为0.05立方米每秒,最大水深0.3米。

马儿庄一支渠[Mǎ'erzhuāng 1 Zhīqú]　位于冯记沟乡、花马池镇,起始于黎明泵站(十二泵站)退水左侧,终止于深井万亩甘草蓄水池,受益村为马儿庄黎明村,因马儿庄支渠顺序,故得名。1998年9月建成。全长24.86千米,平均流量为1.07立方米每秒,最大水深0.8米。

马儿庄二支渠[Mǎ'erzhuāng 2 Zhīqú]　位于冯记沟乡,起始于黎明干渠6+050处、十二干渠上段,终止于张记圈村东,受益村为马儿庄黎明村,因马儿庄支渠顺序,故得名。1998年9月建成。全长4.93千米,最大水深0.45米,平均流量0.31立方米每秒。

狼布掌支渠[Lángbùzhǎng Zhīqú]　位于惠安堡镇,起始于盐环定扬水十干渠末端,流经狼布掌村东北,故得名。2004年6月建成。全长3.6千米,平均流量为0.7立方米每秒,最大水深0.5米。

城西滩二分支渡槽[Chéngxītān Èrfēnzhī Dùcáo]　位于花马池镇城西滩,因其地理位置而得名。2003年10月建成使用。全长30米,宽1.5米。

城西滩二分支渡槽

王乐井一号渡槽[Wánglèjǐng 1 Hào Dùcáo]　位于王乐井乡,因其地理位置而得名。2002年始建,2003年10月建成使用。全长20米,宽1.2米。

王乐井二号渡槽[Wánglèjǐng 2 Hào Dùcáo]　位于王乐井乡,因其地理位置而得名。2002年始建,2003年10月建成使用。全长22米,宽1.2米。

老盐池渡槽[Lǎoyánchí Dùcáo]　位于惠安堡镇老盐池村,因其地理位置而得名。1993年4月建成使用。全长435米,宽2.5米。

老盐池渡槽

杜窑沟渡槽[Dùyáogōu Dùcáo]　位于冯记沟乡杜窑沟、黎明干渠12+847—13+554处,因其地理位置而得名。1992年建成使用。全长706米,相对高差20米。

红井坑渡槽[Hóngjǐngkēng Dùcáo]　位于冯记沟乡红井坑村周边、渠线29+050—30+060段,因其地理位置而得名。1998年始建,1999年建成并使用。地处沙漠边缘,沟谷内被纵向沙垄及链状沙丘所覆盖,高度在2—4米。

梁台渡槽[Liángtái Dùcáo]　位于惠安堡镇老盐池村梁台自然村南500米,因其所在位置而得名。该渡槽始建于20世纪80年代。东西走向,呈"U"字形,长855米,宽3.1米,深2.3米,壁厚0.35米,一侧有0.8米的人行踏板,且有高0.6米的护栏,由多根混凝土支架撑起,支架随地形高低不等。

隰宁堡渡槽[Xíníngpù Dùcáo]　位于惠安堡镇隰宁堡村隰宁堡自然村东北300米处,因其所在位置而得名。该渡槽始建于20世纪80年代。南北走向,呈"U"字形,长210米,宽2米,深1.6米,壁厚0.2米,一侧有0.6米的人行踏板,且有高0.8米的栏杆。渡槽由混凝土支架支撑,支架随地形高低而长短不一,为盐池扬黄干渠的主要设施。

甘洼山渡槽[Gānwāshān Dùcáo]　位于青山乡甘洼山村西500米、盐中高速公路南,因其所在位置而得名。20世纪50年代建成保存至今。用于南水北调,由混凝土浇筑,长500米,整体高6米,栏杆高0.9米,宽2米。

汪水塘渡槽[Wāngshuǐtáng Dùcáo]　位于冯记沟乡汪水塘村南0.5千米处,东西走向,长687米,为陕甘宁扬黄工程的主要渡槽。由支架和槽体组成,每十米一支架,随地形变化而高低不等。渡槽呈"U"形,宽2.5米,深1.8米,一侧有人行踏板,宽0.6米,并有高0.8米的护栏。

路记红庄扬黄渡槽[Lùjìhóngzhuāng Yánghuáng Dùcáo]　位于青山乡月儿泉村西北2千米处,以所在自然村命名,长662米,为陕甘宁扬黄工程主要的附属工程。渡槽由槽体及支架组成。槽体呈"U"形,宽1.8米,深1.6米。槽面一侧有人行踏板,宽0.6米,并有高0.8米的护栏,支架随地形高低而建。

盐环定扬水九泵站[Yán-Huán-Dìng Yángshuǐ 9 Bèngzhàn]　位于惠安堡镇隰宁堡村,由盐环定扬水工程泵站排序而得名。于1995年兴建,属1级泵站,用于农业灌溉,装机流量2.86立方米每秒,装机功率1890千瓦,设计扬程34.4米,安装水泵6台。

盐环定扬水十泵站[Yán-Huán-Dìng Yángshuǐ 10 Bèngzhàn]　位于惠安堡镇大湾村,由盐环定扬水工程泵站排序而得名。于1995年兴建,属1级泵站,用于农业灌溉,装机流量4.06立方米每秒,装机功率3030千瓦,设计扬程51.3米,安装水泵5台。

盐环定扬水十一泵站[Yán-Huán-Dìng Yángshuǐ 11 Bèngzhàn]　位于冯记沟乡汪水塘村,由盐环定扬水工程泵站排序而得名。于1996年兴建,属1级泵站,用于农业灌溉,装机流量7.24立方米每秒,装机功率4615千瓦,设计扬程44.8米,安装水泵7台。

盐环定扬水十二泵站[Yán-Huán-Dìng Yángshuǐ 12 Bèngzhàn]　位于冯记沟乡汪水塘村,由盐环定扬水工程泵站排序而得名。于1996年兴建,属1级泵站,用于农业灌溉,装机流量5.53立方米每秒,装机功率4260千瓦,设计扬程54.78米,安装水泵6台。

旺四滩泵站[Wàngsìtān Bèngzhàn]　位于花马池镇旺四滩村,因其所在位置而得名。于2003年兴建,属4级泵站,用于农业灌溉,装机流量0.9立方米每秒,装机功率480千瓦,设计扬程37.6米,安装水泵4台。

丁记掌三泵站[Dīngjìzhǎng 3 Bèngzhàn]　位于冯记沟乡丁记掌村,因其所在位置而得名。于 2010 年兴建,属 4 级泵站,用于村民生活用水,装机流量 0.4 立方米每秒,装机功率 600 千瓦,设计扬程 91 米,安装水泵 4 台。

县城防洪渠涵洞[Xiànchéng Fánghóngqú Hándòng]　位于花马池镇盐兴公路附近,因县城防洪渠穿过而得名。于 2005 年 9 月建成,属穿堤建筑,是盐池县用于防洪的主要涵洞,宽 12 米,高 3 米。

城西滩五分支渠涵洞[Chéngxītān Wǔ Fēnzhīqú Hándòng]　位于花马池镇西滩、307 国道附近,因城西滩五分支渠穿过而得名。于 2003 年 10 月建成,属穿堤建筑,是盐池县用于灌溉的主要涵洞,宽 12 米,高 3 米。

城西滩一分支渠涵洞[Chéngxītān Yī Fēnzhīqú Hándòng]　位于花马池镇西滩,因城西滩一分支渠穿过盐兴公路而得名。2003 年建成,宽 12 米,高 3 米。

城西滩一分支渠涵洞

八干渠涵洞[Bā Gànqú Hándòng]　位于惠安堡镇陈记圈村,因八干渠穿过盐兴公路而得名。2003 年建成,宽 12 米,高 3 米。

十一干渠涵洞[Shíyī Gànqú Hándòng]　位于花马池镇龚儿庄,因十二干渠穿过盐兴公路而得名。1997 年建成,宽 12 米,高 3 米。

三道井干渠涵洞[Sāndàojǐng Gànqú Hándòng]　位于冯记沟乡,因三道井干渠穿过冯青公路而得名。2000 年建成,宽 12 米,高 4 米。

骆驼井水源地 A1 机井[Luòtuojǐng Shuǐyuándì A1 Jījǐng]　位于花马池镇,因该水源地共有机井 26 眼且位于双堆子骆驼井周围,故根据建成时间排序而得名。1988 年建成,使用至今。最高水位-11.39 米,最低水位-77.39 米,最大输出量 0.006 米每秒,深度 89.32 米,日出水量 480 立方米,为Ⅲ级水质。

三道井干渠涵洞

骆驼井水源地 A2 机井［Luòtuojǐng Shuǐyuándì A2 Jījǐng］ 位于花马池镇,因该水源地共有机井 26 眼且位于双堆子骆驼井周围,故根据建成时间排序而得名。1988 年建成,使用至今。最高水位-11.38 米,最低水位-101.61 米,最大输出量 0.006 米每秒,深度 113.67 米,日出水量 480 立方米,为Ⅲ级水质。

骆驼井水源地 A3 机井［Luòtuojǐng Shuǐyuándì A3 Jījǐng］ 位于花马池镇,因该水源地共有机井 26 眼且位于双堆子骆驼井周围,故根据建成时间排序而得名。1988 年建成,使用至今。最高水位-11.08 米,最低水位-80.75 米,最大输出量 0.006 米每秒,深度 90.26 米,日出水量 480 立方米,为Ⅲ级水质。

骆驼井水源地 A4 机井［Luòtuojǐng Shuǐyuándì A4 Jījǐng］ 位于花马池镇,因该水源地共有机井 26 眼且位于双堆子骆驼井周围,故根据建成时间排序而得名。1988 年建成,使用至今。最高水位-11.71 米,最低水位-83.59 米,最大输出量 0.006 米每秒,深度 88.99 米,日出水量 480 立方米,为Ⅲ级水质。

骆驼井水源地 B1 机井［Luòtuojǐng Shuǐyuándì B1 Jījǐng］ 位于花马池镇,因该水源地共有机井 26 眼且位于双堆子骆驼井周围,故根据建成时间排序而得名。2002 年建成,使用至今。最高水位-20.31 米,最低水位-95.52 米,最大输出量 0.008 米每秒,深度 101.54 米,日出水量 720 立方米,为Ⅲ级水质。

骆驼井水源地 B2 机井［Luòtuojǐng Shuǐyuándì B2 Jījǐng］ 位于花马池镇,因该水源地共有机井 26 眼且位于双堆子骆驼井周围,故根据建成时间排序而得名。2002 年建成,使用至今。最高水位-26.28 米,最低水位-95.55 米,最大输出量 0.006 米每秒,深度 101.53 米,日出水量 480 立方米,为Ⅲ级水质。

骆驼井水源地 B3 机井［Luòtuojǐng Shuǐyuándì B3 Jījǐng］ 位于花马池镇,因该水源地共有机井 26 眼且位于双堆子骆驼井周围,故根据建成时间排序而得名。

2002年建成,使用至今。最高水位-27.16米,最低水位-93.60米,最大输出量0.006米每秒,深度99.66米,日出水量480立方米,为Ⅲ级水质。

骆驼井水源地B4机井[Luòtuojǐng Shuǐyuándì B4 Jījǐng]　位于花马池镇,因该水源地共有机井26眼且位于双堆子骆驼井周围,故根据建成时间排序而得名。2002年建成,使用至今。最高水位-23.11米,最低水位-102.46米,最大输出量0.008米每秒,深度108.63米,日出水量720立方米,为Ⅲ级水质。

骆驼井水源地B5机井[Luòtuojǐng Shuǐyuándì B5 Jījǐng]　位于花马池镇,因该水源地共有机井26眼且位于双堆子骆驼井周围,故根据建成时间排序而得名。2002年建成,使用至今。最高水位-23.89米,最低水位-96.63米,最大输出量0.006米每秒,深度102.81米,为Ⅲ级水质。

骆驼井水源地B6机井[Luòtuojǐng Shuǐyuándì B6 Jījǐng]　位于花马池镇,因该水源地共有机井26眼且位于双堆子骆驼井周围,故根据建成时间排序而得名。2002年建成,使用至今。最高水位-14.35米,最低水位-93.65米,最大输出量0.006米每秒,深度99.02米,为Ⅲ级水质。

骆驼井水源地B7机井[Luòtuojǐng Shuǐyuándì B7 Jījǐng]　位于花马池镇,因该水源地共有机井26眼且位于双堆子骆驼井周围,故根据建成时间排序而得名。2002年建成,使用至今。最高水位-20.88米,最低水位-93.00米,最大输出量0.008米每秒,深度99.02米,日出水量720立方米,为Ⅲ级水质。

骆驼井水源地B8机井[Luòtuojǐng Shuǐyuándì B8 Jījǐng]　位于花马池镇,因该水源地共有机井26眼且位于双堆子骆驼井周围,故根据建成时间排序而得名。2002年建成,使用至今。最高水位-20.62米,最低水位-99.13米,最大输出量0.006米每秒,深度105.24米,日出水量480立方米,为Ⅲ级水质。

骆驼井水源地B9机井[Luòtuojǐng Shuǐyuándì B9 Jījǐng]　位于花马池镇,因该水源地共有机井26眼且位于双堆子骆驼井周围,故根据建成时间排序而得名。2002年建成,使用至今。最高水位-24.18米,最低水位-96.59米,最大输出量0.006米每秒,深度102.67米,日出水量480立方米,为Ⅲ级水质。

骆驼井水源地B10机井[Luòtuojǐng Shuǐyuándì B10 Jījǐng]　位于花马池镇,因该水源地共有机井26眼且位于双堆子骆驼井周围,故根据建成时间排序而得名。2002年建成,使用至今。最高水位-14.96米,最低水位-99.70米,最大输出量0.006米每秒,深度105.78米,日出水量480立方米,为Ⅲ级水质。

骆驼井水源地B11机井[Luòtuojǐng Shuǐyuándì B11 Jījǐng]　位于花马池镇,

因该水源地共有机井 26 眼且位于双堆子骆驼井周围，故根据建成时间排序而得名。2002 年建成,使用至今。最高水位-23.36 米,最低水位-93.0 米,最大输出量 0.008 米每秒,深度 99.15 米,日出水量 720 立方米,为Ⅲ级水质。

骆驼井水源地 B12 机井［Luòtuojǐng Shuǐyuándì B12 Jījǐng］ 位于花马池镇,因该水源地共有机井 26 眼且位于双堆子骆驼井周围，故根据建成时间排序而得名。2002 年建成,使用至今。最高水位-17.26 米,最低水位-89.47 米,最大输出量 0.008 米每秒,深度 95.46 米,日出水量 720 立方米,为Ⅲ级水质。

骆驼井水源地 B14 机井［Luòtuojǐng Shuǐyuándì B14 Jījǐng］ 位于花马池镇,因该水源地共有机井 26 眼且位于双堆子骆驼井周围，故根据建成时间排序而得名。2002 年建成,使用至今。最高水位-29.20 米,最低水位-98.37 米,最大输出量 0.006 米每秒,深度 104.42 米,日出水量 480 立方米,为Ⅲ级水质。

骆驼井水源地 B16 机井［Luòtuojǐng Shuǐyuándì B16 Jījǐng］ 位于花马池镇,因该水源地共有机井 26 眼且位于双堆子骆驼井周围，故根据建成时间排序而得名。2002 年建成,使用至今。最高水位-20.32 米,最低水位-95.57 米,最大输出量 0.006 米每秒,深度 98.59 米,日出水量 480 立方米,为Ⅲ级水质。

骆驼井水源地 C1 机井［Luòtuojǐng Shuǐyuándì C1 Jījǐng］ 位于花马池镇,因该水源地共有机井 26 眼且位于双堆子骆驼井周围，故根据建成时间排序而得名。2008 年建成,使用至今。最高水位-24.01 米,最低水位-120.11 米,最大输出量 0.008 米每秒,深度 126.14 米,日出水量 720 立方米,为Ⅲ级水质。

骆驼井水源地 C2 机井［Luòtuojǐng Shuǐyuándì C2 Jījǐng］ 位于花马池镇,因该水源地共有机井 26 眼且位于双堆子骆驼井周围，故根据建成时间排序而得名。2008 年建成,使用至今。最高水位-23.02 米,最低水位-101.16 米,最大输出量 0.008 米每秒,深度 107.22 米,日出水量 720 立方米,为Ⅲ级水质。

骆驼井水源地 C3 机井［Luòtuojǐng Shuǐyuándì C3 Jījǐng］ 位于花马池镇,因该水源地共有机井 26 眼且位于双堆子骆驼井周围，故根据建成时间排序而得名。2008 年建成,使用至今。最高水位-22.85 米,最低水位-106.58 米,最大输出量 0.008 米每秒,深度 118.64 米,日出水量 720 立方米,为Ⅲ级水质。

骆驼井水源地 C4 机井［Luòtuojǐng Shuǐyuándì C4 Jījǐng］ 位于花马池镇,因该水源地共有机井 26 眼且位于双堆子骆驼井周围,故根据建成时间排序而得名。2008 年建成,使用至今。最高水位-29.07 米,最低水位-98.14 米,最大输出量 0.008 米每秒,深度 101.16 米,日出水量 720 立方米,为Ⅲ级水质。

骆驼井水源地 C5 机井［Luòtuojǐng Shuǐyuándì C5 Jījǐng］ 位于花马池镇,因该水源地共有机井 26 眼且位于双堆子骆驼井周围,故根据建成时间排序而得名。2008 年建成,使用至今。最高水位-23.03 米,最低水位-113.28 米,最大输出量 0.008 米每秒,深度 119.39 米,日出水量 720 立方米,为Ⅲ级水质。

骆驼井水源地 C6 机井［Luòtuojǐng Shuǐyuándì C6 Jījǐng］ 位于花马池镇,因该水源地共有机井 26 眼且位于双堆子骆驼井周围,故根据建成时间排序而得名。2008 年建成,使用至今。最高水位-29.03 米,最低水位-95.11 米,最大输出量 0.008 米每秒,深度 101.24 米,日出水量 720 立方米,为Ⅲ级水质。

第七部分　工矿企业

神华宁夏煤业集团金凤煤矿[Shénhuá Níngxià Méiyè Jítuán Jīnfèng Méikuàng] 位于冯记沟乡冯记沟村,东北距盐池县城约60千米,西北距吴忠市区约90千米,北距银川市约115千米,304省道与马(家滩)大(水坑)公路从矿区穿过。该矿井隶属神华宁夏煤业集团公司,是马家滩矿区规划的现代化矿井之一,共划分为5个采矿区,井田煤层埋藏较浅、倾角较小、构造简单,开采技术条件较好,宜首先开发,井口及工业场地选择在凤凰梁横断层北侧,地势开阔平坦,距铁路、公路较近地带。煤属变质程度低的不黏煤,煤的可选性为易选和中等可选,主要用于动力、气化、间接液化、煤化工等。2008年7月23日开工建设,2011年8月18日实现联合试运转,矿井建设工期37个月,职工1500人。邮政编码:751504。

神华宁夏煤业集团金凤煤矿

神华宁夏煤业集团金家渠煤矿[Shénhuá Níngxià Méiyè Jítuán Jīnjiāqú Méikuàng] 位于冯记沟乡雨强村。井田呈南北向条带状展布,北部以定武高速公路为界,西部以井田规划、杜窑沟断层为界,东部以马柳断层为界,南部以井田规划边界为界。2010年7月23日成立,2010年9月动工建设,2012年11月11日正式建成。由神华宁夏煤业集团公司规划筹建,主要从事煤炭开采、洗选、焦化及相关产品生产销售。金家渠煤矿属于低瓦斯矿井,煤种为不黏结煤,主要用于化工、动力和民用。邮政编码:751504。

宋新庄煤矿[Sòngxīnzhuāng Méikuàng] 位于冯记沟乡汪水塘村,隶属中国石化长城能源化工宁夏煤业有限公司,井田范围:东经106°46′15″—106°48′46″,北纬37°26′43″—37°31′45″。南北长6.2千米,东西倾向宽3.1千米,面积14.492平方千米。整个井田位于积家井矿区的南部。煤炭储量243.05百万吨,可采储量97.77百万吨。煤矿于2010年7月正式开工建设,2016年10月投产。

李家坝煤矿[Lǐjiābà Méikuàng] 位于惠安堡镇与冯记沟乡交界处,隶属神华国能宁夏煤电公司,是宁东能源重化工基地煤矿之一。李家坝矿设计产能180万吨/年,井田采用斜井开拓,矿井开采的煤层均采用走向长壁采煤法,综合机械化开采工艺。矿井可采储量11928万吨,服务年限94.7年。

青山石膏矿区[Qīngshān Shígāo Kuàngqū]　位于青山乡旺四滩村和月儿泉村交界处、青山功能区西11千米处的石记场,矿山面积0.28平方千米,设计生产规模为开采原矿量30万吨/年,项目总投资1625.57万元,是青山功能区企业的原材料供应地。

盐池县顺宁石膏有限公司[Yánchí Xiàn Shùnníng Shígāo Yǒuxiàn Gōngsī]　2009年,在盐池县工商行政管理局注册成立。位于青山乡月儿泉村。主要从事石膏露天开采、加工、销售。邮政编码:751503。

盐池县阳光宇力矿业有限公司[Yánchí Xiàn Yángguāngyǔlì Kuàngyè Yǒuxiàn Gōngsī]　2012年,在盐池县工商行政管理局注册成立。位于青山功能区。主要从事石膏、石膏粉加工销售、石膏制品加工及销售。邮政编码:751503。

宁夏银东矿业有限公司[Níngxià Yíndōng Kuàngyè Yǒuxiàn Gōngsī]　2011年,在盐池县工商行政管理局注册成立。位于县城功能区青山功能区。主要从事煤炭开采。邮政编码:751503。

宁夏盐池县永泰石膏有限公司[Níngxià Yánchí Xiàn Yǒngtài Shígāo Yǒuxiàn Gōngsī]　2012年,在盐池县工商行政管理局注册成立。位于青山乡月儿泉村。主要从事石膏、石膏粉加工及销售。邮政编码:751503。

宁夏青山三元矿业有限公司[Níngxià Qīngshān Sānyuán Kuàngyè Yǒuxiàn Gōngsī]　2015年,在盐池县工商行政管理局注册成立。位于青山乡旺四滩村。主要从事矿石、石膏及其产品、石膏建材、其他建筑材料、化工产品(不含危险化学品)销售。邮政编码:751503。

盐池县信和石膏矿业有限公司[Yánchí Xiàn Xìnhé Shígāo Kuàngyè Yǒuxiàn Gōngsī]　2012年,在盐池县工商行政管理局注册成立。位于青山乡月儿泉村。主要从事石膏矿石开采、销售,石膏产品、石膏建材加工销售,其他建筑材料销售。邮政编码:751503。

宁夏盐池丹阳达贸易有限公司[Níngxià Yánchí Dānyángdá Màoyì Yǒuxiàn Gōngsī]　2014年,在盐池县工商行政管理局注册成立。位于青山乡月儿泉村。主要从事石膏矿石、脱硫石膏、石膏制品销售。邮政编码:751503。

宁夏盐池县广源矿业有限公司[Níngxià Yánchí Xiàn Guǎngyuán Kuàngyè Yǒuxiàn Gōngsī]　2012年,在盐池县工商行政管理局注册成立。位于青山乡月儿泉村。主要从事工程建设。邮政编码:751503。

盐池县宁蒙石膏加工有限公司[Yánchí Xiàn Níngméng Shígāo Jiāgōng Yǒuxiàn Gōngsī]　2014年,在盐池县工商行政管理局注册成立。位于青山乡月儿泉村。主要从事石膏粉加工及销售、石膏砌块生产及销售。邮政编码:751503。

宁夏盐池博昊矿业有限公司[Níngxià Yánchí Bóhào Kuàngyè Yǒuxiàn Gōngsī]　2013年,在盐池县工商行政管理局注册成立。位于青山乡月儿泉村。主要从事石膏开采。邮政编码:751503。

盐池县恒盛工贸有限公司[Yánchí Xiàn Héngshèng Gōngmào Yǒuxiàn Gōngsī]　2009年,在盐池县工商行政管理局注册成立。位于青山乡古峰庄村。主要从事石膏露天开采、加工、销售。邮政编码:751503。

宁夏盐池县嘉义矿业有限公司[Níngxià Yánchí Xiàn Jiāyì Kuàngyè Yǒuxiàn Gōngsī]　2012年,在盐池县工商行政管理局注册成立。位于青山乡月儿泉村。主要从事石灰和石膏制造,石膏、石膏粉加工及销售等。邮政编码:751503。

宁夏宁鄂石膏工业有限公司[Níngxià Níng'è Shígāo Gōngyè Yǒuxiàn Gōngsī]　2013年,在盐池县工商行政管理局注册成立。位于青山乡月儿泉村。主要从事石膏粉及制品生产、销售,建材销售。邮政编码:751503。

宁夏盐池县彬琨矿业有限公司[Níngxià Yánchí Xiàn Bīnkūn Kuàngyè Yǒuxiàn Gōngsī]　2012年,在盐池县工商行政管理局注册成立。位于青山功能区。主要从事石膏加工及销售。邮政编码:751503。

宁夏盐池博圣石膏制品有限公司[Níngxià Yánchí Bóshèng Shígāo Zhìpǐn Yǒuxiàn Gōngsī]　2010年,在盐池县工商行政管理局注册成立。位于青山功能区。主要从事石膏粉、石膏外加剂、石膏工艺品、石膏铸品、超硬石膏、硬石膏销售。邮政编码:751503。

盐池县阳光信和石膏矿业有限公司[Yánchí Xiàn Yángguāngxìnhé Shígāo Kuàngyè Yǒuxiàn Gōngsī]　2012年,在盐池县工商行政管理局注册成立。位于青山乡月儿泉村。主要从事石膏开采、生产加工、销售,石膏制品的生产、销售等。邮政编码:751503。

宁夏盐池县宇联石膏有限公司[Níngxià Yánchí Xiàn Yǔlián Shígāo Yǒuxiàn Gōngsī]　2014年,在盐池县工商行政管理局注册成立。位于大水坑镇大水坑村。主要从事石膏粉及制品生产、销售,建材销售。邮政编码:751506。

宁夏盐池乾源石膏矿业有限公司[Níngxià Yánchí Qiányuán Shígāo Kuàngyè Yǒuxiàn Gōngsī]　2010年,在盐池县工商行政管理局注册成立。位于麻黄山乡胶泥湾村。主要从事石膏开采、生产加工、销售,石膏制品的生产、销售。邮政编码:751508。

盐池县瑞源石料有限公司[Yánchí Xiàn Ruìyuán Shíliào Yǒuxiàn Gōngsī]　2014年,在盐池县工商行政管理局注册成立。位于冯记沟乡冯记沟村。主要从事建筑用砂开采、建材销售。邮政编码:751504。

蒋家南第二风电场[Jiǎngjiānán Dì'èr Fēngdiànchǎng]　位于高沙窝镇大圪垯村,因该风电场接入蒋家南330kV升压站而得名。2015年4月,风电场开工建设,2015年12月并网,2016年初建成并投入使用。年发电量31507万度,与之相连的交通干线有307国道。

麻黄山风电场(惠安堡)哈纳斯二期494MW工程[Máhuángshān Fēngdiànchǎng(Huì'ānpù) Hǎnàsī Èrqī 494 MW Gōngchéng]　位于惠安堡镇萌城村,因该风电场由宁夏盐池哈纳斯能源有限公司建设,且厂址设在惠安堡镇,故命名麻黄山风电场(惠安堡)哈纳斯二期494MW工程。2014年,由宁夏盐池哈纳斯能源有限公司筹建,2014年4月工程奠基,2014年11月投入运营。年发电量10000万度,总容量5万千瓦,邻近交通干线有古王高速公路、211国道、307国道。

宁夏银仪风力发电有限责任公司大水坑风电厂[Níngxià Yínyí Fēnglì Fādiàn Yǒuxiàn Zérèn Gōngsī Dàshuǐkēng Fēngdiànchǎng]　2011年,在盐池县工商行政管理局注册成立。位于大水坑镇红井子村。主要从事风力发电项目的开发、建设等。邮政编码:751506。

萌城供电所[Méngchéng Gōngdiànsuǒ]　隶属盐池县供电局。位于惠安堡镇萌城村。2001年,由盐池县供电局批准成立。主要负责6个村58个自然村的10kV线路及以下线路的运行维护和工农业及生活用电的供电任务。邮政编码:751507。

惠安堡供电所[Huì'ānpù Gōngdiànsuǒ]　隶属盐池县供电局。位于惠安堡镇惠安堡村。2000年,由盐池县供电局批准成立。主要负责1个社区、7个村81个自然村的10kV线路及以下线路的运行维护和工农业生产及生活用电的供电任务。邮政编码:751507。

大水坑供电所[Dàshuǐkēng Gōngdiànsuǒ]　隶属盐池县供电局。位于大水坑镇大水坑村。2006年,由盐池县供电局批准成立。主要负责14个村110个自然村的10kV线路及以下线路的运行维护和工农业生产及生活用电的供电任务。邮政编码:

751506。

国网宁夏电力公司盐池县供电公司高沙窝供电所[Guówǎng Níngxià Diànlì Gōngsī Yánchí Xiàn Gōngdiàn Gōngsī Gāoshāwō Gōngdiànsuǒ] 隶属盐池县供电局。位于高沙窝镇高沙窝村。2000年,由盐池县供电局批准成立。主要负责13个村77个自然村的10kV线路及以下线路的运行维护和工农业生产及生活用电的供电任务。邮政编码:751501。

国网宁夏电力公司盐池县供电公司王乐井供电所[Guówǎng Níngxià Diànlì Gōngsī Yánchí Xiàn Gōngdiàn Gōngsī Wánglèjǐng Gōngdiànsuǒ] 隶属国网宁夏电力公司盐池县供电公司。位于王乐井乡王乐井村。2000年,由盐池县供电局批准成立。主要负责13个村77个自然村的10kV线路及以下线路的运行维护和工农业生产及生活用电供电任务。邮政编码:751502。

国网宁夏电力公司盐池县供电公司青山供电所[Guówǎng Níngxià Diànlì Gōngsī Yánchí Xiàn Gōngdiàn Gōngsī Qīngshān Gōngdiànsuǒ] 隶属国网宁夏电力公司盐池县供电公司。位于青山乡青山村。1995年,由盐池县供电局批准成立。主要负责8个村57个自然村的10kV线路及以下线路的运行维护和工农业生产及生活用电的供电任务。邮政编码:751503。

宁东农村电力服务有限公司盐池分公司[Níngdōng Nóngcūn Diànlì Fúwù Yǒuxiàn Gōngsī Yánchí Fēngōngsī] 2014年,在盐池县工商行政管理局注册成立。位于县城盐州南路。主要从事农村10kV及以下电网运营、营销、供应服务。邮政编码:751500。

花马池供电所[Huāmǎchí Gōngdiànsuǒ] 位于县城盐州南路与广惠西街交叉口西南200米处。主要负责花马池镇工业、农业、生活用电的供电任务。邮政编码:751500。

国网宁夏电力公司盐池县供电公司冯记沟供电所[Guówǎng Níngxià Diànlì Gōngsī Yánchí Xiàn Gōngdiàn Gōngsī Féngjìgōu Gōngdiànsuǒ] 位于冯记沟乡冯记沟村。主要从事电力供应。邮政编码:751504。

花马池镇柳杨堡供电所[Huāmǎchí Zhèn Liǔyángpù Gōngdiànsuǒ] 2002年,由盐池县供电局批准成立。位于花马池镇柳杨堡村。主要负责花马池镇10kV及以下线路的运行维护和工农业生产及生活用电的供电任务。邮政编码:751500。

国家电网盐池县王乐井供电营业厅[Guójiā Diànwǎng Yánchí Xiàn Wánglèjǐng Gōngdiàn Yíngyètīng] 位于王乐井乡王乐井村。主要从事居民生活与生产用电的管理。邮政编码:751502。

国网宁夏电力公司盐池县供电公司麻黄山供电所[Guówǎng Níngxià Diànlì Gōngsī Yánchí Xiàn Gōngdiàn Gōngsī Máhuángshān Gōngdiànsuǒ] 位于麻黄山乡麻黄山村。主要从事电力供应。邮政编码:751508。

盐池 110kV 变电站[Yánchí 110kV Biàndiànzhàn] 位于花马池镇利民居委会,因其所在地理位置及电压等级而得名。该变电站建成于 2002 年,并于同年投入使用。输入容量 63 千瓦,输出容量 37.46 千瓦,与之相连的主要交通路线是盐州南路。

七里沟 110kV 变电站[Qīlǐgōu 110kV Biàndiànzhàn] 位于惠安堡镇萌城村,因其所在地理位置及电压等级而得名。该变电站建成于 2013 年,并于同年投入使用。输入容量 126 千瓦,输出容量 12.23 千瓦。

大水坑 110kV 变电站[Dàshuǐkēng 110kV Biàndiànzhàn] 位于大水坑镇大水坑村,因其所在地理位置及电压等级而得名。该变电站建成于 2003 年,并于同年投入使用。输入容量 51.5 千瓦,输出容量 9.76 千瓦。

红井子 35kV 变电站[Hóngjǐngzi 35kV Biàndiànzhàn] 位于大水坑镇红井子村,因其所在地理位置及电压等级而得名。该变电站建成于 2003 年,并于同年投入使用。输入容量 8 千瓦,输出容量 1.46 千瓦。

萌城 35kV 变电站[Méngchéng 35kV Biàndiànzhàn] 位于惠安堡镇萌城村,因其所在地理位置及电压等级而得名。该变电站建成于 2002 年,并于同年投入使用。输入容量 10.3 千瓦,输出容量 4.23 千瓦。

惠安堡 110kV 变电站[Huì'ānpù 110kV Biàndiànzhàn] 位于惠安堡镇惠安堡村,因其所在地理位置及电压等级而得名。该变电站建成于 1997 年,并于同年投入使用。输入容量 51.5 千瓦,输出容量 29.91 千瓦。

南新庄 110kV 变电站[Nánxīnzhuāng 110kV Biàndiànzhàn] 位于惠安堡镇南新庄,因其所在地理位置及电压等级而得名。该变电站建成于 2010 年,并于同年投入使用。输入容量 80 千瓦,输出容量 23.75 千瓦。

先锋 110kV 变电站[Xiānfēng 110kV Biàndiànzhàn] 位于高沙窝镇后备工业园区。该变电站建成于 2013 年,并于同年投入使用。输入容量 50 千瓦,输出容量 12.47 千瓦。

高沙窝 35kV 变电站[Gāoshāwō 35kV Biàndiànzhàn] 位于高沙窝镇高沙窝村,因其所在地理位置及电压等级而得名。该变电站建成于 2007 年,并于同年投入使用。输入容量 8 千瓦,输出容量 1.2 千瓦。

李家寨 35kV 变电站[Lǐjiāzhài 35kV Biàndiànzhàn]　位于花马池镇李家寨村,因其所在地理位置及电压等级而得名。该变电站建成于 2011 年,并于同年投入使用。输入容量 12.6 千瓦,输出容量 2.77 千瓦。

李华台 35kV 变电站[Lǐhuátái 35kV Biàndiànzhàn]　位于花马池镇李华台村,因其所在地理位置及电压等级而得名。该变电站建成于 2013 年,并于同年投入使用。输入容量 6.3 千瓦,输出容量 0.23 千瓦。

王乐井 35kV 变电站[Wánglèjǐng 35kV Biàndiànzhàn]　位于王乐井乡王乐井村,因其所在地理位置及电压等级而得名。该变电站建成于 2000 年,并于同年投入使用。

强滩 110kV 变电站[Qiángtān 110kV Biàndiànzhàn]　位于冯记沟乡回六庄村强记滩自然村,因其所在地理位置及电压等级而得名。该变电站建成于 2011 年,并于同年投入使用。输入容量 126 千瓦,输出容量 12.68 千瓦。

冯记沟 35kV 变电站[Féngjìgōu 35kV Biàndiànzhàn]　位于冯记沟乡冯记沟村,因其所在地理位置及电压等级而得名。该变电站建成于 2004 年,并于同年投入使用。输入容量 10.30 千瓦,输出容量 0.05 千瓦。

青山 35kV 变电站[Qīngshān 35kV Biàndiànzhàn]　位于青山乡青山村,因其所在地理位置及电压等级而得名。该变电站建成于 2000 年,并于同年投入使用。输入容量 8 千瓦,输出容量 3.98 千瓦。

谢儿渠 35kV 变电站[Xiè'erqú 35kV Biàndiànzhàn]　位于麻黄山乡麻黄山村谢儿渠自然村,因其所在地理位置及电压等级而得名。该变电站建成于 2004 年,并于同年投入使用。输入容量 6.37 千瓦,输出容量 1.02 千瓦。

宁夏宁鲁石化有限公司[Níngxià Nínglǔ Shíhuà Yǒuxiàn Gōngsī]　1998 年,在盐池县工商行政管理局注册成立。位于县城功能区。主要从事石油化工类产品加工销售。邮政编码:751500。

盐池县都顺生物化工股份有限公司[Yánchí Xiàn Dōushùn Shēngwù Huàgōng Gǔfèn Yǒuxiàn Gōngsī]　2012 年,在吴忠市工商行政管理局注册成立。位于县城功能区。主要从事中药材种植,中药材(不含麻黄、野生甘草等国家控制药材)收购、加工、销售,化工原料(不含化学危险品)生产、销售,废旧金属收购、销售,日用百货、金属材料(不含贵重金属)、机电产品(不含小轿车)、五金百货经销。邮政编码:751500。

盐池县天宝化工有限公司[Yánchí Xiàn Tiānbǎo Huàgōng Yǒuxiàn Gōngsī]　2003 年,在盐池县工商行政管理局注册成立。位于高沙窝镇高沙窝村。主要从事杂酚、蒽油、洗油生产、加工、销售。邮政编码:751501。

宁夏腾欣工贸有限公司[Níngxià téngxīn Gōngmào Yǒuxiàn Gōngsī] 2015年,在盐池县工商行政管理局注册成立。位于高沙窝功能区。主要从事煤炭、煤粉加工、销售,机械零部件加工、销售,机械设备、电子产品、化工产品(不含危险化学品和易制毒品)、锅炉配件销售。邮政编码:751501。

宁夏冀源化学有限公司[Níngxià Jìyuán Huàxué Yǒuxiàn Gōngsī] 2012年,在盐池县工商行政管理局注册成立。位于高沙窝功能区。主要从事除渣剂、缓蚀阻垢剂、工业用碱、保温材料、甲醇钠等的生产及销售。邮政编码:751501。

宁夏生茂宏源工贸公司[Níngxià Shēngmào Hóngyuán Gōngmào Gōngsī] 2011年,在盐池县工商行政管理局注册成立。位于惠安堡功能区。主要从事煤炭筛选、清洗、装运、加工及销售,电煤、焦煤、蓝碳、碳化硅、活性炭、铁合金、建筑材料、五金交电、化工产品(不含危险化学品)、水暖材料、日用百货、劳保用品、装饰材料、仪器仪表、机电产品、机械设备、建材、汽车配件、矿山设备销售,道路普通货物运输,商品信息服务等。邮政编码:751507。

宁夏天赐运河中药饮片有限公司[Níngxià Tiāncì Yùnhé Zhōngyào Yǐnpiàn Yǒuxiàn Gōngsī] 2014年,在盐池县工商行政管理局注册成立。位于县城永生物流园。主要从事中药材种植,预包装食品兼散装食品批发兼零售,农副产品购销、粗加工、分拣包装,颗粒花茶销售,甘草、中药材、农林作物产品的研发,荒漠生态综合治理及旅游开发,农产品新技术推广及咨询服务,农产品生物萃取。邮政编码:751500。

宁夏神大夫中药饮片有限公司[Níngxià Shéndàifu Zhōngyào Yǐnpiàn Yǒuxiàn Gōngsī] 2014年,在盐池县工商行政管理局注册成立。位于县城永生物流园。主要从事中药材种植,预包装食品兼散装食品批发兼零售,农副产品购销、粗加工、分拣包装,颗粒花茶销售,甘草、中药材、农林作物产品的研发,荒漠生态综合治理及旅游开发,农产品新技术推广及咨询服务,农产品生物萃取。邮政编码:751500。

宁夏润达中药饮片有限公司[Níngxià Rùndá Zhōngyào Yǐnpiàn Yǒuxiàn Gōngsī] 2014年,在盐池县工商行政管理局注册成立。位于县城永生物流园。主要从事中药材种植,预包装食品兼散装食品批发兼零售,农副产品购销、粗加工、分拣包装,颗粒花茶销售,甘草、中药材、农林作物产品的研发,荒漠生态综合治理及旅游开发,农产品新技术推广及咨询服务,农产品生物萃取。邮政编码:751500。

宁夏紫荆花制药有限公司[Níngxià Zǐjīnghuā Zhìyào Yǒuxiàn Gōngsī] 2001年,成立宁夏紫荆花药业有限责任公司,2003年变更为宁夏紫荆花药业股份有限公司,2007年变更为宁夏盐池紫荆花药业有限公司,2010年变更为宁夏紫荆花制药有限公司。位于县城功能区。主要从事原料药、化学药、中药制剂(中药材提取及前处理)等药品的制造。邮政编码:751500。

绿金家园(宁夏)中药产业发展有限公司[Lǜjīnjiāyuán(Níngxià) Zhōngyào Chǎnyè Fāzhǎn Yǒuxiàn Gōngsī] 2016年,在盐池县工商行政管理局注册成立。位于县城功能区中小微企业孵化园。主要从事中药饮片(净制、切制、炒制、灸制、制炭、煅制、煮制、不含毒性中药饮片),中药材种植、粗加工、收购、销售。邮政编码:751500。

宁夏绿聚人农特产品交易市场有限公司[Níngxià Lǜjùrén Nóngtèchǎnpǐn Jiāoyì Shìchǎng Yǒuxiàn Gōngsī] 2015年,在盐池县工商行政管理局注册成立。位于县城永生物流园。主要从事中草药材仓储、粗加工,土特产品、农副产品粗加工,货物进出口,预包装食品(不含冷藏冷冻食品)销售。邮政编码:751500。

盐池县澳得药业有限公司[Yánchí Xiàn Àodé Yàoyè Yǒuxiàn Gōngsī] 2014年,在盐池县工商行政管理局注册成立。位于县城永生物流园。主要从事中药材种植,批发兼零售预包装食品、散装食品,农副产品(不含需专项审批的项目)购销及粗加工,颗粒花茶销售,农产品新技术、新产品推广及咨询服务。邮政编码:751500。

盐池县华海药业有限公司[Yánchí Xiàn Huáhǎi Yàoyè Yǒuxiàn Gōngsī] 2014年,在盐池县工商行政管理局注册成立。位于县城永生物流园。主要从事中药材种植,批发兼零售预包装食品、散装食品,农副产品(不含需专项审批的项目)收购、粗加工及销售。邮政编码:751500。

盐池县百顺药业有限公司[Yánchí Xiàn Bǎishùn Yàoyè Yǒuxiàn Gōngsī] 2014年,在盐池县工商行政管理局注册成立。位于县城永生物流园。主要从事中药材种植,批发兼零售预包装食品、散装食品,农副产品(不含需专项审批的项目)购销及粗加工,颗粒花茶销售,农产品新技术、新产品推广及咨询服务。邮政编码:751500。

盐池县兴河药业有限公司[Yánchí Xiàn Xīnghé Yàoyè Yǒuxiàn Gōngsī] 2014年,在盐池县工商行政管理局注册成立。位于县城永生物流园。主要从事中药材种植,批发兼零售预包装食品、散装食品,农副产品(不含需专项审批的项目)收购、加工、销售。邮政编码:751500。

盐池县华宇药业有限公司[Yánchí Xiàn Huáyǔ Yàoyè Yǒuxiàn Gōngsī] 2014年,在盐池县工商行政管理局注册成立。位于县城永生物流园。主要从事中药材种植,批发零售预包装食品、散装食品,农副产品(不含需专项审批的项目)购销、粗加工,分拣包装(颗粒花茶、八宝茶),农产品新技术、新产品推广及咨询服务。邮政编码:

751500。

盐池县浩宇药业有限公司[Yánchí Xiàn Hàoyǔ Yàoyè Yǒuxiàn Gōngsī] 2014年,在盐池县工商行政管理局注册成立。位于县城永生物流园。主要从事中药材种植,批发零售预包装食品、散装食品,农副产品(不含需专项审批的项目)购销、粗加工,分拣包装(颗粒花茶、八宝茶)、销售。邮政编码:751500。

盐池县宏大药业有限公司[Yánchí Xiàn Hóngdà Yàoyè Yǒuxiàn Gōngsī] 2014年,在盐池县工商行政管理局注册成立。位于县城永生物流园。主要从事中药材种植,批发零售预包装食品、散装食品,农副产品(不含需专项审批的项目)收购、加工、销售。邮政编码:751500。

盐池县银鑫药业有限公司[Yánchí Xiàn Yínxīn Yàoyè Yǒuxiàn Gōngsī] 2014年,在盐池县工商行政管理局注册成立。位于县城永生物流园。主要从事中药材种植,批发零售预包装食品、散装食品,农副产品(不含需专项审批的项目)购销。邮政编码:751500。

盐池县丰发药业有限公司[Yánchí Xiàn Fēngfā Yàoyè Yǒuxiàn Gōngsī] 2014年,在盐池县工商行政管理局注册成立。位于县城永生物流园。主要从事中药材种植,批发零售预包装食品、散装食品,农副产品(不含需专项审批的项目)购销及粗加工,颗粒花茶销售,农产品新技术、新产品推广及咨询服务。邮政编码:751500。

盐池县深江药业有限公司[Yánchí Xiàn Shēnjiāng Yàoyè Yǒuxiàn Gōngsī] 2014年,在盐池县工商行政管理局注册成立。位于县城永生物流园。主要从事中药材种植,批发零售预包装食品、散装食品,农副产品(不含需专项审批的项目)购销、粗加工,分拣包装(颗粒花茶、八宝茶)、销售。邮政编码:751500。

盐池县河州药业有限公司[Yánchí Xiàn Hézhōu Yàoyè Yǒuxiàn Gōngsī] 2014年,在盐池县工商行政管理局注册成立。位于县城永生物流园。主要从事中药材种植,批发零售预包装食品、散装食品,农副产品收购、加工、销售,颗粒花茶销售,农产品新技术、新产品推广及咨询服务。邮政编码:751500。

盐池县三和药业有限公司[Yánchí Xiàn Sānhé Yàoyè Yǒuxiàn Gōngsī] 2014年,在盐池县工商行政管理局注册成立。位于县城永生物流园。主要从事中药材种植,批发兼零售预包装食品、散装食品,农副产品收购、加工、销售,颗粒花茶销售,农产品新技术、新产品推广及咨询服务。邮政编码:751500。

盐池县润宁药业有限公司[Yánchí Xiàn Rùnníng Yàoyè Yǒuxiàn Gōngsī] 2014年,在盐池县工商行政管理局注册成立。位于县城永生物流园。主要从事中药材种植，批发兼零售预包装食品、散装食品，农副产品收购、加工、销售，颗粒花茶销售，农产品新技术、新产品推广及咨询服务。邮政编码：751500。

盐池县盛腾药业有限公司［Yánchí Xiàn Shèngténg Yàoyè Yǒuxiàn Gōngsī］2015年，在盐池县工商行政管理局注册成立。位于县城永生物流园。主要从事中药材种植，农副产品购销、粗加工，分拣包装（颗粒花茶、八宝茶）、销售。邮政编码：751500。

盐池县隆祥药业有限公司［Yánchí Xiàn Lóngxiáng Yàoyè Yǒuxiàn Gōngsī］2014年，在盐池县工商行政管理局注册成立。位于冯记沟乡冯记沟村。主要从事中药材种植，批发兼零售预包装食品、散装食品，农副产品（不含需专项审批的项目）购销、粗加工，分拣包装（颗粒花茶、八宝茶）、销售。邮政编码：751504。

盐池县永顺药业有限公司［Yánchí Xiàn Yǒngshùn Yàoyè Yǒuxiàn Gōngsī］2014年，在盐池县工商行政管理局注册成立。位于县城永生物流园。主要从事中药材种植，批发零售预包装食品、散装食品，农副产品（不含需专项审批的项目）购销、粗加工，农产品新技术、新产品推广及咨询服务等业务。邮政编码：751500。

盐池县康嘉药业有限公司［Yánchí Xiàn Kāngjiā Yàoyè Yǒuxiàn Gōngsī］2014年，在盐池县工商行政管理局注册成立。位于县城永生物流园。主要从事医药生产销售。邮政编码：751500。

盐池县宏开药业有限公司［Yánchí Xiàn Hóngkāi Yàoyè Yǒuxiàn Gōngsī］2014年，在盐池县工商行政管理局注册成立。位于县城永生物流园。主要从事中药材种植，批发零售预包装食品、散装食品，农副产品（不含需专项审批的项目）购销、粗加工。邮政编码：751500。

盐池县华夏堂药业有限公司［Yánchí Xiàn huáxiàtáng Yàoyè Yǒuxiàn Gōngsī］2014年，在盐池县工商行政管理局注册成立。位于县城永生物流园。主要从事中药材种植，批发兼零售预包装食品、散装食品，农副产品（不含需专项审批的项目）购销、粗加工，分拣包装（颗粒花茶、八宝茶）。邮政编码：751500。

盐池县宏济药业有限公司［Yánchí Xiàn Hóngjì Yàoyè Yǒuxiàn Gōngsī］2014年，在盐池县工商行政管理局注册成立。位于县城永生物流园。主要从事医药生产销售。邮政编码：751500。

盐池县安达药业有限公司［Yánchí Xiàn Āndá Yàoyè Yǒuxiàn Gōngsī］2014年，在盐池县工商行政管理局注册成立。位于县城永生物流园。主要从事中药材种植，批发兼零售预包装食品、散装食品，农副产品（不含需专项审批的项目）购销、粗加工，分拣包装（颗粒花茶、八宝茶），农产品新技术、新产品推广及咨询服务。邮政编码：

751500。

盐池县海创药业有限公司[Yánchí Xiàn Hǎichuàng Yàoyè Yǒuxiàn Gōngsī] 2014年,在盐池县工商行政管理局注册成立。位于县城永生物流园。主要从事中药材种植,批发零售预包装食品、散装食品,农副产品(不含需专项审批的项目)收购、粗加工、销售,颗粒花茶销售,农产品新技术、新产品推广及咨询服务。邮政编码:751500。

盐池县欣雨药业有限公司[Yánchí Xiàn Xīnyǔ Yàoyè Yǒuxiàn Gōngsī] 2014年,在盐池县工商行政管理局注册成立。位于县城永生物流园。主要从事中药材种植,批发兼零售预包装食品、散装食品,农副产品(不含需专项审批的项目)收购、加工、销售,颗粒花茶销售,农产品新技术、新产品推广及咨询服务。邮政编码:751500。

盐池县润达甘草生物科技有限公司[Yánchí Xiàn Rùndá Gāncǎo Shēngwù Kējì Yǒuxiàn Gōngsī] 2009年,在盐池县工商行政管理局注册成立。位于县城永生物流园。主要从事预包装食品(饮料)批发兼零售,农副产品(不含需专项审批的项目)收购、加工、销售,花茶销售,保健品研发,化妆品研发、销售,甘草、中药材、农林作物的生物产品的研发,中药材的种植,荒漠生态综合治理及旅游开发,农产品新技术、新产品推广及咨询服务。邮政编码:751500。

盐池县皖宁药业有限公司[Yánchí Xiàn Wǎnníng Yàoyè Yǒuxiàn Gōngsī] 2014年,在盐池县工商行政管理局注册成立。位于县城永生物流园。主要从事中药材种植,批发兼零售预包装食品、散装食品,农副产品(不含需专项审批的项目)收购、加工、销售,颗粒花茶销售,农产品新技术、新产品推广及咨询服务。邮政编码:751500。

盐池县四海药业有限公司[Yánchí Xiàn Sìhǎi Yàoyè Yǒuxiàn Gōngsī] 2014年,在盐池县工商行政管理局注册成立。位于县城永生物流园。主要从事中药材种植,批发兼零售预包装食品、散装食品,农副产品(不含需专项审批的项目)收购及粗加工、销售。邮政编码:751500。

盐池县亚宇药业有限公司[Yánchí Xiàn Yàyǔ Yàoyè Yǒuxiàn Gōngsī] 2014年,在盐池县工商行政管理局注册成立。位于县城永生物流园。主要从事中药材种植,批发兼零售预包装食品、散装食品,农副产品(不含需专项审批的项目)购销、粗加工,分拣包装(颗粒花茶、八宝茶),农产品新技术、新产品推广及咨询服务。邮政编码:751500。

盐池县德广药业有限公司[Yánchí Xiàn Déguǎng Yàoyè Yǒuxiàn Gōngsī] 2014年,在盐池县工商行政管理局注册成立。位于县城永生物流园。主要从事中药材种植,批发零售预包装食品、散装食品,农副产品(不含需专项审批的项目)购销、粗加工,分拣包装(颗粒花茶、八宝茶),农产品新技术、新产品推广及咨询服务。邮政编码:751500。

盐池县宏生药业有限公司[Yánchí Xiàn Hóngshēng Yàoyè Yǒuxiàn Gōngsī] 2014年,在盐池县工商行政管理局注册成立。位于县城永生物流园。主要从事中药材种植,批发零售预包装食品、散装食品,农副产品(不含需专项审批的项目)收购、加工、销售,颗粒花茶销售,农产品新技术、新产品推广及咨询服务,道路平整及维护,油气井设备及材料、机电产品、化工产品(不含危险化学品)、劳保用品、建筑材料销售业务。邮政编码:751500。

盐池县浙洲药业有限公司[Yánchí Xiàn Zhèzhōu Yàoyè Yǒuxiàn Gōngsī] 2014年,在盐池县工商行政管理局注册成立。位于县城永生物流园。主要从事医药生产销售。邮政编码:751500。

盐池县佳乐药业有限公司[Yánchí Xiàn Jiālè Yàoyè Yǒuxiàn Gōngsī] 2014年,在盐池县工商行政管理局注册成立。位于县城永生物流园。主要从事医药生产销售。邮政编码:751500。

盐池县佳恒药业有限公司[Yánchí Xiàn Jiāhéng Yàoyè Yǒuxiàn Gōngsī] 2014年,在盐池县工商行政管理局注册成立。位于县城永生物流园。主要从事医药生产销售。邮政编码:751500。

盐池县德仁药业有限公司[Yánchí Xiàn Dérén Yàoyè Yǒuxiàn Gōngsī] 2014年,在盐池县工商行政管理局注册成立。位于县城永生物流园。主要从事医药生产销售。邮政编码:751500。

盐池县科沃药业有限公司[Yánchí Xiàn Kēwò Yàoyè Yǒuxiàn Gōngsī] 2014年,在盐池县工商行政管理局注册成立。位于县城永生物流园。主要从事医药生产销售。邮政编码:751500。

盐池县全顺药业有限公司[Yánchí Xiàn Quánshùn Yàoyè Yǒuxiàn Gōngsī] 2014年,在盐池县工商行政管理局注册成立。位于县城永生物流园。主要从事医药生产销售。邮政编码:751500。

盐池县丰华堂药业有限公司[Yánchí Xiàn Fēnghuátáng Yàoyè Yǒuxiàn Gōngsī] 2014年,在盐池县工商行政管理局注册成立。位于县城永生物流园。主要从事医药生产销售。邮政编码:751500。

盐池县鑫源药业有限公司[Yánchí Xiàn Xīnyuán Yàoyè Yǒuxiàn Gōngsī] 2014年,在盐池县工商行政管理局注册成立。位于县城永生物流园。主要从事医药生产销售。邮政编码：751500。

盐池县江宏药业有限公司[Yánchí Xiàn Jiānghóng Yàoyè Yǒuxiàn Gōngsī] 2014年，在盐池县工商行政管理局注册成立。位于县城永生物流园。主要从事医药生产销售。邮政编码：751500。

盐池县海洋药业有限公司[Yánchí Xiàn Hǎiyáng Yàoyè Yǒuxiàn Gōngsī] 2014年，在盐池县工商行政管理局注册成立。位于县城永生物流园。主要从事中药材种植，批发零售预包装食品、散装食品，农副产品（不含需专项审批的项目）收购、加工、销售。邮政编码：751500。

盐池县徽亚药业有限公司[Yánchí Xiàn Huīyà Yàoyè Yǒuxiàn Gōngsī] 2014年，在盐池县工商行政管理局注册成立。位于县城永生物流园。主要从事中药材种植，批发零售预包装食品、散装食品，农副产品（不含需专项审批的项目）收购、加工、销售。邮政编码：751500。

盐池县东亮药业有限公司[Yánchí Xiàn Dōngliàng Yàoyè Yǒuxiàn Gōngsī] 2014年，在盐池县工商行政管理局注册成立。位于县城永生物流园。主要从事中药材种植，批发零售预包装食品、散装食品，农副产品（不含需专项审批的项目）收购、加工、销售。邮政编码：751500。

盐池县天江药业有限公司[Yánchí Xiàn Tiānjiāng Yàoyè Yǒuxiàn Gōngsī] 2014年，在盐池县工商行政管理局注册成立。位于县城永生物流园区。主要从事医药生产销售。邮政编码：751500。

盐池县合盛农业装备有限公司[Yánchí Xiàn Héshèng Nóngyè Zhuāngbèi Yǒuxiàn Gōngsī] 2016年，在盐池县工商行政管理局注册成立。位于县城盐州南路131号。主要从事设施农业设备、环保清洁设备、灌溉设备、牧草、化肥、仪器、仪表设备的批发零售。邮政编码：751500。

宁夏雁河石化机械制造有限公司[Níngxià Yànhé Shíhuà Jīxiè Zhìzào Yǒuxiàn Gōngsī] 2011年，在盐池县工商行政管理局注册成立。位于高沙窝镇宝塔村。主要从事锻件、法兰、金属密封件销售，机械设备加工及销售，钢材、劳保用品、五金交电销售，木材、矿用支护产品、钢护板、钢带加工、销售等业务。邮政编码：751501。

盐池县光明玻璃制造有限公司[Yánchí Xiàn Guāngmíng Bōli Zhìzào Yǒuxiàn Gōngsī] 2013年，在盐池县工商行政管理局注册成立。位于县城功能区。主要从事真空玻璃制造。邮政编码：751500。

盐池县天信工贸有限公司[Yánchí Xiàn Tiānxìn Gōngmào Yǒuxiàn Gōngsī] 2015年,在盐池县工商行政管理局注册成立。位于县城功能区。主要从事石材加工,建材、铝合金门窗及木制家具加工、制作,玻璃加工,净水设备销售,室内外装饰。邮政编码:751500。

盐池县银美门窗制造有限公司[Yánchí Xiàn Yínměi Ménchuāng Zhìzào Yǒuxiàn Gōngsī] 2014年,在盐池县工商行政管理局注册成立。位于县城功能区。主要从事真空玻璃制作、销售和安装服务。邮政编码:751500。

盐池县金海工程建材厂[Yánchí Xiàn Jīnhǎi Gōngchéng Jiàncáichǎng] 2014年,在盐池县工商行政管理局注册成立。位于花马池镇北园子村。主要从事水泥发泡制品(保温板、泡沫砖、复合板)制造、批发零售。邮政编码:751500。

盐池县东盛建材混凝土构件制品有限公司[Yánchí Xiàn Dōngshèng Jiàncái Hùnníngtǔ Gòujiàn Zhìpǐn Yǒuxiàn Gōngsī] 2004年,在盐池县工商行政管理局注册成立。位于县城功能区。主要从事除预应力吊车梁、桥梁、屋面梁、屋架和预应力钢筋混凝土管以外的其他各类混凝土预制构件制作销售。邮政编码:751500。

宁夏盐池永晟砼业有限公司[Níngxià Yánchí Yǒngshèng Tóngyè Yǒuxiàn Gōngsī] 2014年,在盐池县工商行政管理局注册成立。位于县城功能区。主要从事商品砼生产与销售,建筑材料、水泥制品销售。邮政编码:751500。

宁夏盐池旭丰砼业有限公司[Níngxià Yánchí Xùfēng Tóngyè Yǒuxiàn Gōngsī] 2014年,在盐池县工商行政管理局注册成立。位于县城功能区。主要从事商品混凝土(搅拌)加工、销售,建材、砂石料销售。邮政编码:751500。

宁夏瀛海天池建材有限公司[Níngxià Yínghǎitiānchí Jiàncái Yǒuxiàn Gōngsī] 2011年,在盐池县工商行政管理局注册成立。位于县城功能区。主要从事水泥的生产、加工及销售。邮政编码:751500。

盐池县晨光新型节能环保建材公司[Yánchí Xiàn Chénguāng Xīnxíng Jiénéng Huánbǎo Jiàncái Gōngsī] 2013年,在盐池县工商行政管理局注册成立。位于县城功能区。主要从事塑钢门窗制造。邮政编码:751500。

祥和建材厂[Xiánghé Jiàncáichǎng] 1999年,在盐池县工商行政管理局注册成立。位于花马池镇沟沿村。主要从事建筑材料生产与销售。邮政编码:751500。

宁夏盐池县隆根源新型建材有限公司[Níngxià Yánchí Xiàn Lónggēnyuán Xīnxíng Jiàncái Yǒuxiàn Gōngsī] 2013年,在盐池县工商行政管理局注册成立。位于高沙窝镇宝塔村。主要从事煤矸石烧结复合保温砌块的生产与销售。邮政编码:

751501。

宁夏盐池万顺砼业有限公司[Níngxià Yánchí Wànshùn Tóngyè Yǒuxiàn Gōngsī] 2015年,在盐池县工商行政管理局注册成立。位于高沙窝镇长流水村。主要从事混凝土加工及销售,建筑材料、土石方、基配料、石料、沙料、水泥销售。邮政编码:751501。

盐池县好运建材有限公司[Yánchí Xiàn Hǎoyùn Jiàncái Yǒuxiàn Gōngsī] 2014年,在盐池县工商行政管理局注册成立。位于青山乡旺四滩村。主要从事水泥砖生产、销售。邮政编码:751503。

宁夏长昇建材有限公司[Níngxià Chángshēng Jiàncái Yǒuxiàn Gōngsī] 2009年,在盐池县工商行政管理局注册成立。位于大水坑镇大水坑村。主要从事砼、水泥构件制造、销售,防水建筑材料制造。邮政编码:751506。

盐池县亨鑫砼业有限公司[Yánchí Xiàn Hēngxīn Tóngyè Yǒuxiàn Gōngsī] 2016年,在盐池县工商行政管理局注册成立。位于冯记沟乡雨强村。主要从事混凝土加工及销售,建筑材料、土石方、基配料、石料、沙料、水泥销售。邮政编码:751504。

盐池县兴昌建材有限公司[Yánchí Xiàn Xīngchāng Jiàncái Yǒuxiàn Gōngsī] 2009年,在盐池县工商行政管理局注册成立。位于惠安堡镇萌城村。主要从事石料加工、销售。邮政编码:751507。

盐池县和润建材有限公司[Yánchí Xiàn Hérùn Jiàncái Yǒuxiàn Gōngsī] 2015年,在盐池县工商行政管理局注册成立。位于惠安堡镇萌城村。主要从事建材加工、安装、销售。邮政编码:751507。

盐池县众泰建材有限公司[Yánchí Xiàn Zhòngtài Jiàncái Yǒuxiàn Gōngsī] 2014年,在盐池县工商行政管理局注册成立。位于惠安堡镇萌城村。主要从事石灰石、破碎石、石灰石矿粉、石灰生产及销售、粉煤灰、水泥销售业务。邮政编码:751507。

盐池县聚鑫建材有限公司[Yánchí Xiàn Jùxīn Jiàncái Yǒuxiàn Gōngsī] 2014年,在盐池县工商行政管理局注册成立。位于花马池镇长城村。主要从事砖瓦、建材、五金、化工、制砖机配件销售业务。邮政编码:751500。

宁夏煜燊昌工贸有限公司[Níngxià Yùshēnchāng Gōngmào Yǒuxiàn Gōngsī] 2015年,在盐池县工商行政管理局注册成立。位于高沙窝镇施记圈村。主要从事碎石、石灰加工及销售,砂石料、五金、建材、钢材、水泥销售。邮政编码:751501。

盐池县丰运砼业有限公司[Yánchí Xiàn Fēngyùn Tóngyè Yǒuxiàn Gōngsī] 2016年,在盐池县工商行政管理局注册成立。位于高沙窝镇长流水村。主要从事混凝土加工及销售,建筑材料、土石方、基配料、石料、沙料、水泥销售。邮政编码:751501。

宁夏长源工贸有限公司［Níngxià Chángyuán Gōngmào Yǒuxiàn Gōngsī］ 2012年，在盐池县工商行政管理局注册成立。位于高沙窝镇宝塔村。主要从事粉煤灰、漂珠、石灰石粉的加工销售，油井低密度固井材料加工及销售，五金、建材、化工产品（不含危险化学品）、钢材、劳保用品、水泥的销售等。邮政编码：751501。

宁夏盐池县浩宇煤业有限公司［Níngxià Yánchí Xiàn Hàoyǔ Méiyè Yǒuxiàn Gōngsī］ 2011年，在盐池县工商行政管理局注册成立。位于高沙窝镇宝塔村。主要从事煤炭筛选、清洗、批发经营，五金建材、化工产品（不含危险化学品）、生物有机肥销售等。邮政编码：751501。

盐池县伟通装载机修理厂［Yánchí Xiàn Wěitōng Zhuāngzǎijī Xiūlǐchǎng］ 2011年，在盐池县工商行政管理局注册成立。位于县城永生物流园。主要从事彩钢板、轻钢加工、安装、销售，五金、建材销售，塑钢、铝合金门窗制作、销售。邮政编码：751500。

宁夏盐池县万达彩钢工贸有限公司［Níngxià Yánchí Xiàn Wàndá Cǎigāng Gōngmào Yǒuxiàn Gōngsī］ 2011年，在盐池县工商行政管理局注册成立。位于县城永生物流园。主要从事彩钢板、轻钢加工、安装、销售，五金、建材销售。邮政编码：751500。

宁夏开源油气工程技术服务有限公司［Níngxià Kāiyuán Yóuqì Gōngchéng Jìshù Fúwù Yǒuxiàn Gōngsī］ 2007年，在盐池县工商行政管理局注册成立。位于县城功能区。主要从事环境工程（油气田井场绿化、泥浆池环境治理），井场标准化建设，录井、测井技术服务，砂石道路维修，房屋维修、室内装修，油气技术服务，水源井钻探维修，油井及钻井设备维修，钻井设备及配件零售，货物吊装、普通货物运输，土石方开挖，车床、钢管精加工，管道防腐、保温、安装技术服务。邮政编码：751500。

盐池县五福陵园公墓石材加工厂［Yánchí Xiàn Wǔfú Língyuán Gōngmù Shícái Jiāgōngchǎng］ 2016年，在盐池县工商行政管理局注册成立。位于县城盐柳路东侧（大墩梁公墓）。主要从事石材、水泥制品加工制作及销售等。邮政编码：751500。

宁夏峰腾塑业有限公司［Níngxià fēngténg Sùyè Yǒuxiàn Gōngsī］ 2016年，在盐池县工商行政管理局注册成立。位于高沙窝功能区。主要从事废旧塑料的回收和再利用，塑料编织袋、农膜、工业用袋的生产、加工、销售，五金建材销售，机械设备维修，道路普通货物运输，煤炭、焦炭的销售运输，化工产品销售。邮政编码：751501。

盐池县帝旺畜产品有限公司［Yánchí Xiàn Dìwàng Xùchǎnpǐn Yǒuxiàn Gōngsī］ 2008年，在盐池县工商行政管理局注册成立。位于花马池镇柳杨堡村。主要从事皮毛加工、皮毛制品批发零售。邮政编码:751500。

宁夏盐池美雅滩羊裘皮有限公司[Níngxià Yánchí Měiyǎ Tānyáng Qiúpí Yǒuxiàn Gōngsī]　1992年,成立美雅裘皮加工店,2005年变更为盐池美雅滩羊裘皮加工厂,2009年变更为宁夏盐池美雅滩羊裘皮有限公司。位于县城功能区。主要从事滩羊裘皮、皮毛加工销售。邮政编码:751500。

宁夏盐池绿农在线电子商务有限公司[Níngxià Yánchí Lǜnóng Zàixiàn Diànzǐ Shāngwù Yǒuxiàn Gōngsī]　2016年,在盐池县工商行政管理局注册成立。位于县城永生物流园。主要从事电子商务服务,计算机软硬件技术开发,农副产品、土特产、中药材生产、加工、包装、销售、国内贸易,经营进出口业务,技术进出口、代理进出口,信息咨询、企业管理咨询、物流信息咨询。邮政编码:751500。

盐池县宁丰生物饵料加工厂[Yánchí Xiàn Níngfēng Shēngwù Ěrliào Jiāgōngchǎng]　2011年,在盐池县工商行政管理局注册成立。位于县城功能区。主要从事生物饵料加工、销售。邮政编码:751500。

宁夏盐池县润钰杂粮食品有限公司[Níngxià Yánchí Xiàn Rùnyù Záliángshipǐn Yǒuxiàn Gōngsī]　2012年,在盐池县工商行政管理局注册成立。位于县城永清路南街94号。主要从事预包装食品、散装食品销售。邮政编码:751500。

宁夏盐池宁盐四季春肉食品有限公司[Níngxià Yánchí Níngyán Sìjìchūn Ròushípǐn Yǒuxiàn Gōngsī]　2016年,在盐池县工商行政管理局注册成立。位于县城滩羊销售专区11号。主要从事牛、羊肉加工及批发零售。邮政编码:751500。

盐池县山野香苦荞麦食品有限公司[Yánchí Xiàn Shānyěxiāng Kǔqiáomài Shípǐn Yǒuxiàn Gōngsī]　2012年,在盐池县工商行政管理局注册成立。位于县城功能区。主要从事苦荞麦系列产品、方便食品生产及销售,含茶制品和代用茶(苦荞米茶、苦荞麦糊)生产、销售,粮油制品销售,枸杞种植、销售,枸杞产品研发、加工、销售及售后服务。邮政编码:751500。

盐池县金龙速冻食品有限公司[Yánchí Xiàn Jīnlóng Sùdòng Shípǐn Yǒuxiàn Gōngsī]　2014年,在盐池县工商行政管理局注册成立。位于花马池镇长城村。主要从事速冻食品(生制品)加工、批发零售等。邮政编码:751500。

盐池县冯记沟乡雨强村春雨粮油加工厂[Yánchí Xiàn Féngjìgōu Xiāng Yǔqiáng Cūn Chūnyǔ Liángyóu Jiāgōngchǎng]　2015年,在盐池县工商行政管理局注册成立。位于冯记沟乡雨强村。主要从事粮油加工销售。邮政编码:751504。

盐池郑佳乳品饮料厂[Yánchí Zhèngjiā Rǔpǐn Yǐnliàochǎng]　2003年,在盐池

县工商行政管理局注册成立。位于县城福州南路392号。主要从事酸奶、豆奶及饮料加工、销售,奶牛、肉牛养殖销售业务。邮政编码:751500。

盐池县山川科宝食品有限公司[Yánchí Xiàn Shānchuānkēbǎo Shípǐn Yǒuxiàn Gōngsī] 2005年,在盐池县工商行政管理局注册成立。位于县城盐州北路23号。主要从事蔬菜种植、销售,蔬菜脱水、销售,中药材(不含国家禁止经营的品种)收购、加工及销售,农业技术推广及咨询服务。邮政编码:751500。

宁夏迪葳食品有限公司[Níngxià Díwēi Shípǐn Yǒuxiàn Gōngsī] 2008年,在盐池县工商行政管理局注册成立。位于县城功能区。主要从事蔬菜加工销售。邮政编码:751500。

宁夏杰瑞斯食品有限公司[Níngxià Jiéruìsī Shípǐn Yǒuxiàn Gōngsī] 2011年,在盐池县工商行政管理局注册成立。位于县城功能区。主要从事食品加工销售。邮政编码:751500。

盐池县对了杂粮食品有限公司[Yánchí Xiàn Duìle Záliáng Shípǐn Yǒuxiàn Gōngsī] 2002年,在盐池县工商行政管理局注册成立。位于县城功能区。主要从事杂粮方砖、杂粮礼盒、荞麦粉、挂面、苦荞茶、苦荞糊销售。邮政编码:751500。

盐池县富昌盛杂粮食品有限公司[Yánchí Xiàn Fùchāngshèng Záliáng Shípǐn Yǒuxiàn Gōngsī] 2012年,在盐池县工商行政管理局注册成立。位于县城功能区。主要从事小杂粮加工。邮政编码:751500。

宁夏原野蜂业有限公司[Níngxià Yuányě Fēngyè Yǒuxiàn Gōngsī] 2000年,在盐池县工商行政管理局注册成立。位于县城功能区。主要从事蜂产品加工、蜜源基地保护及作物种植、果蔬储存等。邮政编码:751500。

宁夏盐池春雪荞麦壳制品有限公司[Níngxià Yánchí Chūnxuě Qiáomàiké Zhìpǐn Yǒuxiàn Gōngsī] 2013年,在盐池县工商行政管理局注册成立。位于县城功能区。主要从事荞麦壳枕芯、工艺品、褥子、被子、垫子及其系列产品的制作及销售。邮政编码:751500。

盐池县汇丰源黄花加工有限公司[Yánchí Xiàn Huìfēngyuán Huánghuā Jiāgōng Yǒuxiàn Gōngsī] 2016年,在盐池县工商行政管理局注册成立。位于花马池镇沟沿村。主要从事黄花菜种植加工。邮政编码:751500。

盐池县丰盛荞面加工厂[Yánchí Xiàn Fēngshèng Qiáomiàn Jiāgōngchǎng] 2006年,在盐池县工商行政管理局注册成立。位于县城利民居委会。主要从事粮食加工品(谷物碾磨加工品)加工、生产等。邮政编码:751500。

盐池县大水坑镇摆宴井苦荞加工厂[Yánchí Xiàn Dàshuǐkēng Zhèn Bǎiyànjǐng Kǔqiáo Jiāgōngchǎng] 2016年,在盐池县工商行政管理局注册成立。位于大水坑镇摆宴井村。主要从事苦荞麦系列产品、方便食品生产及销售,含茶制品和代用茶(苦荞米茶、苦荞麦糊)生产、销售,粮油制品销售,枸杞种植及销售,枸杞产品研发、加工、销售及售后服务等。邮政编码:751506。

盐池县裕昇源食用油有限公司[Yánchí Xiàn Yùshēngyuán Shíyòngyóu Yǒuxiàn Gōngsī] 2014年,在盐池县工商行政管理局注册成立。位于花马池镇长城村。主要从事食用植物油(半精炼)加工及销售、粮食、农副产品销售等。邮政编码:751500。

第八部分　服务业企业

商场、市场、宾馆、饭店

盐池县利惠商场[Yánchí Xiàn Lìhuì Shāngchǎng] 2005年,在盐池县工商行政管理局注册成立。位于县城盐林北路57号。主要从事预包装食品、散装食品、乳制品(含婴幼儿配方乳粉)零售,日用百货、蔬菜水果、酒类、服装鞋帽、针纺织品、五金交电、玩具、办公用品、体育用品、陶瓷制品、照明设备、电子产品、电脑耗材、厨房用具、卫生用品、洗涤用品、化妆品、烟草制品(凭许可证经营)零售,金银首饰加工、零售,柜台租赁服务。邮政编码:751500。

盐池县太阳红商场[Yánchí Xiàn Tàiyánghóng Shāngchǎng] 2000年,在盐池县工商行政管理局注册成立。位于县城盐州南路10号。主要从事纺织、服装及日用百货零售等业务。邮政编码:751500。

盐池县东方商场[Yánchí Xiàn Dōngfāng Shāngchǎng] 2009年,在盐池县工商行政管理局注册成立。位于县城盐州南路东侧(民生市场南综合楼)。主要从事服装、鞋帽、纺织用品、日用杂货零售。邮政编码:751500。

盐池县东江体育用品有限公司[Yánchí Xiàn Dōngjiāng Tǐyùyòngpǐn Yǒuxiàn Gōngsī] 2008年,在盐池县工商行政管理局注册成立。位于县城振远西街(盐池县体育馆内)。主要从事运动场地、体育设施租赁,运动器械、健身器材、体育用品、运动鞋、运动服装、办公用品、文具批发零售,预包装食品、烟酒零售,农副产品、林木花卉信息服务,劳保用品销售。邮政编码:751500。

盐池县博誉数码装备城[Yánchí Xiàn Bóyù Shùmǎ Zhuāngbèichéng] 2013年,在盐池县工商行政管理局注册成立。位于县城民族西街105号。主要从事家用电器、数码电子产品零售,移动业务代办服务。邮政编码:751500。

宁夏盐池福鑫家具销售有限公司[Níngxià Yánchí Fúxīn Jiājù Xiāoshòu Yǒuxiàn Gōngsī] 2014年,在盐池县工商行政管理局注册成立。位于盐池商城3楼。主要从事家具、装饰材料、家用电器、日用百货零售及批发。邮政编码:751500。

盐池县万家福购物广场[Yánchí Xiàn Wànjiāfú Gòuwù Guǎngchǎng] 2006年，在盐池县工商行政管理局注册成立。位于花马池市场。主要从事预包装食品、散装食品、乳制品（含婴幼儿配方乳品）、烟草（凭许可证经营）、卫生用品、化妆品、日用百货、其他日用品销售。邮政编码：751500。

盐池商城[Yánchí Shāngchéng] 位于县城盐州北路68号。主要从事日用百货、服装鞋帽、化妆洗涤、五金小家电、针纺织品、文体用品、玩具批发零售等业务。邮政编码：751500。

盐池县西北百货超市[Yánchí Xiàn Xīběi Bǎihuò Chāoshì] 2001年，在盐池县工商行政管理局注册成立。位于县城盐州北路。主要从事预包装食品、散装食品、乳制品（含婴幼儿配方乳粉）零售，布匹、百货、洗涤用品、化妆品、针织、服装辅料、五金家电、玩具、办公财会用品、文化体育用品批零兼营，服装及针织品加工制作、销售，烟酒、食品零售、金银珠宝加工、零售。邮政编码：751500。

盐池县城西滩汇丰农产品购销有限公司[Yánchí Xiàn Chéngxītān Huìfēng Nóngchǎnpǐn Gòuxiāo Yǒuxiàn Gōngsī] 2009年，在盐池县工商行政管理局注册成立。位于花马池镇田记掌村。主要从事农畜产品收购、加工、储藏、销售，农副产品种植、加工及销售，农作物种植，百货、建材、瓜果、种子（不可分装）、农药、化肥销售。邮政编码：751500。

盐池县新南方服装城[Yánchí Xiàn Xīnnánfāng Fúzhuāngchéng] 2005年，在盐池县工商行政管理局注册成立。位于县城安定西街26号。主要从事服装、针纺织品零售等。邮政编码：751500。

盐池县金地商场[Yánchí Xiàn Jīndì Shāngchǎng] 2013年，在盐池县工商行政管理局注册成立。位于大水坑镇大水坑村。主要从事日用百货、针纺织品、化妆品、洗涤用品、文体用品、服装、鞋帽批发零售。邮政编码：751506。

盐池县家乐福商场[Yánchí Xiàn Jiālèfú Shāngchǎng] 2007年，在盐池县工商行政管理局注册成立。位于大水坑镇大水坑村。主要从事香烟、预包装食品、乳制品（不含婴幼儿配方乳粉）、服装纺织、日用品、文具用品及五金交电零售。邮政编码：751506。

盐池县中农金合农业生产资料有限责任公司[Yánchí Xiàn Zhōngnóngjīnhé Nóngyè Shēngchǎn Zīliào Yǒuxiàn Zérèn Gōngsī] 2009年，在盐池县工商行政管理局注册成立。位于花马池镇南苑新村。主要从事化肥、农药（不含杀鼠剂）、农膜、种子代销（凭种子公司代销证经营）、农机具、塑料制品、棉麻制品、五金交电、家用电器、日用百货、建筑装饰材料、农用机械及配件、通信产品(不含无线发射装置)、预包装食品、烟花类Y、爆竹类Y批发零售,农副土特产品加工与购销,农业技术信息咨询服务。邮政编码:751500。

盐池县冯记沟乡惠利商店(邮政加盟农家店)[Yánchí Xiàn Féngjìgōu Xiāng Huìlì Shāngdiàn(Yóuzhèng Jiāméng Nóngjiādiàn)] 2007年,在盐池县工商行政管理局注册成立。位于冯记沟乡冯记沟村。主要从事预包装食品、乳制品(不含婴幼儿配方乳粉)、烟、文具用品、针纺织品、日用品、五金交电零售。邮政编码:751504。

盐池县隆客多武汉服饰鞋业购物广场[Yánchí Xiàn Lóngkèduō Wǔhàn Fúshì Xiéyè Gòuwù Guǎngchǎng] 2015年,在盐池县工商行政管理局注册成立。位于大水坑镇大水坑村。主要从事针纺织品、服装、鞋帽零售。邮政编码:751506。

宁夏盐池县宝利再生资源回收市场(有限公司)[Níngxià Yánchí Xiàn Bǎolì Zàishēngzīyuán Huíshōu Shìchǎng(Yǒuxiàn Gōngsī)] 2011年,在盐池县工商行政管理局注册成立。位于县城盐柳路。主要从事建材、电器销售,经营场地租赁服务,废旧物资回收、销售(不含废旧汽车,国家明令禁止的除外)。邮政编码:751500。

大水坑镇农畜交易市场[Dàshuǐkēng Zhèn Nóngchù Jiāoyì Shìchǎng] 位于大水坑镇,因所在位置而命名,由大水坑政府批准设立。

惠安堡农贸市场[Huì'ānpù Nóngmào Shìchǎng] 位于惠安堡镇国道211"丁"字路口东南,1984年重建,1996、1999年两次扩建。占地面积13000平方米,楼房建筑面积2000平方米,平房建筑面积3200平方米,场地硬化平整,水电通信配套设施完善。由惠安堡镇人民政府投资建设并取名。主要销售瓜果、粮油、农副产品、生活日用品。邮政编码:751507。

盐池县旭光二手车交易市场有限公司[Yánchí Xiàn Xùguāng Èrshǒuchē Jiāoyì Shìchǎng Yǒuxiàn Gōngsī] 2013年,在盐池县工商行政管理局注册成立。位于县城广惠西街588号。主要从事汽车销售、二手车交易等业务。邮政编码:751500。

盐池县华坤温州商贸城[Yánchí Xiàn Huákūn Wēnzhōu Shāngmàochéng] 2015年,在盐池县工商行政管理局注册成立。位于大水坑镇大水坑村。主要从事衣服、家用电器的销售。邮政编码:751506。

盐池县世纪华联购物中心[Yánchí Xiàn Shìjìhuálián Gòuwù Zhōngxīn] 2015年,在盐池县工商行政管理局注册成立。位于大水坑镇大水坑村。主要从事百货商品的销售。邮政编码:751506。

盐池县永发购物中心[Yánchí Xiàn Yǒngfā Gòuwù Zhōngxīn] 2004年,在盐

池县工商行政管理局注册成立。位于大水坑镇大水坑村。主要从事香烟、酒类、预包装食品及散装食品、乳制品（含婴幼儿配方乳粉）、土产品、肉制品、熟食制品及面包、生鲜蔬果、水产、鲜肉、禽蛋、茶叶等的销售。邮政编码：751506。

盐池县高沙窝和谐购物中心［Yánchí Xiàn Gāoshāwō Héxié Gòuwù Zhōngxīn］ 2009 年，在盐池县工商行政管理局注册成立。位于高沙窝镇高沙窝村。主要从事预包装食品、烟、五金、电工电料、水暖建材、日用品、烟花爆竹零售。邮政编码：751501。

盐池县福合源购物中心［Yánchí Xiàn Fúhéyuán Gòuwù Zhōngxīn］ 2015 年，在盐池县工商行政管理局注册成立。位于冯记沟乡冯记沟村。主要从事烟草制品、日用百货、农资、服装服饰、五金零售及便民服务。邮政编码：751504。

惠安堡镇畜产品交易市场［Huì'ānpù Zhèn Xùchǎnpǐn Jiāoyì Shìchǎng］ 位于镇区北 211 国道东侧，建于 2002 年，占地面积 13125 平方米，沿 211 国道建二层营业楼 2700 平方米，建皮毛绒交易厅 280 平方米、屠宰车间 100 平方米、成品肉交易厅 320 平方米、冷冻库 100 平方米，建钢架交易棚 2 座 1500 平方米、饲养圈舍 1000 平方米，硬化场地 10000 平方米，铺设供水管线 392.5 米、排水管 280 米。由惠安堡镇政府投资建设并命名，用于牲畜交易。邮政编码：751507。

宁夏盐池县中药材市场［Níngxià Yánchí Xiàn Zhōngyàocái Shìchǎng］ 位于高沙窝镇，因从事药材销售，故得名。由县政府批准建设命名。邮政编码：751501。

高沙窝活羊交易市场［Gāoshāwō Huóyáng Jiāoyì Shìchǎng］ 位于高沙窝镇，因从事活羊交易，故得名。由县政府批准建设命名。邮政编码：751501。

王乐井乡农贸市场［Wánglèjǐng Xiāng Nóngmào Shìchǎng］ 位于王乐井乡，因从事销售瓜果、粮油、农副产品、生活日用品，故得名。由王乐井乡政府批准成立。邮政编码：751502。

冯记沟民贸市场［Féngjìgōu Mínmào Shìchǎng］ 位于冯记沟乡，因从事销售瓜果、粮油、农副产品、生活日用品，故得名。由冯记沟乡政府批准成立。邮政编码：751504。

青山乡民贸市场［Qīngshān Xiāng Mínmào Shìchǎng］ 位于青山乡，因从事销售瓜果、粮油、农副产品、生活日用品，故得名。由青山乡政府批准成立。邮政编码：751503。

王乐井乡供销社［Wánglèjǐng Xiāng Gōngxiāoshè］ 1950 年设立。位于王乐井乡王乐井村。主要从事农药、化肥等物品供应。邮政编码：751502。

盐池县王乐井乡商贸中心[Yánchí Xiàn Wánglèjǐng Xiāng Shāngmào Zhōngxīn] 2015年,在盐池县工商行政管理局注册成立。位于王乐井乡王乐井村。主要从事生活日用品的销售。邮政编码:751502。

盐池县农村电商乡镇旗舰店(王乐井乡)[Yánchí Xiàn Nóngcūn Diànshāng Xiāngzhèn Qíjiàndiàn(Wánglèjǐng Xiāng)] 2016年,在盐池县工商管理局注册成立。位于王乐井乡王乐井村。主要从事家用电器的销售。邮政编码:751502。

盐池县麻黄山供销社后洼分社[Yánchí Xiàn Máhuángshān Gōngxiāoshè Hòuwā Fēnshè] 1999年,在盐池县工商行政管理局注册成立。位于麻黄山乡后洼村。主要从事百货、针纺织品、五金交电、化肥、农药、农膜、日用杂品零售。邮政编码:751508。

盐池宾馆[Yánchí Bīnguǎn] 1953年,成立盐池县人民政府招待所,1990年更名为盐池宾馆。位于县城花马池东街1号。宾馆占地9727平方米,建筑面积12800平方米,主要由东楼、北楼、餐厅、写字楼和洗浴楼组成。主要从事住宿、餐饮服务、房屋租赁等业务。邮政编码:751500。

盐池县兰花花宾馆[Yánchí Xiàn Lánhuāhuā Bīnguǎn] 2009年,在盐池县工商行政管理局注册成立。位于县城盐林南路174号。主要从事住宿服务等。邮政编码:751500。

盐池福海大酒店[Yánchí Fúhǎi Dàjiǔdiàn] 位于县城盐林北路与花马池西街交会处。是盐池县第一家四星级酒店,始建于2009年,占地面积18000平方米,酒店建筑面积12440平方米,总投资6000多万元,拥有员工160余名。酒店设有餐厅、客房部。可同时容纳800多人就餐,有108套各类客房,配套有多功能会议厅、商务中心、休闲吧、美容美发等服务设施。邮政编码:751500。

宁夏德昌大酒店[Níngxià Déchāng Dàjiǔdiàn] 2016年,在盐池县工商行政管理局注册成立。位于县城鼓楼南路寓安小区商住楼3-7号营业房。主要从事住宿服务、日用百货零售等业务。邮政编码:751500。

盐池县利源商务宾馆[Yánchí Xiàn Lìyuán Shāngwù Bīnguǎn] 2013年,在盐池县工商行政管理局注册成立。位于县城福州北路138号。主要从事大型餐饮、住宿服务。邮政编码:751500。

盐池县亚泰宾馆[Yánchí Xiàn Yàtài Bīnguǎn] 2009年,在盐池县工商行政管理局注册成立。位于县城盐林南路28号。主要从事住宿服务等。邮政编码:751500。

怡君大酒店[Yíjūn Dàjiǔdiàn] 位于县城五原南路与文化西街交叉口,建于

宁夏德昌大酒店

2014年，由宁夏豪德龙房地产开发有限公司开发建设，占地面积19204平方米，建筑面积46978平方米，酒店主体层数16层，主体高度62.55米，总投资8000多万元。主要从事住宿和餐饮服务。邮政编码：751500。

盐池县长江大酒店[Yánchí Xiàn Chángjiāng Dàjiǔdiàn] 2016年，在盐池县工商行政管理局注册成立。位于县城民族西街177号。主要从事餐饮、住宿服务，会议招待，场地租赁，培训服务。邮政编码：751500。

盐池县荣峰商务宾馆[Yánchí Xiàn Róngfēng Shāngwù Bīnguǎn] 2016年，在盐池县工商行政管理局注册成立。位于县城雅居苑小区南门24-4/5号营业房。主要从事住宿服务等。邮政编码：751500。

盐池县金泰宾馆[Yánchí Xiàn Jīntài Bīnguǎn] 2014年，在盐池县工商管理局注册成立。位于县城盐州南路27号。主要从事住宿服务等。邮政编码：751500。

盐池县万悦水晶酒店[Yánchí Xiàn Wànyuèshuǐjīng Jiǔdiàn] 2016年，在盐池县工商行政管理局注册成立。位于县城福州南路1号。主要从事住宿、餐饮服务，食品销售（凭许可证经营）等业务。邮政编码：751500。

盐池县康泰宾馆[Yánchí Xiàn Kāngtài Bīnguǎn] 2012年，在盐池县工商行政管理局注册成立。位于县城文化街110号。主要从事住宿、停车服务等。邮政编码：

751500。

盐池县华丰宾馆[Yánchí Xiàn Huáfēng Bīnguǎn] 2005年,在盐池县工商行政管理局注册成立。位于文化街66号。主要从事住宿服务等。邮政编码:751500。

盐池县百盛宾馆[Yánchí Xiàn Bǎishèng Bīnguǎn] 2009年,在盐池县工商行政管理局注册成立。位于县城民族西街120号。主要从事住宿服务等。邮政编码:751500。

盐池县富源宾馆[Yánchí Xiàn Fùyuán Bīnguǎn] 2006年,在盐池县工商行政管理局注册成立。位于县城民生西街43号。主要从事住宿服务等。邮政编码:751500。

盐池县福临商务宾馆[Yánchí Xiàn Fúlín Shāngwù Bīnguǎn] 2014年,在盐池县工商行政管理局注册成立。位于县城文化西街70号。主要从事住宿服务等。邮政编码:751500。

盐池县昊钰酒店[Yánchí Xiàn Hàoyù Jiǔdiàn] 2016年,在盐池县工商行政管理局注册成立。位于县城振兴路尚景园小区2-19号营业房。主要从事停车、住宿服务(凭许可证经营)等业务。邮政编码:751500。

宁夏盐池永宏乐丰酒店[Níngxià Yánchí Yǒnghónglèfēng Jiǔdiàn] 2013年,在盐池县工商行政管理局注册成立。位于县城花马池西街北侧。主要从事住宿、停车、日用百货销售等业务。邮政编码:751500。

盐池县天利大酒店[Yánchí Xiàn Tiānlì Dàjiǔdiàn] 2013年,在盐池县工商行政管理局注册成立。位于大水坑镇大水坑村。主要从事餐饮和住宿服务。邮政编码:751500。

盐池县飞亚达宾馆[Yánchí Xiàn Fēiyàdá Bīnguǎn] 2005年,在盐池县工商行政管理局注册成立。位于县城文化街60号。主要从事住宿服务等。邮政编码:751500。

盐池县富祥宾馆[Yánchí Xiàn Fùxiáng Bīnguǎn] 2014年,在盐池县工商行政管理局注册成立。位于县城民族西街173号。主要从事住宿服务、预包装食品销售等。邮政编码:751500。

盐池县芙蓉宾馆[Yánchí Xiàn Fúróng Bīnguǎn] 2013年,在盐池县工商行政管理局注册成立。位于县城解放街与鼓楼南路交会处南50米。主要从事住宿服务等。邮政编码:751500。

盐池县万豪商务宾馆[Yánchí Xiàn Wànháo Shāngwù Bīnguǎn] 2012年,在盐池县工商行政管理局注册成立。位于县城民族西街347号。主要从事住宿服务等。邮政编码:751500。

盐池县嘉丰商务宾馆[Yánchí Xiàn Jiāfēng Shāngwù Bīnguǎn] 2013年,在盐池县工商行政管理局注册成立。位于县城民族西街411号。主要从事住宿服务等。邮政编码:751500。

盐池县香格里假日酒店[Yánchí Xiàn Xiānggélǐ Jiàrì Jiǔdiàn] 2016年,在盐池县工商行政管理局注册成立。位于县城民族东街3号。主要从事住宿服务等。邮政编码:751500。

盐池县长河宾馆[Yánchí Xiàn Chánghé Bīnguǎn] 2012年,在盐池县工商行政管理局注册成立。位于县城民族东街52号。主要从事住宿服务等。邮政编码:751500。

盐池县福兴宾馆[Yánchí Xiàn Fúxìng Bīnguǎn] 2012年,在盐池县工商行政管理局注册成立。位于县城盐州北路31号。主要从事住宿服务。邮政编码:751500。

盐池县华海商务宾馆[Yánchí Xiàn Huáhǎi Shāngwù Bīnguǎn] 2012年,在盐池县工商行政管理局注册成立。位于县城永生物流园。主要从事住宿服务。邮政编码:751500。

盐池县商城宾馆[Yánchí Xiàn Shāngchéng Bīnguǎn] 2013年,在盐池县工商行政管理局注册成立。位于县城盐州北路96-1号。主要从事住宿服务。邮政编码:751500。

盐池县颐鑫商务宾馆[Yánchí Xiàn Yíxīn Shāngwù Bīnguǎn] 2014年,在盐池县工商行政管理局注册成立。位于县城民族西街87号。主要从事住宿服务。邮政编码:751500。

盐池县罗马假日主题酒店[Yánchí Xiàn Luómǎ Jiàrì Zhǔtí Jiǔdiàn] 2015年,在盐池县工商行政管理局注册成立。位于县城广惠西街123号。主要从事住宿、饮料酒水、婚庆礼仪服务。邮政编码:751500。

盐池县华盛商务宾馆[Yánchí Xiàn Huáshèng Shāngwù Bīnguǎn] 2013年,在盐池县工商行政管理局注册成立。位于县城广惠西街159号。主要从事住宿服务。邮政编码:751500。

盐池县大顺宾馆[Yánchí Xiàn Dàshùn Bīnguǎn] 2013年,在盐池县工商行政管理局注册成立。位于县城昫衍南路134号。主要从事住宿服务。邮政编码:751500。

盐池县红月宾馆[Yánchí Xiàn Hóngyuè Bīnguǎn] 2008年,在盐池县工商行政管理局注册成立。位于县城广惠西街424号。主要从事住宿、停车服务等。邮政编码:751500。

盐池县美豪时尚宾馆[Yánchí Xiàn Měiháoshíshàng Bīnguǎn]　2012年,在盐池县工商行政管理局注册成立。位于县城广惠街538号。主要从事住宿服务。邮政编码:751500。

盐池县恒安宾馆[Yánchí Xiàn Héng'ān Bīnguǎn]　2016年,在盐池县工商行政管理局注册成立。位于县城盐州翰府小区16-5号。主要从事食品销售、住宿服务。邮政编码:751500。

盐池县志雅宾馆[Yánchí Xiàn Zhìyǎ Bīnguǎn]　2016年,在盐池县工商行政管理局注册成立。位于高沙窝镇高沙窝村。主要从事住宿服务。邮政编码:751501。

盐池县开元宾馆[Yánchí Xiàn Kāiyuán Bīnguǎn]　2016年,在盐池县工商行政管理局注册成立。位于高沙窝镇高沙窝村。主要从事住宿服务、预包装食品(含冷藏冷冻食品)销售。邮政编码:751501。

盐池县金铭轩酒店[Yánchí Xiàn Jīnmíngxuān Jiǔdiàn]　2016年,在盐池县工商行政管理局注册成立。位于高沙窝镇高沙窝村。主要从事住宿、餐饮服务(凭许可证经营)。邮政编码:751501。

盐池县金沙酒店[Yánchí Xiàn Jīnshā Jiǔdiàn]　2015年,在盐池县工商行政管理局注册成立。位于高沙窝镇高沙窝村。主要从事住宿、停车服务。邮政编码:751501。

高沙窝中心招待所[Gāoshāwō Zhōngxīn Zhāodàisuǒ]　1996年,在盐池县工商行政管理局注册成立。位于高沙窝镇高沙窝村。主要从事住宿服务。邮政编码:751501。

盐池县东宇商务宾馆[Yánchí Xiàn Dōngyǔ Shāngwù Bīnguǎn]　2014年,在盐池县工商行政管理局注册成立。位于大水坑镇大水坑村。主要从事住宿服务。邮政编码:751506。

盐池县皓翔商务宾馆[Yánchí Xiàn Hàoxiáng Shāngwù Bīnguǎn]　2014年,在盐池县工商行政管理局注册成立。位于大水坑镇大水坑村。主要从事住宿服务。邮政编码:751506。

盐池县瑞亨商务宾馆[Yánchí Xiàn Ruìhēng Shāngwù Bīnguǎn]　2011年,盐池县工商行政管理局注册成立。位于大水坑镇大水坑村。主要从事住宿服务。邮政编码:751506。

盐池县金轩商务宾馆[Yánchí Xiàn Jīnxuān Shāngwù Bīnguǎn]　2014年,在盐池县工商行政管理局注册成立。位于大水坑镇大水坑村。主要从事住宿服务。邮政编码:751506。

盐池县逢源宾馆[Yánchí Xiàn Féngyuán Bīnguǎn] 2000年,在盐池县工商行政管理局注册成立。位于大水坑镇大水坑村。主要从事住宿服务。邮政编码:751506。

盐池县金悦宾馆[Yánchí Xiàn Jīnyuè Bīnguǎn] 2012年,在盐池县工商行政管理局注册成立。位于大水坑镇大水坑村。主要从事住宿服务。邮政编码:751506。

盐池县顺达宾馆[Yánchí Xiàn Shùndá Bīnguǎn] 2003年,在盐池县工商行政管理局注册成立。位于大水坑镇大水坑村。主要从事香烟、预包装食品零售及住宿服务。邮政编码:751506。

盐池县大水坑宁丰宾馆[Yánchí Xiàn Dàshuǐkēng Níngfēng Bīnguǎn] 2014年,在盐池县工商行政管理局注册成立。位于大水坑镇大水坑村。主要从事住宿、停车服务。邮政编码:751506。

盐池县鑫都商务宾馆[Yánchí Xiàn Xīndū Shāngwù Bīnguǎn] 2011年,在盐池县工商行政管理局注册成立。位于大水坑镇兴盛西街28号。主要从事住宿、停车服务。邮政编码:751506。

胜达商务宾馆[Shèngdá Shāngwù Bīnguǎn] 2017年,在盐池县工商行政管理局注册成立。位于大水坑镇大水坑村。主要从事住宿、停车服务。邮政编码:751506。

盐池县东升宾馆[Yánchí Xiàn Dōngshēng Bīnguǎn] 2003年,在盐池县工商行政管理局注册成立。位于大水坑镇大水坑村。主要从事住宿服务。邮政编码:751506。

盐池县永泰宾馆[Yánchí Xiàn Yǒngtài Bīnguǎn] 2016年,在盐池县工商行政管理局注册成立。位于大水坑镇大水坑村。主要从事住宿、停车服务。邮政编码:751506。

盐池县瑞丰酒店[Yánchí Xiàn Ruìfēng Jiǔdiàn] 2004年,在盐池县工商行政管理局注册成立。位于大水坑镇大水坑村。主要从事住宿、停车服务。邮政编码:751506。

盐池县长兴酒店[Yánchí Xiàn Chángxīng Jiǔdiàn] 2012年,在盐池县工商行政管理局注册成立。位于大水坑镇大水坑村。主要从事住宿、停车等服务。邮政编码:751506。

盐池县风仁信息旅社[Yánchí Xiàn Fēngrén Xìnxī Lǚshè] 2005年,在盐池县工商行政管理局注册成立。位于大水坑镇大水坑村。主要从事住宿服务。邮政编码:751506。

盐池县如意旅社[Yánchí Xiàn Rúyì Lǚshè] 2006年,在盐池县工商行政管理局注册成立。位于大水坑镇兴盛西街 39 号。主要从事住宿、停车服务。邮政编码：751506。

旭日宾馆[Xùrì Bīnguǎn]　2011 年，在盐池县工商行政管理局注册成立。位于大水坑镇大水坑村。主要从事住宿、停车服务。邮政编码：751506。

盐池县隆翔商务宾馆[Yánchí Xiàn Lóngxiáng Shāngwù Bīnguǎn]　2010 年，在盐池县工商行政管理局注册成立。位于大水坑镇大水坑村。主要从事日用品零售，住宿、停车服务。邮政编码：751506。

盐池县庆悦商务宾馆[Yánchí Xiàn Qìngyuè Shāngwù Bīnguǎn]　2011 年，在盐池县工商行政管理局注册成立。位于大水坑镇大水坑村。主要从事日用品零售、住宿、停车服务。邮政编码：751506。

盐池县汇隆商务宾馆[Yánchí Xiàn Huìlóng Shāngwù Bīnguǎn]　2011 年，在盐池县工商行政管理局注册成立。位于大水坑镇大水坑村。主要从事住宿、停车服务。邮政编码：751506。

盐池县成林宾馆[Yánchí Xiàn Chénglín Bīnguǎn]　2011 年，在盐池县工商行政管理局注册成立。位于大水坑镇大水坑村。主要从事住宿服务。邮政编码：751506。

盐池县翔宇商务酒店[Yánchí Xiàn Xiángyǔ Shāngwù Jiǔdiàn]　2015 年，在盐池县工商行政管理局注册成立。位于大水坑镇大水坑村。主要提供住宿服务。邮政编码：751506。

盐池县浩学招待所[Yánchí Xiàn Hàoxué Zhāodàisuǒ]　2001 年，在盐池县工商行政管理局注册成立。位于冯记沟乡冯记沟村。主要从事住宿服务。邮政编码：751504。

信息产业及其他新兴服务业

中国联合网络通信有限公司盐池县分公司[Zhōngguó Liánhé Wǎngluò Tōngxìn Yǒuxiàn Gōngsī Yánchí Xiàn Fēngōngsī] 2007年,在盐池县工商行政管理局注册成立。位于县城西街南侧。主要从事网络通信服务等。邮政编码:751500。

盐池县昊盛信息咨询服务有限公司[Yánchí Xiàn Hàoshèng Xìnxī Zīxún Fúwù Yǒuxiàn Gōngsī] 2015年,在盐池县工商行政管理局注册成立。位于县城盐林北路18号。主要从事商务信息咨询。邮政编码:751500。

盐池县嘉顺财务咨询服务有限公司[Yánchí Xiàn Jiāshùn Cáiwù Zīxún Fúwù Yǒuxiàn Gōngsī] 2014年,在盐池县工商行政管理局注册成立。位于县城龙辰苑小区30-12号营业房。主要从事财务信息咨询服务。邮政编码:751500。

宁夏平易近人网络科技有限公司[Níngxià Píngyìjìnrén Wǎngluò Kējì Yǒuxiàn Gōngsī] 2016年,在盐池县工商行政管理局注册成立。位于县城花马池西街239号。主要从事计算机软件的开发及技术服务、计算机相关信息服务。邮政编码:751500。

宁夏三元汇信息服务有限公司[Níngxià Sānyuánhuì Xìnxī Fúwù Yǒuxiàn Gongsī] 2016年,在盐池县工商行政管理局注册成立。位于县城盛世华庭小区30-2号。主要从事网络信息服务。邮政编码:751500。

宁夏启麦科技有限公司[Níngxià Qǐmài Kējì Yǒuxiàn Gōngsī] 2016年,在盐池县工商行政管理局注册成立。位于县城功能区。主要从事计算机软件、计算机信息技术、计算机系统集成、计算机网络技术、环保技术、通信设备、安防设备、多媒体设备销售等。邮政编码:751500。

盐池县君发信息咨询有限公司[Yánchí Xiàn Jūnfā Xìnxī Zīxún Yǒuxiàn Gōngsī] 2015年,在盐池县工商行政管理局注册成立。位于大水坑镇大水坑村。主要从事实业信息咨询服务,对采矿业、制造业、燃气、水的生产供应、建筑业、交通运输业、仓储、商业服务的信息咨询。邮政编码:751506。

山西生活向导网络科技有限公司盐池分公司[Shānxī Shēnghuó Xiàngdǎo Wǎngluò kējì Yǒuxiàn Gōngsī Yánchí Fēngōngsī] 2015年,在盐池县工商行政管理局注册成立。位于县城花马池东街109号。主要从事网络咨询等业务。邮政编码：751500。

盐池县云联惠网络科技有限公司[Yánchí Xiàn Yúnliánhuì Wǎngluò Kējì Yǒuxiàn Gōngsī] 2016年,在盐池县工商行政管理局注册成立。位于县城龙鼎世家小区19-37号营业房。主要从事网络工程及计算机科技领域的技术开发、技术转让、技术咨询及服务。邮政编码：751500。

中国电信股份有限公司盐池分公司[Zhōngguó Diànxìn Gǔfèn Yǒuxiàn Gōngsī Yánchí Fēngōngsī] 2008年,在盐池县工商行政管理局注册成立。位于县城花马池西街4号。主要从事在线数据处理与交易处理业务、国内因特网虚拟专用网业务、因特网数据中心业务、存储转发类业务。邮政编码：751500。

中国电信股份有限公司盐池高沙窝营业厅[Zhōngguó Diànxìn Gǔfèn Yǒuxiàn Gōngsī Yánchí Gāoshāwō Yíngyètīng] 2012年,在盐池县工商行政管理局注册成立。位于高沙窝镇宝塔村。主要从事经营与通信及信息业务相关的系统集成、技术开发、技术服务、设备及计算机软硬件的生产、销售、安装和设计与施工,房屋租赁,通信设施租赁,安全技术防范系统的设计、施工和维修,广告业务。邮政编码：751501。

盐池县王乐井中国电信合作营业厅[Yánchí Xiàn Wánglèjǐng Zhōngguó Diànxìn Hézuò Yíngyètīng] 2002年,在盐池县工商行政管理局注册成立。位于王乐井乡王乐井村。主要从事手机销售、互联网重置入网业务。邮政编码：751502。

中国电信股份有限公司盐池惠安堡营业厅[Zhōngguó Diànxìn Gǔfèn Yǒuxiàn Gōngsī Yánchí Huì'ānpù Yíngyètīng] 2011年,在盐池县工商行政管理局注册成立。位于惠安堡镇惠安堡村。主要从事办卡、缴费、手机出售等业务。邮政编码：751507。

中国电信股份有限公司盐池大水坑营业厅[Zhōngguó Diànxìn Gǔfèn Yǒuxiàn Gōngsī Yánchí Dàshuǐkēng Yíngyètīng] 2010年,在盐池县工商行政管理局注册成立。位于大水坑镇大水坑村。主要从事无线数据传送业务、用户驻地网业务、网络托管业务、第一类增值电信业务中的在线数据处理与交易处理业务、第二类增值电信业务中的存储转发类业务。邮政编码：751506。

中国移动通信集团宁夏有限公司盐池移动通信大世界[Zhōngguó Yídòng Tōngxìn Jítuán Níngxià Yǒuxiàn Gōngsī Yánchí Yídòng Tōngxìn Dàshìjiè] 2007年，在盐池县工商行政管理局注册成立。位于县城盐林南路1号。主要从事经营GSM数字移动通信业务,IP联系电话业务,因特网接入服务业务,移动通信、IP联系电话和因特网等设施的维修,提供相关技术服务。邮政编码:751500。

中国移动通信集团宁夏有限公司盐池分公司[Zhōngguó Yídòng Tōngxìn Jítuán Níngxià Yǒuxiàn Gōngsī Yánchí Fēngōngsī] 1999年，成立中国移动通信集团宁夏公司盐池营业部,2003年变更为中国移动通信集团宁夏有限公司盐池分公司。位于县城花马池西街250号。主要从事GSM数字移动通信业务,IP联系电话业务,因特网接入服务业务,移动通信、IP联系电话和因特网设施维修,提供相关技术服务、设备销售。邮政编码:751500。

中国移动通信集团宁夏有限公司惠安堡营业厅[Zhōngguó Yídòng Tōngxìn Jítuán Níngxià Yǒuxiàn Gōngsī Huì'ānpù Yíngyètīng] 2004年,在盐池县工商行政管理局注册成立。位于惠安堡镇惠安堡村。主要从事出售、出租移动电话终端设备、IP电话设备、因特网设备及其配件,并提供售后服务、业务培训、会议服务。邮政编码:751507。

盐池县农村商业银行股份有限公司高沙窝支行[Yánchí Xiàn Nóngcūn Shāngyè Yínháng Gǔfèn Yǒuxiàn Gōngsī Gāoshāwō Zhīháng] 2005年，在盐池县工商行政管理局注册成立。位于高沙窝镇高沙窝村。主要从事办理存款、贷款、国内结算业务,办理个人储蓄业务,代理其他银行的金融业务,代收代付款及经中国银行保险监督管理委员会批准的代理保险业务等。邮政编码:751501。

中国农业银行惠安堡分理处[Zhōngguó Nóngyè Yínháng Huì'ānpù Fēnlǐchù] 2007年注册成立。位于惠安堡镇惠安堡村。主要从事办理存款、贷款、国内结算业务,办理个人储蓄业务,代理其他银行的金融业务,代收代付款及经中国银行保险监督管理委员会批准的代理保险业务等。邮政编码:751507。

盐池县农村商业银行股份有限公司青山支行[Yánchí Xiàn Nóngcūn Shāngyè Yínháng Gǔfèn Yǒuxiàn Gōngsī Qīngshān Zhīháng] 2005年,在盐池县工商行政管理局注册成立。位于青山乡青山村。主要从事办理存款、贷款、国内结算业务,办理个人储蓄业务,代理其他银行的金融业务,代收代付款及经中国银行保险监督管理委员会批准的代理保险业务,买卖政府债券等业务。邮政编码:751503。

中国人寿保险股份有限公司盐池县冯记沟营销服务部[Zhōngguó Rénshòu Bǎoxiǎn Gǔfèn Yǒuxiàn Gōngsī Yánchí Xiàn Féngjìgōu Yíngxiāo Fúwùbù] 2003年,在盐池县工商行政管理局注册成立。位于冯记沟乡冯记沟村。主要从事营销员培训及日常管理,收取营销员代收的保险费、投保单等单证,分发保险公司签发的保险单、保险收据等相关单证,接受客户咨询和投诉,经保险公司授权,可以从事部分险种的查勘理赔。邮政编码:751504。

盐池汇发村镇银行股份有限公司大水坑支行[Yánchí Huìfā Cūnzhèn Yínháng Gǔfèn Yǒuxiàn Gōngsī Dàshuǐkēng Zhīháng] 2016年,在盐池县工商行政管理局注册成立。位于大水坑镇大水坑村。主要从事吸收公众存款,发放短期、中期和长期贷款,办理国内结算,办理票据承兑与贴现,主要从事同业拆借、银行卡业务,代理发行,代理兑付,承销政府债券,代理收付款项及代理保险业务。邮政编码:751506。

中国农业银行股份有限公司盐池大水坑支行[Zhōngguó Nóngyè Yínháng Gǔfèn Yǒuxiàn Gōngsī Yánchí Dàshuǐkēng Zhīháng] 1999年,在盐池县工商行政管理局注册成立。位于大水坑镇大水坑村。主要从事办理人民币存款、贷款、结算业务,票据贴现,代理发行金融债券,代理兑付、销售、买卖政府债券,代理收付款项及代理保险业务。邮政编码:751506。

中国人民财产保险股份有限公司盐池支公司大水坑营业部[Zhōngguó Rénmín Cáichǎn Bǎoxiǎn Gǔfèn Yǒuxiàn Gōngsī Yánchí Zhīgōngsī Dàshuǐkēng Yíngyèbù] 2003年,在盐池县工商行政管理局注册成立。位于大水坑镇大水坑村。主要从事财产损失保险、责任保险、信用保险、意外伤害保险、短期健康保险。邮政编码:751506。

中国人寿保险股份有限公司盐池县惠安堡营销服务部[Zhōngguó Rénshòu Bǎoxiǎn Gǔfèn Yǒuxiàn Gōngsī Yánchí Xiàn Huì'ānpù Yíngxiāo Fúwùbù] 2002年,在盐池县工商行政管理局注册成立。位于惠安堡镇惠安堡村。主要从事培训及日常管理,收取营销员代收的保险费,经保险公司授权,可以从事部分险种的查勘理赔。邮政编码:751507。

富德生命人寿保险股份有限公司盐池支公司[Fùdé Shēngmìng Rénshòu Bǎoxiǎn Gǔfèn Yǒuxiàn Gōngsī Yánchí Zhīgōngsī] 2015年,在盐池县工商行政管理局注册成立。位于县城振远西街天舜·佳兴苑小区18号营业房。主要从事个人意外伤害保险、个人定期死亡保险、个人两全寿险、个人终身寿险、个人年金保险、个人短期健康保险、个人长期健康保险、团体意外伤害保险、团体定期寿险、团体终身寿险、团体年金保险。邮政编码:751500。

盐池汇发村镇银行股份有限公司福州路支行[Yánchí Huìfā Cūnzhèn Yínháng Gǔfèn Yǒuxiàn Gōngsī Fúzhōulù Zhīháng] 2016年,在盐池县工商行政管理局注册成立。位于县城福州南路253号。主要从事吸收公众存款,发放短期、中期和长期贷款,办理国内结算,办理票据承兑与贴现,从事同业拆借,从事银行卡业务及代理发行、兑付,承销政府债券业务。邮政编码:751500。

中国平安人寿保险股份有限公司宁夏分公司盐池营销服务部[Zhōngguó Píng'ān Rénshòu Bǎoxiǎn Gǔfèn Yǒuxiàn Gōngsī Níngxià Fēngōngsī Yánchí Yíngxiāo Fúwùbù] 2007年,在盐池县工商行政管理局注册成立。位于县城民族西街81号。主要从事对营销员开展培训及日常管理,收取营销员代收的保险费、投保单等单证,分发保险公司签发的保险单、保险收据等相关单证,接受客户咨询及投诉,证券投资基金销售业务,经保险公司授权,可以从事部分险种的查勘理赔。邮政编码:751500。

中国平安财产保险股份有限公司宁夏分公司盐池支公司[Zhōngguó Píng'ān Cáichǎn Bǎoxiǎn Gǔfèn Yǒuxiàn Gōngsī Níngxià Fēngōngsī Yánchí Zhīgōngsī] 2007年,由中国保监会宁夏监管局、盐池县工商行政管理局审批成立。2010年更名为中国平安财产保险股份有限公司宁夏分公司吴忠中心支公司盐池营销服务部,2014年更名为中国平安财产保险股份有限公司宁夏分公司盐池支公司。位于县城花马池西街。主要从事企业财产损失保险、家庭财产损失保险、短期健康保险、意外伤害保险、建筑工程保险、安装工程保险、货物运输保险、机动车辆保险、船舶保险、能源保险、法定责任保险、一般责任保险、保证保险、信用保险、种植保险、养殖保险,代理国内外保险机构检验、理赔、追偿及其委托的其他有关事宜。邮政编码:751500。

中国人民财产保险股份有限公司盐池支公司[Zhōngguó Rénmín Cáichǎn Bǎoxiǎn Gǔfèn Yǒuxiàn Gōngsī Yánchí Zhīgōngsī] 1999年,在盐池县工商行政管理局注册成立。位于县城盐州北路115号。主要从事财产损失保险、责任保险、信用保险、意外伤害保险、短期健康保险、保证保险人民币或外币保险业务,代理保险机构办理有关业务、国家法律法规规定的或国家保险监管机构批准的其他业务。邮政编码:751500。

中国建设银行股份有限公司盐池支行[Zhōngguó Jiànshè Yínháng Gǔfèn Yǒuxiàn Gōngsī Yánchí Zhīháng] 2012年,在盐池县工商行政管理局注册成立。位于县城盐林路与文化街交会处。主要从事办理人民币存款、贷款、结算业务,办理票据承兑与贴现,代理发行金融债券,代理发行、兑付、销售政府债券,买卖政府债券,代理收付款项及代理保险业务等。邮政编码:751500。

◎ 第八部分 服务业企业

中国人民财产保险股份有限公司盐池支公司花马池营销服务部[Zhōngguó Rénmín Cáichǎn Bǎoxiǎn Gǔfèn Yǒuxiàn Gōngsī Yánchí Zhīgōngsī Huāmǎchí Yíngxiāo Fúwùbù] 2013年，在盐池县工商行政管理局注册成立。位于县城文化西街尚景园小区5号营业房。主要从事财产损失保险、责任保险、信用保险、意外伤害保险、短期健康保险、保证保险人民币或外币保险业务，代理保险机构办理有关业务、国家法律法规规定的或国家保险监管机构批准的其他业务。邮政编码：751500。

中国大地财产保险股份有限公司盐池支公司[Zhōngguó Dàdì Cáichǎn Bǎoxiǎn Gǔfèn Yǒuxiàn Gōngsī Yánchí Zhīgōngsī] 2007年，在盐池县工商行政管理局注册成立。位于县城民族西街。主要从事信用保险和保证保险、农业保险、其他财产保险、短期健康保险和意外伤害保险业务。邮政编码：751500。

中国人寿保险股份有限公司盐池支公司[Zhōngguó Rénshòu Bǎoxiǎn Gǔfèn Yǒuxiàn Gōngsī Yánchí Zhīgōngsī] 2002年，在盐池县工商行政管理局注册成立。位于县城马池西街142号。主要从事对营销员开展培训及日常管理，收取营销员代收的保险费、投保单等单证，分发保险公司签发的保险单、保险收据等相关单证，接受客户咨询和投诉，经保险公司授权，可以从事部分险种的查勘理赔。邮政编码：751500。

中国邮政储蓄银行股份有限公司盐池县支行[Zhōngguó Yóuzhèng Chǔxù Yínháng Gǔfèn Yǒuxiàn Gōngsī Yánchí Xiàn Zhīháng] 2008年，在盐池县工商行政管理局注册成立。位于县城盐林南路宁鲁花园小区东门营业房。主要从事吸收公众存款，办理汇兑业务，从事银行卡业务，代理收付款项及代理保险业务，代理发行、兑付、承销政府债券，代理政策性银行、商业银行及其他金融机构特定业务，办理协议存款，办理个人存款证明服务，提供保管箱服务，办理网上银行业务，从事银团贷款业务，办理小额贷款业务，办理基金代销业务，办理国内外结算，办理票据承兑与贴现等业务。邮政编码：751500。

宁夏银行股份有限公司盐池支行[Níngxià Yínháng Gǔfèn Yǒuxiàn Gōngsī Yánchí Zhīháng] 2012年，在盐池县工商行政管理局注册成立。位于县城花马池西街315号。主要从事吸收存款、发放贷款、办理国内外结算、办理票据承兑与贴现、代理收付款项及代理保险业务、办理银行卡业务等。邮政编码：751500。

安邦财产保险股份有限公司宁夏分公司盐池营销服务部[Ānbāng Cáichǎn Bǎoxiǎn Gǔfèn Yǒuxiàn Gōngsī Níngxià Fēngōngsī Yánchí Yíngxiāo Fúwùbù] 2006年，在盐池县工商行政管理局注册成立。位于县城盐兴公路北侧汽车城商业楼2907号营业房。主要从事保险业服务。邮政编码：751500。

盐池县华泰保险振远街专属代理店[Yánchí Xiàn Huátài Bǎoxiǎn Zhènyuǎn Jiē Zhuānshǔ Dàilǐdiàn] 2015年,在盐池县工商行政管理局注册成立。位于县城振远西街御景园小区3-5号营业房。主要从事代理销售华泰财产保险有限公司的保险产品及提供相关承保、理赔、咨询等服务,中国保监会批准的其他服务等。邮政编码:751500。

中国邮政储蓄银行股份有限公司盐池县盐州南路营业所[Zhōngguó Yóuzhèng Chǔxù Yínháng Gǔfèn Yǒuxiàn Gōngsī Yánchí Xiàn Yánzhōu Nánlù Yíngyèsuǒ] 2001年,在盐池县工商行政管理局注册成立。位于县城盐州南路53号。主要从事吸收公众存款,办理汇兑业务,从事银行卡业务,代理收付款项及代理保险业务,代理发行、兑付、承销政府债券,代理政策性银行、商业银行及其他金融机构特定业务,办理协议存款,办理个人存款证明服务,提供保管箱服务,办理网上银行业务,从事银团贷款业务,办理小额贷款业务,办理基金代销业务,办理国内外结算,办理票据承兑与贴现等业务。邮政编码:751500。

安邦保险集团财产保险盐池分公司[Ānbāng Bǎoxiǎn Jítuán Cáichǎn Bǎoxiǎn Yánchí Fēngōngsī] 2016年,在盐池县工商行政管理局注册成立。位于县城雅居苑小区北门。主要从事办理存款、贷款、国内结算业务,承销政府债券,提供保管箱服务等。邮政编码:751500。

泰康人寿保险有限责任公司宁夏吴忠盐池支公司[Tàikāng Rénshòu Bǎoxiǎn Yǒuxiàn Zérèn Gōngsī Níngxià Wúzhōng Yánchí Zhīgōngsī] 2016年,在盐池县工商行政管理局注册成立。位于县城民族西街81号。主要从事个人意外伤害保险、个人两全保险、团体短期健康保险以及经中国银行保险监督管理委员会批准的其他人身保险业务等。邮政编码:751500。

盐池汇发村镇银行股份有限公司花马池支行[Yánchí Huìfā Cūnzhèn Yínháng Gǔfèn Yǒuxiàn Gōngsī Huāmǎchí Zhīháng] 2016年,在盐池县工商行政管理局注册成立。位于县城民族东街1号。主营吸收公众存款,发放短期、中期和长期贷款,办理国内结算,办理票据承兑与贴现,从事同业拆借、银行卡业务,代理发行、兑付、承销政府债券。邮政编码:751500。

中国工商银行股份有限公司盐池支行[Zhōngguó Gōngshāng Yínháng Gǔfèn Yǒuxiàn Gōngsī Yánchí Zhīháng] 1999年,在盐池县工商行政管理局注册成立。位于县城盐林南路166号。主要从事吸收公众存款,发放短期、中期和长期贷款,办理国内外结算、办理票据承兑与贴现,代理发行、兑付、承销政府债券等业务。邮政编码:

751500。

中国邮政储蓄银行股份有限公司盐池县民族西街营业所[Zhōngguó Yóuzhèng Chǔxù Yínháng Gǔfèn Yǒuxiàn Gōngsī Yánchí Xiàn Mínzú Xījiē Yíngyèsuǒ] 2003年,在盐池县工商行政管理局注册成立。位于县城民族西街76号。主要从事办理储蓄存款业务,代理发行、兑付国库券,代理收付款项,经中国人民银行批准的其他业务。邮政编码:751500。

宁夏盐池农村商业银行股份有限公司市场支行[Níngxià Yánchí Nóngcūn Shāngyè Yínháng Gǔfèn Yǒuxiàn Gōngsī Shìchǎng Zhīháng] 2005年,在盐池县工商行政管理局注册成立。位于县城盐州北路62号。主要从事办理存款、贷款、票据贴现、国内结算业务,办理个人储蓄业务,代理其他银行的金融业务,代收代付款及经中国银行保险监督管理委员会批准的代理保险业务,代理发行、兑付、承销政府债券等。邮政编码:751500。

中国工商银行股份有限公司盐池西门支行[Zhōngguó Gōngshāng Yínháng Gǔfèn Yǒuxiàn Gōngsī Yánchí Xīmén Zhīháng] 2012年,在盐池县工商行政管理局注册成立。位于县城花马池西街307号。主要从事吸收公众存款,发放短期、中期和长期贷款,办理国内外结算,办理票据承兑与贴现,代理发行、兑付、承销政府债券业务。邮政编码:751500。

宁夏盐池农村商业银行股份有限公司东街支行[Níngxià Yánchí Nóngcūn Shāngyè Yínháng Gǔfèn Yǒuxiàn Gōngsī Dōngjiē Zhīháng] 2005年,在盐池县工商行政管理局注册成立。位于县城解放街48号。主要从事吸收公众存款,发放短期、中期和长期贷款,办理国内外结算,办理票据承兑与贴现,代理发行、兑付、承销政府债券业务。邮政编码:751500。

宁夏盐池农村商业银行股份有限公司城关支行[Níngxià Yánchí Nóngcūn Shāngyè Yínháng Gǔfèn Yǒuxiàn Gōngsī Chéngguān Zhīháng] 2005年,在盐池县工商行政管理局注册成立。位于县城盐林南路32号。主要从事吸收公众存款,发放短期、中期和长期贷款,办理国内外结算,办理票据承兑与贴现,代理发行、兑付、承销政府债券业务。邮政编码:751500。

宁夏盐池农村商业银行股份有限公司利民支行[Níngxià Yánchí Nóngcūn Shāngyè Yínháng Gǔfèn Yǒuxiàn Gōngsī Lìmín Zhīháng] 2005年,在盐池县工商行政管理局注册成立。位于县城安居苑与振兴路玺玉园2-7营业房。主要从事办理存款、贷款、票据贴现、国内结算业务,办理个人储蓄业务,代理其他银行的金融业务,代收代付款及经中国银行保险监督管理委员会批准的代理保险业务,买卖政府债券、金融债券,代理发行、兑付、承销政府债券,提供保管箱服务,从事同业拆借,经中国银行业监督管理机构批准的其他业务等。邮政编码:751500。

宁夏盐池农村商业银行股份有限公司花马池支行[Níngxià Yánchí Nóngcūn Shāngyè Yínháng Gǔfèn Yǒuxiàn Gōngsī Huāmǎchí Zhīháng] 2005 年,在盐池县工商行政管理局注册成立。位于县城民族西街北侧 175 号。主要从事办理存款、贷款、票据贴现、国内结算业务,办理个人储蓄业务,代理其他银行的金融业务,代收代付款及经中国银行保险监督管理委员会批准的代理保险业务,买卖政府债券、金融债券,代理发行、兑付、承销政府债券,提供保管箱服务,从事同业拆借,经中国银行业监督管理机构批准的其他业务等。邮政编码:751500。

宁夏盐池农村商业银行股份有限公司西郊支行[Níngxià Yánchí Nóngcūn Shāngyè Yínháng Gǔfèn Yǒuxiàn Gōngsī Xījiāo Zhīháng] 2005 年,在盐池县工商行政管理局注册成立。位于县城盐林南路盛世华庭 16 号营业房。主要从事办理存款、贷款、票据贴现、国内结算业务,办理个人储蓄业务,代理其他银行的金融业务,代收代付款及经中国银行保险监督管理委员会批准的代理保险业务,买卖政府债券、金融债券,代理发行、兑付、承销政府债券,提供保管箱服务,从事同业拆借,经中国银行业监督管理机构批准的其他业务等。邮政编码:751500。

宁夏盐池农村商业银行股份有限公司王乐井支行[Níngxià Yánchí Nóngcūn Shāngyè Yínháng Gǔfèn Yǒuxiàn Gōngsī Wánglèjǐng Zhīháng] 2005 年,在盐池县工商行政管理局注册成立。位于王乐井乡王乐井村。主要从事办理存款、贷款、国内结算业务,办理个人储蓄业务,代理其他银行的金融业务等。邮政编码:751502。

宁夏盐池农村商业银行股份有限公司冯记沟支行[Níngxià Yánchí Nóngcūn Shāngyè Yínháng Gǔfèn Yǒuxiàn Gōngsī Féngjìgōu Zhīháng] 2005 年,在盐池县工商行政管理局注册成立。位于冯记沟乡冯记沟村。主要从事办理存款、贷款、国内结算业务,办理个人储蓄业务,代理其他银行的金融业务。邮政编码:751504。

中国邮政储蓄银行股份有限公司盐池县大水坑镇营业所[Zhōngguó Yóuzhèng Chǔxù Yínháng Gǔfèn Yǒuxiàn Gōngsī Yánchí Xiàn Dàshuǐkēng Zhèn Yíngyèsuǒ] 2003 年,在盐池县工商行政管理局注册成立。位于大水坑镇大水坑村。主要从事办理储蓄存款业务,代理发行、兑付国库券,代理收付款项及经中国人民银行批准的其他业务。邮政编码:751506。

盐池农村商业银行股份有限公司大水坑支行［Yánchí Nóngcūn Shāngyè Yínháng Gǔfèn Yǒuxiàn Gōngsī Dàshuǐkēng Zhīháng］ 2005年，在盐池县工商行政管理局注册成立。位于大水坑镇大水坑村。主要从事办理存款、贷款、国内结算业务，办理个人储蓄业务，代理其他银行的金融业务。邮政编码：751506。

盐池农村商业银行股份有限公司麻黄山支行［Yánchí Nóngcūn Shāngyè Yínháng Gǔfèn Yǒuxiàn Gōngsī Máhuángshān Zhīháng］ 位于麻黄山乡麻黄山村。主要从事办理存款、贷款、国内结算业务，办理个人储蓄业务，代理其他银行的金融业务。邮政编码：751508。

中国邮政集团公司宁夏回族自治区盐池县青山乡邮政所［Zhōngguó Yóuzhèng Jítuán Gōngsī Níngxià Huízú Zìzhìqū Yánchí Xiàn Qīngshān Xiāng Yóuzhèngsuǒ］ 2001年，在盐池县工商行政管理局注册成立。位于青山乡青山村。主要从事邮政基础业务、邮政增值业务、邮政附属业务等。邮政编码：751503。

中国邮政集团公司宁夏回族自治区盐池县冯记沟乡邮政所［Zhōngguó Yóuzhèng Jítuán Gōngsī Níngxià Huízú Zìzhìqū Yánchí Xiàn Féngjìgōu Xiāng Yóuzhèngsuǒ］ 2001年，在盐池县工商行政管理局注册成立。位于冯记沟乡冯记沟村。主要从事邮政基础业务、代办电信业务。邮政编码：751504。

中国邮政集团公司宁夏回族自治区盐池县高沙窝镇邮政所［Zhōngguó Yóuzhèng Jítuán Gōngsī Níngxià Huízú Zìzhìqū Yánchí Xiàn Gāoshāwō Zhèn Yóuzhèngsuǒ］ 2001年，在盐池县工商行政管理局注册成立。位于高沙窝镇高沙窝村。主要从事邮政基础业务、代办电信业务。邮政编码：751501。

中国邮政集团公司宁夏回族自治区盐池县王乐井乡邮政所［Zhōngguó Yóuzhèng Jítuán Gōngsī Níngxià Huízú Zìzhìqū Yánchí Xiàn Wánglèjǐng Xiāng Yóuzhèngsuǒ］ 2001年，在盐池县工商行政管理局注册成立。位于王乐井乡王乐井村。主要从事邮政投递业务。邮政编码：751502。

宁夏盐池县悠然行旅游服务有限公司［Níngxià Yánchí Xiàn Yōuránxíng Lǚyóu Fúwù Yǒuxiàn Gōngsī］ 2016年，在盐池县工商行政管理局注册成立。位于县城广惠路永青苑小区4号楼。主要从事旅游咨询服务，代办车船票、飞机票、签证，户外工具及运动装备销售。邮政编码：751500。

盐池县哈巴湖旅游开发有限公司［Yánchí Xiàn Hābāhú Lǚyóu Kāifā Yǒuxiàn Gōngsī］ 2003年，在盐池县工商行政管理局注册成立。位于王乐井乡盐池县机械化林场城南分场。主要从事旅游开发服务、娱乐服务、中型餐饮服务。邮政编码：751502。

盐池县绿林旅游开发有限公司[Yánchí Xiàn Lùlín Lǚyóu Kāifā Yǒuxiàn Gōngsī] 2015年,在盐池县工商行政管理局注册成立。位于青山乡猫头梁村。主要从事乡村旅游开发、农副产品、果蔬种植、垂钓服务。邮政编码:751503。

宁夏美丽哈巴湖生态旅游开发有限公司[Níngxià Měilì Hābāhú Shēngtài Lǚyóu Kāifā Yǒuxiàn Gōngsī] 2014年,在盐池县工商行政管理局注册成立。位于县机械化林场城南分场。主要从事旅游资源开发。邮政编码:751500。

宁夏西北缘旅游开发有限公司[Níngxià Xīběiyuán Lǚyóu Kāifā Yǒuxiàn Gōngsī] 2013年,在盐池县工商行政管理局注册成立。位于县机械化林场城南分场。主要从事旅游项目开发,旅游纪念品的销售,广告策划、设计、制作及发布,旅游酒店营运管理,旅游景区管理服务。邮政编码:751500。

宁夏时尚国际旅行社有限公司盐池分公司[Níngxià Shíshàng Guójì Lǚxíngshè Yǒuxiàn Gōngsī Yánchí Fēngōngsī] 2015年,在盐池县工商行政管理局注册成立。位于县城民族东街。主要从事入境旅游业务、国内旅游业务。邮政编码:751500。

宁夏港青旅国际旅游有限公司盐池县二分公司[Níngxià Gǎngqīnglǚ Guójì Lǚyóu Yǒuxiàn Gōngsī Yánchí Xiàn Èr Fēngōngsī] 2015年,在盐池县工商行政管理局注册成立。位于县城芙蓉园步行街22-20号营业房。主要从事国内旅游和入境旅游招徕、组织、接待业务。邮政编码:751500。

宁夏豪德龙房地产开发有限公司[Níngxià Háodélóng Fángdìchǎn Kāifā Yǒuxiàn Gōngsī] 2010年,在盐池县工商行政管理局注册成立。位于县城盐州北路49-96号。主要从事房地产开发、房屋场地租赁。邮政编码:751500。

宁夏昊钰房地产开发有限公司[Níngxià Hàoyù Fángdìchǎn Kāifā Yǒuxiàn Gōngsī] 2010年,在盐池县工商行政管理局注册成立。位于县城振兴路尚景园小区西门商业楼2-16号营业房。主要从事房地产开发(凭资质证经营),房屋租赁,建筑材料、水暖配件、装饰材料销售。邮政编码:751500。

宁夏金殿房地产开发有限责任公司[Níngxià Jīndiàn Fángdìchǎn Kāifā Yǒuxiàn Zérèn Gōngsī] 2011年,在盐池县工商行政管理局注册成立。位于县城永生物流园。主要从事房地产开发,室内外装饰装修,土石方工程,建筑材料、装饰材料等销售。邮政编码:751500。

宁夏永泰兴业房地产开发有限公司盐池分公司[Níngxià Yǒngtàixīngyè Fángdìchǎn Kāifā Yǒuxiàn Gōngsī Yánchí Fēngōngsī] 2012年,在盐池县工商行政管理局注册成立。位于县城民族西街64号。主要从事房地产开发、建设等业务。邮政编码:751500。

宁夏擎安房地产开发有限公司[Níngxià Qíng'ān Fángdìchǎn Kāifā Yǒuxiàn Gōngsī] 2015年,在盐池县工商行政管理局注册成立。位于县城宁鲁花园小区西门南侧8-104号。主要从事房地产开发与经营、物业管理服务,室内装饰装修,房屋租赁。邮政编码:751500。

宁夏中恒基业房地产开发有限公司[Níngxià Zhōnghéngjīyè Fángdìchǎn Kāifā Yǒuxiàn Gōngsī] 2016年,在盐池县工商行政管理局注册成立。位于县城雅居苑小区23号楼11号。主要从事房地产开发等。邮政编码:751500。

宁夏盐池县广联置业有限公司[Níngxià Yánchí Xiàn Guǎngliánzhìyè Yǒuxiàn Gōngsī] 2010年,在盐池县工商行政管理局注册成立。位于县城盐兴公路(交警队对面)。主要从事房地产开发(凭资质证经营)、市场管理服务、房屋租赁。邮政编码:751500。

盐池县融盐国有资本投资运营有限公司[Yánchí Xiàn Róngyán Guóyǒu Zīběn Tóuzī Yùnyíng Yǒuxiàn Gōngsī] 2016年,在盐池县工商行政管理局注册成立。位于县城民族西街20号。主要从事城市基础设施投资建设、房地产开发及经营管理、通用机场运营服务、授权范围内的资产经营管理(不含金融、保险、基金、证券资产管理)。邮政编码:751500。

第九部分　历史地名

◎第九部分 历史地名

古代行政建制地名

昫衍县[Xùyǎn Xiàn] 春秋战国为昫衍戎地,大约在秦穆公三十七年(前623年),秦"霸西戎",盐池地区就已被纳入秦的势力范围。公元前328年,秦惠文王"纳上郡十五县",今盐池县以东地区为秦所有。公元前320年,秦惠文王巡游盐池一带,当地的昫衍戎族"有献五足牛者",说明当地已臣服于秦国。秦始皇统一全国后,实行郡县制。公元前213年,派大将蒙恬统兵十万,北逐匈奴,收河南地,因河为塞,筑四十四县,在今盐池一带设置的昫衍县就是其中之一,属北地郡。西汉承秦制,汉初今盐池一带仍置昫衍县,今有张家场古城出土文物为证。因此,今盐池境内的昫衍县是宁夏境内出现最早的县治。东汉昫衍县废。

北地郡[Běidì Jùn] 秦置北地郡在义渠(今甘肃省宁县西北)。东汉初,北地郡治在马岭(今甘肃省环县南),其后迁治富平(今灵武市西南),其辖境包括今盐池县全境,以位于国都以北的地方而得名。

五原郡[Wǔyuán Jùn] 汉武帝元朔二年(前127年)置,郡下设五原县。据《元和郡县图志》记载,以其地有五原,故名。五原为龙游原、乞地千原、青岭原、可岚贞原、横槽原。西魏时复置。唐时为盐州五原县,州、县同治一所。当在今县城以南。

五原县[Wǔyuán Xiàn] 见上条。

龟兹城[Qiūcí Chéng] 汉置县名,东汉废。以处龟兹降人而得名。城址在明代宁夏后卫(今盐池县城)东北。

五部都尉[Wǔbùdūwèi] 晋太康十年(289年),晋武帝改匈奴五部统帅为五部都尉,盐池地区属五部都尉管辖。

西安州[Xī'ān Zhōu] 北魏置西安州,下置大兴郡,西魏改为五原郡,寻复称大兴郡,辖境包括今定边县、盐池县及鄂托克前旗部分区域。西魏废帝三年(554年)改置为盐州。

大兴郡[Dàxīng Jùn] 北魏置大兴郡,其名取兴盛之意,西魏改曰五原郡,寻复称大兴郡,后称盐州。治所在盐池县境。

大夏[Dàxià] 为晋时十六国之一,赫连勃勃背秦称大夏天王,据朔方统万城(今陕西省榆林市横山区西40余里处),后为吐谷浑所灭,辖境包括今盐池县。

普乐郡[Pǔlè Jùn] 普乐郡始建于北魏,郡治在回乐县(今宁夏灵武市),隋开皇三年(583年)废。今惠安堡一带曾属其管辖。

盐州[Yán Zhōu] 以其地有盐湖而得名,以盛产食盐而著称。西魏置盐州,隋大业三年(607年)更名盐川郡。梁师都占据夏州后属夏州都督府管辖,改称盐州。唐天宝元年(742年)又更名五原郡,乾元元年(758年)复名盐州。领五原、白池二县,辖境东西二百四十八里,南北二百七十里。宋初仍用其名。盐州,地处河套之冲,灵、夏之间,为唐代北边军事要塞。但盐州古城址在什么地方,后人多有考证,其说有五:①在今定边县境;②在今盐池城;③在今盐池县城以北;④在今盐池县城南40余里的营盘台附近;⑤在今惠安堡北的北破城。

盐川郡[Yánchuān Jùn] 隋大业三年将盐州改设为盐川郡,以一道南北向大盐川(宁夏盐池县、陕西省定边、内蒙古鄂托克前旗交界处)而得名,这道盐川从莲花池到北大池南北长50公里,东西宽4公里。

白池县[Báichí Xiàn] 唐龙朔三年(663年)所置兴宁县,属盐州,景龙三年(709年)改名白池县,以地近北(方言北、白谐音)大池而得名。据考证,古城址在今盐池县城北50里、北大池东岸、陈家场以西646米处。1959年划归内蒙古鄂托克旗。

兴宁县[Xìngníng Xiàn] 见上条。

温池县[Wēnchí Xiàn] 唐神龙元年(705年)置,五代时废,隶属灵州大都督府。以地近温泉(今太阳山的暖泉)、盐池(今惠安堡镇老盐池东十里处的盐湖)而得名。今惠安堡镇北8公里处老盐池古城似是温池县城址。

朔方郡[Shuòfāng Jùn] 朔方郡是汉代与唐代的北方边郡之一,置于汉武帝元狩二年(前121年),治所在今鄂托克旗西北部。唐开元中复置,治所在今灵武市西南,辖今盐池县全境。以地处国都北方而得名,朔方,北方也。

清远军[Qīngyuǎn Jūn] 北宋时期,先后在宁夏南部设镇戎、德顺、怀德、清远四军,以扼西夏南侵。淳化年间,宋太宗以"灵武道路难阻,欲城古威州",派陕西转运使郑文宝和田绍斌筑城池。于淳化五年(994年)八月城就,名"清远军"。根据《武经总要》记载分析,清远军古城有可能在今萌城马坊沟附近。

保塞军[Bǎosài Jūn] 据史书记载,盐州境内设保塞军,今其址不详,待考证。

环州[Huán Zhōu] 元时,盐州并入环州。

花马池营[Huāmǎchí Yíng] 明正统八年(1443年)置花马池营,弘治六年(1493

年)又置花马池守御千户所。辖境南北长二百一十里,东西宽一百九十里,东南至榆林定边界三十里,南至环庆界二百八十里,西至兴武营界一百二十里,北至沙漠,西北至宁夏三百五十里。辖安定堡、柳杨堡、铁柱泉堡、野狐井堡等四堡。万历二年(1574年)置东路副总兵官,协守宁夏东路地方,驻花马池。天启七年(1627年)协守副总兵改为督防总兵。

宁夏后卫[Níngxià Hòuwèi]　明正德二年(1507年)置,清袭明制,治所在今盐池县城。为控扼朔方,翼蔽内郡,设此军事建制。是宁夏镇御敌的四条道路之一,一是中卫,二是平罗,三是镇城,四是宁夏后卫。然而宁夏后卫,险在安边营、柳杨堡、清水营、铁柱泉诸处。四路情况险要,以此最急。是宁夏固原、兰州、靖边诸边之门户。

兴武营守御千户所[Xīngwǔyíng Shǒuyù Qiānhùsuǒ]　明正统九年(1444年),巡抚、都御史金濂置兴武营,以都指挥守备。成化五年(1469年)改守备为协同。正德二年(1507年),总制、右都御史杨一清奏,为加强长城防御,置兴武营为守御千户所。其辖境,东南至宁夏后卫一百三十里,西南至灵州界一百六十里,西至清水营界七十里,北至沙漠,西北至宁夏界二百里。辖毛卜喇一堡。

灵州守御千户所[Língzhōu Shǒuyù Qiānhùsuǒ]　明置灵州守御千户所,驻灵武,当时盐池南部盐积堡(老盐池)、惠安堡、隰宁堡、萌城堡属其管辖防守。

花马池分州[Huāmǎchí Fēnzhōu]　清雍正三年(1725年),废卫所,改称府、州、县(厅)。宁夏后卫亦同时废除,改设灵州花马池分州。东起定边县二十五里,西至灵州一百五十里,南起环县一百九十里,北至二道边。

盐池县[Yánchí Xiàn]　民国二年(1913年),原花马池分州由灵州分出,正式成立盐池县。次年灵武所属的惠安堡、盐积堡(老盐池)、隰宁堡、萌城堡划归盐池县。1936年,红军攻克盐池县城,建立盐池县苏维埃政府,原国民党政府迁至惠安堡设治,出现红、白两个盐池县并存局面。1949年,盐池县全境解放。

古代军事防御设施地名

深沟高垒[Shēngōugāolěi]　明嘉靖十年(1531年),兵部尚书王琼以"城离军营远,贼至不即知"弃河东墙,将兴武营至定边段重筑,时称"深沟高垒"。西起兴武营城,经英雄堡、安定堡、高平堡和花马池城,在东郭庄东交于定边县,境内长63公里。墙基宽8米,现残高6—8米。每隔半里左右筑方形敌台一座,墙内30里一堡,60里一城,墙外挑壕堑深、宽各2丈多,多已为沙埋没。有的地段置"品"字坑。因从花马池城向北数为第一道边墙,俗称"头道边",又因夯筑过程中有红色胶土掺入,略呈紫色,故又称"紫塞"。现为自治区重点文物保护单位。

河东墙[Hédōng Qiáng]　明成化十年(1474年),巡抚、都御史余子俊始筑。宁夏都御史徐廷章、镇守都督范道奏筑。因处黄河以东得名。从黄河边横城堡北500米处黄河东岸筑起,经张家边壕、兴武营城和柳杨堡,过潘庄子入定边界。全长193公里,盐池境内长83公里。因从花马池城向北数为第二道边墙,俗称"二道边"。黄土夯筑,基宽6—8米,现残高1.4米,顶宽1.3米,每隔200米左右筑方形敌台,边长11米,残高8—10米。现为自治区重点文物保护单位。

固原内边[Gùyuán Nèibiān]　明弘治十五年(1502年),三边总制秦纮始奏筑,至嘉靖十六年(1537年),历任三边总制维修或重修,从同心县娘娘庙入盐池县境,经萌城、麻黄山,于饶阳入定边县界。因山就势,劈山削崖而成,平地筑墙,墙外挑壕堑。现保存一般。

长城关[Chángchéng guān]　故址在今盐池县城北,距花马池城北墙百余米。坐落于头道边之上,是明嘉靖九年(1530年)总制王琼所筑"边防东关门"的关门楼,因而得名。关楼高耸雄壮,上面写有"深沟高垒""朔方天堑""北门锁钥""防胡大堑"等字。登临远眺,朔方形势毕至于下。关下设有市场,每月进行3次汉蒙交易,十分繁华。今土墩遗址犹存,底阔30米许,高20余米。

八步战台[Bābù Zhàntái]　位于县城以西约35公里,筑于头道边内侧15米处。四周有坞墙,见方35米,门向南开。据现存的明代《大司马黄公敕建四台记》碑刻所载,战台建于明万历年间,其形制类似于戚继光在《练兵实纪》杂集中所说的修建于长城上的敌台。由此向东沿长城内侧,每相距二里左右,还有七步、六步、四步战台,均以序号为名。

张家场古城[Zhāngjiāchǎng Gǔchéng]　位于今盐池县城西北30余里的张家场村西500米处,据考证为秦汉时期的昫衍县城址。东西长1200米,南北宽800米,呈长方形。城墙基宽8米,残高1—6米,顶宽1—3米,黄土夯筑。东西向主街道,城中部有台式建筑遗迹。地面散布大量绳纹砖瓦、卷云纹瓦当、铭文砖等,秦砖汉瓦残片比比皆是。城内外出土秦汉时期的货币总量达两千斤,有新莽货布、货泉、布泉、小泉直一、大泉五十、金错刀、契刀、西汉象牙钱等货币。近年来,还出土汉代铜印章200余枚,箭镞、编钟、铺首、盖弓帽、铜镜若干,都具有明显的汉代特征,保存较好。现为全国重点文物保护单位。

花马池城[Huāmǎchí Chéng]　今盐池县城。旧城筑于明正统八年(1443年),始在塞外花马池北。因"孤悬寡援",天顺年间改筑于塞内。万历八年(1580年)甃以砖石。清乾隆六年(1741年)重修。南北长1400米,东西宽1100米,呈长方形,基宽12米,残高8米,顶宽4—5米,南、北、东墙辟门,南门曰广惠门,北门曰威胜门,东门曰永宁门,俱置瓮城,四隅有角台,西墙置腹墩,其上建玉皇阁,城墙外有护城河。关于花马池名称的由来,史书记载和民间传说纷纭,莫衷一是。概括起来大致有三:①明时以盐换马,"换马"与"花马"谐音;②相传唐朝时盐州是养官马的主要地方,官马身上都打戳,叫"花马";③民间传说,城东有湖,湖中有花色神马出没,马去而盐产屯(顿)丰,因此称此湖为"花马池"。现为自治区重点文物保护单位。

兴武营[Xīngwǔ Yíng]　位于县城西北60公里、今高沙窝镇二步坑村。以当时城堡的军事性质命名。明代以前这里就有一座古城,人称"半个城",不知筑于何时。明正统九年(1444年),巡抚、都御史金濂就其旧基之上建兴武营城。东、北两面紧靠长城,城周长三里八分,高二丈五尺,池深一丈三尺,阔二丈,开西、南二门。瓮城40米见方,四隅有角台。明、清均设守御千户所,为长城沿线重要戍兵之所。今城已废,城砖已被拆除,土筑城垣尚存,城中有台式建筑遗迹,地面散布大量明代砖瓦和瓷器残片,护城河残宽12米,深1—2米。城南门东南角有口水井,称马踏井。现为全国重点文物保护单位。旁有一自然村沿用古城名称,称兴武营。

安定堡[Āndìng Pù]　位于县城西30公里、今王乐井乡牛记圈村。明时为边关要塞,筑于嘉靖以前,不知何人所为。因兵丁、百姓多年受戎马之苦,筑堡命名取安定之意。头道边长城环绕其西、北、东而过,城郭东西长440米,南北宽300米,呈长方形,墙基宽4米,现残高3—7米,顶宽4—5米,黄土夯筑,墙外原甃以砖,现已拆失。南墙正中辟门,置瓮城,瓮城东西长34米,南北宽25米,瓮门面东。城内北侧有台式建筑遗迹,地面散布大量明代砖瓦和瓷器残片。长城绕西、北墙环行。南、东墙外有护城河,残宽8米,深1—2米。现为自治区重点文物保护单位。旁有一自然村沿用古城名称,称安定堡。

高平堡[Gāopíng Pù]　位于县城西12公里处的红沟梁村。明代筑,为长城沿线驻兵城堡之一。北去头道边墙百余米,边长250米,呈正方形,城墙基宽7米,现残高3—7米,顶宽1—2米,黄土夯筑,面东辟门,置瓮城,瓮城南北长15米,东西宽15米,四隅设角台。城外有庙台废址二处。现为自治区重点文物保护单位。南旁有一自然村沿用古堡名称,称高平堡。

毛卜喇堡[Máobǔlā Pù]　位于兴武营城西15公里处。毛卜喇系蒙古语,意为"苦涩的泉水"。此堡建于明嘉靖以前,头道边绕古城东北墙而过,城呈正方形,边长280米,城墙黄土夯筑,基宽8米,顶部宽处4米,窄处不到1米,城墙高6米。南城墙辟门,置瓮城,瓮城南北长34米,东西宽23米;东墙亦辟门,无瓮城。四隅有角台,北墙中央有一高大烽火墩。明、清置操守,隶属兴武营守御千户所。现为自治区重点文物保护单位。

永兴堡[Yǒngxìng Pù]　位于高沙窝镇东北6公里处、今花马池镇芨芨沟村。城堡筑于明代,是长城沿线驻兵的城堡之一,以永远兴盛之意命名,今音讹为英雄堡。城郭呈"L"形,东西长257米,南北宽133米,突出部分东西宽38米,南北长124米,墙基宽8米,现残高4—8米,顶宽2—4米,四隅有角台。南墙女墙残高30—50厘米,西墙正中辟门,置瓮城,瓮城南北长32米,东西宽18米,瓮城门面北。城内中部、北部有台式建筑遗迹。南旁有一自然村沿用古堡名称,称英雄堡。

柳杨堡[Liǔyáng Pù]　位于县城北12.5公里处。明弘治七年(1494年),总制秦纮筑之。筑堡前有座烽火墩,名曰柳杨墩,因此城堡筑成后称柳杨堡。嘉靖十年(1531年),王琼修筑"深沟高垒",将其隔于外,遂为废城。城郭南北长487米,东西宽479米,呈矩形,墙基宽8米,现残高2—6米,顶宽2—4米,黄土夯筑。东墙辟门,四隅置角台。明时堡城周围柳杨成荫,为塞上一景。今柳杨堡村即沿用此古堡名称。

铁柱泉堡[Tiězhùquán Pù]　位于县城西南40余公里、今冯记沟乡暴记春村。史书记载,铁柱泉"水涌甘冽……日饮数万骑弗之涸。幅员数百里又皆沃壤可耕之地。北房入寇,往返必饮于兹"。以泉涌如注,水色似铁而得名。嘉靖十五年(1536年),总制刘天和筑城包其泉。城郭南北长385米,东西宽360米,呈长方形。墙基宽10米,现残高4—8米,顶厚1—3米,东墙辟门,置瓮城,南北长28米,东西宽18米,瓮城门面北,四隅有角台,西墙正中置腰墩。现为自治区重点文物保护单位。东旁有一自然村沿用堡内泉名,称铁柱泉。

惠安堡[Huì'ān Pù]　位于县城西南76公里、今惠安堡镇驻地西1.5公里处。明巡抚黄嘉善甃以砖石。驻"盐课司、巡检司,初无城廓,今有之,名惠安堡",设盐捕通判。城周长二里四分,墙高三丈,址厚二丈五尺,顶厚一丈,五尺门二道,南、北二墙辟门,置瓮城,南瓮城门上镶嵌青石门楣,上书"阜财"二字;东、西二墙建腰墩,四隅有角台。今城郭已毁损严重。据考证,明代灵州盐课司、巡检司、盐捕通判、盐大使署均置于此城内,也是清代缉私盐税之所。在当地群众中还流传着"古名盐州,今名惠安"的传说。今惠安堡镇、惠安堡村的名称,俱来源于此堡。

隰宁堡[Xíníng Pù]　位于今惠安堡镇南10公里处。据《嘉靖宁夏新志》载,明成化年间巡抚、都御史徐廷章始筑,城周回一里。弘治十三年(1500年),都御史王珣展筑为二里许,开南门,置瓮城。古城址呈"凸"字形,城以黄土夯筑,南北长532米,东西宽382米,西墙中部设马面,四隅有角台。土筑残垣高4米左右,今城内荒芜,遍布明代残砖碎瓦等物。曾设递运所。以开垦荒地安置平民命名。现为自治区重点文物保护单位。

萌城堡[Méngchéng Pù]　位于苦水河边、今惠安堡镇南31公里、萌城村西1.5公里处,南距甜水堡约3公里。土筑残垣见方1里,东、南两墙为山洪冲毁,现仅存西墙已倾圮为鱼脊状。此城筑于明弘治以前,曾设驿站、递运所、批验盐引所。得名以新建之由,"萌",新生也。萌城村村名即沿用堡名而来。

古代文化设施地名

尖尖山石窟[Jiānjiānshān Shíkū] 位于花马池镇苏步井村西1.5公里处。始凿于北朝,沿用至清,洞窟朝南,依山而凿,基石为石膏岩。窟外开5个宽5.3米、进深4.5米的单独窟门,内有一条通道连为一体。南、北两壁上、下两层各有浮雕10余组,每组为1佛2弟子或1佛4弟子。主尊高0.55米,结跏趺坐于须弥座上,两侧弟子侍立。面部清癯,体形修长,衣纹流畅。为县级文物保护单位。

灵应山石窟[Língyīngshān Shíkū] 位于青山乡方山村,窟因山名,始建年代不详。据清康熙三十九年(1700年)碑刻记载,明万历年间至清初屡经修葺。坐西朝东,依山而建。由龙王庙、药王庙、观音庙、后殿、吕祖洞等13座石窟组成窟群,南北长40米,东西宽20米。窟室作平顶或穹隆顶,小者长宽各2米,大者宽5米,长9米。窟内佛像均为泥塑,现多数残毁或无存。洞窟和顶部尚残存壁画。六号窟正面有1986年新塑释迦牟尼像,其两侧为普贤、文殊菩萨。窟前有无量佛殿木结构遗迹。近年各窟均进行了维修和重塑了金身,在窟前院建了砖木起脊飞檐仿古式大殿并塑有金身。现为自治区重点文物保护单位。

西山寺[Xīshān Sì] 位于兴武营古城南侧。面积9600平方米,现存高大台基,南北长120米,东西宽80米,高出地面4米。地面散落砖瓦和青花瓷器物残片。采集石碑一通,高145厘米,宽77厘米,厚21厘米,为明天启二年(1622年)宁夏后卫吴运昌书、游击将军李养栋等人集资建寺所立。称《河东兴武西山寺碑记》。

宝山寺[Bǎoshān Sì] 位于麻黄山乡下高窑村一座小山上。始建无考,清康熙年间扩建重修。整个建筑群坐西北向东南。前殿一排3座庙,正殿玉皇庙高6米,后殿一排3座庙,前后殿院中间为宝山塔,高约18米。为歇山顶禽啄兽含式建筑,飞檐下斗拱画栋。高耸的山门横额正中雕嵌楷书"宝山寺"3字。山门前有2500平方米的大平场,东南边有戏台。山门内有宽敞的前院古寺院,内长100米,宽50米,围墙黄土夯筑,原基宽3米,高6米,顶宽1米。东、南角各建亭台高阁、钟鼓楼一座,悬有500斤大钟一口,钟铭文记载建寺捐资名次。西墙外拐角处有尤道长仙逝遗骸塔一座。各殿内有大型泥塑 19 尊、小型泥塑几十尊。壁画流墨溢彩。谢道长多体悬壁书法 100 多幅。民国初年,里山堡初小设在寺内,前院另建平房 3 间,箍窑 4 间。1951 年在后院又建教室 3 间。1958 年大钟毁于大炼钢铁,庙宇逐渐被毁。1966 年毁去玉帝泥塑时,内中发现记载建庙经过的文字,劫后只留后殿观音庙残存壁画和草体悬书数帧。70 年代末学校搬出。90 年代村民又在原台基上全部新建庙宇并重塑金身。但规模风格气韵未及昔日。四月初八庙会遗风尚存。

千佛寺[Qiānfó Sì] 位于麻黄山乡驻地南 5 公里处。清代所建,分布在 3 个山峁上。寺庙已圮,东西两处仅存残址和瓦砾。唯千佛寺地面建筑残高 7 米,面北辟门,内为正方形,边长 3.5 米,四壁有浮雕、泥制塑像和残存壁画,多漫漶不清,门侧有砖制浮雕、雄狮。寺址附近自然村寺儿掌、庙滩之名皆与此寺有关。

先农坛[Xiānnóng Tán] 清时在花马池城内文昌庙西侧,民国时迁建于花马池城外东北角。祭祀最先教民耕种之神——神农氏,古时祈福五谷丰登之所。

鼓楼[Gǔlóu] 位于花马池城内中部,南与广惠门相对,北与三星殿相对。底、顶三层,砖木构之,四隅设角台,以瞭望四方。底层有十字通道,上为穹形,以石块砌筑。

三清殿[Sānqīng Diàn] 建于花马池城北城墙、威胜门东侧,与鼓楼、广惠门相对。三层楼阁,高 13 米,当年为全城最高建筑。民国时称三清殿,现称三清阁。

文昌庙[Wénchāng Miào] 在花马池城内东街,位于鼓楼东南侧,供奉文教守护之神——文昌帝君。

圈神楼[Juànshén Lóu] 即花马池城永宁门门楼,三层砖木结构,供奉圈神。盐池县先民多从事定居牧业,圈神关系生计,地位甚高,每年农历八月二十六日圈神生日,凡家养畜禽者都要到此祭拜。

无量殿[Wúliàng Diàn] 位于县城南 10 里处,现在旧址上修建花马寺。

盐神庙[Yánshén Miào] 位于惠安堡古城以西、盐湖东岸上,坐东面西,正殿 3 间,占地约 800 平方米。正殿供奉盐神坐像。每年农历八月十八日为盐神生日,盐户们都要到此祭拜,庙会或半月,或 20 天。此庙 1952 年被拆除。

文庙[Wén Miào] 位于惠安堡古城东,占地约 2600 平方米,供奉孔子。因惠安堡自古崇文,人才辈出,此庙当年十分兴旺。

古代自然地理实体地名

河套[Hétào]　在黄河上游。地处鄂尔多斯台地,三面临河(黄河),长城以北称为河套。因黄河流经至此弯曲成套而名。即秦汉时期的河南地,其范围包括今盐池县全境,明代则以长城以北地区属之。

旱海[Hànhǎi]　"自威州抵灵州,有旱海七百里","斥卤枯泽,无溪涧川谷",当在今惠安堡一带。自灵武海子并迄韦州,以及北至内蒙古皆为沙碛,浩渺无际,古谓之旱海。无水谓之旱海,因名。

五原[Wǔ Yuán]　方位不明。民国《盐池县志》认为在县北,引据《元和郡县图志》"故五原郡。以其地有五原,故名,五原谓龙游原、乞地千原、青岭原、可岚贞原、横槽原"。今有学者认为"原"即"塬",当在盐池县西南部惠安堡一带。

方山[Fāng Shān]　在县城以南约35公里,今属青山乡,因顶呈方形故名。明正德九年(1514年),河套之敌入寇花马池,掠官马而去,明参将尹清追战于此,明军失利,尹清战死在方山。

灵应山[Língyīng Shān]　位于县城南约35公里,山为石质。在山东麓崖壁,依山凿窟,建有古寺,相传"水旱疾疫,凡有求祷辄应",故名。

青山[Qīng Shān]　位于县城西南30公里、青山乡驻地东5公里处。因山为石质,呈青色,故名。山北坡有一村,叫青山街,即今青山自然村,明清时为经商驿道上的一个重要村落,十分繁华。

三山[Sān Shān]　即三山儿,位于大水坑镇东约26公里、盐池县与定边县交界处,因3个山峰对立而得名。山东坡有一自然村,叫三山口子,今属定边县。

栒子山[Xúnzi Shān]　位于盐池县南部,今称麻黄山。古代文献中描述"溪涧险恶,豺狼所居,人迹罕到"。概因山势险要,地形复杂。今麻黄山乡、麻黄山村名皆由此山而名。

青沙岘[Qīngshāxiàn]　位置不明,民国《盐池县志》载"在县城西南二百里",而载青龙山在"县城西南二百廿里",由此可知当时在萌城一带,明嘉靖十三年(1534

年），套虏吉囊入寇。兵部尚书刘虎遣刘文邀击于此。

麦垛山［Màiduǒ Shān］　盐池县内有二山名曰"麦垛山"，一位于县城西北34公里，今花马池镇高利乌苏村，因山形似麦垛而得名，山坳中有一自然村，沿用此山名。一位于县城西南35公里，今青山乡青山村，亦因山形而得名，近山有明代村落遗址。

烟墩山［Yāndūn Shān］　位于县城西南68公里、今惠安堡镇老盐池村。产煤、瓷等。山东坡有一自然村，沿用山名。

寄甲峁［Jìjiǎ Mǎo］　位于大水坑镇东南12公里处山坡上。相传北宋大将狄青与西夏双羊公主率兵大战，双羊公主不敌，溃退时将自己盔甲寄存此峁，轻装逃走。故称"寄甲峁"，年深日久，话音谐变，今人已将"寄甲峁"误叫成"芨芨峁"。

浦洛河［Pǔluò Hé］　位于县境西南约130公里，今名苦水河。发源于甘肃省环县，汇入石湾沟，西北流经萌城、惠安堡，转入同心、吴忠、灵武，从新华桥处入黄河。宋至道二年（996年）三月，李继迁率军攻灵州，于浦洛河大败宋军护粮队，夺宋军粮食40万石。

硝池河［Xiāochí Hé］　位于惠安堡西，发源于贺坊沟西，在惠安堡汇入苦水河，今民间大多称之苦水沟，亦称苦水河，2013年盐池地名总规划中将其名确定为苦水沟。

红山子沟［Hóngshānzi Gōu］　位于县城南12公里处，发源于乏牛坡，经花马池国家森林公园流入苟池。沟畔有一自然村沿用沟名，称红山沟。在盐池县城镇建设规划中此沟将建为景观水道，2013年盐池县地名总体规划将其名改为盐州河。

天池子［Tiānchízi］　位于县城西40公里、307国道北侧，有一小池，现属高沙窝镇。相传周穆王赴瑶池途经此地，于此池中饮马，因此得名。成化九年（1473年），明廷于此筑城堡。由于风、水侵蚀诸因素，城堡遗迹今已难辨。此处为民国时期的盐池八景之天池饮马。

铁柱泉［Tiězhù Quán］　位于县城西南40余公里、今冯记沟乡暴记春村。史书记载，此泉，"水涌甘洌……日饮数万骑弗之涸。幅员数百里又皆沃壤可耕之地。北虏入寇，往返必饮于兹"。以泉涌如注，水色似铁而得名。明朝弘治十三年（1500年）总制秦纮于此筑城守泉，铁柱泉堡。东旁有一自然村沿用泉名，称铁柱泉。

月儿泉［Yuè'er Quán］　位于县城西南25公里处，今青山乡月儿泉村。村名沿用泉名。

石井子［Shíjǐngzi］　位于今冯记沟乡丁记掌村，清季《花马池志迹》记载"其水甘美，居人牧畜，往来行人，咸利赖之"。近旁有一自然村，名石井坑。

王老井[Wánglǎo Jǐng]　位于县城西 22.5 公里处,民国年间王姓人家在何记墩下打井,出水甘冽,人称王老井。后被谐称为"王乐井"。今王乐井乡、王乐井村的名称俱源于此。

摆宴井[Bǎiyàn Jǐng]　位于大水坑镇南 17 公里处,南倚钱家山。摆宴井名称来历其说有二:其一,民间传说,康熙皇帝访宁夏时,用此井水设宴,故名;其二,民国《盐池县志》中载"俗谓鄂旗小王子会宋将军狄青摆(宴)处"。经考证,二者均不实。其地散布有大量的明代砖瓦残块和青花瓷,以及明代瓷残片,此地应是明代的一处村落遗址。摆宴井村名即源于此井名。

马踏井[Mǎtà Jǐng]　位于今高沙窝镇北 11.5 公里、兴武营城南门东南角。传说为关公的赤兔马所刨出。当地军民为感谢关公,曾用生铁铸关公骑马像供奉在兴武营城门楼上。相传以前井水很旺,汩汩溢出地表,水流方向不定。每年春节时,溢出水流向哪个方向,哪个方向当年收成便好。

龙踏井[Lóngtà Jǐng]　民国《盐池县志》载:"在县城西北一百二十里,兴武营南二里。俗谓康熙访宁夏,道经于此,所踏之井。"

后　记

　　《盐池县标准地名词典》是基于第二次全国地名普查数据,在宁夏回族自治区第二次全国地名普查领导小组的领导下,由盐池县民政局主持编制的重要地名普查成果之一。盐池县民政局、宁夏大学、宁夏志邦源规划设计研究院有限公司组织50余名专家、学者、地名工作者、研究生、数据库技术人员参与了数据整理、实地走访、词典编写、调查修正等工作。工作始于2017年8月,历时五年有余,经过盐池县、吴忠市两次评审,编写标准三次调整,宁夏回族自治区民政厅地名办四次审查,十易其稿,终于定稿了。

　　《盐池县标准地名词典》编纂委员会认识到地名是盐池县重要的文化遗产,是盐池县优秀传统文化的重要载体和见证。地名是其对应地物的指称工具和定位符号,是社会交往媒介和信息载体,也是一种最为大众化的文化形态,辞微旨远,涉及民俗、历史、自然地理环境,以及精神文明与经济建设诸多方面,与人民生活息息相关。开展《盐池县标准地名词典》编纂工作,有利于提高盐池县地名的标准化水平,有利于推进标准地名应用的社会化,有利于更好地满足人们对地名的需求,使地名管理与服务工作更加规范有序,成为促进社会经济发展和文化进步,构建社会主义和谐社会的积极因素。做好这项工作,对支持盐池县经济建设、文化建设,促进社会发展,提高行政管理效能,服务人民生活都具有重要现实意义。故编委会忠于职守、谨小慎微,晨兢夕厉地开展了这项工作。

　　在词典编纂过程中,宁夏回族自治区民政厅地名办公室李波主任及刘万银、文慧等工作人员给予了多次指导。宁夏著名历史地理学家吴忠礼、汪一鸣、鲁人勇3位老先生对词典格式、文体、内容提出许多有益的建议。词典成稿后,也广泛征询了侯凤章、周永祥、党英才、张树林、冯彪、刘国君、高耀山、高万东、陈静、杨金毅、杜盐宁等盐池县文化学者及盐池县各政府部门、乡镇干部的意见,诸位学者和干部们帮助修正了不少词条错误,并建议补录了32个有指位和文化意义的地名。高万东、杜盐宁等向编写组提供了大量自己对盐池县古城堡、墩堠调查的第一手资料,陈静女士提供了墩堠照片。在此向对完成本词典编写、出版,提高质量亦有贡献的诸位先生和同志致谢!

我们力求《盐池县标准地名词典》格式规范、内容充实,词条分类科学、表述正确,语言精练、通俗实用。受参编人员学识水平所限和第二次全国地名普查数据所制,词典中难免存在错误和不足之处,敬请读者不吝指正。

编　者
2023 年 7 月 22 日